GÉNÉRAL SIR JOHN HACKETT

La Guerre planétaire

TRADUIT DE L'ANGLAIS PAR ERIC NEUMANN

PRÉFACE DU GÉNÉRAL GEORGES BUIS

SYLVIE MESSINGER

CE LIVRE A ÉTÉ PUBLIÉ EN ANGLETERRE SOUS LE TITRE :

The Third World War :
The Untold Story
PAR SIDGWICK & JACKSON LTD

LA GUERRE PLANÉTAIRE

Le général Sir John Hackett est né en 1910. Il a traversé brillamment le dernier conflit mondial, commandant, en 1944, l'une des deux brigades parachutées sur Arnhem. Commandant du Groupe d'Armées Nord de l'OTAN, et commandant en chef de l'Armée britannique du Rhin, il s'adonne aujourd'hui à l'étude personnelle des questions de défense, dont il est considéré unanimement comme l'un des plus fins spécialistes. Son premier livre, La Troisième Guerre mondiale, *eut un succès considérable.*

4 août 1985. Les colonnes blindées soviétiques franchissent la frontière des deux Allemagnes. Une fois de plus, le monde va jouer son destin les armes à la main.
Ce livre n'est pas un récit de politique-fiction. SS 20, Cruise missiles, AWACS, ou encore pétrole, Israël, Afghanistan, Solidarnösc : les pièces de la partie sont déjà en place sur l'échiquier planétaire.
20 août 1985. La charge nucléaire d'un SS 17 soviétique embrase Birmingham. 20 minutes plus tard, Minsk est rayée de la carte.
Le général Hackett entrouvre les portes blindées des postes de commandement secret où se décidera le sort de la planète : la prochaine guerre déferlera sur le monde avec la vitesse des microprocesseurs et la puissance des missiles. Mais les hommes qui la feront seront toujours les mêmes. Reporter autant que stratège, le général Hackett suit pas à pas ses millions d'acteurs, ceux qui luttent dans la boue, au milieu des mers, en orbite autour de la terre, dans les décombres des villes dévastées.
Tirant les enseignements du présent pour évaluer l'avenir, tour à tour analyste, psychologue, économiste, le général Hackett propose un tableau d'ensemble du monde qui permet de comprendre les conditions de ce futur proche, possible — ou probable...

ŒUVRE DU GÉNÉRAL SIR JOHN HACKETT

Dans Le Livre de Poche :

LA TROISIÈME GUERRE MONDIALE.

SOMMAIRE

PRÉFACE

Le lecteur de *La Guerre planétaire* doit se faire une raison : il ne connaîtra pas l'effarement un peu sceptique qu'a pu lui procurer *La Guerre des étoiles*, chère au président R. Reagan; il n'y découvrira pas, non plus, les armes délirantes mises en œuvre dans les ouvrages de science-fiction. La guerre future décrite par Sir John Hackett, encore que proche, ne saurait se situer qu'en 1985. La technologie va en effet plus vite que les diplomates. Ainsi, l'univers dans lequel les stratèges du café du Commerce font orbiter à leur guise les satellites et fuser les rayons à particules, s'il a sa place dans cet ouvrage d'anticipation encyclopédique, aura seulement celle qu'il pourra avoir en 1985 – pas en 1995.

La guerre que raconte ce livre demeure donc à peu près à l'échelle humaine, même si ce qu'elle met en œuvre en matière de vecteurs et d'armements terrifiants ne saurait étonner que le lecteur mal informé. Chez le spécialiste, l'ouvrage ne provoquera aucune surprise. Il s'agit là de simple extrapolation à deux ans près de ce qui est. Aussi bien le général Hackett est-il le premier à préciser que, loin de se vouloir générateur de frissons plus ou moins malsains, son livre est un « conte moral ».

Conte moral? Si l'on veut. Certes, le général Hackett « fait » la guerre qu'il raconte. Il a choisi son bord. Son bord qui sera victorieux par la vertu des hommes embarqués par l'immense événement sur le même bateau que lui. Chez eux il n'y aura pas de problème : les incertitudes des divers pacifismes et neutralismes du temps de paix s'effaceront d'elles-mêmes. Tout le monde rejoindra son poste, à la façon des socialistes allemands de 1914. Les pays d'Occident dont l'attitude indépendante pouvait faire problème – la France, par exemple, qui avait inlassablement affiché l'originalité de sa stratégie – s'engagent aussitôt au plus fort du combat. Les pays farouchement neutres, comme la Suède, entendent faire respecter leur neutralité et se retrouvent, du fait du comportement incrédule des Soviétiques, engagés à fond aux côtés des Alliés occidentaux. Par là même, le général Hackett balaie bien des problèmes mais surtout il affiche dès l'abord son sentiment que dans un camp, une inébranlable détermination d'hommes libres cimentera l'action politico-militaire des forces et des nations jusque-là apparemment divisées ou opposées. Dans le même temps, le danger, l'effort de guerre, tarauderont les clivages et les insatisfactions profondes de l'adversaire, qui avait réussi à faire admettre par les opinions publiques de l'Ouest comme de l'Est, que sa force essentielle procédait de ce qu'il constituait un bloc.

A l'inverse des nations, c'est le propre des empires que de se désagréger sous les coups. Cela pourrait signifier que dans la crise, le propre de l'homme est de soutenir ce qui lui permet d'être lui-même en temps normal – en l'occurrence l'alliance – et à l'opposé, de mettre à profit ce même temps de crise pour briser les structures imposées et reconquérir son droit d'être.

Le conte est plus moral encore qu'il ne se veut puisque s'il tire les conclusions de la fragilité d'un empire du présent, il laisse pressentir la constitution d'un empire du futur, non équilibré mais mondial celui-là, qui aura à sa disposition, pour mater les oppositions éventuelles, les armes prodigieuses qui en sont, en 1985, au stade de la recherche et du développement et qu'il aura seul les moyens de les déployer en fin de décennie. La guerre au sommet gagnée, il sera en situation de se réserver l'exclusivité d'armes dont on sait déjà qu'elles seront radicalement dissuasives parce que effroyablement coercitives. Le récit de la victoire de la vertu, débouchant sur la triste puissance d'un seul, ne peut manquer de glisser au conte immoral, ce qui lui sera, après tout, une autre façon d'être moral.

Rien n'est plus difficile que d'imaginer un scénario de guerre mondiale – et singulièrement une situation qui accoucherait d'une telle guerre – à l'époque du feu nucléaire. La guerre nucléaire, personne ne sait ce que c'est. Jamais faite, elle est, de plus, incommensurable et incomputable à un « gigamort » (1 milliard de morts) près. Hiroshima ne mettait pas un terme à une guerre nucléaire et n'était même pas l'aboutissement d'une « menace » de guerre nucléaire. Ce fut un énorme coup de gong, une expérience en vraie grandeur, qui réussit pleinement par l'affichage des dégâts nouveaux et de types divers, tous mortels d'ailleurs selon les circonstances, qu'une arme nucléaire modeste peut provoquer en une toute petite fraction de seconde. Plus encore, son triomphe offrait à l'empereur du Japon l'occasion d'en terminer sur-le-champ, et par-dessus la tête de ses militaires, avec une guerre qu'il savait depuis longtemps perdue.

En 1985, c'est-à-dire demain et date également

à laquelle le général Hackett fait se dérouler les péripéties de la guerre planétaire, l'homme a compris que la fission, ou la fission-fusion de l'atome, l'avait doté pour la première fois dans son histoire du moyen, non pas de multiplier le degré de violence de l'affrontement militaire mais de modifier la nature même de la guerre. Il l'a fait avec une vitesse stupéfiante puisque, en trente ans, les deux grands se sont donné, en mégatonnage, la capacité théorique d'affecter l'équivalent de 5 tonnes de T.N.T. (le plus puissant explosif conventionnel) à chaque être humain vivant sur notre planète. En effet, les deux supergrands et quelques autres, principalement la France et la Grande-Bretagne, disposent des moyens – on dit des « systèmes d'armes » – d'atteindre n'importe quel objectif sur notre planète, elle-même espionnée jour et nuit par 2000 satellites dont plus des deux tiers sont à usage militaire. Les théories se sont alors multipliées et affinées sur l'escalade, la frappe anticités, la frappe antiforces, la stratégie de dissuasion ou de coercition, la destruction mutuelle assurée, etc.

Le général Hackett avait donc à choisir de fonder ou non le scénario de sa « guerre planétaire » sur la guerre atomique ou non, c'est-à-dire à choisir entre la guerre conduite immédiatement avec des armes nucléaires et la guerre conduite au départ avec les armes qualifiées de classiques ou de conventionnelles. Il avait à faire ce choix pour le compte de l'agresseur soviétique.

Les adversaires de la stratégie de dissuasion nucléaire – *deterence* en anglais – vont répétant que les Soviétiques ne croient pas au génocide par l'arme nucléaire, que l'équivalent du mot « dissuasion » n'existe même pas dans leur langue et qu'ils professent qu'une guerre nucléaire peut se gagner. Peut-être. Mais ils savent parfaitement ce que représentent leur arsenal et celui des Américains.

Il en résulte que, depuis vingt ans, les deux adversaires-partenaires font l'impossible, à chacune des nombreuses crises qui surgissent entre eux en raison même de l'ambiguïté de leur rivalité, pour, selon la formule de Jean Cocteau, « savoir jusqu'où ne pas aller trop loin ».

C'est pourquoi, ayant de sérieuses raisons de penser que l'équilibre des forces U.R.S.S.-Etats-Unis ne se maintiendra pas au-delà de la première moitié de la décennie 1980 et que les Américains sont en voie de reprendre, en matière de technologie des armements, des transmissions, de la satellisation, l'avance d'une génération qu'ils avaient toujours eue sur l'U.R.S.S. jusqu'à la fin de la décennie 1970; sachant que la « fenêtre de vulnérabilité » des Etats-Unis, inventée par H. Kissinger (dit-on) et utilisée pour la campagne électorale de R. Reagan représente ni plus ni moins qu'un équilibre des forces qui ne se retrouvera plus, les Soviétiques décident, en 1984, d'en finir avec l'autre supergrand.

Le général Hackett suppose donc que pour juger de l'opportunité de cette guerre offensive et décider de ses modalités, le Politburo se réunit le 6 décembre 1984. D'abord cette autorité suprême étudie la situation de l'Europe. Deux rapports lui sont présentés; l'un par le K.G.B., l'autre par le Renseignement militaire, le G.R.U. Le premier voit la mollesse bourgeoise favoriser la montée en puissance des syndicats européens et a conclu à un ralentissement de la production et une usure du capitalisme. Le G.R.U., pour sa part, met l'accent sur les foyers, qu'il ne manque pas d'attiser, du pacifisme et du neutralisme. Tous deux concluent que « *l'Europe se meurt de gangrène* ».

Le fruit est-il mûr? Oui, pour le Renseignement

militaire. Non, pour le K.G.B. qui réclame un délai de deux ans. Le noyau le plus puissant du Politburo coupe la poire en deux et, dès l'abord, une majorité se dégage pour une ouverture non nucléaire de la guerre en août 1985. Non nucléaire. C'est le choix que doit faire un stratège sérieux qui se veut romancier mais pas auteur de science-fiction, qui tient à être à la fois honnête et crédible en racontant aujourd'hui une guerre de demain, si, ce faisant, il ne veut pas se confronter lui-même à une apocalypse dont les moyens de la créer existent déjà mais que personne n'est en mesure d'imaginer. Si le choix de l'escalade nucléaire – du *heavy exchange* – du spasme nucléaire avait été retenu, l'histoire n'aurait pu être contée par le général Hackett. Il eût fallu attendre un certain nombre de millénaires pour que quelque aborigène d'île épargnée, aux antipodes, descendant de survivants miraculés repartant de zéro comme la nature dans laquelle ils auraient été contraints de vivre, ait pu acquérir la culture nécessaire à une pareille entreprise. Et encore! Que sait-on aujourd'hui du Déluge sur le plan scientifique? Que pouvait-on en écrire « avant »?

C'est pourquoi le général Hackett extrapole sagement, c'est-à-dire dans le domaine de l'imaginable. Précisément aussi, avec la technique d'un brillant « sous-chef-opérations » de n'importe quel grand état-major. C'est ainsi que le lecteur entrera en guerre d'abord aux côtés des Soviétiques. Il le fera avec la connaissance analytique des avantages et inconvénients des nombreuses options qui sont soumises au Politburo et qui couvrent la totalité du sujet. Après avoir considéré les divers continents, les pays neutres, les zones politiquement déséquilibrées, le Politburo se décide pour une guerre globale certes – toute guerre entre les Grands ne peut éviter de l'être — mais avec un effort principal sur l'Europe occidentale en laissant la France hors du conflit (tiens, tiens ! la dissuasion nucléaire nationale ne recevrait-elle pas là un joli coup de chapeau ?). On s'arrêtera au Rhin et on négociera avec les Américains. Le lendemain, 21 décembre 1984, le Politburo se réunit à nouveau en séance extraordinaire. Il est convenu qu'il serait bon de distraire autant que possible les Etats-Unis de leur effort principal en soufflant sur les braises dans les Caraïbes et surtout en Amérique centrale. Par contre il vaut mieux ne pas chatouiller la Chine. Pas de guerre sur deux fronts situés à 10000 kilomètres l'un de l'autre.

Reste l'Europe de l'Est. Le rapport présenté au Politburo par le maréchal commandant en chef des forces armées combinées du Pacte de Varsovie n'est pas enthousiasmant. Bien : on les mettra au pas, ces alliés tièdes et opportunistes, en les menaçant d'abord, en leur rappelant ensuite qu'ils ont tout intérêt à être du côté du vainqueur et que ce vainqueur ne fait pas de doute. Il est également décidé de ne pas utiliser l'atome dans l'espace, car quelle que soit l'altitude à laquelle on pourrait procéder à ces explosions, celles-ci risqueraient de créer des impulsions magnétiques susceptibles d'interdire toutes communications électro-magnétiques sur de vastes surfaces de la terre et du ciel. En sus, tout recours au nucléaire signifierait l'ouverture de la boîte de Pandore.

Encore que ce sujet n'ait pas été étudié ce jour-là, il sera rapidement décidé dans la mise au point de l'action des forces aéro-terrestres soviétiques, que l'axe d'effort principal se situera dans le secteur nord de l'O.T.A.N., c'est-à-dire NORTHAG, à dominante et à commandement britanniques. Celui qu'affectionne probablement le général Hackett, parce qu'il le connaît bien pour y avoir en son temps d'activité assumé de hautes responsabilités de commandement. Là, sans doute, ont mûri les livres qu'il a écrits par la suite, et celui-ci. Ah ! cette grande plaine du Nord !... En a-t-elle engendré des fantasmes terriblement gratuits qui ont nourri la stratégie britannique à l'encontre du continent au long des siècles ! C'est là que l'Angleterre s'est constitué, puis a remis aux Américains devenus suzerains, une clientèle germano-beneluxienne six cents ans après les Bourgeois de Calais et cent ans après que, par la force des choses, le Duc de fer, ce caillou, l'eut emporté à Waterloo.

Les Soviétiques, pour leur part, entendent bien submerger cette plaine, Hambourg s'étant déclarée « ville ouverte ». Ils comptent, le Rhin franchi, se rabattre vers le sud, suivant en cela un superplan d'enroulement à la Schlieffen. Puis, remontant le cours du Rhin, ils isoleront les théâtres opérationnels de l'O.T.A.N. en les coupant de leurs arrières. Le lecteur en vivra les péripéties et saura ce qu'il en advint finalement.

Le même lecteur ne restera pas pour autant l'œil collé sur l'Elbe et le Rhin. Bien au contraire, il sera instruit d'à peu près tout ce qu'il faut savoir, pour traiter de stratégie globale, c'est-à-dire plus simplement de stratégie mondiale. Toutefois avant que d'aborder la partie savante du livre, je ne saurais me retenir de remarquer à quel point il est britannique.

On découvre d'abord avec stupeur, dans les préliminaires de la guerre, fin juillet 1985, un affrontement conventionnel entre forces américaines et soviétiques quelque part en Yougoslavie, où Belgrade avait lancé une opération punitive contre une Slovénie un peu trop tentée par l'indépendance. La litote, que l'on nomme outre-Manche *understatement*, joue admirablement. Cet événement énorme est présenté comme le serait la séance d'entraînement de deux champions sur un court annexe, quelques minutes avant de disputer la finale du tournoi de Wimbledon. L'Europe, le monde n'auraient donc appris ce prodigieux événement que par un « cameraman italien particulièrement entreprenant » qui aurait pu sortir une pellicule révélatrice des combats. Cela rappelle un conte de Tristan Bernard dans lequel un frère siamois apprend, par le truchement d'une lettre trouvée dans le tiroir de la table de nuit, que sa femme le trompe avec son frère.

Le général Hackett s'étonne également de ce que la France retienne une des hypothèses d'engagement prévue dans les accords avec l'O.T.A.N. et s'engage immédiatement dans le conflit, alors que les Français, « avec le souci unique de l'intérêt national qui les caractérise », auraient pu rester sur la touche. Que voilà une plaisante appréciation du souci national français de la part d'un ressortissant du pays de l'égoïsme sacré, de cette « perfide Albion » qui, en toute circonstance, ou bien cache totalement son jeu ou, au mieux, ne laisse filtrer que quelques bribes de contrevérités quant à ses intentions profondes. Ce qui ne la retient pas d'être – ou la fait – un très grand pays aux engagements toujours tenus quand ils sont explicités.

Notre auteur, enfin, ne peut s'empêcher de se rappeler quelles lourdes pertes les croiseurs de bataille ennemis ont infligé à la marine de Sa Gracieuse Majesté au début des deux premières guerres mondiales, avant que cette même Navy ne les envoie, avec un admirable acharnement et un non moins admirable courage, au fond de l'océan. Dans un premier temps, en 1940, le *Graf Von Spee*, le *Bismarck* ou le *Prinz Eugen* remportent des succès fulgurants. Finalement ils connaissent un échec piteux, conclu par un sabordage ou un naufrage. Le récit que fait le général Hackett de l'aventure du porte-aéronef *Kiev* en août 1985, rappelle effectivement celle du *Bismarck* quarante-cinq ans plus tôt. La différence est que la chasse et l'hallali du *Kiev*, du *Kirov* et de quelques autres, ne se déroulent pas selon les méthodes artisanales de 1940. Le lecteur verra comment sont mis en œuvre, selon leur spécifité, beaucoup de types d'avions de toute nationalité, de sous-marins, de systèmes de détection et d'écoute. La force est qu'il s'agit là d'un combat naval comme il y en a toujours eu mais que varie magistralement la technologie qui en est le support.

Pour remettre en quelques mots ces combats « en situation » dans le spasme prodigieux que serait une guerre planétaire, dégageons une idée-force qui n'est pas neuve : celle de la suppression par surprise et dès l'abord, du meilleur atout de l'adversaire. Prenant l'initiative dans un affrontement avec l'autre supergrand, l'U.R.S.S. va en effet tenter d'ouvrir les hostilités en brisant le plus bel outil de combat conventionnel de l'Amérique : son aéronavale.

Ce faisant, l'U.R.S.S. se place d'emblée au niveau de cette guerre, au niveau global. Au centre de chaque force opérationnelle aéronavale américaine, de chaque « task force », un cerveau est en alerte, un cœur bat, un bras surpuissant s'apprête à se détendre et à frapper : le porte-avions. Les Américains en possèdent quinze dont cinq en permanence à la mer, ce qui est la norme. Ces cinq-là vont être attaqués dès l'ouverture des hostilités en Atlantique, en Méditerranée, dans le Pacifique. Avec de modestes résultats. En quelque sorte un Pearl Harbor épars, qui cause des blessures mais qui, pour l'essentiel, échoue.

Ce que sont les aéronavales américaine et soviétique; pourquoi elles sont telles; ce qu'est leur allonge, leur puissance respective dans tel ou tel domaine, tout cela est expliqué au lecteur avec minutie et véracité au point qu'il pourra lui-même imaginer et « jouer », en se projetant en 1985, plusieurs scénarios du fameux « combat naval » cher à nos potaches. Ce qui est vrai de la guerre en mer l'est aussi pour tous les grands chapitres du livre : forces diverses, espace, géopolitique mondiale disséqués continent par continent, théâtre d'opérations par théâtre d'opérations, nation par nation.

S'agissant de l'utilisation militaire de l'espace, domaine privilégié de tous les délires de l'imagination, l'auteur, racontant un combat dans lequel la navette spaciale américaine 101 est aveuglée par le satellite Soyouz 49, reconnaît que dans cc domaine la science-fiction montre le chemin. Mais il marque très précisément aussi, non point les limites de l'utilisation militaire de l'espace, mais sa limite en 1985. Il faut lui en savoir gré. Aussi bien les armes de l'espace ne prendront-elles qu'une part tout à fait marginale au résultat de cette guerre planétaire.

De tout temps, les empires – voire les nations – ont cherché en temps de guerre à créer des diversions se traduisant souvent par des guerres secondaires qui contraignent l'adversaire à disperser ses forces, donc à affaiblir son effort principal.

Dans la guerre de 1985 – on remarquera que pour une fois ce n'est pas 14-18 non plus que 39-45 – guerre brève d'une vingtaine de jours où, sous la puissance des coups et en raison des affirmations idéologiques de peuples beaucoup mieux informés que dans un passé même très récent, les hostilités armées ne s'éternisent pas, ne peuvent pas se prolonger parce que la civilisation contemporaine ne peut plus le supporter. C'est un match en un round où les spectateurs montent éventuellement sur le ring.

Le lecteur, muni d'un bon atlas, verra donc chacun des protagonistes s'efforcer de déstabiliser les régions ou pays que le général Hackett qualifie de façon fort heureuse de « périphériques vitaux ». Il s'agira d'abord d'une tentative soviétique de mettre le feu à l'Amérique centrale. Soviétiques et Cubains exerceront une première pression sur le Salvador et sur le Venezuela. Le Guatemala, le Costa Rica, Panama, la Guyana (un pays que le lecteur découvrira) d'avant-guerre et tels qu'ils se conduisent pendant la guerre, défileront sous ses yeux. S'agissant de cette membrane sensible qui les relie à l'Amérique du Sud, les Etats-Unis, qui en ont vainement brandi pendant trente ans la menace, en viennent immédiatement et d'instinct aux moulinets du « big stick », du « gros bâton » qui leur fait révérer la mémoire de Theodore Roosevelt. Un homme celui-là! Cette fois, le pays géant, l'Amérique qui, contrairement aux pronostics, n'a pas perdu sur le front d'Europe et qui joue partout son va-tout, est parfaitement comprise des petits. Cuba s'aligne. L'Amérique latine promet d'être bien sage et tient sa promesse.

Chapitre par chapitre, on pourrait écrire le résumé de ce livre riche et massif. Car le problème du Moyen-Orient se pose aussi, qui n'est pas mince affaire et qui a, de ce fait, droit à un historique. Le puzzle africain est démonté et plus ou moins reconstitué. L'Afrique du Sud se taille un morceau de roi – de monarque sanguinaire. L'Asie des moussons (l'A.S.E.A.N : Association des Nations du Sud-Est Asiatique) a sa place dans cette stratégie globale et aussi l'océan Indien et sa perle : la base de Diego Garcia. Et voici les mouvements puissants et lents du formidable Extrême-Orient : U.R.S.S., Chine, Japon. De tout cela, de toutes ces folles imbrications d'un monde fini et qui se refuse à l'être, de toutes ces visions géopolitiques, je ne retiendrai que quelques points.

D'abord le règlement, en cours de guerre, de l'affaire du Moyen-Orient. Selon le scénario que développe le livre, les Etats-Unis, mettant en balance le pétrole du Golfe et Israël, lâchent les Sionistes pour les Arabes. Là, le général Hackett croit au Père Noël. Jamais le Pentagone n'abandonnera Jérusalem à son sort. Jamais non plus il n'abandonnera l'Afrique du Sud. Et les Afghans ne gagneront pas tout seuls.

Je ne traiterai pas de la façon dont sont conduites les opérations cn Europc par l'un ct l'autre camp. Je constate que les pays de l'Europe occidentale, y compris ses pays neutres, y jouent un rôle considérable. C'est normal, car contrairement à l'opinion répandue, l'O.T.A.N. et ses alliés constituent au temps des armes conventionnelles intelligentes une barrière militaire non moins considérable. Je ne veux pas déflorer, car c'est bien là ce qui intéressera le plus le lecteur français, cette partie d'un récit dont je soulignerai cependant la parfaite orthodoxie sur le plan des moyens et des techniques mises en œuvre. Dans ce domaine, on est dans une réalité indiscutable qu'il est nécessaire de connaître, c'est-à-dire de vulgariser. C'est là un des mérites de ce livre.

Sautant par-dessus tous les aspects de la bataille militaire, politique et idéologique, j'en arrive au moment où le Politburo, devant l'échec de son plan initial; devant le passage à l'ennemi de sa plus belle unité : la 3e armée de choc du général Ryzanov chargée de la mission principale aux Pays-Bas; devant la défection sinon l'hostilité des républiques de l'Est qui constituent son glacis et qui mettent en péril les infrastructures de sa manœuvre et de sa logistique; devant les clivages qui s'accentuent dans l'empire, le Politburo en vient, bon gré mal gré, non pas à une guerre nucléaire en escaladant tous les degrés qui conduisent de l'arme tactique à l'arme stratégique, en passant par les armes intermédiaires à longue portée, mais il décide d'une frappe nucléaire stratégique d'intimidation, d'un coup de semonce ridicule en soi car hors du contexte, et sans signification parce que tardif. C'est ainsi que le 23 août 1985, à 13 h 30, une ogive soviétique d'une mégatonne explose à 3500 mètres d'altitude au-dessus de Birmingham et l'efface de la carte. A 13 h 50, le même jour, la frappe en retour arrive : quatre charges de 200 à 300 kilotonnes éclatent à 3000 mètres d'altitude au-dessus de Minsk, à une minute d'intervalle. Les effets techniques de cette frappe sont décrits minutieusement en professionnel, ils sont prodigieux. Minsk est la capitale de la Biélorussie, république qui, comme l'Ukraine, supporte mal la tyrannie de Moscou. L'empire craque. Une tragédie de palais dont je laisse au lecteur le soin de démonter les rouages porte au pouvoir un Ukrainien qui propose aussitôt aux Etats-Unis un cessez-le-feu mondial qui prendrait effet le 23 août à 23 h 01.

On assiste alors à ce que l'auteur appelle la désintégration de l'empire soviétique.

En matière de conclusion je mettrais l'accent sur deux ou trois points qui m'apparaissent comme capitaux.

Le premier est que, plus que le récit d'une guerre, ce livre constitue une indispensable vision stratégique du monde avant et après une guerre planétaire toute proche. Vision très architecturée, appuyée sur une remarquable documentation et une très fine analyse des forces et des situations. Le deuxième est que ce « conte moral », selon l'expression même du général Hackett, serait vulgaire si le mot était pris dans le contexte manichéen du bon et du méchant. Il serait donc « moral » que le méchant perde.

Pour une juste interprétation, il faut viser plus haut mais tout le monde n'atteint pas au niveau de pensée de ce relatif méconnu de génie qu'est le colonel Ardant du Picq, tué pendant la guerre de 1870. Dans des textes hautement documentés et dans une écriture à la Retz, il a traité, seul en son temps, de la victoire des « forces morales ». Or, dans cette guerre planétaire, ce qui nous intéresse est que les forces morales ont flanché chez les Soviétiques. J'entends par ce mot ce qu'entendit Ardant du Picq, ce par quoi se traduit la véritable valeur d'un pays : la force morale de ses combattants. Or le général Hackett, officier de haute culture, est certainement un familier d'Ardant du Picq, qui, pour les penseurs militaires, est un classique. Et c'est parce qu'il sait que l'homme n'est « capable que d'une certaine quantité de terreur », ainsi que l'a écrit notre colonel philosophe, qu'il peut faire pivoter une guerre planétaire autour de la colonne de feu de Minsk.

Georges BUIS.

Zones couvertes par les cartes

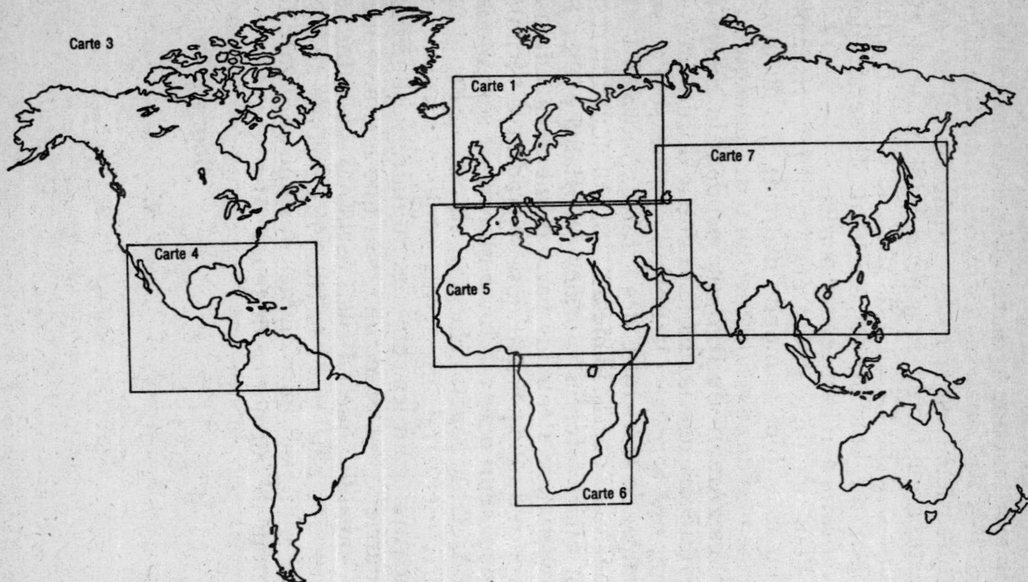

TABLE DES CARTES

Les zones couvertes par les cartes principales sont indiquées ci-contre.

ABRÉVIATIONS

AAFCE	Forces aériennes alliées Centre-Europe
ACE	Commandement allié pour Europe
AEW	Système aéroporté de détection lointaine
AFCENT	Forces Alliées Centre-Europe
AFNORTH	Forces Alliées Nord-Europe
AFSOUTH	Forces Alliées Sud-Europe
ALCM	Missile de croisière lancé d'avion
A.N.T.	Arme nucléaire de théâtre
AWACS	Système embarqué d'avertissement et de contrôle
BALTAP	Approches de la Baltique
B.M.P.	Véhicule de combat blindé d'infanterie soviétique
B.T.R.	Véhicule de transport blindé d'infanterie soviétique
CENTAG	Groupe d'armées Centre-Centre-Europe
CINCENT	Commandant en chef des Forces Alliées Centre-Europe
CINCNORTH	Commandant en chef des Forces Alliées Nord-Europe
CINCSOUTH	Commandant en chef des Forces Alliées Sud-Europe
CINCUSNAVEUR	Commandant en chef des Forces navales des Etats-Unis en Europe.
COMAAFCE	Commandant des Forces Alliées aériennes Centre-Europe
EWO	Officier de guerre électronique

FINUL	Force d'intervention des Nations Unies au Liban
GLCM	Missile de croisière lancé du sol
IFF	Identification électronique ami-ennemi
JACWA	Commandement allié unifié des Approches de l'Ouest
MIRV	Vecteur à charges multiples à objectifs indépendants
NADGE	Infrastructure électronique de la défense aérienne de l'O.T.A.N.
N.B.C.	Nucléaire-Bactériologique-Chimique
O.E.A.	Organisation des Etats américains
O.U.A.	Organisation de l'Unité africaine
NORTHAG	Groupe d'armées Nord-Europe
P.C.U.S.	Parti communiste de l'Union Soviétique
SACEUR	Commandant suprême des Forces Alliées en Europe
SACLANT	Commandant suprême allié de l'Atlantique
SAM	Engin sol-air
SHAPE	Grand Quartier Général des Puissances Alliées en Europe
S.N.L.E.	Sous-marin nucléaire lanceur d'engins
SOUTHAG	Groupe d'armées Sud-Europe
U.K.A.D.	Défense aérienne du Royaume-Uni
U.S.A.F.	Forces aériennes des Etats-Unis
U.S.A.R.E.U.R.	Forces terrestres des Etats-Unis en Europe
V/STOL	Avion à décollage court/vertical

LE MONDE EMBRASÉ

I

DIES IRAE

En Europe de l'Ouest et aux Etats-Unis, peu furent surpris d'apprendre aux premières heures de ce 4 août 1985 que les forces armées des deux grands blocs avaient engagé une lutte aussi ample que violente. Dans le camp des Etats-Unis et de leurs alliés, les préparatifs de guerre duraient depuis quinzc jours. Les pays du Pacte de Varsovie avaient entamé les leurs un mois plus tôt. Mais la furieuse puissance de l'assaut initial n'en fut pas moins stupéfiante pour ceux du monde occidental – et ils étaient la majorité – qui ne s'étaient pas préoccupés d'extraire du passé les conditions de l'avenir.

Bombes portant la mort et la dévastation à la surface de la terre. Avions explosant en plein ciel. Navires coulés en mer, leurs équipages réduits en bouillie, électrocutés, brûlés vifs, noyés. D'autres hommes succombant à une mort affreuse dans la confusion incandescente de la bataille terrestre. L'humanité venait de se lancer dans une nouvelle guerre mondiale.

Elle était inévitable depuis l'incursion des Soviétiques en Yougoslavie, le 27 juillet, à l'occasion de laquelle les forces des Etats-Unis et celles de l'U.R.S.S. s'étaient pour la première fois affrontées directement sur le champ de bataille. Depuis longtemps, Moscou guettait l'occasion de réintégrer la Yougoslavie de l'après-Tito dans le Pacte de Varsovie. Lorsque la cohésion interne de ce pays s'affaiblit, que la Slovénie commença à prendre ses distances avec le gouvernement fédéral de Belgrade, le prétendu Comité pour la Défense de la Yougoslavie – que patronnaient les Soviétiques – lança contre la Slovénie une opération punitive inopportune qui se solda par un échec. Le Comité demanda alors l'aide de son puissant protecteur. L'occasion était trouvée. Quelques jours plus tard, des unités soviétiques affrontaient les forces américaines dépêchées d'Italie. Effrayé par les conséquences qu'aurait cette crise si elle devenait incontrôlable, Washington s'efforça de calmer les choses et surtout de les entourer du maximum de discrétion possible. En vain. Un caméraman italien particulièrement entreprenant parvint à sortir une bande vidéo tournée en Slovénie. On y voyait des engins téléguidés américains détruisant des chars soviétiques. Elle fut diffusée dans le monde entier. Peu, en Occident, auraient pu dire où se trouvait la Slovénie. Mais tous comprirent que les deux superpuissances s'acheminaient inéluctablement vers la guerre mondiale.

Le point où se focaliserait le conflit ne faisait aucun doute. Il s'agirait de la République fédérale d'Allemagne. Les forces du Commandement Allié Europe (ACE) de l'O.T.A.N. y faisaient face au Groupe des Forces soviétiques en Allemagne, principalement stationnées sur le territoire de ce qui s'appelait encore la République démocratique allemande. C'était en R.D.A. que le Pacte de Varsovie avait entrepris des manœuvres d'une envergure suffisamment impressionnante pour que l'Ouest trouvât vite la confirmation de ce qu'il craignait déjà : il s'agissait en fait d'une mobilisation déguisée. Selon les termes de l'Acte final de la Conférence d'Helsinki sur la sécurité et la coopération en Europe, les puissances étrangères avaient été averties de ces manœuvres. Mais d'autres, d'une ampleur moindre, n'avaient fait l'objet d'aucune notification. Elles se déroulaient en Hongrie et concernaient le Groupe Sud des forces soviétiques. La division aéroportée et les deux divisions de fusiliers motorisées envoyées en Yougoslavie provenaient de celui-ci.

L'Union soviétique avait soigneusement préparé son coup. Si l'Ouest ne faisait rien pour contrecarrer l'invasion du territoire yougoslave, celle-ci porterait des fruits d'une importance non négligeable, et les alliés du Pacte comprendraient clairement la portée de cet avertissement aussi opportun que dépourvu d'ambiguïté. Si l'Ouest se décidait à employer la force, son intervention contre un « pays socialiste épris de paix » justifierait le déclenchement de l'action défensive de grande envergure dont le Pacte de Varsovie achevait la préparation.

La guerre – qui selon certains avait commencé en novembre 1984, dans les mines, les usines et les chantiers navals de Pologne – était désormais certaine. Son déclenchement devenait une question de jours. Les alliés de l'O.T.A.N. poursuivirent la mobilisation de leurs forces armées, qui avait commencé le 20 juillet en R.F.A., le 21 aux Etats-Unis et le 23 en Grande-Bretagne. L'évacuation d'Allemagne des civils américains et britanniques, ainsi que celle des familles des personnels de ces deux nationalités, débuta le 25 juillet. Le même jour arrivèrent les premiers renforts aéroportés destinés à l'U.S.A.R.E.U.R. (Forces terrestres des Etats-Unis en Europe), ainsi que les réservistes des 1er et 2e corps d'armée britanniques, heureusement déployés en Allemagne dès le début du mois à l'occasion d'un exercice.

Au matin du 4 août 1985, beaucoup d'habitants des villes européennes repensèrent à ce mois de septembre 1939 où avait éclaté, presque de la même façon, la nouvelle d'une autre guerre mondiale. Les plus vieux se souvenaient des masques à gaz réglementaires, et de cette certitude que tout allait finir. Quarante-six ans plus tard, ceux qui avaient accès à un abri antiatomique s'y rendirent, ou vérifièrent à tout le moins qu'il était en état de marche et correctement approvisionné. Les autres se demandaient avec une certaine angoisse s'ils avaient été bien avisés de négliger les conseils de la Protection civile. Comme en 1939, les citadins de 1985 s'attendaient au pire. Et comme pour leurs prédécesseurs, le pire n'arriva pas – du moins, pas tout de suite.

Pourtant, certaines villes d'Europe occidentale furent vite soumises au tonnerre imprévisible des bombardements soviétiques. Leurs habitants connurent l'angoisse, l'incertitude. Allaient-ils retrouver les leurs vivants lorsqu'ils rentreraient le soir à la maison? Pourraient-ils seulement retrouver leur foyer, dans la rue transformée en champ de ruines? Les points cruciaux pour l'acheminement des renforts de l'O.T.A.N. à destination de l'Europe continentale furent les premiers touchés. Les ports britanniques de la Manche, ceux de Belgique et des Pays-Bas, subirent dès le premier jour l'attaque des missiles air-sol à longue portée soviétiques. La France n'était pas encore visée. Les aérodromes côtiers, surtout ceux qui accueillaient des transports militaires, et le centre de contrôle du trafic aérien de West Drayton, près de Londres, figurèrent parmi les premiers objectifs atteints. Le Commandement de la défense aérienne du Royaume-Uni (U.K.A.D.), avec son ensemble de systèmes d'alerte, d'escadrons d'intercepteurs, de batteries d'artillerie et de missiles, connut presque d'emblée un déploiement total. Ses installations n'avaient jamais été soumises en vraie grandeur à l'épreuve de ce nouveau type de guerre, où traitement par ordinateur et engins guidés remplaçaient le projecteur à arc et le canon à pointage visuel d'antan. Il faillit succomber sous l'ampleur de l'attaque.

Jusqu'au cercle polaire arctique, le Nord devint le théâtre d'opérations visant à interdire l'acheminement des renforts en provenance du continent américain. L'attaque des ports de l'Atlantique suivit presque immédiatement. Cette fois, de Brest à Dunkerque, la France paya son tribut de ruines.

Il avait fallu un jour aux Soviétiques pour comprendre que la République française était résolue à les affronter activement. Moscou s'était persuadé que les Français, avec ce souci unique de l'intérêt national qui les caractérise, estimeraient plus prudent de rester sur la touche. Pourtant, en dépit de toutes les conséquences néfastes que son retrait de l'O.T.A.N. avaient eues pour la cohésion du dispositif de défense occidental, en dépit de la confiance avec laquelle l'Union soviétique envisageait la réaction de son gouvernement de gauche, la République française remplit scrupuleusement les obligations imposées par le traité de l'Atlantique Nord.

Moscou avait proclamé à la face du monde entier que si la France restait neutre, elle ne serait pas soumise à ses foudres, et que l'opération visant au châtiment préventif de l'O.T.A.N. ne s'étendrait pas au-delà du Rhin. Mais dès la nuit du 3 ou 4 août, Paris avait placé sans hésitation le 2e corps d'armée français stationné en Allemagne sous les ordres du Commandant suprême des Forces Alliées en Europe (SACEUR). Trois nouvelles divisions et un quartier général d'armée suivirent très vite, ainsi que les Forces Aériennes Tactiques françaises, dont le rôle serait d'appuyer les troupes terrestres françaises. Les ports, le réseau ferroviaire, les installations militaires, et surtout les aérodromes et l'espace aérien de la France furent mis à la disposition des Alliés occidentaux. Le bombardement par les Soviétiques de Boulogne, Calais, Dieppe, puis de Brest et d'autres ports ainsi que de nombreux aérodromes intervint peu après.

L'Union soviétique devait concentrer le gros de son assaut aérien et terrestre sur la Région centrale du Commandement Allié en Europe (ACE). A l'intérieur de celui-ci, le SACEUR – un Américain – était responsable des opérations de la pointe septentrionale de la Norvège à la corne sud-est de la Turquie, et du Caucase aux Colonnes d'Hercule. La Région centrale, dont le commandant en chef (CINCENT) était Allemand, s'étendait de la limite sud du Schleswig-Holstein à la Suisse. Les Forces Alliées Nord Europe (AFNORTH), avec à leur tête un général britannique, la flanquaient sur sa gauche, tandis que sa droite était gardée par les Forces Alliées Sud Europe (AFSOUTH), que commandait un amiral américain. Sur les arrières de l'ACE se trouvait la zone de responsabilité du Commandant suprême allié de l'Atlantique (SACLANT), un amiral américain opérant depuis Norfolk (Virginie). Le Commandement allié unifié des Approches de l'Ouest (JACWA), nouvellement créé, s'intercalait entre cette dernière zone et l'ACE.

Le *Götterdämmerung* se jouerait en Allemagne. Mais ce sont les hommes qui font la guerre. Sans eux – est-ce la peine de répéter le truisme ? – la guerre n'existerait pas. Ils y combattent et ils y meurent, ils s'y blessent, s'y détruisent, ils en souffrent. Ils ont semblé jusqu'à présent si parfaitement incapables d'empêcher son retour que certains, et non des moins intelligents, en sont venus à la puérile conclusion qu'il suffirait d'écarter toutes les armes pour rendre la guerre impossible. Parce que toute réflexion sur la guerre et la paix doit avoir pour cœur une réflexion sur ceux et celles qui la font ou la subissent, détournons-nous à présent du décor où allait se jouer la grande tragédie, et découvrons l'un de ses acteurs mineurs, un de ceux dont elle devait dominer l'existence entière, et qui n'aurait pourtant pas la moindre influence sur son issue.

II

ANDREÏ NEKRASSOV

ISSU d'une famille de militaires, Andreï Nekrassov était né à Rostov le 13 août 1961. Son père, ancien officier de l'Armée Rouge, avait été contraint à la retraite anticipée pour raisons de santé. La mère du garçon était morte en couches, et depuis leur plus tendre enfance, lui et son frère aîné rêvaient de la carrière des armes.

En 1976, l'aîné entra à l'Académie de l'Armée de l'Air de Ryazan. Il en sortit quatre ans plus tard et fut affecté, avec le grade d'officier parachutiste, à la 105e division aéroportée de la Garde. L'Afghanistan l'attendait.

En 1978, Andreï s'inscrivit à son tour dans une académie militaire, celle du Commandement des Forces Armées, à Omsk. Andreï était un garçon timide, presque introverti. Il eut la chance de rencontrer un condisciple doté des mêmes dispositions : Dimitri Vassilievitch Makarov, fils d'un universitaire moscovite. Entre les deux jeunes gens se tissèrent bientôt les liens d'une amitié profonde et durable.

Peu avant sa sortie de l'Académie d'Omsk, Andreï apprit la mort de son frère, tué au feu lors d'une opération contre les Moudjahidines. La douleur qu'il ressentit fut accrue par le sentiment que son père allait se retrouver encore plus seul.

En 1982, le ministère de la Défense détacha Andreï en Hongrie, auprès du Groupe d'Armées Septentrional, où on lui attribua le commandement d'un peloton de fusiliers motorisé de la 5e division blindée. Un hasard heureux voulut que Dimitri bénéficie d'une affectation similaire, au sein d'une autre compagnie du même régiment.

En 1984, Nekrassov fut muté à la tête d'une compagnie de fusiliers motorisée, à la 197e division de fusiliers motorisée de la 28e armée, stationnée en Biélorussie. Toutes les unités de la 28e armée appartenaient au Groupe des Forces Soviétiques en Allemagne, mais en temps de paix la majorité se trouvaient cantonnées en Biélorussie. La 28e armée se tenait prête à rejoindre dans les délais les plus brefs le territoire de la R.D.A., où étaient entreposés ses approvisionnements de mobilisation et le gros de son matériel lourd.

En Hongrie, Andreï Nekrassov avait eu sous ses ordres un peloton de trente-deux hommes. En Biélorussie, il reçut le commandement d'une compagnie composée de trois pelotons, mais qui ne totalisait guère plus d'une trentaine d'hommes. Elle ne comprenait, comme ses homologues, que les indispensables spécialistes : officiers subalternes, conducteurs de véhicules de combat d'infanterie B.M.P., et personnel d'armes lourdes. Les autres, servants de mitrailleuses, de fusils mitrailleurs et consorts – ne rejoignaient la compagnie qu'en période de mobilisation. Le degré d'entraînement de ces réservistes était dramatiquement bas, mais personne ne semblait s'en soucier : la quantité palliait le manque de qualité.

En juin 1985 débutèrent en Biélorussie d'importantes manœuvres. Sous le couvert de celles-ci – comme on devait le comprendre plus tard – l'Armée Rouge fut mise en état de mobilisation partielle et nombre de réservistes, issus pour la plupart des républiques islamiques, vinrent grossir les rangs de ses divisions. Après deux mois de remise en train – les hommes avaient quasiment oublié jusqu'au maniement d'armes – on forma les sous-unités. Mais l'ordre de libérer les réservistes, qui devait logiquement suivre, ne vint pas. Au contraire, des instructions furent données pour que l'entraînement se poursuive.

Le lieutenant Nekrassov, matricule R341266, commençait à s'inquiéter. Ses supérieurs avaient présenté sa candidature à l'Académie militaire de Frunze. Pour lui, c'était la promesse d'échapper à cette vie étouffante d'officier subalterne pour s'adonner à des tâches plus créatives. Il avait déjà passé les premiers examens médicaux, sa convocation pour l'épreuve d'entrée lui était parvenue – il devait se trouver à Moscou le 10 août. Mais l'entraînement des réservistes s'éternisait. S'il ratait cette session, aurait-il la chance d'être présenté l'année prochaine?

Il ne restait que deux semaines avant l'examen. La seule consolation du jeune homme était que nombre d'autres officiers, eux aussi candidats à des académies militaires, demeuraient également dans l'expectative. L'un d'eux n'était autre que Dimitri Vassilievitch Makarov, affecté à l'un des régiments de fusiliers motorisés de la division.

L'exercice du 26 juillet concerna le chargement et le déchargement d'équipements lourds destinés à être convoyés par chemin de fer. Peu après, la 197e division effectua une marche nocturne de 200 kilomètres. Au matin, elle se mit à couvert, occupant une vaste portion d'une forêt dense. Les officiers savaient que l'on se trouvait déjà en territoire polonais. Pas les hommes. Ils n'avaient pas le droit de se munir de cartes, et on ne leur apprenait pas à les lire – car les troupes soviétiques devaient pouvoir se battre n'importe où, sans discuter.

Dans les clairières de l'épaisse forêt, des abris camouflés capables de recevoir des milliers de véhicules avaient été préparés. L'initiative paraissait à la fois louable et surprenante.

Le soir suivant, la division repartit vers l'ouest. Au matin, elle se remit à couvert dans les bois, occupant des positions qu'une autre division venait visiblement de quitter.

Ces mouvements de troupe, Nekrassov le pressentait, étaient d'une ampleur inaccoutumée. Un exercice? Bien sûr. A ceci près qu'il s'accompagnait d'un travail idéologique particulièrement intense. Des commissaires politiques de tous niveaux s'activaient en réunions, en entretiens individuels, avec un souci de convaincre dont ils ne faisaient ordinairement pas preuve. Autre point remarquable : durant les manœuvres, les chars, l'artillerie, les mortiers, les B.M.P. et les autres engins de combat recevaient ordinairement des munitions d'exercice ou des munitions à blanc. Cette fois-ci, la division reçut des munitions de tir réel.

Au soir du 1er août, des officiers de l'Etat-Major effectuèrent une tournée d'inspection. Ils remarquèrent certains manquements et donnèrent ordre d'y remédier immédiatement, mais dans l'ensemble leur impression fut favorable.

A 23 h 00 dans la nuit du 3 au 4 août, la division fut mise en état d'alerte maximum. Les bataillons, les compagnies qui occupaient les clairières de la grande forêt se tenaient au garde-à-vous. L'air était tiède, parfumé. Lecture fut alors donnée d'un message émanant du gouvernement de l'Union soviétique. Les forces de l'O.T.A.N., annonçait-il, venaient d'attaquer traîtreusement les troupes de pays socialistes. Officiers, sous-officiers et hommes du rang de l'Armée Rouge devaient donc faire leur devoir, se battre jusqu'au bout et écraser dans sa tanière l'hydre impérialiste. Les soldats se répandirent en vivats, comme ils étaient censés le faire. Nekrassov contemplait rêveusement la foule des treillis gris-vert. Combien de temps ce bel enthousiasme allait-il durer ? Le premier combat mettrait au jour les défauts de la cuirasse soviétique : mauvaise coordination des diverses armes, ou manque de pratique de l'infanterie. Et ce n'étaient que des exemples.

Mais Nekrassov se consola en évoquant la sagacité du Haut Commandement. L'ennemi venait à peine d'entamer son action belliqueuse, que déjà les divisions soviétiques, renforcées de leurs réservistes et pourvues de leur matériel, occupaient leurs positions. Comment Moscou avait-il pu si parfaitement anticiper les intentions perfides des Occidentaux ? Il y avait là matière à réflexion.

Le ciel était encore sombre lorsque Nekrassov sortit de l'abri de branchages où il venait de passer la nuit. Le temps avait brutalement changé; maintenant, il faisait froid. Par chance, il ne pleuvait pas. Emmitouflé dans sa capote, encore gourd d'un mauvais sommeil, le jeune homme s'absorba dans ses pensées. La 197ᵉ division de fusiliers motorisée se trouvait actuellement déployée au nord-ouest de Kassel; ce matin, elle engagerait le combat, vraisemblablement contre des troupes britanniques. Lorsque le sergent-major, un Ukrainien herculéen du nom d'Astap Beda, vint lui présenter son rapport, il l'écouta avec plus d'attention que d'habitude, et surveilla les préparatifs avec un soin inaccoutumé.

Lorsque ses effectifs étaient complets, la compagnie aux ordres de Nekrassov comprenait 105 hommes, répartis dans les dix véhicules blindés B.M.P. qui les mèneraient au combat. Ceux-ci attendaient, disposés de 30 mètres en 30 mètres à la lisière d'une clairière. Les hommes s'activaient autour, tentant d'ignorer le fracas sourd des coups de feu, vers l'ouest, et malgré tout soulagés qu'on ne leur ait pas ordonné de revêtir leurs malcommodes combinaisons N.B.C.

Chaque B.M.P. emportait quatre roquettes antichars *Malyutka* M, un canon automatique de 73, deux mitrailleuses PKTM de 7,62, un lance-roquettes anti-aérien *Strela* 2-M, un lance-grenades antichar RPG-16, dix lance-grenades *Mukha* à un coup, que l'on jetait après s'en être servi, une carabine de précision, et dix fusils automatiques *Kalachnikov.* C'était une petite armée complexe que commandait le lieutenant Nekrassov, mais il en connaissait chaque arme et avait fait de son mieux pour en comprendre les hommes – ce qui n'était guère aisé, car on parlait une bonne demi-douzaine de langues au sein de la compagnie. Les postes clefs étaient généralement tenus par des Russes, ou à tout le moins par des hommes possédant une bonne pratique de la langue. Le conducteur du B.M.P. de Nekrassov, un être silencieux et toujours aux aguets du nom de Boris Ivanienko, venait de Poltava. Etait-ce un informateur? Le lieutenant n'aurait pu le dire, mais il lui avait peu à peu accordé une certaine confiance. Maintenant, à quelques heures de la bataille, il se sentait réconforté de l'avoir à ses côtés.

Un autre de ses hommes que Nekrassov en était venu à bien connaître s'appelait Youri Youssupof. Il était originaire de Kazan, sur la Volga. Le lieutenant avait eu l'occasion de lui dire un mot gentil, peu après son arrivée au sein de la compagnie et l'autre, complètement affolé par ce monde inconnu dans lequel on le plongeait, avait immédiatement voué à son chef une affection quasi canine. Théoriquement, les officiers subalternes de l'Armée Rouge n'avaient pas droit à une ordonnance, mais la coutume voulait qu'un homme du rang remplisse ce rôle. Ainsi, dans la compagnie N° 3, Youri devint l'ordonnance du lieutenant, s'acquittant de sa tâche avec une dévotion émouvante et efficace.

Il manquait encore huit hommes à la compagnie de Nekrassov pour atteindre l'effectif réglementaire maximum. Trois de ces compagnies, plus une batterie de mortiers de 82 capables de tirer 120 coups à la minute, composaient un bataillon. Trois de ces bataillons, plus un bataillon de chars, un bataillon d'artillerie et six compagnies spécialisées – reconnaissance, défense aérienne, lance-roquettes multiples, transmissions, génie, transports – formaient le régiment. Les deux autres régiments que comportait la 197e division étaient organisés selon la même structure, mais au lieu d'être équipés de B.M.P. – véhicules de combat – ils avaient reçu des transports blindés B.T.R. La division comportait en outre un régiment de chars, un régiment d'artillerie automotrice, un régiment de lutte antiaérienne, une unité de reconnaissance, une unité de transmissions, une unité de roquettes, une unité antichars, des services médicaux, d'entretien et de défense contre les armes chimiques – sans parler de deux ou trois bataillons du K.G.B.

Au matin du 7 août, la 197e division de fusiliers motorisée devait relever la 13e division de fusiliers motorisée de la Garde, qui depuis trois jours menait une lutte ingrate contre le 1er corps d'armée britannique.

Avant même qu'elle ait franchi la frontière des deux Allemagnes, la 197e division se heurta aux forces aériennes de l'O.T.A.N. et essuya de lourdes pertes. Celles-ci n'étant pas enregistrées avec l'exactitude et la rapidité souhaitables, l'intendance continuait imperturbablement à livrer le même nombre de rations.

Le sergent-major versa donc à Nekrassov le double de la dose réglementaire de vodka – qui était de 100 grammes – et lui remit deux biscuits au lieu d'un.

« Comment sont les hommes ? » demanda le jeune officier. Il contemplait un point de l'horizon que désignait l'ombre longue des hauts pins.

« Ils ont faim, camarade lieutenant. Et ça les rend sauvages.

– La sauvagerie n'est pas une mauvaise chose. » Nekrassov fixa son laryngophone. « Tout est prêt ? Alors, allons-y. »

Il lança l'ordre.

Immédiatement, les moteurs des dix B.M.P. commencèrent à gronder et la compagnie s'élança dans l'aube brumeuse, vers un destin incertain qu'aucun de ses membres ne trouvait particulièrement réjouissant.

L'ÉQUILIBRE DES FORCES

III

L'ÉTAT DE L'ALLIANCE

Après la Seconde Guerre mondiale – qui, d'une certaine façon, ne fut que la continuation logique de la première – l'arsenal des armes de destruction de masse s'enrichit d'une nouveauté terrifiante. Or, l'Union soviétique était parvenue à tourner à son propre avantage la peur universelle de l'holocauste nucléaire; elle favorisa l'éclosion et l'épanouissement, au sein du monde occidental, de prétendus « mouvements pacifistes » qui connurent leur heure de gloire pendant les années 50, au temps de l'Appel de Stockholm, du Conseil mondial pour la Paix et autres manifestations, discrètement dirigées et généreusement financées par Moscou. La première cible de cette offensive pacifiste était les Etats-Unis d'Amérique.

Au début des années 80, le tempo des manifestations antinucléaires s'accéléra. De gigantesques rassemblements furent organisés en Allemagne, en France, aux Pays-Bas, en Belgique, en Grande-Bretagne et aux Etats-Unis; ces derniers y étaient systématiquement désignés comme le grand méchant loup de la fable : « Que l'Occident belliqueux réduise son armement, criait-on, et la pacifique Union soviétique – suivie par ses dévoués comparses – imitera cet exemple. » Mais il n'y eut jamais la moindre manifestation analogue de l'autre côté du Rideau de fer.

L'adresse avec laquelle furent ainsi utilisées, au profit de l'U.R.S.S., les peurs légitimes des honnêtes gens, peut sembler aujourd'hui incroyable. Mais avec le temps, le bon sens finit par regagner du terrain, et la vanité des arguments brandis par ceux qui prônaient un désarmement unilatéral apparut enfin au grand jour. A l'été 1983, les choses s'étaient calmées et les dégâts, pour être considérables, n'avaient rien d'irréparable. L'offensive pacifiste de l'Union soviétique n'était pas parvenue à entamer le potentiel de défense de l'Ouest.

Outre le sentiment de malaise général qu'elle induisait, la politique nucléaire était l'une des causes du manque d'unité existant entre les Alliés occidentaux – mais seulement l'une des causes : il fallait signaler également, aussi vague fût-elle, la différence de style qui caractérisait l'action des gouvernements, de part et d'autre de l'Atlantique. Sur la rive américaine, une seule élection avait suffi à remplacer le centrisme incertain d'une présidence démocrate par le rigorisme hautement proclamé des républicains, même si, chez ces derniers, l'action ne correspondait pas toujours à la parole. Ni l'une ni l'autre de ces options ne séduisait les leaders européens – à l'exception peut-être du Premier Ministre britannique : ils préféraient une approche plus patiente, plus équilibrée et moins aventureuse de la chose politique. Dans le renforcement de la Communauté européenne, ils payaient en lenteur le prix de leur prudence; celle-ci ne s'était jamais vraiment remise, sur le plan de son influence mondiale, des échecs de la Communauté politique européenne et de la Communauté européenne de défense, en 1954.

Il fallut attendre 1981 pour que la proposition Genscher-Colombo concrétise une nouvelle volonté de fonctionnement. En l'adoptant en 1983, les membres de la Communauté – vite rejoints par l'Espagne et le Portugal – se dotèrent d'un outil de prise de décisions et de l'appareil embryonnaire nécessaire à transformer celles-ci en actes. Le grand mérite de cette proposition était son réalisme : elle prenait la situation pour ce qu'elle était. Le Conseil européen, composé des chefs de gouvernement des Etats membres de la Communauté, devenait l'instance suprême pour les prises de décisions concernant le fonctionnement ordinaire de la Communauté et, point capital par rapport à l'objet du présent ouvrage, pour les prises de décisions relatives aux questions de politique étrangère, opérées conjointement par les Etats membres.

Mais, outre le manque d'unité régnant au sein de la Communauté européenne, un autre facteur gênait ses rapports avec les Etats-Unis : aucun des deux ne parvenait pas à s'accorder sur la défense, au niveau mondial, de leurs intérêts propres ou communs. Ces dissensions avaient été particulièrement mises en lumière par les questions du Moyen-Orient et de la politique nucléaire. Les Américains avaient cru que le déploiement, en Europe occidentale, d'armes nucléaires de théâtre (A.N.T.) répondrait aux vœux des Européens, qui se sentaient eux-mêmes menacés par l'installation, sur le territoire de l'Union soviétique, de systèmes de missiles dont ils étaient indubitablement la cible potentielle. Et la réaction des Européens devant leur initiative avait déçu les Américains. L'ouverture de négociations sérieuses avec l'Union soviétique, fin 1981, réduisit partiellement les problèmes soulevés par une telle divergence de vues; cette négociation devait déboucher sur les accords START (Strategic Arms Reduction Talks – Entretiens sur la Réduction des Armes Stratégiques). Ce fut également l'occasion de réaffirmer le rôle propre de l'effort de défense européen à l'intérieur de l'Alliance atlantique. S'il était parfaitement légitime pour les Européens de désirer se doter de missiles nucléaires analogues à ceux qui les menaçaient, ou de vouloir provoquer par le biais d'une négociation la réduction ou le démantèlement, dans les deux camps, de tels systèmes d'armes, la réalisation de ces souhaits ne réglait pas le terrible dilemme auquel les dirigeants occidentaux risquaient d'être confrontés : s'ils s'avéraient incapables de contenir l'avance en Europe de forces soviétiques conventionnelles, prendraient-ils l'initiative de recourir à l'arme nucléaire ?

Les nouvelles A.N.T. devaient logiquement faire partie intégrante de la stratégie de dissuasion, qui avait si bien fonctionné depuis que l'Union soviétique s'était dotée de l'arme nucléaire. L'action des mouvements pacifistes avait au moins eu l'avantage de mettre sur la sellette le problème crucial de la riposte graduée. En effet, les forces conventionnelles occidentales ne seraient en aucun cas capables d'enrayer l'avance de leurs homologues soviétiques, considérablement plus puissantes. Pour l'Ouest, le choix serait donc simple : soit abandonner à l'assaillant une vaste portion du territoire européen, soit mettre un terme aux opérations militaires par l'emploi sélectif et limité des armes nucléaires. Le répit ainsi ménagé permettrait de chercher un terrain d'accord, et laisserait entendre aux Soviétiques que les Occidentaux n'hésiteraient pas à franchir tous les degrés nécessaires pour empêcher une victoire soviétique.

Ce déséquilibre des forces conventionnelles des

deux blocs prenait ses racines dans les années 50, époque où la supériorité nucléaire américaine semblait un argument de dissuasion suffisant pour éviter le déclenchement d'un conflit sur le théâtre européen. Aux yeux des politiciens, cet état de choses présentait sur le plan financier un avantage décisif : il leur permettait de traiter impunément en parent pauvre l'armement conventionnel. Longtemps après la fin de la suprématie nucléaire américaine, les mêmes politiciens en étaient venus à se persuader que l'Occident ne pouvait s'offrir le potentiel conventionnel requis sans réduire ses dépenses sociales – dont on estimait généralement qu'elles étaient seules capables d'éviter la désagrégation accrue de la société.

Un génie méconnu eut alors une idée, et parvint à la faire accepter par ses maîtres européens : puisqu'il existait une méfiance populaire envers les armes nucléaires, on pouvait persuader l'opinion qu'un accroissement du potentiel conventionnel rendrait à celles-ci leur destination dissuasive primitive, à l'exclusion des autres, plus douteuses. En effet, si les forces conventionnelles occidentales avaient de bonnes chances de contenir ou de retarder suffisamment une attaque de leurs homologues soviétiques, l'initiative du recours à l'arme nucléaire deviendrait le problème de Moscou; l'Ouest devrait donc disposer d'A.N.T. pour dissuader l'autre camp de se laisser tenter par ladite initiative.

Mais la création d'un système de défense conventionnel européen était au-delà des possibilités financières individuelles des pays concernés. Pour l'obtenir, il faudrait en passer par une amélioration de la coopération à l'intérieur de la Communauté et par une répartition équitable des charges – c'est-à-dire par la mise sur pied d'un système de défense européen intégré.

Ceci aurait pour avantage supplémentaire de combler l'un des fossés qui séparaient l'Europe de l'Ouest des U.S.A. : ceux-ci avaient l'impression de participer plus qu'il n'était légitime à la défense des intérêts occidentaux. Pour eux, il incombait donc aux Européens de pallier sur leur propre territoire toutes les défaillances du système commun, dans la mesure où le potentiel américain était mobilisé ailleurs par la défense des intérêts occidentaux. Mais aux yeux de nombre d'Européens, cette solution présentait deux inconvénients majeurs : elle entraînerait un accroissement considérable des charges financières, et donnerait l'impression que l'Europe accordait à la politique étrangère américaine son soutien inconditionnel en ce qui concernait le reste du monde; pareil chèque en blanc était difficile à signer.

L'ensemble du monde occidental industrialisé – y compris le Japon – avait bien conscience que si le pétrole arabe tarissait, cela entraînerait un ralentissement, voire un arrêt pur et simple de l'industrie. Aux Etats-Unis, plusieurs administrations successives, soumises à la pression de puissants groupes politiques, avaient choisi d'ignorer un simple fait : en s'assurant le contrôle du flux pétrolier, on inciterait les pays arabes à porter un plus grand intérêt à la résolution du problème palestinien. Cette réticence à prendre les choses de front compliqua encore les rapports que les Etats-Unis entretenaient avec l'Europe, dont les dirigeants pouvaient porter sur la question du Moyen-Orient un regard plus dégagé.

Ce fut, assez bizarrement, le premier ministre israélien qui facilita la sortie de ce labyrinthe, grâce à l'annexion du Golan et l'annulation subséquente de l'accord stratégique qui liait l'Etat hébreu aux U.S.A. et qui avait provoqué en Europe une véritable levée de boucliers. Les relations entre Israël et les Etats-Unis se tendirent; ces derniers furent en mesure d'adopter au Moyen-Orient une politique qui prenait davantage en compte la position des pays arabes, et par là même correspondait mieux aux vues de l'Europe occidentale. Ce processus leva le dernier obstacle qui interdisait encore aux Européens d'adopter la doctrine américaine, selon laquelle il leur incombait de pallier sur leur propre territoire les défaillances du système de défense commun. Ce fut un nouvel argument en faveur du renforcement des forces conventionnelles européennes.

Le sommet occidental de 1982 ne tenta pas seulement de définir les politiques d'ensemble qui devaient permettre au monde occidental de sauvegarder son accès aux matières premières et de jouer de sa suprématie économique pour influer sur les événements mondiaux et mettre le holà à l'aventurisme soviétique; il fit également le premier pas vers l'élaboration d'un cadre qui rendrait possible la mise à exécution des décisions motivées par ses résolutions. La simple extension des zones d'action de l'O.T.A.N. – qui, rappelons-le, se limitaient à l'Europe, à la Méditerranée et à l'Atlantique Nord – ne fut pas possible, car tous les membres de l'Alliance n'étaient pas prêts à l'accepter. Ceux qui étaient décidés à intervenir le cas échéant hors des zones définies par le Traité résolurent donc de se doter des moyens nécessaires, et confièrent cette nouvelle tâche au Western Policy Staff. Celui-ci eux à peine deux ans pour se mettre à l'œuvre et faire la preuve de son utilité.

Plus difficile à résorber fut le désaccord résultant des différences de style, de rythme, en vigueur sur les deux rives de l'Atlantique. Aux beaux jours de l'Alliance, on avait bien employé l'expression de « Communauté atlantique », mais elle n'avait jamais eu qu'une valeur rhétorique, et l'apparition de la Communauté européenne, à laquelle la majorité des membres européens de l'Alliance entendait bien consacrer leurs forces, l'avait encore enfoncée dans l'ombre. On se contentait donc, bon gré mal gré, de la notion de « marché transatlantique ». Selon les termes de ce marché, les Etats-Unis considéreraient une attaque contre l'Europe comme une attaque contre leur propre territoire; l'Europe, quant à elle, participerait dans une proportion équitable à sa propre défense. Une divergence de vues entre les deux partenaires, sur ce qui était équitable et ce qui ne l'était pas, risquait de mettre le marché en danger; il en allait de même si les Etats-Unis estimaient que le jeu des circonstances les contraignait à reporter leur attention sur d'autres parties du monde, comme cela avait été le cas lors du conflit vietnamien.

Le style décapant de l'administration républicaine, au début des années 80, et l'attention croissante que les Etats-Unis accordaient au Moyen-Orient, à l'Asie du Sud-Est et à l'Amérique centrale, coïncidèrent avec l'augmentation du bruit que provoquait en Europe la question du désarmement nucléaire. Ils coïncidèrent également avec un certain jeu d'enchères mené par les partis politiques mineurs de Belgique et des Pays-Bas, qui aboutit à la réduction de l'effort de défense, en termes d'armement conventionnel, de ces pays. Ceux-ci exprimèrent en outre leur répugnance à laisser s'installer sur leurs territoires nationaux les nouvelles A.N.T. Et l'Europe ne manqua pas de remarquer qu'à un moment où l'on parlait beaucoup de sanctions économiques dirigées contre l'U.R.S.S. pour répondre à l'invasion de l'Afghanistan et à la prise du pouvoir en Pologne par une junte militaire, les Etats-Unis paraissaient incapables d'appliquer autrement que de façon ponctuelle la seule mesure de rétorsion qui semblait efficace à l'homme de la rue, savoir la cessation des exportations de céréales vers l'Union soviétique. Et ce, simplement parce que les fermiers du Midwest, dont le vote pesait lourd dans la balance de l'administration américaine, auraient vu d'un très mauvais œil la perte de cet important marché.

Ce fut une chance pour l'Occident que la guerre n'éclatât pas plus tard qu'elle ne le fit : sur un certain plan, les routes que suivaient l'Europe et les Etats-Unis étaient en train de diverger.

IV

LES ARSENAUX NUCLÉAIRES

Au début des années 70, l'Union soviétique avait atteint la parité, en termes d'armement nucléaire stratégique, avec les Etats-Unis. Les accords SALT (Strategic Arms Limitation Talks – Entretiens sur la Limitation des Armements Stratégiques) fixèrent en mai 1972 un plafond au nombre des missiles stratégiques et limitèrent par un traité la prolifération des systèmes de défense antimissiles. Ceci pouvait donner à penser que les deux superpuissances avaient accepté le principe de la destruction mutuelle (M.A.D. – Mutual Assured Destruction), mais tel n'était pas le cas. Pour l'U.R.S.S., la dissuasion reposait sur la capacité affichée à mener une guerre nucléaire, à la gagner et à y survivre. Les Etats-Unis, quant à eux, tablaient sur l'avantage que leur conférait leur supériorité technologique. Dans les deux camps, la décennie vit l'accroissement notable du nombre des ogives stratégiques et l'amélioration de la précision de tir des missiles. Au cours de cette période, l'U.R.S.S. parvint à réduire dans une proportion importante son retard technologique vis-à-vis des U.S.A. De plus, le pouvoir destructeur de l'arsenal stratégique de ces derniers, qui était presque trois fois supérieur à celui de l'U.R.S.S. à la fin des années 70, se vit rattrapé puis dépassé par lui au début des années 80. Dans le domaine des bombardiers et des sous-marins, les U.S.A. conservaient l'avantage; de même, les marines occidentales possédaient la suprématie en ce qui concernait la lutte anti-sous-marine. Mais pour les missiles balistiques intercontinentaux (I.C.B.M.), l'U.R.S.S. garderait une bonne longueur d'avance, jusqu'à ce que le *Trident* II, un missile balistique embarqué à bord d'un sous-marin et extrêmement précis, puis l'I.C.B.M. MX ramènent la balle dans le camp des Etats-Unis aux environs de 1985.

Lorsque l'on prit en compte le soin qu'apportait l'U.R.S.S. à développer sa protection civile, ainsi que celle de son industrie et de ses structures gouvernementales, il fut clair que la première moitié de la décennie 80 inaugurerait pour ce pays une « fenêtre de vulnérabilité » selon l'expression de Henry Kissinger. L'U.R.S.S. avait l'avantage dans le domaine du nucléaire stratégique, et entendait bien en profiter pour exercer une pression maximum dans les affaires internationales. Si elle n'arrivait pas à ses fins, il lui restait toujours la possibilité de la guerre ouverte contre les forces de l'O.T.A.N., sur le champ clos de l'Europe. Mais d'une façon ou d'une autre, la fameuse « fenêtre de vulnérabilité » ne demeurerait ouverte que quelques années.

Quelles qu'aient été les conséquences de cette constatation dans le domaine de la stratégie nucléaire intercontinentale, ce fut dans celui des armes nucléaires de théâtre (A.N.T.), de portée plus courte, qu'incertitudes et divisions critiques apparurent au sein de l'Alliance atlantique. Au début des années 80, le malaise que la menace nucléaire provoquait en Occident fut très efficacement exploité par l'U.R.S.S., grâce à une propagande massive, et avec une virtuosité indiscutable.

Lors de l'instauration de la parité nucléaire entre les deux superpuissances, leur vulnérabilité réciproque devint, aux yeux de l'Alliance, beaucoup moins importante que celle de l'Europe face à une agression nucléaire. Quelque avantage ponctuel que les deux grands puissent obtenir de la précision accrue du tir, de la mobilité des lanceurs, du raffinement de leurs cachettes, etc., il n'en demeurait pas moins qu'aucun ne pouvait espérer assener à l'autre un coup suffisamment rude pour lui interdire des représailles dévastatrices. Et la question cruciale que l'on commença à se poser au cours des années 70 était la suivante : en cas de guerre, à partir de quel seuil de difficulté de leurs alliés européens les Etats-Unis prendraient-ils l'initiative d'une attaque directe de l'Union soviétique? La certitude de terribles représailles ferait de toute façon hésiter la Maison Blanche. Y avait-il un autre terme à l'alternative? Incertains quant à l'esprit de sacrifice dont feraient preuve, dans une situation critique, leurs alliés d'outre-Atlantique, les Européens lancèrent le débat sur les A.N.T. et leur modernisation; et l'U.R.S.S. ne manqua pas d'exploiter à son profit les dissensions qui s'ensuivirent au sein de l'Alliance.

La mise en service, à la fin des années 70, du missile balistique SS-20 et du bombardier *Backfire* – selon la dénomination de l'O.T.A.N. – donna à l'U.R.S.S. la possibilité de frapper, à partir de son propre territoire, tous les objectifs importants de l'Europe occidentale. Aucun des missiles basés à terre de l'O.T.A.N. ne possédait une portée assez grande pour franchir les frontières de l'Union soviétique, et sa poignée de bombardiers nucléaires, quoique ayant un rayon d'action suffisant, ne pouvaient raisonnablement pas espérer réussir une pénétration. Quant aux quatre centaines d'ogives *Poseidon* embarquées à bord de sous-marins, elles relevaient du SACEUR (Supreme Allied Commander Europe – Commandant suprême des forces alliées en Europe) et leur emploi risquait de provoquer une riposte soviétique dirigée contre le territoire des U.S.A.; et si ces derniers se résolvaient à utiliser leurs I.C.B.M., une telle riposte ne serait plus probable, mais certaine.

Pour pallier le déséquilibre des arsenaux nucléaires de théâtre, l'O.T.A.N. décida, en décembre 1979, d'installer chez ses alliés européens 572 missiles américains d'une précision et d'une portée supérieures à ceux qui s'y trouvaient déjà. Ainsi, en Allemagne, 108 *Pershing* II remplaceraient les *Pershing* 1-A; 464 missiles de croisière lancés du sol (GLCM), avec une portée de 2400 km et un système de guidage extrêmement performant, seraient répartis entre le Royaume-Uni, la R.F.A., et l'Italie.

Cette décision, qui ne visait qu'à corriger un déséquilibre critique, fut interprétée par l'U.R.S.S. comme une volonté des Occidentaux d'obtenir la suprématie stratégique en Europe : le nouvel arsenal donnerait aux U.S.A. la possibilité de frapper le territoire national de l'Union soviétique sans utiliser leurs forces stratégiques centrales, et donc sans risquer d'encourir de riposte directe.

En Europe, le malaise s'aggrava. La portée, la souplesse et la précision accrues des *Pershing* II et des missiles de croisière augmentaient les possibilités de conflit nucléaire se déroulant sur le sol européen, et dont les U.S.A. sortiraient indemnes – scénario que les militaires américains risquaient de trouver un peu trop séduisant.

Concurremment à cette prise de mesures, l'O.T.A.N. avait proposé le début de négociations visant à réduire dans les deux camps le nombre des A.N.T. Des représentants des U.S.A. et de l'U.R.S.S. se rencontrèrent à Genève durant l'automne 1980, mais l'arrivée au pouvoir d'une nouvelle administration américaine interrompit le dialogue. On était tout de même parvenu à une définition un peu plus claire des positions respectives.

En février 1981, lors du 26e congrès du P.C.U.S., Brejnev proposa l'instauration d'un moratoire sur les nouveaux missiles à moyenne portée dès la reprise réelle des négociations. A l'époque, le programme de mise en service des SS-20 était presque achevé; on installait un missile tous les cinq jours. Il fallut attendre septembre 1981 pour que le nouveau secrétaire d'Etat américain et le ministre des Affaires étrangères de l'U.R.S.S. se rencontrent à New York, pour envisager la reprise des négociations sur la réduction des A.N.T. En Europe, on émettait encore de fortes réserves quant à la détermination des U.S.A. d'arriver à un accord, et il fallut toute la persuasion de l'administration républicaine pour convaincre les Européens que de réels progrès se réalisaient. Et, de fait, les négociateurs étaient en train de jeter les bases des accords START de 1984.

Le nouveau traité correspondait bien à l'acronyme qui lui servait de nom : il s'agissait d'entretiens sur la *réduction* des armements stratégiques. Et le simple fait que ce terme ait remplacé celui de *limitation,* qui apparaissait dans SALT, déclencha de part et d'autre du Rideau de fer une réaction populaire particulièrement favorable. A la différence de SALT II, la validité des accords START n'était pas limitée dans le temps. Et, point capital, on leur avait incorporé un accord conclu l'année précédente, selon lequel le nombre des A.N.T. présentes en Europe serait limité.

Bien que les autres aspects du traité réclamassent encore beaucoup de travail, les U.S.A. avaient fait le maximum pour qu'un accord sur les A.N.T. accompagne le déploiement des nouveaux missiles de croisière lancés du sol, *Tomahawk*, en Grande-Bretagne et en Italie, à la fin de 1983. D'autres *Tomahawk* devaient ensuite être installés en R.F.A. et en Belgique – les Pays-Bas étaient revenus sur leur acceptation première. Dès décembre 1979, date à laquelle l'O.T.A.N. avait décidé de moderniser son parc d'A.N.T., de curieuses interactions entre la réalisation du programme et le contrôle des armements étaient apparues. A moins qu'un intense effort diplomatique portant sur ce dernier n'aboutisse, rendant caduques les exigences des militaires ou provoquant à tout le moins une réduction des armements, il n'était pas certain que toutes les nations européennes soient prêtes à accueillir ces missiles, et il semblait probable que certaines s'y opposeraient formellement. Dans le même temps, si l'O.T.A.N. ne menait pas ce programme à terme, elle n'aurait en main que de bien mauvaises cartes, et ne parviendrait certainement pas à obtenir que des coupes soient pratiquées dans le parc des 250 SS-20 soviétiques, auquel s'adjoignaient 350 SS-4 et SS-5, encore en service.

Les premiers stades des discussions sur les A.N.T. furent délicats, de par la tension du climat international et la méfiance réciproque des deux parties. Mais d'autres difficultés devaient surgir, soulevées par des divergences de vues : les U.S.A. mettaient l'accent sur les missiles basés sur le territoire de l'U.R.S.S. et capables de frapper l'Europe occidentale, ce qui incluait de nombreux SS-20 stationnés à l'est de l'Oural. L'U.R.S.S. voulait exclure les armements basés en dehors de l'Europe, mais inclure les F.B.S. (Forward Based Systems – Systèmes d'armes de l'avant) américains. Enfin, comme les SS-20 soviétiques étaient équipés d'ogives multiples – trois, en l'occurrence – alors que le *Pershing* II et le GLCM ne comportaient que des ogives simples, les U.S.A. voulaient compter les ogives et l'U.R.S.S., les lanceurs. Il y avait aussi le problème épineux des forces nucléaires française et britannique, que l'U.R.S.S. entendait prendre en compte, contre l'opinion des deux pays concernés.

Aucun de ces points n'était réglé lorsque débutèrent, au milieu de 1982, les entretiens qui ne s'appelaient pas encore START. La principale innovation de ces rencontres fut la tentative de définition d'une classe d'armes qui, bien que déployées sur les théâtres, n'en avaient pas moins, par leur rendement et la nature des objectifs auxquels on les destinait, un caractère essentiellement stratégique, et devaient donc être incluses dans la même catégorie que les armes stratégiques visées par les négociations SALT. Parmi les A.N.T. américaines, seuls le GLCM *Tomahawk* et le *Pershing* II – dont on attendait la mise en place – et l'avion F-111 – déjà en service en Europe – méritèrent l'étiquette « stratégique ». Du côté soviétique, les missiles SS-20, SS-5 et SS-4, plus les avions *Backfire, Badger* et *Blinder* placés sous le commandement des forces aériennes soviétiques à long rayon d'action, connurent le même sort. Le règlement du problème des forces nucléaires française et britannique fut remis à plus tard. L'acceptation d'un principe de décompte qui satisfasse les deux parties s'avéra également problématique. Enfin, on parvint à fixer pour chacun des deux camps un plafond de 2000 armes stratégiques – bombardiers, I.C.B.M. (missile balistique intercontinental) et S.L.B.M. (missile balistique lancé à partir de sous-marins) – soit une baisse sensible par rapport à celui déterminé par les accords SALT II de 1979, qui était de 2250. Le nombre des missiles équipés de MIRV (Multiple Individually Targeted Re-entry Vehicles – Vecteurs à charges multiples à objectifs indépendants) et des avions porteurs d'ALCM (Aircraft Launched Cruise Missile – Missile de croisière lancé d'avion) ne pourrait dépasser 1000. Celui des I.C.B.M. équipés de MIRV, 650. Chaque camp aurait la possibilité de panacher ses divers types d'armes, et de déterminer leurs emplacements géographiques, mais au moins 200 unités pourraient être basées en Europe, chiffre que l'O.T.A.N. estimait raisonnable par rapport à ses propres besoins.

Telle était la situation au milieu des années 80, alors que l'humanité faisait route vers un avenir aussi menaçant qu'incertain. Tels deux géants pensifs, les deux blocs contemplaient leurs stocks d'armes – dont chacun était plus que suffisant pour détruire la totalité de l'espèce humaine. Les géants espéraient ne jamais avoir à utiliser leur arsenal, mais pour des raisons différentes : du côté soviétique, on entendait offrir aux démocraties occidentales le choix entre l'holocauste nucléaire ou l'absorption sans condition dans le monde communiste. Si les Soviétiques, pour parvenir à leurs fins, estimaient devoir recourir à la force, ce serait à l'aide d'armes conventionnelles suffisamment puissantes pour rendre inutile l'emploi de moyens nucléaires. Du côté occidental, l'objectif le plus généralement reconnu était de se munir d'un arsenal non nucléaire assez puissant pour contenir à lui seul l'assaut initial de l'adversaire, qui serait alors contraint d'interrompre son opération, ou de déclencher un échange nucléaire dont chacun des deux camps pâtirait profondément, et qui ne profiterait à aucun.

Les espoirs de l'Occident reposaient donc sur l'élaboration de l'armure non nucléaire adéquate qui lui faisait défaut au début des années 80. Ce qui fut fait – en bien ou en mal – pour pallier ce manque sera l'objet du prochain chapitre.

V

LES ARMES

Les nouveaux outils de la guerre – c'est-à-dire les systèmes d'armes rendus possibles par les progrès de la technologie – attendent souvent plusieurs années avant d'être mis à l'épreuve sur le champ de bataille proprement dit. Pour les Américains, par exemple, le dernier test en grandeur réelle de leur matériel de guerre remontait au conflit vietnamien; du côté soviétique, ce matériel avait été éprouvé – avec succès – par l'Egypte en 1973, et des versions modernisées, ou des éléments encore inutilisés, tels que les armes chimiques, avaient pu être employés en Afghanistan. Mais de telles situations n'avaient que peu de points communs avec les conditions du conflit que les grandes puissances se préparaient à livrer à l'été 1985. En Europe du Nord et de l'Ouest, la majorité des équipements et des techniques de combat des deux camps n'avaient pas encore reçu le baptême du feu.

On reconnaissait généralement que le char, malgré les innombrables attaques et critiques dont il était l'objet depuis des années, restait la pièce maîtresse du champ de bataille terrestre. Ces engins avaient bénéficié, aussi bien à l'Ouest qu'à l'Est, de très considérables améliorations, principalement dans les domaines de la protection, de la mobilité, du caractère meurtrier de l'armement principal et de la conduite du tir.

Dans le parc des chars américains, le M-60A3 (successeur du M-60A1) se voyait remplacé par le nouveau M-1, l'*Abrams*; il était fort répandu en 1985. Mu par une turbine à gaz évoluée développant 1500 chevaux, il avait été équipé à l'origine d'un canon rayé de 105 mm. Maintenant, il recevait un 120 mm à âme lisse, d'un type identique à celui du *Leopard* II allemand. Des restrictions budgétaires avaient empêché de doter d'*Abrams*, comme cela était prévu, tous les bataillons de chars de l'U.S.A.R.E.U.R. (U.S. Army in Europe – Forces terrestres des Etats-Unis en Europe), et lorsque arriva l'été 1985, à peine plus de la moitié des principales unités de chars américains en Europe étaient pourvues d'*Abrams* équipés du nouveau canon.

Le *Chieftain* britannique n'avait rien perdu de sa pugnacité. Caractérisé par un moteur puissant et fiable, un canon de 120 mm très efficace, un nouveau télémètre-laser joint à un dispositif de vision nocturne, un système stabilisateur éprouvé et un blindage impressionnant, il jouissait également d'une rapidité appréciable. Le *Challenger*, avec son extraordinaire blindage Chobham et son canon rayé de 120 mm, commençait à entrer en service; seule une centaine d'exemplaires de cette superbe machine se trouvaient à la disposition du Commandement allié pour l'Europe lorsque la guerre éclata.

Pour la Bundeswehr, le *Leopard* II représentait un progrès considérable par rapport au *Leopard* I; les améliorations portaient sur la précision du tir et la puissance de pénétration du projectile. En 1981, on avait prévu la mise en service de 1000 unités pour 1987, mais à l'orée de la guerre, seule la moitié se trouvait à la disposition des troupes fédérales allemandes.

Les bureaux d'études soviétiques n'avaient pas chômé non plus. Leur dernier char, le T-80, était entré en service peu avant le déclenchement du conflit, mais c'était le T-72 qui restait le principal outil des forces du Pacte de Varsovie. Il succédait au T-64, encore fort répandu parmi les membres non soviétiques du Pacte. Celui-ci possédait un puissant canon à âme lisse de 125 mm, d'une portée de 2000 mètres, dont le chargement mécanique autorisait une cadence de tir de huit coups à la minute. Un équipage de trois hommes s'abritait derrière son blindage amélioré. Mais ni son nouveau moteur – 780 chevaux –, ni sa suspension plus performante, ni son télémètre-laser et ses appareils de visée à infrarouge n'étaient parvenus à le rendre populaire parmi ses utilisateurs. On le trouvait peu fiable. De fait, il avait été sorti trop vite, pour répondre à un programme de l'O.T.A.N. qui ne fut jamais mis à exécution. Le T-72, construit dans l'Oural, possédait originellement le même canon que son prédécesseur, mais celui-ci fut rapidement remplacé par un autre, plus moderne mais du même calibre. Quant au T-80, le plus récent, son blindage, son moteur et sa suspension avaient fait l'objet d'améliorations considérables.

Les chars soviétiques étaient dans l'ensemble plus simples et d'une conception plus rustique que ceux des Alliés occidentaux. Leur maintenance était moins complexe, mais ils manquaient de puissance motrice et étaient davantage enclins à tomber en panne. Ce manque de sophistication technique correspondait bien sûr au faible niveau de qualification des équipages.

Ces trois types de chars de combat soviétiques,

qui participeraient à la guerre, pesaient environ 40 tonnes. Ceux qui équipaient les troupes des Alliés occidentaux étaient sensiblement plus lourds, et la portée utile de leurs canons avoisinait les 4000 mètres. Cette dernière caractéristique se justifiait par la supériorité numérique des blindés du Pacte : au combat, il importerait de les affaiblir le plus rapidement possible, pour éviter d'être submergé sous leur nombre. Et les appareils de visée évolués dont disposaient les chars alliés permettaient, même dans de mauvaises conditions de visibilité, de toucher la cible dès le premier coup de feu.

Mais la réussite de cette usure anticipée des forces de l'adversaire ne pouvait se concevoir sans une surveillance efficace du champ de bataille – domaine dans lequel le matériel dont disposait l'O.T.A.N. présentait malheureusement des failles. Les Britanniques avaient abandonné la réalisation du projet *Supervisor,* un système à moyenne portée de surveillance aérienne et d'acquisition d'objectif, mais un nouveau système, *Phoenix,* l'avait remplacé et commençait à entrer en service. Les *Drones,* ces avions télécommandés – tel le CL-289 franco-germano-canadien – restaient, malgré leurs limites, extrêmement utiles dans ce domaine, mais à l'orée de la guerre, le moyen le plus efficace demeurait encore l'homme, l'observateur posté sur le terrain et muni d'un équipement simple et robuste.

Les U.S.A. avaient mis au point un système héliporté prometteur, le SOTAS (Stand-Off Target Acquisition System – Système d'acquisition à l'écart de l'objectif) qui entrait en service au milieu de 1985. Les quelques appareils à en être équipés s'avérèrent irremplaçables : ils permirent le pilonnage efficace de l'échelon de renforcement ennemi, dont l'affaiblissement apparaissait depuis longtemps comme le plus sûr moyen de briser l'élan de l'assaut soviétique.

Il est piquant de remarquer qu'en août 1985, les moyens de détruire certains objectifs étaient bien supérieurs aux moyens permettant d'acquérir ceux-ci. Les U.S.A. avaient mis à la disposition des canons de 155 mm de l'O.T.A.N. une nouvelle munition guidée, le *Copperhead.* Pour se diriger, celui-ci se référait à un rayon laser qu'une source, le *designator,* pointait sur la cible. Le problème consistait bien sûr à garder le char visé dans l'alignement du rayon, pendant le moment critique – tâche d'autant plus délicate que les *designators* à laser étaient des machines lourdes et encombrantes, difficiles à cacher et presque impossibles à transporter à l'insu de l'ennemi.

Le RAAMS (Remote Anti-Armour Mine System – Système de lancement à distance de mines antiblindés) – s'avéra le partenaire indispensable du *Copperhead.* Plusieurs salves tirées par une batterie d'artillerie de 155 mm créaient autour des concentrations de chars des petits champs de mines qui réduisaient la mobilité de ces derniers, facilitant le travail des opérateurs du projectile guidé.

En 1984, l'U.S.A.R.E.U.R. avait mis en service le *sadarm,* acronyme de *seek and destroy armour* – recherche et destruction de blindés. Un projectile d'artillerie éclate en vol, libérant un certain nombre de sous-munitions dont la descente est freinée par des parachutes. Les détecteurs dont elles sont munies émettent des ondes millimétriques; lorsqu'ils repèrent une cible, la sous-munition libère une charge d'explosif à la verticale de celle-ci.

Les canons proprement dits étaient bien sûr de la première importance pour les Alliés occidentaux qui avaient eu la sagesse d'opter depuis longtemps pour un calibre commun, le 155 mm. Une version tractée, le FH-70, avait déjà quelques années de service à son actif. Ce qu'il fallait maintenant, c'était un engin de caractériques identiques, mais automoteur. Il existait, sous l'appellation de SP-70. Agile, efficace, ayant une portée de 29 kilomètres, on attendait beaucoup de lui sur le champ de bataille. Mais dans la même catégorie, ce seraient les fameux M-109 et M-110, de construction américaine, qui constitueraient le gros des effectifs.

Les blindés du Pacte, malgré leur nombre impressionnant, ne représenteraient pas la seule cible de l'artillerie alliée. Il lui appartiendrait aussi de détruire ou d'affaiblir son homologue ennemie, pour amoindrir la puissance de feu de ses batteries. Vu l'efficacité des moyens de détection des positions d'artillerie on pouvait s'attendre, après chaque engagement, à voir les batteries des deux camps changer de place en toute hâte, pour se prémunir contre la riposte.

L'Union soviétique disposait d'un mortier lourd de 122 mm, le BM-21, capable de tirer 40 roquettes au coup par coup, ou en vagues successives. Le successeur de cet engin, d'un calibre de 240 mm, était déjà en service à l'été 1985. En contrepartie, l'O.T.A.N. s'était dotée d'un lance-roquettes multiple, qui tirait deux groupes de six projectiles, également au coup par coup ou en vagues successives, et ce jusqu'à une distance de 40 kilomètres.

Compte tenu de la brièveté du temps disponible, on fit le maximum pour transformer en obstacles les voies d'eau naturelles ou artificielles de la République fédérale d'Allemagne. Ce fut pour le génie une tâche énorme, car la plupart des ponts construits depuis le milieu des années 70 ne comportaient pas de chambres de destruction, et de fait de nombreux ouvrages d'art durent être laissés intacts.

C'était surtout dans le domaine des hélicoptères que l'expérience récente des Soviétiques, en Afghanistan, allait s'avérer fructueuse. Leurs MI-24 *Hind* D et *Hind* E étaient de véritables canonnières volantes, lourdement armées – le *Hind* D comportait un canon Gatling en tourelle – et pourvues d'un blindage efficace. Les pilotes de ces engins avaient appris à opérer sans appui au sol. Les pertes seraient sans doute importantes, mais l'efficacité également. Outre les opérations en profondeur, destinées à désorganiser l'arrière, le rôle principal des *Hind* serait d'entretenir – ou de relancer – l'élan de l'assaut que mèneraient les blindés.

L'hélicoptère, ennemi mortel du char, s'apprêtait-il à prendre la relève de celui-ci ? Rien n'était moins certain. Et pourtant, les performances de certains appareils de fabrication américaine, le UH-1 *Cobra* et surtout le nouveau AH-64 *Apache* équipé de son missile antiblindés à guidage laser *Hellfire,* pouvaient renforcer cette hypothèse que laissait planer le *Hind.* Les combats directs entre hélicoptères seraient sans doute évités, car aucun des deux camps ne possédait d'arme air-air emportée sur hélicoptère vraiment efficace. Ceux des alliés occidentaux dont le parc était dans ce domaine relativement réduit tendraient certainement à se montrer prudents et économes de leurs forces; les *Lynx* de l'Armée britannique, par exemple, équipés de missiles antichars TOW filoguidés éviteraient le contact le plus longtemps possible, pour passer à l'action lorsque les forces soviétiques se trouveraient à proximité. L'utilisation de mines dispersables augmenterait leur efficacité en gênant les mouvements de leurs cibles. Les hélicoptères des forces américaines opéreraient d'une façon analogue, mais en poussant plus loin dans les lignes, avec l'appui d'avions d'assaut tels que le A-10 *Thunderbolt.* Une fois de plus, l'attaque de l'échelon de renforcement serait de la première importance.

Quant au missile antichars franco-allemand HOT (Highsubsonic Optically Teleguided – Missile à haute vitesse subsonique téléguidé à optique) en service sur les hélicoptères des forces françaises et allemandes, sa puissance de pénétration le rendait capable de mettre hors de combat n'importe quel blindé existant. Il représentait donc un élément primordial de l'arsenal antichars de l'O.T.A.N.

Nous avons développé le rôle que devait jouer l'appareil à voilure tournante à cause des rapports étroits qu'il entretient avec le combat terrestre. On pouvait également s'attendre à une véritable guerre aérienne, où les ATAF (Allied Tactical Air Forces – Forces aériennes tactiques alliées) 2 et 4 feraient tout pour s'assurer la victoire, face aux nombreux appareils du Pacte de Varsovie et à son impressionnante défense aérienne. L'attaque, d'entrée de jeu, des bases aériennes de l'O.T.A.N. – à l'aide d'explosifs et d'armes chimiques – pouvait, grâce à l'effet de surprise, atteindre son but : elle réduirait le potentiel et la souplesse d'action des Alliés. La protection contre les agents chimiques nuirait au rendement du personnel. On avait en conséquence durci les abris et amélioré les procédures d'alerte pour assurer, en cas d'attaque, la sauvegarde du maximum d'appareils au sol.

L'interdiction de l'espace aérien et l'usure en profondeur des forces de l'ennemi formeraient la tâche offensive principale des Forces aériennes alliées, qui n'accorderaient aux forces terrestres qu'un soutien réduit et exceptionnel. Lors de situations d'urgence qui justifieraient une telle intervention, le A-10 *Thunderbolt* américain, ce véritable tueur de chars, donnerait toute sa mesure.

A l'été 1985, les forces terrestres américaines avaient été équipées de nombreux véhicules de combat d'infanterie *Bradley* M-2, en remplacement des anciens M-113. Le M-2 n'avait pas grand-chose à voir avec un taxi de la Marne : il tirait son propre missile TOW et comportait, pour la protection rapprochée, un canon de 25 mm *Bushmaster* à mise à feu électrique, recevant une munition antipersonnel particulièrement dévastatrice et une autre, capable de mettre hors de combat un blindé léger. Le peloton d'infanterie disposait aussi de l'arme guidée antichar de moyenne portée *Dragon*. Certes, l'avantage appartenait toujours aux blindés, mais il avait tout de même été considérablement réduit.

C'était surtout dans le domaine de la défense aérienne que le Commandement allié en Europe (ACE) souffrait de ses plus graves carences. A l'orée de la guerre, les premiers efforts de planification dignes de ce nom dataient d'à peine cinq ans.

Les missiles de défense aérienne de moyen et haut niveau de l'ACE étaient encore des HAWK et des *Nike*. Le *Patriot*, qui leur était bien supérieur, aurait pu les remplacer avantageusement si sa mise au point ne s'était pas avérée aussi coûteuse. Lorsque le conflit se déclencha, il venait à peine d'entrer en service, et son absence allait être regrettée. La protection de basse altitude était assurée par des *Rapier*, qui devaient améliorer considérablement la défense aérienne des groupes d'armées Nord et Centre de la Région Centrale. La couverture d'altitude ultra-basse qu'assurait le *Redeye* portable américain – remplacé, dans les unités anglo-canadiennes, par son équivalent, le *Blowpipe* – était insuffisante, et laisserait trop de points totalement exposés. En 1981, le *Stinger*, une arme antichars américaine que l'on tirait à l'épaule, avait commencé à détrôner le *Redeye*. En 1985, son utilisation s'était généralisée au sein de l'U.S.A.R.E.U.R. Il employait un système de guidage passif à infrarouge, et représentait une amélioration considérable par rapport aux matériels antérieurs. Quant aux armes de défense antiaérienne dont disposaient les formations néerlandaises, allemandes et américaines, elles ne différaient guère du ZSU-23-4 soviétique, un canon dont le tir était conduit par radar. Mais le principal avantage de l'O.T.A.N. était que les pilotes soviétiques ne possédaient ni l'équipement ni l'entraînement qui permettait à ceux des ATAF 2 et 4 de voler particulièrement bas, et donc de se dérober à la détection radar plus longtemps que leurs adversaires.

Dans le vaste problème du contrôle de l'espace aérien du champ de bataille, c'était celui, plus particulier, de l'IFF (Identification Friend or Foe – Identification ami ou ennemi) qui s'avérait le plus crucial pour l'O.T.A.N. L'IFF remplit sa tâche en envoyant à l'appareil qui vient de pénétrer l'espace aérien qu'il surveille une série d'impulsions codées. L'avion renvoie alors une nouvelle série d'impulsions. Si la réponse est correcte, il s'agit d'un appareil « ami » – sinon, d'un ennemi. Ce système, en usage depuis un certain temps, n'était plus adapté aux conditions de la guerre moderne : il était sujet au brouillage, accidentel ou délibéré. On pouvait le « berner » en imitant la réponse correcte. Sa source d'émission hertzienne pouvait servir de repère aux missiles. Son efficacité n'était pas absolue. Il était peu fiable. On racontait que grâce à lui, aux premiers jours de la guerre de 1973, les Egyptiens avaient abattu 81 appareils israéliens et 69 des leurs.

Au début de la décennie 80, l'O.T.A.N. ressentit le besoin urgent de se doter d'un nouveau système d'identification qui, malheureusement, ne serait pas opérationnel avant la fin du siècle. On devrait donc partir en guerre avec l'ancien.

Dans la zone probable des combats, la défense aérienne soviétique serait assurée par la gamme des SA, qui allait du SA-2 au SA-14. Certains éléments avaient déjà fait leurs preuves dans le désert du Sinaï; les plus récents jouiraient à coup sûr d'une efficacité accrue.

L'artillerie américaine avait mis en service, en 1981, un système tactique automatisé de conduite du tir, le TACFIRE. En 1985, il était bien implanté au sein de l'U.S.A.R.E.U.R. (Forces terrestres des Etats-Unis en Europe). Les Britanniques avaient mis au point le BATES, un système d'engagement d'objectif pour l'artillerie sur le champ de bataille, sur lequel on comptait beaucoup pour compenser la carence de canons dans les deux corps d'armée britanniques du NORTHAG (Groupe d'Armées Nord-Europe).

Il fut heureux pour l'O.T.A.N. que le concept du *Briseur d'Assaut,* déjà à l'étude aux Etats-Unis en 1978, ait survécu aux compressions budgétaires, au moins partiellement. Son but était de fournir une réponse non nucléaire à un assaut massif de blindés, en mettant l'accent sur les échelons de renforcement et ce, sur une profondeur de 160 kilomètres. Sa réussite dépendait du développement de systèmes héliportés analogues au SOTAS évoqué plus haut, et l'un de ses éléments essentiels était l'emploi de sous-munitions guidées : chacune de celles-ci, équipée d'un détecteur à ondes millimétriques, possédait une certaine marge de manœuvre qui lui permettait, une fois la cible repérée, de se diriger sur elle.

Dans le domaine de la guerre chimique, le potentiel offensif dont disposaient les forces du Pacte de Varsovie était bien connu. A peu près 150000 spécialistes de la chose étaient répartis dans les rangs de l'Armée Rouge jusqu'à l'échelon du bataillon. Environ 15 p. 100 des munitions d'artillerie soviétiques possédaient une charge chimique. Pour les missiles stratégique ou de théâtre, cette proportion s'élevait à 50 p. 100. Le nombre d'avions équipés de pulvérisateurs était élevé.

Les agents non persistants, incapacitants ou non mortels, seraient employés lors des bombardements préparatoires aux attaques des positions que l'assaillant désirait occuper ou dépasser. Les agents plus persistants, y compris les gaz vésicants – gaz moutarde – et neurotoxiques – Tabun (GA) et Soman (DC) – trouveraient leur emploi dans la protection des flancs et l'interdiction de zones dont l'occupation n'était pas envisagée; ils seraient également utilisés contre les aérodromes. L'attaque par agents chimiques servirait deux buts : infliger des pertes et gêner les performances de l'adversaire en l'obligeant à prendre sur une grande échelle des mesures de protection.

On savait que le Pacte de Varsovie jouissait en la matière d'un potentiel défensif sur le terrain inférieur à celui de l'O.T.A.N. Mais le talon d'Achille de l'Ouest était son manque critique de moyens de représailles, qui représentaient encore la meilleure garantie contre les armes chimiques soviétiques; les rares stocks utilisables étaient concentrés entre les mains de l'U.S.A.R.E.U.R. Au début des années 80, les U.S.A. avaient prôné la production d'une munition binaire – c'est-à-dire d'un projectile dans lequel deux substances non toxiques se combinent durant la course pour former, avant l'impact, une substance toxique. Outre ses avantages évidents de sécurité, cette munition serait peut-être mieux accueillie par les pays alliés, qui se montreraient plus enclins à l'accepter en temps de paix sur leurs territoires. Malheureusement, à l'été 1985, il n'avait pas encore été possible de la stocker en Europe. Un accord bilatéral liant les Etats-Unis au Royaume-Uni et à la R.F.A. avait tout de même présidé au lancement de la fabrication d'une telle munition, destinée à l'artillerie de 155 mm. Elle serait stockée aux Etats-Unis et convoyée sur place lorsque les circonstances l'exigeraient.

Les Soviétiques emploieraient certainement l'arme chimique dès le début d'une offensive quelconque. Les alliés occidentaux s'y attendaient parfaitement. Il était également fort probable que les deux corps d'armée américains ne seraient pas attaqués de cette façon-là, puisque le SACEUR (Supreme Allied Commander Europe – Commandant suprême des Forces Alliées en Europe) parviendrait certainement à employer le potentiel de représailles américain au profit des troupes américaines, grâce à des munitions convoyées spécialement par avion.

Dans le domaine de l'aviation, l'Alliance en avait été réduite, au cours des années précédant la guerre, à faire peu ou prou avec ce qu'elle avait, plutôt que de se lancer dans des programmes réellement novateurs. Compte tenu des compressions budgétaires, les forces aériennes alliées ne faisaient pourtant pas trop mauvaise figure.

Le EF-111, par exemple, était un brouilleur élaboré à partir d'une cellule de F-111, capable de dépasser mach 2 en altitude et dont les performances restaient supersoniques au niveau de la mer. Il emportait dix émetteurs de brouillage de forte puissance et un système d'alerte qui détectait les émissions de radars dirigeant le tir de batteries de missiles sol-air, et pouvait avertir les équipages d'une attaque imminente. Le EF-111 était typique des tendances modernes en matière d'aviation.

Tel était également le cas du TR-1, élaboré à partir de l'ancien U-2, le fameux « avion espion ». Volant à plus de 70000 pieds, avec un rayon d'action supérieur à 5000 kilomètres, cet appareil de reconnaissance et de surveillance bénéficiait des techniques les plus avancées de contre-mesure électronique, d'un système radar évolué et de la possibilité de diriger des tirs de précision contre les émetteurs radar ennemis. Il pouvait en outre effectuer des tâches de renseignement électronique.

Le F-4G, un F-4E *Phantom* modifié, possédait un équipement électronique performant et était armé de missiles antiradar. Le F-15 *Eagle* était toujours en service; une nouvelle version, le *Strike Eagle,* avait été améliorée du point de vue de l'équipement et des performances en service tous-temps. Le F-16 *Fighting Falcon,* dont les premiers exemplaires furent mis en service en 1981, représentait un véritable progrès. Il possédait un radar multi-fonctions à dispositif antibrouillage pour observation des cibles volant à basse altitude, un système de largage de leurres destinés à dérouter les missiles ennemis, et de contre-mesures électroniques, un canon de 20 mm pouvant tirer 500 coups – le tout dans un avion atteignant mach 2, avec un rayon d'action avoisinant les 3500 kilomètres et un plafond de 50000 pieds.

L'AWACS (Airborne Warning and Control System – Système aéroporté d'avertissement et de contrôle) E-3A *Sentry* représentait un autre pas en avant. Dans une cellule de Boeing 707, on avait installé un équipement de contrôle, de commandement, de surveillance et de communication à la fois souple et insensible au brouillage, capable de surveiller par tous temps tous les types d'engins volants évoluant à haute ou basse altitude au-dessus de tous les types de terrains. Le *Sentry* avait une autonomie de six heures et un rayon d'action de 1600 kilomètres.

La version améliorée du *Harrier* était entrée en service chez les U.S. Marines en 1983 – sous la référence AV-8B. La R.A.F. l'avait baptisé GR-5 en l'adoptant à son tour un an plus tard. Malgré les tentatives d'obstruction de l'administration américaine, ce V/STOL (avion à décollage et atterrissage vertical ou court) avait heureusement vu le jour.

Entre la fin des années 70 et le début des années 80, trois innovations majeures concrétisèrent l'importance croissante de la composante aérienne dans les opérations navales modernes. D'abord l'apparition de bombardiers de haute performance, comme le *Backfire,* armés de missiles air-mer. Ensuite, l'augmentation du potentiel anti-sous-marins des avions de patrouille maritime à long rayon d'action, comme le *Nimrod.* Enfin, l'augmentation considérable du rayon d'action des chasseurs basés à terre, rendue possible par le ravitaillement en vol, et qui améliorait en conséquence la protection des forces navales et des convois.

La guerre anti-sous-marine, déjà difficile, coûteuse et complexe, le fut rendue davantage encore par l'apparition d'un revêtement anti-sonar pour submersibles réellement efficace, qui réduisait considérablement la portée utile des sonars actifs. Mais cette innovation n'affectait pas le fonctionnement des sonars passifs, lesquels avaient atteint en 1985 un degré de sophistication suffisant pour restreindre la liberté de manœuvre des sous-marins nucléaires hostiles. Parmi les armes les plus importantes de cette nouvelle bataille aéro-maritime figurerait le *Stingray,* une torpille anti-sous-marins autoguidée, larguée d'avion ou lancée d'un navire; le *Captor,* une mine anti-sous-marins mobile et autoguidée; le *Lynx,* un hélicoptère spécialisé dans la lutte anti-sous-marine, serait une excellente plate-forme pour les engins guidés; et les sous-marins de l'O.T.A.N. seraient armés du *Harpoon,* un missile anti-navires lancé en plongée. Sans cette panoplie moderne, les forces navales, aéronavales et aéro-maritimes de l'Alliance auraient été fort désavantagées face à un ennemi décidé à mettre dans la balance tout le poids de sa puissance.

L'efficacité de l'U.S. Navy – et partant, celle de l'O.T.A.N. – avait été notablement augmentée par la réalisation de deux intéressants programmes : d'abord, la construction des croiseurs de la classe *Ticonderoga,* équipés du système informatisé de lutte antiaérienne *Aegis,* qui pouvaient simultanément engager des objectifs sous-marins, de surface ou aériens et ce dans un rayon de plusieurs centaines de kilomètres. Ensuite, la conversion des cuirassés de la classe *Iowa,* datant de la Seconde Guerre mondiale : avec leurs canons de 400 mm, leur assortiment de missiles et les qualités de résistance que leur conféraient leur taille et leur épais blindage, ils mettraient au service des U.S. Marines une puissance de feu aussi dévastatrice que fiable, et fourniraient le soutien aérien des V/STOL qu'ils embarquaient.

Quant au *Tornado,* à l'instar du *Harrier,* il n'avait échappé que de peu aux restrictions budgétaires; il s'agissait d'un avion de combat multi-rôles, qui combinait les capacités d'un appareil d'assaut et d'intervention à celles d'un appareil de reconnaissance. Dans une autre version, il se transformait en intercepteur évolué. Malheureusement, sa cadence de production avait été inférieure à ce qu'elle aurait dû être.

Les opérations militaires d'août 1985 en Europe ne devaient durer que trois semaines. Elles n'en exigeraient pas moins des performances optimales, et l'O.T.A.N. paierait chèrement le prix des irrésolutions et des manques d'efficacité. Son succès aurait été plus grand, sa marge de sécurité plus large si les équipements et les techniques performants – dont nous venons d'évoquer quelques exemples – avaient été disponibles plus tôt, ou en quantités moins restreintes. Car l'arsenal de l'Ouest, et l'usage qu'il en fit, fut à peine suffisant pour prévenir l'emploi des armes nucléaires tactiques, avec les conséquences catastrophiques que cela n'eût pas manqué d'avoir. Il s'en fallut de peu que l'histoire ne s'écrive de façon radicalement différente.

VI

LA DIMENSION AÉRIENNE

PARLER de la souplesse de l'arme aérienne revient quasiment, de nos jours, à frôler le lieu commun. Pourtant, il faut des années aux forces aériennes pour s'adapter à des concepts d'opération fondamentalement nouveaux. Aussi n'y avait-il rien de surprenant à ce que, dix ans après que l'O.T.A.N. eut abandonné la stratégie des représailles massives au profit de la réponse graduée, les forces aériennes alliées aient encore consacré leur énergie à mettre au point, sur le plan de la technique et de l'entraînement, les éléments tactiques pouvant répondre aux scénarios possibles d'une guerre se déroulant au centre de l'Europe selon un nouveau système de références politico-stratégiques. Quant à la réorganisation des forces aériennes soviétiques selon un schéma plus souple, elle ne commença à porter ses fruits qu'au début des années 80.

Au sein de l'U.S.A.F. et de la R.A.F., c'étaient les forces tactiques qui, au cours de la décennie 70, avaient pris la part du lion. Alors que la première avait mis l'accent sur les chasseurs et les tueurs de chars modernes, la seconde s'était attachée, entre autres, à développer sa pratique – par exemple, celle de ses V/STOL *Harrier* qui opéraient à partir de sites dispersés autour de leur base de Gütersloh, dans la plaine du nord de l'Allemagne. Cette dispersion devait faire la preuve de son utilité lorsque, au matin du 5 août, des *Fencer* soviétiques attaquèrent Gütersloh, et ne trouvèrent pas le moindre *Harrier* sur le terrain. On eut tout de même à déplorer la perte de plusieurs hélicoptères *Puma* de la R.A.F. et celle d'un avion charter chargé de bagages de civils. Les pilotes des *Harrier* connaissaient parfaitement la région et opéraient en étroite collaboration avec le 1er Corps d'armée britannique du NORTHAG (Groupe d'Armées Nord-Europe). De cette association était né, après plusieurs années de pratique, un type particulier de lutte aérienne contre les blindés. Il s'appuyait sur la vitesse des appareils à voilure fixe, qui leur permettait de contourner le flanc des échelons de blindés de l'ennemi puis de les attaquer en profondeur, au point critique où les blindés rompaient leurs colonnes pour s'égayer sur le champ de bataille. La réussite de cette tactique dépendait de la qualité de la reconnaissance aérienne et de la brièveté du temps de réaction.

Chacune des Forces aériennes alliées était, à un degré ou à un autre, appuyée par des transports aériens et des hélicoptères. Ces derniers, employés dans le cadre des opérations aussi amples qu'intenses qui caractérisèrent la Troisième Guerre mondiale, représentaient un facteur inconnu. Ils se montrèrent de fait toujours utiles et souvent indispensables, surtout pour les forces du Pacte de Varsovie mais, ainsi que l'on s'y attendait, les pertes qu'ils subirent furent sévères. Les Américains, servis par leur expérience vietnamienne, surent les utiliser au maximum de leur rentabilité dans leurs rôles logistiques et de combat. Aux premiers jours de la guerre, les hélicoptères britanniques et allemands devaient sauver la mise du NORTHAG, pour l'approvisionnement de ses arrières : la menace que les appareils soviétiques de reconnaissance armés faisaient peser sur les véhicules non blindés avait été grossièrement sous-estimée; des épaves de camions bloquaient les routes, déjà encombrées de réfugiés civils. Pour ajouter au chaos, la ligne de front reculait implacablement vers l'Ouest. Ce ne fut que grâce à une chaîne ininterrompue d'hélicoptères de moyenne capacité que munitions et carburant purent atteindre les premières lignes.

Un rôle plus offensif fut tenu par les *Puma* de la R.A.F., qui servirent à transporter les équipes de lutte antichars et leurs missiles *Milan* sur de nouvelles positions, à mesure que s'infléchissaient les axes de poussée de l'ennemi. Cette tâche fut également assurée par les *Lynx* de l'Armée britannique. Mais l'hélicoptère, vulnérable et coûteux, avait toujours fait hésiter les Anglais. Leurs forces terrestres et aériennes n'étaient pas encore parvenues à déterminer s'il fallait considérer l'appareil à voilure tournante comme ressortissant du domaine de l'air ou de celui de la terre — hésitation qui leur avait interdit d'employer cette remarquable machine au maximum de ses possibilités. Tel n'était pas le cas des Soviétiques, qui adoraient les hélicoptères et avaient su les adapter à d'innombrables usages : ils devaient les employer comme canons autoportés volant en avant des blindés, comme plates-formes antichars et comme stations de contre-mesures électroniques. Ils en équipèrent même certains de missiles air-air.

La volonté, dans une bataille à déroulement rapide, de faire porter l'action du soutien aérien sur les points d'articulation les plus vulnérables de l'ennemi, exige une reconnaissance aérienne tactique de premier ordre. Cette tâche fut principalement effectuée par des chasseurs et des appareils d'interdiction pourvus d'un équipement spécialisé. Tout le théâtre d'Europe occidentale se trouvait cerné par le NADGE (Infrastructure Electronique de la Défense Aérienne de l'O.T.A.N.), un système radar d'alerte englobant, outre les chasseurs, un certain nombre de missiles sol-air destinés à la défense de points ou de zones déterminés. Il s'avéra que la demande portant sur la reconnaissance aérienne excédait de beaucoup la quantité d'appareils et d'équipages capables de la satisfaire. Aurait-on dû créer davantage d'escadres de reconnaissance? La question n'est guère fondée. Il eût bien fallu prendre quelque part les hommes et le matériel que l'on eût affectés à cette tâche. Pour donner une échelle de valeurs, précisons que l'U.S. Air Force possédait cinq fois plus d'avions que la R.A.F. et les Forces aériennes allemandes réunies.

Dans le très vaste domaine de l'information, les risques de saturation qu'une guerre importante ferait courir au dispositif de renseignement allié, où l'informatique jouait un rôle majeur, avaient été évoqués par les pessimistes – et à juste titre. La quantité de données transmises par les satellites, les radars aéroportés, les détecteurs électroniques et maintes autres sources était énorme. De plus, le conflit avait obligé les centres de renseignement à s'adjoindre la collaboration de personnel peu qualifié ou peu entraîné, ce qui devait freiner les procédures d'interprétation des données brutes, dont la transmission rapide aux unités ou aux services concernés était pourtant vitale.

Les responsables des Forces aériennes britanniques et allemandes avaient compris depuis longtemps la nécessité de se pourvoir, pour les années 80, d'un chasseur de suprématie aérienne destiné à remplacer le *Phantom,* pour contrebalancer l'accroissement du potentiel tactique aérien que le Pacte de Varsovie pourrait jeter dans une bataille terrestre intéressant la Région Centrale. Des raisons politiques rendirent obligatoire une collaboration au niveau international : Britanniques et Allemands entamèrent des recherches communes avec les Français, qui avaient des besoins similaires. Mais la belle entente ne dura pas. Les Français gardèrent leurs plans pour eux. Les Britanniques et les Allemands durent se résigner à conserver leurs *Phantom* jusqu'à la fin de la décennie. Les petits pays du nord de l'Europe membres de l'Alliance avaient résolu ce problème, compte tenu de leurs ressources et de leurs besoins réduits, en achetant simplement le F-16 *Fighting Falcon* américain. A l'époque – aux alentours de 1975 – la volonté de créer une industrie aérospatiale européenne animait les esprits, et le choix de la Belgique, des Pays-Bas, du Danemark et de la Norvège n'avait pas manqué d'être jugé négatif par certains. Pourtant, la guerre devait prouver son opportunité. Ces 200 *Fighting Falcon,* auxquels s'ajoutaient les nouveaux *Mirage* 2000 de l'Armée de l'Air française, firent beaucoup pour compenser les déficiences en la matière de la R.A.F. et des Forces aériennes allemandes.

L'Armée de l'Air française ne pouvait bien sûr pas être comprise dans le décompte des Forces de l'O.T.A.N., ni dans ses plans ou ses prévisions, mais son système de défense aérienne s'appuyait sur le NADGE, et ses liens avec l'O.T.A.N. étaient étroits. La France remplaçait, au début des années 80, ses anciens *Mirage* par les nouveaux *Mirage* 2000, qui assureraient à la fois les missions tactiques et d'interception. L'interdiction et l'attaque tactique incomberaient aux *Jaguar* anglo-français. L'Armée de l'Air, qui bénéficiait de grandes facilités de dispersion et de l'avantage de disposer de lignes de communications internes, s'avéra une force aérienne moderne, équilibrée et efficace.

Aux Etats-Unis, les budgets de la Défense pour les années fiscales 1980 et 1981 avaient fait la part belle aux éléments stratégiques de l'U.S.A.F., mais leur augmentation considérable permettait tout de même de substantielles améliorations dans le domaine tactique. Celles-ci se traduisirent par l'achat de nouveaux F-15 *Eagle,* de F-16 *Fighting Falcon* et de A-10 *Thunderbolt,* auxquels s'ajoutaient huit citernes volantes KC-10 supplémentaires, qui devaient permettre d'optimiser les conditions du ravitaillement en vol des bombardiers tactiques et des chasseurs au-dessus de l'Atlantique. Le plan fiscal de cinq ans arrêté en 1983 permit également à l'U.S.A.F. d'augmenter son nombre global d'heures de vol, que les restrictions budgétaires des années 70 avaient dramatiquement diminué.

Telle fut la façon dont les Forces armées de l'Alliance – grâce, entre autres, au très libre échange des idées au sein de l'O.T.A.N. – mirent à profit les sept années de vaches maigres qui les séparaient de la guerre. Mais tandis qu'elles s'attachaient à augmenter leur efficacité immédiate, plutôt que de tabler sur les solutions que l'avenir pourrait apporter, la technologie n'en avait bien sûr pas pour autant cessé de progresser.

Le système aéroporté d'avertissement et de contrôle (AWACS) était sans conteste le meilleur des « multiplicateurs d'efficacité » introduits au cours des dernières années. Le E-3A *Sentry,* élaboré à partir d'une cellule de Boeing 707, se distinguait immédiatement de l'original par le radôme de 9 mètres de diamètre installé sur le dos de son fuselage, qui contenait le radar et les diverses antennes grâce auxquels l'appareil effectuait la majorité des tâches pour lesquelles il avait été conçu. Il n'est pas inutile d'illustrer par un exemple la façon dont opérait le *Sentry*.

En juillet 1985, le dernier des dix-huit E-3A *Sentry* assignés à l'O.T.A.N. rejoignit la base aérienne allemande de Geilenkirchen, près de la frontière néerlandaise, pour être incorporé à l'escadron européen de l'O.T.A.N., nouvellement créé. Depuis quelques mois, la région Centre-Europe était l'objet d'une surveillance permanente. Trois *Sentry* – dont deux appartenaient à l'escadron de l'O.T.A.N., et le troisième à l'U.S.A.F. – se trouvaient continuellement en vol, patrouillant respectivement au-dessus de Venlo, de la Bavière à l'ouest de Munich et de Ramstein. Leur temps de mission de six heures pouvait être considérablement étendu grâce à la présence d'un équipage de quatre hommes – outre les treize opérateurs du système proprement dit – et la possibilité de ravitaillement en vol, le tout sur un appareil qui n'avait plus à faire la preuve de sa fiabilité.

Le rôle le plus évident du *Sentry* était de détecter d'éventuels intrus dans l'espace aérien de l'O.T.A.N. Jusqu'ici, les installations terrestres ne pouvaient repérer les *Flogger* et *Fencer* volant à basse altitude que dans un rayon d'une cinquantaine de kilomètres. Désormais l'AWACS rendait possible l'identification d'un appareil volant à n'importe quelle altitude dans un rayon supérieur à 300 kilomètres. Si l'appareil évoluait au-dessus de 5000 pieds, la distance était portée à 500 kilomètres ou plus. En cas d'attaque surprise, on ne bénéficiait plus pour parer à la défense du délai de trois minutes accordé par l'ancien système, mais d'un temps pouvant dans certains cas atteindre la demi-heure.

De plus, on avait doté les dix-huit appareils de l'O.T.A.N. d'un équipement de renseignement électronique. Au cours des deux ans qui précédèrent la guerre, des données concernant les procédures de commandement et de contrôle du Pacte de Varsovie, ses radars de surveillance, les longueurs d'onde des missiles sol-air, les signaux d'appel individuels des avions et jusqu'aux voix de leurs pilotes avaient ainsi été soigneusement amassées et injectées dans les banques mémorielles du système. Le Pacte de Varsovie avait évidemment conscience des énormes possibilités du *Sentry,* que les revues d'aviation militaire occidentales ne manquaient pas de vanter. Et en 1982, le Pacte mit en service son IL-76C *Cooker,* destiné à répondre à la même fonction.

Au printemps 1985, les *Sentry* commencèrent à détecter une modification ténue mais significative dans l'activité aérienne du Pacte de Varsovie. Depuis quatre ans, des SU-24 *Fencer* étaient stationnés en Pologne orientale. Cependant, le gros des escadrons de *Fencer* se trouvait regroupé sur des bases des districts militaires de Kiev et de la Baltique. Dès janvier 1985, les appareils stationnés sur le territoire de l'U.R.S.S. entamèrent une rotation régulière qui les mena sur les bases aériennes de Pologne orientale et occidentale. Le changement des voix des pilotes, des indicatifs, n'échappèrent pas aux *Sentry* – pas plus que les missions de reconnaissance des *Foxbat* G, équipés de radars et d'un système de communication air-sol numérique évolués. A Peenemünde, en R.D.A., l'activité aérienne devint intense, de jour comme de nuit.

A la mi-juillet débutèrent les manœuvres du Pacte qui servirent de couverture à la mobilisation de ses forces.

A 23 h 59 le 3 août, les *Sentry* avaient assisté au

déploiement de cinq régiments d'hélicoptères de combat *Hind* E. Deux régiments d'appareils d'attaque au sol SU-25 *Flatfoot* avaient rejoint leurs bases principales au nord de Leipzig. Encore plus significative fut l'intensification soudaine du brouillage. Jusqu'ici, les tentatives étaient restées sporadiques. Les trois *Sentry* en patrouille identifièrent les responsables : il s'agissait de huit AN-12 *Cub* opérant en mode de contre-mesure électronique. Ils tournaient à une centaine de kilomètres au-delà de la frontière des deux Allemagnes. Mais le radar AN/APY-1 Westinghouse, avec son faisceau étroit, demeurait peu sensible à leur action, dont l'effet sur les écrans de contrôle des *Sentry* était négligeable. Ces appareils n'étaient pas les seules cibles que visaient les brouilleurs : il y avait aussi les stations radar au sol de l'O.T.A.N., statiques, encore en cours de modernisation, et hautement vulnérables. L'une après l'autre, ces stations signalèrent à leurs commandants de section que leur capacité de surveillance en moyenne et haute altitude se trouvait diminuée. L'efficacité des brouilleurs soviétiques *Click,* depuis longtemps soupçonnée, se voyait confirmée.

Ce fut à 03 h 15 le 4 août, à 25000 pieds au-dessus de Ramstein (R.F.A.), que les opérateurs radar du E-3A *Sentry* 504826 découvrirent douze échos sur leurs écrans. Douze appareils traversaient la Pologne orientale à une altitude de 35000 pieds, se dirigeant vers l'ouest. C'étaient, on le sut en quelques secondes, des *Backfire*. Les escadrilles de Ramstein, de Wildenrath et de Neuburg reçurent l'ordre de décoller immédiatement et gagnèrent leurs positions d'interception. Les *Backfire* franchirent la frontière germano-polonaise puis rompirent la formation et se dispersèrent en six groupes de deux, visant des points disposés selon un arc s'étendant de Hambourg à la Bavière. Ils observaient un silence radio absolu. Alors qu'il leur restait une cinquantaine de kilomètres avant de sortir du territoire du Pacte, ils virèrent sèchement et reprirent sans autre explication la route de la Pologne. Le chef contrôleur du 504826, utilisant sa liaison codée, fit alors part de sa surprise à ses collègues installés dans leur bunker, quelque 30000 pieds plus bas. Soudain, sa voix s'interrompit. Au même instant, les deux autres *Sentry* cessèrent de recevoir les signaux IFF émis par le 504826. Même si l'équipage de ce dernier avait pu entendre le cri d'alarme de l'opérateur de contre-mesures électroniques du *Sentry* qui croisait au-dessus de Venlo, cela n'aurait pas changé grand-chose.

Il faut rappeler que ces appareils avaient reçu depuis leur création une modification importante. On avait muni leurs ailes et leur fuselage de points d'attache pouvant recevoir des armes de défense air-air et des dispositifs destinés à libérer des leurres — des bandes de feuilles métalliques d'une dimension déterminée, simulant et amplifiant une longueur d'onde donnée. Un nuage de ces feuilles donnerait donc la même réponse qu'un émetteur, et attirerait les missiles autoguidés. Pour une fois, l'O.T.A.N. avait compris l'utilité de cette protection plus rapidement que l'U.S.A.F., dont tous les appareils n'étaient pas encore équipés. Et c'était, malheureusement pour son équipage, le cas du 504826.

A bord du *Sentry* de Venlo, le lieutenant De Groot vit sur son écran de contrôle les *Backfire* rebrousser chemin. Il devina immédiatement qu'ils venaient de tirer leurs missiles antiradar d'une portée de 150 kilomètres. Ceux-ci se guideraient sur les émissions radar des *Sentry* et les détruiraient. Sans attendre l'ordre de son commandant, il enfonça la touche qui libérait les leurres et poussa un cri d'alerte qu'entendit l'opérateur de contre-mesures électroniques du *Sentry* bavarois. Ce dernier réagit de la même façon. Quelques secondes plus tard, une puissante onde de choc secoua les deux appareils : les missiles venaient d'exploser à plusieurs centaines de mètres derrière eux, abusés par les nuages de feuilles métalliques. Les occupants du troisième furent les premières victimes aériennes de la Troisième Guerre mondiale.

Mais les *Backfire* ne s'étaient pas contentés d'attaquer les *Sentry*. Ils avaient détruit six stations radar au sol et endommagé deux autres. Pourtant, ils ne furent pas poursuivis et purent rejoindre sains et saufs leurs bases d'Ukraine. La guerre avait commencé, mais les règles qui régissaient l'O.T.A.N. étaient strictes. Or, son espace aérien n'avait pas été « officiellement » violé. Les deux *Sentry* indemnes reçurent l'ordre de se repositionner pour couvrir l'espace que la disparition du troisième laissait sans surveillance. A Geilenkirchen, le *Sentry* de l'O.T.A.N. qui se tenait constamment en état d'alerte – il pouvait décoller sous quinze minutes – reçut l'ordre d'aller remplacer le 504826. A 03 h 29 ses roues quittèrent le tarmac. Déjà sur les écrans de contrôle des opérateurs, apparaissaient des essaims d'échos. L'aviation d'attaque à long rayon d'action du Pacte de Varsovie s'apprêtait à enfoncer les défenses de l'O.T.A.N., dans la zone que l'action des *Backfire* avait affaiblie.

Au cours des années 70, la puissance aérienne soviétique avait connu un accroissement sensible avec la mise en service d'une nouvelle génération de chasseurs, de bombardiers, de transports et d'hélicoptères. Au début des années 80, l'U.R.S.S. avait mis à l'épreuve ses nouveaux muscles dans diverses parties du monde, usant sans ambages de la force des armes pour instaurer des conditions politiques qui lui soient plus favorables.

Cette volonté délibérée que manifestait le Pacte de combler le fossé qualitatif qui le séparait de l'O.T.A.N. avait de quoi inquiéter les militaires occidentaux. Mais ceux-ci purent trouver un réconfort salutaire dans les faiblesses graves et peut-être endémiques que présentait l'aviation soviétique. Une force aérienne efficace n'exige pas que des appareils modernes. Il lui faut des hommes hautement entraînés et dévoués à leur tâche, une structure de maintenance sophistiquée, une organisation du commandement et du contrôle à la fois souple et adaptable et, par-dessus tout, le souffle de l'imagination et de l'initiative dans les domaines tant théoriques que pratiques. Or les Forces aériennes soviétiques paraissaient handicapées par la qualité de leur personnel au sol, essentiellement composé d'appelés, un moral bas, une corruption omniprésente, des structures de commandement trop rigides pour permettre une utilisation souple de la machine, et un système politique et social qui n'encourageait guère l'initiative et l'imagination.

Mais dès 1979, les Soviétiques avaient tenté d'améliorer la qualité de la maintenance dans leurs forces aériennes en offrant des soldes plus fortes, des promotions plus rapides, afin d'inciter les appelés à s'engager à la fin de leurs deux ans de service. Puis, grâce aux flots de diplômés que les établissements d'enseignement scientifique ou technologique produisaient chaque année, la proportion de jeunes gens hautement qualifiés s'accrut parmi les appelés. Enfin, comme les Soviétiques avaient décidé de mettre davantage l'accent sur les méthodes de guerre conventionnelles, jusque-là placées très en retrait des doctrines nucléaires, les soldes furent augmentées en conséquence et les conditions de vie, améliorées. En 1985, l'état général des escadrons de première ligne des Forces aériennes soviétiques présents en Europe de l'Est manifestait des progrès marqués.

La seconde cause du malaise des militaires occidentaux était relative à la modification des procédures opérationnelles au sein des Forces aériennes soviétiques. Au cours des années 70, elles s'étaient pourvues d'appareils dont le rayon d'action était doublé et la charge utile triplée par rapport à ceux de leurs prédécesseurs, mais on continuait à les faire voler selon les mêmes vieux plans prévisibles d'attaque et de défense. A partir de 1979, pourtant, des articles prétendument écrits par des officiers supérieurs commencèrent à apparaître dans l'*Etoile Rouge* et diverses publications des Forces aériennes, qui louaient ouvertement les pilotes ayant eu assez d'esprit d'initiative pour transgresser les procédures et les plans préétablis parce qu'ils les avaient trouvés inadéquats au cours des exercices. L'Armée Rouge ne fut le théâtre d'aucun mouvement analogue; elle portait toujours la vieille camisole.

Il est possible aujourd'hui de discerner plus clairement les causes de ce changement. Soumettre un *Fencer* à une structure de commandement et de contrôle rigide n'aurait fait que le déposséder des avantages que lui conférait son grand rayon d'action. De plus, les Soviétiques avaient énormément investi dans l'informatisation des procédures de commandement et de contrôle. Cette initiative commençait à porter ses fruits en facilitant la délicate gestion de l'espace aérien qu'impliquait le déploiement sur une grande échelle de missiles sol-air en Europe de l'Est. En 1985, cette vaste réorganisation était achevée. L'Etat-Major général dirigeait les bombardiers lourds, *Bear* et *Bison,* et les bombardiers moyens, *Badger* et *Backfire,* comme deux forces aériennes parfaitement indépendantes, auxquelles on pouvait assigner non seulement des missions en Europe, mais également en Méditerranée, au Moyen-Orient et, si nécessaire, en Extrême-Orient. Les *Flogger* et *Fencer,* au rayon d'action moindre, dépendaient des états-majors de théâtre, tandis que les SU-17 *Fitter* J et les SU-25, plus les derniers Mig-21 *Fishbed* étaient placés sous le contrôle des états-majors de front. Quant aux hélicoptères d'appui aérien *Hip* et *Hind,* ils dépendaient directement de l'armée de terre. En déterminant le niveau de commandement d'un appareil par son rayon d'action, on optimisait la souplesse et la concentration de forces en fonction des exigences du contrôle tactique.

Dans le même temps, l'entraînement opérationnel des Soviétiques leur permit de mieux rentabiliser les possibilités de leurs nouveaux appareils. Mais l'un de leurs progrès les plus remarquables, un événement que l'Ouest attendait depuis longtemps, fut la mise en service en 1982 du IL-76C *Cooker,* l'appareil de surveillance et d'alerte élaboré à partir du transport *Candid.* Ses capacités opérationnelles restaient floues. On savait seulement que la technologie soviétique des radars pouvait sur de nombreux plans rivaliser avec celle de l'Occident, et que la cellule du *Candid* était apte à recevoir un encombrant équipement que la technique des microprocesseurs, qui balbutiait alors à l'Est, n'avait pas encore permis de miniaturiser. Il était donc parfaitement possible que le *Cooker* soit capable de performances comparables à celles de l'AWACS de l'O.T.A.N. –

auquel cas, les tentatives de pénétration des forces aériennes de celle-ci loin derrière les premières lignes du Pacte de Varsovie seraient rendues singulièrement difficiles.

En janvier 1985, 24 *Cooker* étaient en service, répartis entre des bases situées en Pologne, près des frontières septentrionales de l'U.R.S.S., ou opérant dans la zone mer Noire-Caucase-mer Caspienne. Enfin, trois surveillaient la frontière chinoise. Leurs équipages semblaient disciplinés et bien entraînés. Il fallut peu de temps aux spécialistes de l'O.T.A.N. pour se persuader que lors de leurs missions au-dessus de l'Europe de l'Est, les *Cooker* n'utilisaient pas la totalité des fréquences et des moyens de communication dont ils disposaient. A moins d'un miracle, les spécialistes occidentaux auraient bien du mal à mettre au point des contre-mesures électroniques efficaces.

VII

LE PACTE DE VARSOVIE

Au début des années 80, l'U.R.S.S. était devenue une puissance mondiale de première importance. Pourtant son statut, son influence, n'étaient dus ni aux séductions de son idéologie révolutionnaire, ni à ses succès économiques, mais simplement à son gigantesque potenticl militaire.

La création, puis le développement de cette puissance militaire avaient coûté cher. A l'époque, la croissance économique de l'U.R.S.S. se trouvait en perte de vitesse, mais néanmoins son budget de défense progressait régulièrement de plus de 5 p. 100 par an; un tiers de toute la production mécanique était destinée aux forces armées, lourd handicap pour une économie souffrant d'une grave carence en biens d'équipement et en machines. La presque totalité de l'effort de recherche était consacré à la Défense. C'était également le cas d'un cinquième de toute la production sidérurgique, d'un sixième de la production chimique et de l'énergie consommée par le pays. En 1983, les dépenses militaires de l'U.R.S.S. devaient absorber de 15 à 20 p. 100 de l'ensemble du P.N.B.

Les dirigeants soviétiques savaient que pour tirer le meilleur parti de la situation et pour consolider la position de force qu'elle leur conférait sur l'échiquier mondial, ils devraient passer à l'action au plus tard vers 1985. Au-delà, l'économie ne pourrait plus endurer les contraintes que le maintien de la puissance militaire exigeait, même avec une population habituée depuis longtemps à supporter les pénibles conséquences d'un tel état de fait. D'un autre côté, le désir quasi général d'une consommation à l'occidentale se faisait plus aigu; l'écoute des radios de l'Ouest était chose courante. En 1981, selon Vladimir Boukovski, une bonne cinquantaine de millions de Soviétiques recevaient la B.B.C, la Voix de l'Amérique, *Deutsche Welle,* etc. Beaucoup étaient attirés par les programmes musicaux puis écoutaient dans la foulée les bulletins d'information.

Les autres membres du Pacte de Varsovie étaient encore plus sujets que l'U.R.S.S. aux influences étrangères, principalement à cause de l'incapacité du COMECON à satisfaire leurs besoins de consommation, qui les obligeait à entretenir des liens étroits avec les économies occidentales, dont ils étaient les clients et les débiteurs. Le temps ne pouvait qu'aggraver cette situation de dépendance, et pour l'U.R.S.S., la fenêtre de vulnérabilité ne resterait pas perpétuellement ouverte.

On se demandera encore longtemps si l'Ouest n'aurait pas dû déployer de plus grands efforts pour exploiter, au début de la décennie 80, les difficultés dans lesquelles se trouvait plongée l'Union soviétique, par exemple en Afghanistan et en Pologne. Mais, aussi réduites ou inefficaces qu'aient pu être de telles tentatives, elles n'en eurent pas moins d'intéressantes conséquences. En temps de paix, et même si l'occasion paraissait propice, les gouvernements occidentaux répugnaient à poser les bases concrètes d'un plan d'action qui leur permettrait de s'ingérer dans les affaires internes du Pacte de Varsovie si un conflit venait à éclater. Pareil jeu eût été trop risqué pour la C.I.A. et les organismes similaires, à tout le moins si on le menait sur une grande échelle. Mais ce travail que les gouvernements n'avaient pas voulu effectuer fut en bonne partie compensé par l'action d'individus actifs, ceux-là mêmes qui n'avaient cessé de réclamer que les faiblesses du système soviétique soient, en temps de paix, mieux mises à profit pour lui nuire. Expatriés d'Ukraine ou des Etats de la Baltique, ressortissants de pays occidentaux dont les racines se perdaient par-delà le Rideau de fer, se tenaient prêts à offrir leurs services dès le déclenchement des hostilités. Plus utiles encore furent ces proscrits du communisme qui, dès la chute de l'Union soviétique, décidèrent de regagner leurs patries pour œuvrer à leur relèvement. Beaucoup de ces hommes et de ces femmes avaient compté parmi l'élite intellectuelle de leurs pays; certains étaient des administrateurs de premier rang. L'aide qu'ils apportèrent à la constitution des régimes neufs fut incalculable.

Le plan qui fut finalement arrêté par le Kremlin pour l'invasion de l'Europe occidentale par les forces du Pacte de Varsovie prévoyait l'occupation rapide du territoire de la République fédérale d'Allemagne. Accomplie sous dix jours, elle serait suivie de la consolidation du front rhénan. A partir de cette position de force, un cessez-le-feu serait négocié avec les Etats-Unis.

Les raisons pour lesquelles l'U.R.S.S. désirait s'assurer le contrôle du Rhin le plus rapidement possible étaient à la fois importantes et multiples. En premier lieu, il lui fallait remporter un succès militaire décisif, ainsi que s'assurer une position de négociateur ferme et bien définie avant que l'implication concrète des U.S.A. ait atteint un degré trop élevé. Ensuite, il lui fallait laisser à l'Ouest le moins de temps possible pour résoudre ses doutes et ses hésitations concernant le recours à l'arme nucléaire. Enfin, elle devait réduire au minimum les contraintes que des opérations prolongées imposaient à la cohérence interne du Pacte de Varsovie, et particulièrement à ce que l'on appelait la Rangée Nord du Pacte – République démocratique allemande, Pologne et Tchécoslovaquie.

Les Forces armées de ces trois pays, bien que toutes construites sous contrôle soviétique étroit, différaient radicalement : même lorsqu'on lui impose une camisole de force étrangère, une armée reflète fatalement la personnalité de la patrie qui est la sienne. Celle de la R.D.A. (l'Armée Nationale Populaire, ou ANP) avait été montée de toutes pièces au cours des années 60. Avec ses 120000 hommes à l'orée de la guerre, dont la moitié étaient des appelés, elle demeurait la moins importante des trois. La menace que représentait l'Allemagne de l'Ouest, soigneusement cultivée durant un temps par l'U.R.S.S., car elle offrait à l'ANP le meilleur des ciments, n'avait pu résister à la détente et à l'*Ostpolitik* : au cours des annés 70, nombreux avaient été les désertions et les passages à l'Ouest. La fiabilité de cette force – moins, bien sûr, au niveau de son encadrement qu'à celui de ses hommes – avait toujours été pour le Haut Commandement soviétique source de malaise. Lorsque le succès éclair que les Forces du Pacte étaient censées remporter sur celles de l'O.T.A.N. ne se concrétisa pas, lorsque l'agitation gagna les populations civiles et qu'éclatèrent des actes de violence et de sabotage dont Dresde fut, le 11 août, le premier théâtre, on ne jugea pas prudent d'employer l'ANP est-allemande pour rétablir l'ordre.

Bien différent était le cas de la Pologne. Les Forces armées polonaises, qui en 1970 avaient refusé de mater la quasi-rébellion de la population civile, se sentirent obligées de prendre le contrôle total du pays en 1981. Le général Jaruzelski décréta-t-il la loi martiale parce qu'à ses yeux de patriote polonais, c'était la seule façon d'éviter l'intervention directe des Soviétiques ? Ou bien parce qu'à ses yeux de communiste, le pouvoir qu'incarnait Solidarité était incompatible avec la conduite régulière des affaires de l'Etat ? Quoi qu'il en ait été, les mesures prises eurent deux conséquences sur les Forces armées polonaises. Son personnel, qui se consacrait activement au maintien de la sécurité intérieure, ne pouvait guère prendre une part importante à une opération militaire extérieure. D'un autre côté, beaucoup de soldats polonais auraient sans doute préféré le combat contre les Allemands de l'Ouest à la répression de Solidarité. Malheureusement pour eux, leur rôle effectif conjugua les inconvénients de ces deux possibilités : on les chargea de la lutte contre les partisans polonais qui tentaient de couper les réseaux d'approvisionnement soviétiques traversant la Pologne pour rejoindre l'Allemagne fédérale.

A l'époque, l'U.R.S.S. ne pouvait considérer la Pologne comme un allié militaire parfaitement fiable. Un facteur prépondérant fit participer ce pays au plan d'invasion rapide de l'Allemagne fédérale : la certitude que si la Pologne était tenue à l'écart de l'opération, la lutte qui opposerait l'O.T.A.N. au Pacte serait livrée non sur le sol allemand, mais sur le sol polonais, ce qui semblait beaucoup moins préférable. Mais l'invasion, quoique rapide, n'obtint pas les résultats escomptés et les craintes des Soviétiques quant à la loyauté des troupes polonaises furent vite confirmées. Lorsque les partisans, bien approvisionnés par les Forces aériennes de l'O.T.A.N., commencèrent à porter des coups décisifs aux lignes de communication des Soviétiques, le retrait d'Allemagne des unités polonaises, auxquelles fut donné pour mission de veiller à la sécurité des communications sur l'étendue du territoire polonais se solda par un échec total. Le 17 août, la mutinerie à Poznan d'une des huit divisions mécanisées que comptaient les Forces armées nationales fut le signal d'une rébellion générale.

En Tchécoslovaquie, l'invasion d'août 1968 – ordonnée et conduite par l'U.R.S.S., mais avec le concours symbolique de certains de ses féaux – avait, entre autres conséquences, virtuellement détruit l'Armée Populaire Tchécoslovaque (APT). Elle avait sonné le glas des tendances pro-soviétiques marquées qui caractérisaient le pays dans son ensemble. Et l'armée ne recouvra jamais, en termes d'effectifs et de qualité, son statut antérieur. Jusqu'au déclenchement du conflit de 1985, en dépit – et peut-être à cause – des efforts ininterrompus des Soviétiques pour reprendre le contrôle total de l'appareil militaire tchécoslovaque, Moscou ne put jamais tenir l'APT pour un instrument parfaitement sûr. Néanmoins, il était prévu que celle-ci prenne une part active à l'offensive, lors de la guerre rapide que l'on mènerait contre l'Ouest. Et dès avant que l'avance se ralentisse, grâce aux actions défensives de l'O.T.A.N. en Allemagne de l'Ouest, la mutinerie qui éclata à Cheb les 17 et 18 août, au sein de la 4e division de Fusiliers motorisée de l'APT était prévisible.

L'un dans l'autre, les stratèges soviétiques ne pouvaient guère compter sur la collaboration militaire de leurs alliés du Pacte de Varsovie. Le but de cette organisation n'était pas, comme pour l'O.T.A.N., de permettre à un ensemble de nations d'unir leurs efforts de guerre pour une cause commune. Il était à la fois beaucoup plus simple et beaucoup plus brutal. Les Soviétiques attendaient uniquement du Pacte qu'il soit un appareil de sécurité, un verrou qui interdirait aux territoires des autres membres de servir de tremplin à une éventuelle attaque contre l'U.R.S.S.

Il leur fallait un glacis. Pas une alliance.

VIII

PROJETS DE GUERRE : LES DÉBATS DU POLITBURO

Le major général Igor Borodine, membre du Comité central et du Secrétariat du Département administratif – c'est-à-dire l'organisme qui contrôlait l'Armée Rouge et le K.G.B. – parvint à échapper au vent de carnage qui souffla sur Moscou aux derniers jours d'août 1985, et à atteindre le quartier général du 7e corps d'armée américain. Son interrogatoire au Grand Quartier Général des Puissances Alliées en Europe (SHAPE) permit d'établir le document suivant (SH-003-47B-5320), daté du 17 septembre 1985, et qui fut déclassé le 5 juin 1986.

Sauf en temps de crise, le Politburo ne se réunissait qu'une fois par semaine, le jeudi à 15 h 00, dans l'ancien palais du Sénat, au Kremlin. Le Politburo était l'incarnation du pouvoir absolu qu'exerçait le Parti sur tous les aspects de la vie et de la société. La fonction de président du Praesidium, le Parlement, le Soviet suprême, n'avaient guère qu'une valeur décorative : seul comptait le Politburo. Tout l'intéressait. Il avait sur chaque chose une opinion définitive. Il pouvait décider que tel opéra servait les intérêts du socialisme, mais que tel ballet leur était nuisible, et devait donc être interdit.

Le 6 décembre 1984, le Politburo discuta de la situation en Europe. Il avait coutume de faire appel à des sources d'information multiples. Deux rapports avaient donc été préparés pour la réunion, l'un par le service du renseignement politique (le Premier Directoire Principal du K.G.B.), l'autre par le service du renseignement militaire (le Second Directoire Principal de l'Etat-major de l'Armée soviétique – le G.R.U.). Les deux rapports s'étaient appuyés sur des méthodes d'analyses différentes, mais n'en atteignaient pas moins les mêmes conclusions : l'Europe occidentale se mourait de gangrène.

Le K.G.B. recueillit une certaine approbation lorsqu'il suggéra que le pouvoir immodéré des syndicats était responsable du déclin politique et économique de l'Ouest. Le souvenir de Solidarité était encore frais dans les mémoires soviétiques, et l'hypothèse ne pouvait qu'être bien accueillie. Par impuissance ou pusillanimité, les gouvernements bourgeois n'avaient pas appliqué le cautère de la loi martiale – qui pourtant avait fait ses preuves en Pologne – pour enrayer les grèves et les ralentissements qui minaient si bien le capitalisme. Pour l'Union soviétique, l'heure était venue d'agir – avant que les frustrations accumulées de la bourgeoisie ne poussent les régimes occidentaux à prendre enfin les mesures qui juguleraient l'anarchie industrielle.

Pour le G.R.U., la cause principale de la décadence européenne se trouvait dans l'expansion sans précédent des idées pacifistes et neutralistes. L'Europe n'avait pas envie de se défendre. Elle semblait croire que sa meilleure arme, c'était sa vulnérabilité. Plus l'U.R.S.S. ferait preuve de détermination sur le terrain international, plus l'Europe s'affaiblirait.

Au cours de la discussion, la question qui revenait le plus fréquemment portait sur la maturité du fruit. Le moment était-il venu de secouer l'arbre ?

Les opinions divergeaient. Pour le G.R.U., il était inutile d'attendre. Grâce à la politique de détente, l'U.R.S.S avait pu déployer toute une nouvelle génération d'armes nucléaires destinées au théâtre européen, ainsi qu'un armement conventionnel amélioré auquel l'Ouest, pour des motifs politiques et financiers, n'avait rien pu opposer d'équivalent. Mais l'Europe pouvait changer d'avis avec le passage du temps, et s'aligner sur l'attitude plus dure que venaient d'adopter les U.S.A.

Selon le K.G.B., une attente de deux ans rendrait la situation encore plus favorable. L'Europe se serait alors davantage éloignée des Etats-Unis, et ses divisions internes se seraient aggravées. De nouvelles augmentations du prix du pétrole, une récession économique accrue, des grèves de grande envergure et des manifestations de plus en plus violentes produiraient un doute, un mécontentement général. Les gouvernements n'y résisteraient pas.

Les deux services secrets tombèrent d'accord pour affirmer que le meilleur moment pour entreprendre une action militaire suivrait l'irruption d'émeutes en chaîne frappant les villes d'Europe de l'Ouest, émeutes organisées par les syndicats, les pacifistes, les étudiants, les chômeurs, les racistes et les écologistes. La paralysie et la déstabilisation des instances gouvernementales seraient telles que l'U.R.S.S. n'aurait aucun mal à trouver l'occasion d'intervenir.

On demanda aux représentants des deux services secrets si, selon eux, de tels troubles pouvaient être déclenchés sur une échelle suffisamment vaste. Ils répondirent par l'affirmative.

Le Conseil de Défense examina alors le Plan Opérationnel. Le Conseil de Défense représentait le noyau le plus puissant du Politburo. Il se composait uniquement de membres intéressés par les affaires militaires les plus importantes. En faisaient partie le secrétaire général du Comité central du Parti, l'Idéologue suprême du Parti, le chef du Département organisationnel du Comité central (en d'autres termes, le chef de l'appareil du Parti), le ministre de la Défense et le président du K.G.B.

Le Plan Opérationnel était un plan de guerre élaboré par les 100 généraux et les 620 colonels qui composaient le Premier Directoire Principal de l'Etat-Major. Il se fondait sur l'analyse des éléments connus et des probabilités relatives à la fois à l'Union soviétique et à ses ennemis possibles. L'information concernant ces derniers était fournie par lc G.R.U. Sur la base de ce plan directeur, les états-majors des Forces des Missiles stratégiques, des Forces nationales de Défense aérienne et ceux des Théâtres stratégiques préparaient leurs propres plans d'opération. C'était ensuite aux quartiers généraux des districts militaires, des flottes et des groupes d'armées d'établir les leurs, en fonction de leurs responsabilités individuelles. Quant aux pays d'Europe de l'Est, ils se contentaient de recevoir du quartier général du Pacte de Varsovie les ordres correspondant aux tâches que l'on attendait d'eux – et rien d'autre.

Le Plan Opérationnel pour l'année 1985 embrassait tous les théâtres possibles.

Les cinquante divisions soviétiques stationnées dans les districts extrême-oriental et transbaïkal suffiraient pour l'instant à garantir cette frontière. La Chine deviendrait forcément dans l'avenir une menace importante, et une crise mondiale risquait de la favoriser, mais pour l'instant, ce théâtre était stable.

En Asie du Sud-Ouest subsistait le risque d'affrontement avec les U.S.A., appuyés ou non par leurs satellites.

Au Moyen-Orient, les deux superpuissances avaient déjà, au cours de la même année, frôlé la guerre de très près – suite à des troubles graves dont Israël et la Syrie étaient les principaux protagonistes. Des efforts gigantesques avaient permis d'éviter un conflit ouvert; grâce à la création d'un Etat palestinien autonome et à la neutralisation d'Israël, la région bénéficiait d'une certaine stabilité. Sans porter préjudice aux objectifs politiques à long terme, la situation offrait à court terme plusieurs avantages tactiques. Il était souhaitable qu'Israël demeure neutre.

Les tentatives de déstabilisation des Caraïbes et de l'Amérique centrale, destinées à détourner de l'Europe l'attention des Etats-Unis, n'avaient obtenu qu'un succès médiocre et devaient donc être poursuivies.

Le Plan Opérationnel traitait de façon détaillée la conduite des opérations militaires qui pouvaient éventuellement prendre place dans ces théâtres – Extrême-Orient et Pacifique, Asie du Sud-Ouest, Afrique, Amérique centrale et du Sud. Mais il accordait la priorité aux possibilités d'opérations sur le théâtre européen.

Le document OP-85E-SSOV (Plan Opérationnel pour l'année 1985, Europe, Très Secret et Important) représentait la partie du Plan Opérationnel relative aux opérations contre l'O.T.A.N. en Europe. Aucun exemplaire n'a pu en être obtenu. Cependant le major Borodine a donné une relation de son contenu qu'il affirme fidèle.

La première partie du document était une analyse des forces probables de l'ennemi. La seconde concernait la puissance des forces soviétiques et de celles du Pacte de Varsovie en Europe. La troisième traitait du plan visant à l'utilisation de celles-ci.

Le plan exposé dans cette dernière partie proposait trois options.

« *L'OPTION A* se décomposait en cinq phases, de la façon suivante :

« *Phase Un* (durée 24 minutes) : attaque nucléaire massive et soudaine de l'intégralité du théâtre européen, Espagne et Portugal compris, destinée à neutraliser l'ensemble des forces ennemies jusqu'à l'échelon de la division, de la brigade et du régiment. Une attention particulière est portée aux quartiers généraux, aux bases aériennes, aux bases de missiles, aux principaux centres de communication et d'administration, ainsi qu'au système de défense aérienne.

« *Phase Deux* (durée 96 minutes) : ellc succède immédiatement à la précédente. Y prennent part huit armées des Forces aériennes, les avions de trois flottes, deux corps de l'aviation stratégique à long rayon d'action, des sous-unités de la compagnie civile Aeroflot et la totalité des appareils de transport militaire. Au cours de cette phase, le maximum sera fait pour obtenir une évaluation précise des résultats de la première attaque nucléaire. Dans le même temps, une attaque aérienne massive sera dirigée contre les objectifs que cette dernière aurait pu épargner. Il s'agira principalement d'objectifs mobiles, tels qu'unités de missiles et postes de commandement.

« Les armes nucléaires et chimiques sont utilisées. Concurremment, les appareils militaires de transport et ceux de l'Aeroflot parachutent des sous-unités des *Spetsnaz* (Forces d'Action spéciales) au-dessus des zones non soumises à une attaque chimique ou nucléaire. Les lance-missiles qui ont participé à la Phase Un sont rechargés. Les missiles tactiques dont la portée limitée a interdit l'emploi lors de celle-ci sont rapidement avancés pour prendre part aux opérations. Les sous-unités de missiles recevront les informations concernant leurs objectifs directement des avions de reconnaissance.

« *Phase Trois* (durée 30 minutes) : toutes les sous-unités de missiles lancent à nouveau une attaque nucléaire massive, dès le dégagement des avions. Cette attaque est destinée à détruire les cibles nouvellement découvertes et celles insuffisamment endommagées lors des précédentes attaques. Les ogives chimiques seront prédominantes, mais la proportion d'ogives nucléaires restera forte.

« *Phase Quatre* (durée 7 jours) : le succès de cette phase des opérations dépend de la surprise. La plupart des troupes de l'Union soviétique et du Pacte de Varsovie ne sont pas mises en état d'alerte avant le déclenchement de la première attaque nucléaire. Les deux heures et demie nécessaires au déroulement des trois phases initiales de l'opération leur suffisent à se préparer et à rejoindre leurs positions. Même si les divisions de l'échelon d'assaut n'ont pu mettre ce délai à profit pour se préparer parfaitement, elles doivent néanmoins passer à l'action sans attendre. Les circonstances seront de toute façon défavorables aux divisions ennemies. L'assaut des divisions du premier échelon sera donné simultanément sur la totalité du front, et visera à opérer des percées rapides et profondes partout où les défenses de l'ennemi le permettront. Au second ou au troisième jour de cette action, les armées blindées du Front seront engagées aux points où le succès aura été le plus grand. Au quatrième jour, dans les zones où toute résistance ennemie aura été neutralisée, le Groupe d'armées blindées de Biélorussie s'élancera pour traverser l'Europe en direction de l'Atlantique. Durant la Phase Quatre, les sous-unités de missiles et d'aviation assureront les actions d'appui requises par les forces navales et terrestres. Chacun des trois premiers jours verra le parachutage d'une division aéroportée. Si la disponibilité des appareils de transport militaires et de ceux de l'Aeroflot l'avait permis, l'ensemble des divisions aurait été parachuté dès le premier jour de l'opération. Ceci est impossible.

« *Phase Cinq :* elle serait uniquement exécutée si les forces soviétiques et celles d'Europe de l'Est étaient stoppées en Allemagne de l'Ouest et se trouvaient impliquées dans des opérations soutenues. Ceci pourrait entraîner l'apparition d'un front statique, accompagné d'un déploiement linéaire des forces de l'O.T.A.N. du nord au sud. Dans ce cas, le Groupe d'armées blindées d'Ukraine quittera la Hongrie puis traversera l'Autriche – malgré la neutralité de celle-ci – pour avancer à la vitesse maximum le long d'un axe Linz-Francfort-Dunkerque. Le but de cette phase est de rompre les lignes de communications des Alliés, de couper leur ligne de retraite, et de pousser vers la mer.

« *L'OPTION B,* presque identique à l'Option A, s'en différencie par le non-recours aux armes nucléaires. Toutes les formations et les unités de missiles effectuent une attaque massive utilisant les explosifs conventionnels et les armes chimiques, mais se tiennent néanmoins prêtes à faire usage de l'arme nucléaire. L'Option B prend en compte l'existence préalable d'une période de tension en Europe – durant de quelques jours à plusieurs mois, voire un an – avant le déclenchement des opérations militaires. Au cours de cette période, les troupes des deux camps se trouveront en état d'alerte permanente, et effectueront des exercices à proximité des lignes ennemies. La prolongation de cette situation ne pourra que servir l'Union soviétique. La lassitude, l'ennui, les fausses alertes, contribueront à miner la vigilance. Les formations de l'Union soviétique et du Pacte de Varsovie seront alors lancées à l'assaut avec rapidité. La réaction des forces de l'O.T.A.N. risque d'être molle. L'Option B envisage aussi une attaque éclair lancée de l'intérieur des frontières, et excluant l'utilisation des armes chimiques. Une telle action jouirait du maximum de chances de succès au moment où l'Ouest est le plus vulnérable – par exemple en août, pendant les vacances.

« *L'OPTION C* se subdivisait en un stade préliminaire et un stade principal.

« *Stade Préliminaire* (durée 10 jours) : au cours de cette période, plusieurs dizaines de groupes de civils des services spéciaux, formés dans des pays non communistes occidentaux et asiatiques, convergeront vers l'Europe de l'Ouest. Chaque groupe, qui agit de façon indépendante, ignorera que sa mission s'inscrit dans un plan général. Dans le même temps, des unités de sabotage des *Spetsnaz,* fortes d'environ 5000 hommes, pénétreront en Europe de l'Ouest en se faisant passer pour des touristes et les navires marchands soviétiques, ayant secrètement à leur bord des troupes d'infanterie de marine et des unités de saboteurs, feront route vers les principaux ports européens.

« *Stade Principal :* à un moment déterminé, les *Spetsnaz* détruiront à l'explosif les centrales électriques clefs. S'ils parviennent à mettre hors service une soixantaine de celles-ci, c'est la totalité de l'industrie et du système de communication européens qui sera paralysée. Le transport ferroviaire s'interrompra. Le transport aérien sera sévèrement handicapé par la paralysie des communications. Dans un tel contexte, on peut s'attendre à ce que la distribution de l'eau ne soit plus assurée et à ce que cessent les émissions de radio et de télévision. Toute réfrigération étant impossible, les denrées périssables se gâteront dans leurs entrepôts. Les ascenseurs des immeubles cesseront de fonctionner, ainsi que l'éclairage, le téléphone et les systèmes d'alarme. Il s'ensuivra dans les grandes villes une congestion du trafic. Les réserves de combustible minéral s'épuiseront. Le métro s'arrêtera. L'activité des instances gouvernementales, des services de police et des commandements militaires sera entravée. La criminalité montera en flèche, la panique s'instaurera. Des saboteurs prosoviétiques opérant en civil seront désormais en mesure, au prix de difficultés réduites, de détruire les principaux systèmes de communication des quartiers généraux les plus importants de l'O.T.A.N., et de mettre hors d'usage les postes de commandement des systèmes de défense antiaérienne. Concurremment, des avions de transport de l'armée ou des appareils de l'Aeroflot procéderont au parachutage massif des divisions aéroportées, dont l'arrivée au sol sera protégée par les *REP Osnaz* soviétiques (Forces spéciales de contre-mesures électroniques) qui « aveugleront » les stations radar de l'O.T.A.N. La mission de ces troupes parachutées sera de s'emparer des organismes gouvernementaux, des quartiers généraux et des postes de commandement militaires, afin d'empêcher le fonctionnement des administrations nationales, tant civiles que militaires. Ceci effectué, et sans laisser à l'Ouest le temps de procéder à une évaluation précise de ce qui s'est passé, le Gouvernement soviétique priera instamment son homologue américain de ne pas recourir à une riposte nucléaire, et garantira que l'U.R.S.S. évitera l'emploi de ce type d'armes.

Quelle option choisir? Devait-on préférer une ouverture nucléaire? Les arguments en faveur de cette solution étaient solides. L'U.R.S.S. était mieux pourvue que les U.S.A. dans le domaine des missiles intercontinentaux basés à terre, même si ce rapport s'inversait pour les missiles intercontinentaux lancés d'avions ou de sous-marins. L'U.R.S.S. retrouvait sa supériorité pour les armes nucléaires de théâtre – mais rien ne garantissait que les U.S.A. s'interdiraient de lancer leurs I.C.B.M. sur l'U.R.S.S., si celle-ci déchaînait sur l'Europe occidentale une attaque nucléaire. Rien ne garantissait non plus qu'un tir dirigé contre le territoire même des U.S.A. parvienne à endommager suffisamment leurs systèmes d'armes pour qu'une riposte dévastatrice soit rendue impossible. De fait, décider d'utiliser l'arme nucléaire, c'était décider d'escalader tous les degrés de l'échelle stratégique.

Les arguments en faveur d'une ouverture conventionnelle étaient bien connus. Une victoire non nucléaire présentait des avantages indiscutables; avec une planification conséquente, et pour peu que les opérations sur le terrain soient correctement menées, elle n'avait rien d'inenvisageable. Cependant, dans l'hypothèse où l'invasion de l'Europe occidentale serait ralentie au point que le Rhin ne puisse être atteint sous dix jours, la *totalité* de l'arsenal nucléaire soviétique devrait alors être utilisée sans hésitation et le plus rapidement possible.

Une majorité se dessina en faveur d'une ouverture non nucléaire. Ce point décidé, le Politburo se pencha sur d'autres questions.

On discuta de la position des pays européens

neutres. La Suède, malgré les signes d'agitation qu'elle montrait depuis quelques années, serait facilement convaincue de rester tranquille. La France représentait un paramètre inconnu. Elle faisait partie de l'Alliance Atlantique mais pas de son organisation militaire, l'O.T.A.N. La volonté de protéger ses intérêts ferait que la France s'abstiendrait certainement de toute participation au conflit si on lui offrait des conditions suffisamment avantageuses. L'Irlande s'alignerait probablement sur son attitude.

L'occupation de la France entamerait sérieusement le potentiel soviétique, et représenterait une augmentation des territoires occupés qui risquait fort de poser des problèmes de sécurité aigus.

L'argument qui convaincrait la France de rester en dehors du conflit serait la garantie de sa totale immunité. En conséquence – et bien que l'offensive ait été conçue pour balayer la totalité de l'Europe occidentale – le but premier était l'occupation et le démantèlement de l'Allemagne fédérale. On s'arrêterait au Rhin, et tout en réglant le compte de la R.F.A., dont la destruction sonnerait le glas de l'Alliance Atlantique, on négocierait avec les U.S.A.

Cette stratégie reçut l'approbation du Politburo.

On évoqua la possibilité de distraire l'attention des U.S.A. du théâtre européen. Si les U.S.A. se trouvaient activement engagés dans un conflit, aux Caraïbes et en Amérique centrale, l'opinion publique américaine ne se montrerait sans doute guère favorable à une aide massive aux forces de l'O.T.A.N en Europe. Le Pacte de Varsovie serait alors en mesure de remporter aisément la victoire. Il fallait pousser énergiquement dans ce sens, en accordant une attention particulière à Cuba.

Une hypothèse identique fut soulevée à propos de l'Asie. L'éruption de crises, par exemple dans la zone indochinoise, ou dans le Sud-Ouest asiatique – en mettant l'accent sur les régions productrices de pétrole – aurait-elle des conséquences profitables ? La réponse fut négative. Il serait imprudent d'alarmer la Chine avant d'avoir détruit l'Allemagne fédérale. Des opérations dans le Sud-Ouest asiatique déplaceraient des forces américaines et soviétiques d'ampleur à peu près égale, ce qui serait tout compte fait avantageux pour l'U.R.S.S., mais cette région du globe mettait en jeu trop d'inconnues : quelle serait la réaction du Pakistan ? Celle du monde arabe ? Celle des populations musulmanes d'Union soviétique ? Il fut jugé plus prudent de sérier les problèmes. Aucune opération majeure extérieure à l'Europe ne serait entreprise tant que le but premier qu'était la destruction de l'Alliance n'aurait pas été atteint.

L'éventualité d'une action offensive dans l'espace fut également abordée. De toute évidence, les Soviétiques étaient superbement équipés pour intervenir dans les activités astronautiques des U.S.A. Mais pouvait-on utiliser les armes nucléaires dans l'espace ou en mer sans déclencher un échange intercontinental ? Il fut décidé qu'on ne les emploierait pas. Cependant, la question de l'effet EMP (impulsion électromagnétique) semblait particulièrement intéressante. Aux membres dont la culture scientifique était la moins étendue, on expliqua qu'une arme à fusion mise à feu à l'extérieur de l'atmosphère – à une altitude de 200 km, par exemple – ne causerait au sol aucun effet thermique, mécanique ou radio-actif. Par contre, elle engendrerait une impulsion d'une puissance gigantesque, capable de détruire ou d'endommager dans un vaste rayon tous les équipements électriques ou électroniques, avec les conséquences que cela pouvait avoir au niveau de l'alimentation en énergie, des communications et du fonctionnement des instruments d'orientation. L'Ouest était bien plus vulnérable que l'U.R.S.S. à l'effet EMP. Fallait-il exploiter cet avantage?

Finalement, on reconnut que pareille initiative serait probablement interprétée comme l'expression d'une volonté de porter la lutte sur le terrain de la guerre thermonucléaire totale, et devait donc être évitée tant qu'une telle volonté n'existerait pas.

Lorsque furent discutées les alternatives opérationnelles, les membres du Politburo attirèrent l'attention sur divers défauts que présentait la planification. Ils demandèrent qu'une version révisée du Plan lcur soit soumise sous quinze jours pour accord final.

Le 20 décembre 1984, la partie révisée du Plan du Premier Directoire de l'État-Major qui concernait les opérations contre l'O.T.A.N. fut à nouveau présentée au Conseil de Défense. Un exercice de simulation eut lieu, où le chef du Premier Directoire principal de l'Etat-Major tint le rôle de commandant des forces de l'Est, tandis que le chef du G.R.U. dirigeait celles de l'Ouest. Les deux duellistes étaient arbitrés par le chef d'Etat-Major, leur supérieur hiérarchique. Tous les membres du Politburo suivaient attentivement cette bataille sur cartes. On conclut à la probabilité d'une issue favorable.

Lorsque l'exercice fut achevé, le chef d'Etat-Major et les chefs des Directoires principaux ainsi que leurs adjoints durent répondre aux questions rigoureuses des membres du Politburo. Celles-ci portaient moins sur le détail des opérations que sur l'état respectif des forces soviétiques et de celles de l'O.T.A.N.

Le lendemain, 21 décembre, eut lieu une réunion extraordinaire du Politburo. On devait y discuter de la situation en Europe de l'Est et des comportements possibles des alliés de l'U.R.S.S. en cas de conflit. Le rapport fut présenté par le commandant en chef des Forces Armées Combinées du Pacte de Varsovie, le maréchal de l'Union soviétique V.G. Koulikov. Il faut rappeler que dans l'échelle hiérarchique, ce poste n'était guère prisé. Pour un maréchal soviétique, y être nommé équivalait à quitter honorablement les allées du pouvoir réel. On l'avait principalement créé pour dissimuler que toutes les décisions concernant le Pacte de Varsovie étaient prises au sein de l'Etat-Major soviétique. En fait, c'était le ministre de la Défense de l'U.R.S.S. qui donnait ses ordres au commandant en chef du Pacte de Varsovie. A son tour, celui-ci les transmettait aux « alliés » et veillait à leur bonne exécution, puis présentait son rapport au ministre, qui en faisait profiter les autres membres du Politburo.

Et le rapport du maréchal Koulikov ne fit guère plaisir à ses auditeurs. D'un point de vue strictement militaire, l'Europe de l'Est était bien armée, mais la pugnacité des nations qui la composaient laissait à désirer. Par exemple, la Pologne, aux prix de sacrifices sévères et grâce à l'aide occidentale, avait pu s'offrir quatre fois plus de chars que la Grande-Bretagne. Elle entretenait une division d'infanterie de marine. Mais le coin d'acier que les ouvriers polonais avaient enfoncé dans la structure du Parti n'avait pas été complètement arraché. Au pire, les forces antisocialistes pouvaient très sérieusement entraver l'effort de guerre de leur pays. Non seulement ceci affaiblirait l'allié le plus puissant de l'U.R.S.S., mais l'approvisionnement des troupes soviétiques opérant en Allemagne fédérale s'en trouverait également gêné.

Pour le moment, la République démocratique allemande restait fidèle, mais comment réagirait son armée lorsqu'un contact étroit avec l'Occident faciliterait la désertion ?

Un état de torpeur s'était emparé de la Tchécoslovaquie depuis 1968. A l'époque, ses forces armées n'avaient pas voulu s'opposer à l'Armée Rouge. Auraient-elles aujourd'hui la force de combattre un autre adversaire ?

C'était une situation contraire qui régnait en Hongrie. Après les événements de 1956, la croissance économique avait érodé la conscience socialiste nationale, et affaibli l'autorité du Parti. Quelle serait la réaction de l'Armée hongroise si la guerre éclatait ? Se battrait-elle jusqu'au bout pour les idéaux officiels ?

L'influence occidentale avait parfaitement corrompu la Bulgarie. C'était l'afflux de touristes de l'Ouest qui faisait prospérer le pays. Si toute l'Europe devenait socialiste, qui viendrait en Bulgarie dépenser ses devises fortes ? Quel avantage trouverait celle-ci dans une modification de la situation existante ?

Restait la Roumanie. Sur certains plans, elle ne se montrait guère coopérative, mais l'Union soviétique ne pouvait se permettre de perdre Ceaucescu – qui, lui-même, n'avait guère envie de voir celle-ci s'effondrer et risquait en conséquence de jouer les alliés fidèles. Malheureusement, l'Armée roumaine était anémique, et la situation économique nationale presque catastrophique.

A l'achèvement du rapport, l'Idéologue suprême du Parti se leva et donna au commandant en chef des Forces Combinées du Pacte de Varsovie les ordres suivants :

« Lors de la prochaine réunion du Conseil politique consultatif du Pacte de Varsovie, trois points fondamentaux doivent être précisés, très diplomatiquement mais avec clarté et fermeté :

a. Trahir ses amis en cas de conflit n'est pas seulement répréhensible, c'est également suicidaire.

b. L'Union soviétique disposera toujours du potentiel nucléaire nécessaire au châtiment des traîtres.

c. L'Europe de l'Ouest sera à coup sûr détruite, privant de tout refuge ceux qui auront trahi le socialisme. Il est beaucoup moins risqué de rester dans le camp des vainqueurs. »

IX

LE POINT DE VUE DE NEKRASSOV

Andreï Nekrassov, tout membre du Parti qu'il était, ne faisait pas entièrement confiance à la propagande soviétique. Ce n'était pas une chose qu'il pouvait révéler à n'importe qui, bien sûr, mais la tension montante lui faisait ressentir le besoin urgent de se décharger de son fardeau sur quelqu'un. Il eut la chance de pouvoir converser à cœur ouvert avec le seul être à qui, outre les membres de sa famille, il faisait totalement confiance : Dimitri Vassilievitch Makarov. Les liens entre les deux amis s'étaient encore resserrés. Ils étaient devenus des frères.

Andreï Nekrassov adoptait naturellement le comportement que l'on attendait d'un officier soviétique. Il opinait lorsqu'il le fallait et récitait devant ses hommes le catéchisme réglementaire. Mais certains de ses enseignements gênaient le soldat professionnel qu'était Nekrassov. Par exemple, la propagande affirmait que le soldat américain était dorloté : chaque compagnie, disait-on, disposait de son propre cuisinier, et tous les soldats dormaient dans des sacs de couchage individuels, comme des touristes. Mais le jeune officier – et il n'était sûrement pas le seul – connaissait pertinemment la fausseté de telles assertions. La compagnie est une sous-unité de combat. La compagnie ne peut pas avoir de cuisinier, car chaque membre de la compagnie doit se battre. Le régiment, lui, a besoin d'un cuisinier : un pour 2000 hommes. Chaque soir, quelques fantassins sont désignés pour l'aider. Du moins, il en est ainsi en temps de paix; durant un conflit, on se passe purement et simplement de cuisinier.

Pourtant, à comparer certains chiffres, le jeune homme se demandait si la propagande ne disait pas vrai. Une compagnie de blindés soviétique comportait treize chars et quarante-trois hommes – trente-neuf formant les équipages des véhicules, et quatre dévolus à la maintenance. Ceux-ci assuraient l'entretien technique, veillaient aux approvisionnements, à la discipline, au moral, aux munitions, aux uniformes, aux soins médicaux, etc. Une compagnie de blindés américaine comprenait dix-sept chars mais quatre-vingt-douze hommes. A quoi, se demandait Nekrassov, pouvait-on bien les occuper?

Au niveau du bataillon, les chiffres ne collaient pas non plus. Un bataillon de blindés soviétique comprenait quarante chars et 193 hommes. Un bataillon de blindés américain comprenait cinquante-quatre chars mais plus de 500 hommes.

Dans l'infanterie soviétique, les problèmes de maintenance étaient résolus encore plus facilement que dans les sous-unités de blindés. Au sein d'une compagnie de fusiliers motorisée soviétique, chacun prend part au combat. Les officiers sont munis des mêmes armes que leurs hommes. Le sergent-major de compagnie est responsable de la discipline, de l'ordre, de la propreté des armes. Il assure de plus l'approvisionnement de la compagnie dans les domaines les plus divers, tels que les vivres, les munitions, les pièces de rechange, les uniformes et l'armement. Mais cela ne le dispense pas de prendre part au combat, au cours duquel il doit superviser les mouvements des B.T.R., ou diriger le tir des B.M.P., quand il ne cumule pas les deux tâches. Le bataillon de fusiliers motorisé soviétique ne dispose que de trente hommes pour assurer le service des réparations, des communications, du soutien médical et technique, ainsi que celui de l'approvisionnement en vivres, sans parler de l'administration. Les 413 autres participent directement aux opérations. Grâce à cette utilisation rationnelle de la main-d'œuvre, le bataillon soviétique possède une batterie de mortier – ce qui n'est pas le cas de son équivalent américain, pourtant deux fois plus important.

Une division soviétique de fusiliers motorisée de 13800 hommes compte 272 chars et 108 obusiers automoteurs. Une division américaine similaire – forte de 18500 hommes – ne compte que 216 chars et 72 obusiers automoteurs. La division soviétique est parfaitement autonome. Elle possède son propre bataillon de reconnaissance, une compagnie de missiles antiaériens (sans parler des armes antiaériennes dont disposent les régiments, les bataillons et les compagnies), alors que la division américaine doit s'en remettre au soutien de l'extérieur, en particulier à celui des bataillons de missiles antiaériens HAWK.

Andreï Nekrassov ne parvenait pas à comprendre – et il le répétait à son patient ami – pourquoi les Américains ne se servaient pas de tous leurs administrateurs, de tous leurs cuisiniers et de tous leurs magasiniers pour former d'autres bataillons de blindés, ou des batteries de mortiers, ou des régiments de défense antiaérienne.

Un total de 200000 soldats américains stationnaient en Europe. Ce nombre aurait suffi à composer quinze divisions de blindés ou de fusiliers soviétiques complètes, avec toutes les unités auxiliaires dévolues à leur appui et à leur maintenance. Or, disposant de ce personnel, l'armée des Etats-Unis en Europe ne pouvait aligner que cinq divisions incomplètes !

Mais c'était la question des femmes qui semblait franchement incompréhensible. A quoi peut bien servir une femme dans une armée ? Elle a éventuellement sa place dans un hôpital, ou au sein d'une sous-unité de transmissions – pour autant qu'elle soit à l'arrière, bien entendu. Sinon ? Les postes administratifs ? Le quartier général d'un corps d'armée n'a besoin que de deux dactylos. Cinq armées soviétiques stationnaient en R.D.A. Soit un total de dix dactylos. Pas une de plus. Pourquoi l'U.S. Army employait-elle des dizaines de milliers de femmes ? Que faisaient-elles ? Quelle tâche, au sein des Forces armées, ne réclamait pas un minimum de résistance physique ? Le soldat soviétique bénéficiait de vingt-cinq minutes de temps libre par période de vingt-quatre heures. Cela était-il suffisant pour une femme ? Un soldat doit pouvoir dormir dans la neige, protégé seulement par sa capote. Il doit pouvoir rester des mois sans avaler un repas chaud. Ces Américaines sont vraiment à plaindre, songeait Nekrassov. Elles que le chômage amène à endurer les terribles servitudes du métier des armes. Mais peut-être l'armée américaine accordait-elle même à ses hommes du rang une heure *entière* de repos par jour ? Peut-être était-ce vrai qu'ils avaient tous, hommes et femmes, des sacs de couchage ? Qu'ils avaient un cuisinier pour 200 soldats, qui les suivait en manœuvres, et même à la guerre ?

Les deux jeunes officiers savaient bien sûr parfaitement que lorsque les hommes manquaient, l'Union soviétique n'hésitait pas à recourir aux femmes pour compléter le personnel de ses forces armées. De nombreuses sous-unités de défense antiaérienne fixe employaient un personnel féminin – encore était-il exclusivement féminin. On utilisait également les femmes pour les tâches légères. Par exemple, le 46e régiment aérien de la Garde était entièrement composé de femmes. Mais le pilotage et les autres activités liées aux combats aériens ne sont, d'un point de vue physique, que des tâches légères. Il ne serait pas contre venu à l'idée de personne d'enrôler des femmes dans les forces terrestres soviétiques – où, Nekrassov le savait parfaitement, les tâches légères n'existaient pas.

Les experts soviétiques considéraient également d'un œil critique le niveau d'entraînement au combat des forces américaines. Une armée qui ne recrute que des volontaires fait entrer dans ses rangs bon nombre d'inadaptés, de ratés incapables de réussir leur existence ailleurs. En conséquence, elle s'expose à un affaiblissement, à une perte d'efficacité. Bien sûr, l'entraînement de la majorité des troupes soviétiques laissait aussi beaucoup à désirer – il était même parfois totalement absent – mais un facteur de poids compensait ce défaut : les forces de barrage du K.G.B. qui veillaient à ce qu'aucun soldat soviétique ne batte en retraite ou ne se rende à l'ennemi. Car le soldat soviétique n'avait pas le choix. Il lui fallait vaincre – vite – pour sauver sa propre vie. Ce genre d'argument rattrape beaucoup d'imperfections de l'entraînement.

On avait appris à Andreï et à Dimitri que le soldat américain était un combattant médiocre, manquant de force physique et mentale, très enclin à se rendre ou à s'enfuir. Cet état de choses résultait certainement de la faiblesse dont faisaient preuve les Américains dans les domaines de l'organisation et de la tactique.

Selon le credo soviétique, que les deux amis connaissaient bien, la méthode tactique américaine se résumait à un cocktail de négligence criminelle, d'ignorance et d'incompréhension des lois de l'art de la guerre. L'U.S. Army, leur avait-on dit, répartissait également l'ensemble de ses forces sur toute la longueur du front, et fournissait approximativement à tous ses commandants le même potentiel de soutien. Pourtant, la victoire avait toujours été remportée par la concentration, au moment opportun, de toutes les forces en un point critique donné.

Tous les commandants soviétiques, au niveau du bataillon et au-dessus, disposaient d'un puissant outil de frappe. Le commandant de bataillon avait sous ses ordres une batterie de mortiers. Le commandant de régiment, un bataillon de chars, un bataillon d'artillerie automotrice, une compagnie de lutte antichars et une batterie de mortiers à tubes multiples. Le commandant de division, un bataillon de missiles, un régiment de chars, un régiment d'artillerie automotrice, un bataillon de lance-roquettes à tubes multiples et un bataillon de lutte antichars. Plus le niveau de commandement était élevé, plus les moyens mis à la disposition du commandant étaient importants. A partir du bataillon et au-dessus, aucun commandant ne dispersait ses forces de réserve ou ne répartissait ses hommes en groupes égaux. Et aucun commandant subalterne n'avait le droit de demander des renforts ou un appui supplémentaire.

Aux échelons supérieurs, chaque commandant utilisait son potentiel offensif comme un tout, et le réservait à la zone critique du combat. La batterie de mortiers d'un bataillon n'est pas divisée entre ses compagnies de fantassins, mais se consacre totalement à l'appui d'une seule : celle qui obtient les meilleurs résultats. Le même principe vaut pour les armes antichars, les chars, l'artillerie et l'aviation.

Si une armée attaque sans détermination, son commandant ne peut espérer aucun appui aérien. Par contre, si elle fait preuve de pugnacité, elle bénéficie de l'appui de l'ensemble des forces aériennes du front, y compris une brigade ou une division d'assaut aéroportée. Et ainsi de suite. Car chacun, à chaque niveau, doit œuvrer pour exploiter le succès. Si, de trois armées tenant un front, l'une réussit une percée alors que les deux autres piétinent, la première recevra le triple de son quota habituel de munitions, aux dépens des secondes. Il en ira de même pour l'approvisionnement en carburant. Les brigades et les régiments de sapeurs seront dépêchés par le commandant de front vers la zone de succès.

Cette méthode de concentration des forces sur un secteur réduit n'avait rien d'impraticable, même au cours d'un conflit nucléaire. Il incombait à chaque commandant soviétique de repérer et de détruire les armes nucléaires de l'ennemi en se servant de tous les moyens à sa disposition – des missiles et des avions aux saboteurs et aux agents secrets – mais en privilégiant la neutralisation de celles qui menaçaient d'empêcher la réunion de ses diverses formations. Un commandant d'armée s'efforcerait d'annihiler d'abord ce qui risquait de nuire à sa meilleure division. Un commandant de front concentrerait toutes ses forces pour repérer et détruire les armes ennemies dirigées contre la meilleure armée du front.

Toutes les forces avançaient selon un axe principal. La progression, rapide, devait s'opérer par groupes séparés. Les éléments constituant le terrible bélier seraient réunis soudainement, juste au point critique des positions défensives de l'ennemi. Le bélier laisserait derrière lui les poches de résistance de l'ennemi, qui deviendraient de véritables otages. Il est très difficile de lancer une attaque nucléaire contre une armée de chars qui vient d'effectuer une percée. Ses unités, agiles comme le vif-argent, manœuvrent autour des forces massées de l'ennemi, prenant les grandes villes sous leur feu mais les évitant. Donner l'assaut aux forces de l'O.T.A.N. massées dans les villes d'Europe de l'Ouest représenterait toujours un gros risque.

Les deux jeunes officiers savaient cela. On leur avait bien appris leur leçon. Ils savaient aussi quel châtiment attend ceux qui oublient celle-ci.

Au sein de l'Armée Rouge, tout manquement au principe de concentration des forces selon un axe principal entraînait la destitution. En temps de guerre, il pouvait se solder par un procès sommaire et une exécution. Et des épaulettes ornées de quatre étoiles, voire l'insigne de diamants réservé aux maréchaux, ne dispenseraient aucun officier de payer de sa vie le prix d'un échec.

Dans l'armée américaine, tout fonctionnait différemment. Les commandants ne disposaient pas d'un véritable outil de frappe. Un commandant de bataillon bénéficiait non d'une batterie, mais d'un peloton de mortier. Un commandant de brigade devait s'en remettre, pour les armes lourdes, à l'artillerie de division. C'était cette caractéristique qui amenait, semblait-il, le commandant de division à répartir son artillerie entre ses brigades. Mais le manque de canons, en lui-même, était beaucoup moins lourd de conséquences que l'indéfendable dispersion des moyens. Cette dilution privait de tout *punch* les coups portés à l'ennemi, et empêchait un commandant d'influencer individuellement et de son propre chef le sort de la bataille : on ne lui avait alloué qu'une fraction de l'outil nécessaire, et il ne pouvait pas, en cas de succès anticipé, compter sur sa totalité.

Les experts américains avaient tenté de justifier cette politique en arguant de la vulnérabilité aux armes nucléaires que présentent les formations en masse. Cette vision procédait d'une conception toute théorique de la guerre, car il n'est pas nécessaire de rassembler toute l'artillerie en un point donné pour concentrer son feu sur l'objectif principal, et appuyer la division ou la brigade dont dépend pour l'instant le sort de toutes les autres divisions, voire celui de l'opération elle-même.

Les officiers soviétiques s'attendaient presque tous à ce que l'équipement de l'armée américaine soit techniquement très au point, quoique complexe, à ce qu'elle bénéficie d'un appui aérien étoffé, et de stocks de munitions et de fournitures guerrières abondants. Ils prévoyaient aussi que sa conduite tactique serait maladroite et son moral, bas. Sur ce dernier point, ils se préparaient à des surprises. Beaucoup de choses avaient changé, en quelques années. Le soldat américain n'avait rien du drogué manipulé et choyé à outrance que la propagande se plaisait à décrire.

X

L'IRLANDE

Depuis sa formation, l'Alliance Atlantique pouvait compter sur la disposition des bases aériennes et navales établies sur le territoire d'Irlande du Nord. Quant à la population de celle-ci – malgré l'existence de foyers républicains au sein de la communauté catholique – elle se tenait prête à soutenir l'effort de guerre des Britanniques. Ces bases revêtaient une importance cruciale. Sans elles, il devenait incomparablement plus difficile de garder efficacement les approches de la base de sous-marins du Firth of Clyde devant laquelle les bâtiments de surveillance électronique soviétiques, profitant de la faible largeur des eaux territoriales du Royaume-Uni, observaient depuis longtemps les allées et venues des S.L.N.E. et des sous-marins d'escadre britanniques ou américains. De temps à autre, un sous-marin intrus, étranger aux marines de l'Alliance, était détecté dans les approches de la Clyde.

En période de tension internationale, a fortiori si une guerre éclatait, les bases d'Irlande du Nord seraient le point de départ ou le relais d'opérations intensives. En outre, la perte de ces bases – et surtout celles des aérodromes – transformerait en véritable travail d'Hercule la protection du trafic maritime dans l'Atlantique Nord. Quant à l'Eire, elle se trouvait admirablement située pour commander les Approches Occidentales de la Manche, et pour renforcer la protection du trafic maritime sur l'Atlantique Est. Mais ses forces navales et aériennes se limitaient à six bâtiments patrouilleurs, dont deux seulement pouvaient embarquer des hélicoptères, et à une douzaine d'avions légers. Elle ne possédait pas l'amorce d'une infrastructure militaire capable de mener les opérations air/mer les plus élémentaires. Elle n'avait aucun radar de surveillance côtière, sans même parler de systèmes de défense d'artillerie ou de missiles. Les réservistes capables de gérer une salle des opérations, de faire fonctionner un réseau de communication ou de tenir leur place dans un poste d'observation, n'existaient pas. On pouvait heureusement tirer parti de l'universalité des procédures de contrôle aérien, et de la vaste gamme de services qu'offre un aéroport international, pour consacrer Shannon à une utilisation opérationnelle dès l'ouverture des hostilités. Des plans furent également élaborés pour que la totalité de l'Irlande et de ses eaux territoriales soient incluses dans la « zone étendue de défense air/mer » dépendant du JACWA (Commandement allié unifié des Approches de l'Ouest), nouvellement créé. Son commandant en chef – un Britannique – jouissait du même statut que le Commandant suprême des Forces alliées en Europe et que le commandant suprême allié de l'Atlantique, tous deux américains. Sa zone de responsabilité couvrait le Commandement de la Manche, la partie de l'Atlantique Est comprise dans la zone de défense aérienne du Royaume-Uni, et toutes les eaux de la plate-forme continentale.

Suite aux accords franco-irlandais conclus en 1983, Paris demanda à Dublin, par l'intermédiaire du ministère de la Défense, le droit de déployer occasionnellement à Shannon un ou deux appareils de patrouille de l'Aéronavale, afin de faciliter en temps de paix ses opérations océaniques. Le bimoteur *Atlantique Nouvelle Génération* (ANG) était un avion efficace et éprouvé. Excellent chasseur de sous-marins, il possédait aussi une capacité anti-navires limitée. Mais, comparé à l'*Orion* de l'U.S. Navy ou au *Nimrod* de la Royal Navy – des quadrimoteurs – il se trouvait quelque peu désavantagé en termes de rayon d'action et d'endurance. La possibilité de travailler à partir de l'ouest de l'Irlande améliorerait notablement son efficacité pour ses missions en temps de paix – et le transformerait en temps de guerre, bien que cela n'eût pas été à l'origine de la demande des Français, en un véritable « multiplicateur de puissance ».

L'Irlande donna immédiatement son accord, sous réserve que ces visites soient précédées d'une notification, et que leur nombre ne dépasse pas un quota annuel fixé en commun. La France accepta sans problème ces conditions, et établit avec sa nouvelle partenaire un système d'officiers de liaison et d'équipes de communication, analogue à celui qui existait déjà depuis plusieurs années entre celle-ci et le Royaume-Uni.

L'Etat-major naval soviétique avait parfaitement conscience de l'importance que pourrait revêtir l'Eire lors d'une future bataille de l'Atlantique. La politique de l'U.R.S.S. visait à priver l'O.T.A.N. de la jouissance des bases navales et aériennes qui y étaient établies, et à l'empêcher d'utiliser ports et installations de ravitaillement irlandais à des fins de transbordement. Peut-être l'espoir de voir un jour ces bases servir aux forces soviétiques était-il démesuré, mais on l'entretenait tout de même, à long terme.

Ce ne fut pas le spécialiste des problèmes navals du *Times,* mais plus prosaïquement

« notre correspondant à Dublin » qui rapporta le 12 décembre 1981 « une demande de la compagnie aérienne soviétique Aeroflot visant à faire fonctionner à Shannon un service passagers régulier... L'an passé, les autorités de l'aéroport ont aménagé un dépôt de carburant spécial, pour permettre à l'Aeroflot et aux autres compagnies d'Europe de l'Est de s'y ravitailler. Ce sont des pétroliers soviétiques qui livrent directement le carburant à Shannon... L'inauguration d'un service Aeroflot ravirait l'I.R.A., à qui sa campagne de terrorisme en Irlande du Nord a valu le soutien moral solide de l'U.R.S.S. » Les soviétiques furent donc amèrement déçus par la série d'événements qui amenèrent la République d'Irlande à apporter à la cause de l'O.T.A.N. un certain soutien. Mais, à mesure que s'accroissait la puissance de la marine soviétique et de sa composante aéronavale, et qu'augmentaient en proportion les chances de couper le « pont aérien » transatlantique, l'U.R.S.S. envisagea de plus en plus sérieusement la neutralisation de l'Irlande par des moyens militaires.

Cependant, ses plans n'étaient pas encore parvenus entièrement à maturité lorsque le porte-aéronefs soviétiques *Kiev,* escorté de deux frégates de la classe *Krivak,* fit escale à Cork le 27 juillet 1985. Le groupe effectuait censément une croisière d'entraînement qui devait le mener en Afrique Occidentale et à Cuba. Les moyens de surveillance de l'O.T.A.N. le pistaient bien sûr depuis son départ de Mourmansk. Normalement, cette surveillance de routine aurait dû se poursuivre après que les trois bâtiments eurent appareillé et mis le cap au sud-ouest, le 2 août. Mais pour des raisons diverses, le contact avec le groupe du *Kiev* fut perdu dans la nuit du 3 août.

Aux premières heures du 5 août, le JACWA

reçut un rapport confus et dont l'acheminement avait été retardé : il y était question d'un pétrolier géant endommagé, en proie à l'incendie dans la baie de Bantry. Il avait heurté une mine. Plus tard dans la journée, d'autres rapports signalèrent le naufrage d'un bâtiment patrouilleur irlandais devant Cork, celui du ferry Fishgard-Rosslare, à proximité de Wexford, et celui d'un caboteur néerlandais aux abords de Dublin.

Il fallut attendre la fin de la guerre pour apprendre que, profitant de l'escale à Cork du porte-aéronefs soviétique et de ses escorteurs, six sous-marins de la classe *Foxtrot* avaient effectué une opération de mouillage de mines de grande envergure, qui se solda par le naufrage de cinq navires. Le nombre insuffisant de bâtiments spécialisés dans la lutte contre les mines dont diposait le JACWA entraîna la fermeture à la navigation durant plusieurs jours de presque tous les ports de l'ouest des îles Britanniques. Un seul *Foxtrot* fut coulé, alors qu'il tentait de s'enfuir par le Canal du Nord, après avoir mouillé des mines devant Dublin. Le radar de surveillance dont on venait d'équiper le Mull of Kintyre repéra son schnorchel. Les hélicoptères *Sea King* de Prestwick étaient déjà en contact radar avec lui lorsqu'ils reçurent, aux premières heures du 4 août, l'ordre d'ouvrir les hostilités contre l'Union soviétique. La réussite du premier tir, à l'aide de la nouvelle torpille *Stingray,* fut particulièrement encourageante pour l'escadron d'hélicoptères.

Grâce à l'excellente liaison déjà établie entre l'Aéronavale française et les autorités aéroportuaires irlandaises, l'arrivée à Shannon, quelques heures à peine après le début de la guerre, de quatre ANG, ne causa pas de troubles particuliers, pas plus que celle de l'*Orion* de l'U.S. Navy, qui y atterrit peu de temps après. Cet appareil avait suivi un contact sous-marin à cent cinquante kilomètres au sud du cap Farewell, signalé par une frégate canadienne utilisant un sonar passif remorqué. Mais la piste s'était perdue, et l'appareil avait reçu ordre de rejoindre Shannon pour se mettre à la disposition du commandant de l'Aéronavale pour l'Atlantique Est.

Au matin du 5 août, l'*Orion* et deux ANG partirent pour des missions qui les menèrent loin au-dessus de l'Atlantique. Dans l'agitation générale, le fait passa inaperçu. Mais à 17 h 22, une voix indiscutablement française résonna dans les haut-parleurs des centres de communication de Shannon. Elle émettait sur la fréquence de détresse internationale : « MAYDAY MAYDAY MAYDAY ICI SIERRA QUEBEC BRAVO CHARLIE SOMMES ATTAQUES PAR DES CHASSEURS LATITUDE 52.12 NORD LONGITUDE... »

La réponse fut immédiate et parfaitement orchestrée : l'appel de détresse signifiait qu'un porte-aéronefs de la classe *Kiev* se trouvait à l'ouest et qu'il importait de le repérer et de le couler avant qu'il ne fasse davantage de dégâts. Dans la demi-heure, les deux ANG restants et deux *Nimrod* d'une base de la R.A.F. en Cornouailles partirent en chasse. Tandis que les avions français prenaient de l'altitude, leurs équipages virent de la fumée s'élever de la raffinerie et des hangars principaux de Shannon et comprirent qu'une salve de missiles air-sol, probablement tirée par un *Backfire,* avait fait mouche.

L'absence d'indication de longitude rendait très vaste la zone de recherche, mais un navire marchand rapide faisant route à l'ouest rompit le silence radio pour signaler qu'il avait observé un appareil *Forger* volant à l'horizon, et cette indication réduisit considérablement les probabilités.

L'aube se levait lorsqu'un *Nimrod* repéra sur son radar le *Kiev* et ses escorteurs.

Au Q.G. du JACWA, on considérait tristement la minceur des forces disponibles pour l'attaque du groupe ennemi. Les *Buccaneer* spécialisés dans la lutte anti-navires rescapés du raid de la veille sur Mourmansk étaient retenus à Bodö, Norvège, où la protection du littoral contre les incursions navales des Soviétiques requérait leur présence. On ne parviendrait pas à réunir plus de deux ou trois appareils idoines sur le territoire des îles Britanniques, auxquels il faudrait de plus assurer une escorte de chasseurs et un ravitaillement en vol. On ne pouvait pas vraiment parler d'équilibre des forces. Mais la solution inattendue se matérialisa sous la forme de quatorze *Tornado* de la *Marineflieger* (l'aéronavale ouest-allemande), qui se posèrent sur la base aérienne de Kinloss, en Ecosse. Ils venaient de quitter le Schleswig-Holstein à la barbe des troupes soviétiques.

A 09 h 00, huit des *Tornado* atterrissaient à Shannon et se ravitaillaient. Trente minutes plus tard, ils repartaient, pour rejoindre leur escorte de chasseurs *Tornado* de la R.A.F., qu'accompagnait un ravitailleur V.C.-10. Un *Orion* de l'U.S. Navy avait déjà pris en main la filature du *Kiev*, qu'il suivait sur son radar, et dirigea les *Tornado* vers leur proie. La timonerie du *Kiev* fut mise hors d'usage et l'une de ses frégates se trouvait gravement endommagée quand la force se retira, pour laisser le soin au sous-marin *Splendid* d'achever les navires blessés. Trois *Tornado* furent perdus, l'un abattu par un *Forger* et les deux autres par des missiles tirés des escorteurs.

La Troisième Guerre mondiale était vieille de trente-sept heures.

LA GUERRE

XI

LE FRONT CENTRAL

La destruction de l'Allemagne fédérale entraînerait l'écroulement de l'Alliance Atlantique, l'effondrement dramatique du moral en Europe, la retraite des Américains qui se retrancheraient au-delà de l'océan, et l'élargissement immédiat des perspectives d'extension mondiale du socialisme. Néanmoins, l'importance de la R.F.A. était telle qu'une attaque dirigée contre celle-ci équivaudrait à une attaque de l'O.T.A.N. dans son ensemble, et rencontrerait la résistance *ad hoc*. L'opération devrait donc être planifiée en conséquence.

L'assaut initial serait obligatoirement massif. Il y aurait création de dix fronts : deux en R.D.A., un en Tchécoslovaquie, un en Hongrie, un en Roumanie, un en Bulgarie, et un dans le Grand Nord. Des fronts de renforcement seraient établis dans le District militaire de Leningrad, en Pologne et en Ukraine. Deux groupes de trois armées de chars seraient de plus disposés en Ukraine et en Biélorussie. Ils interviendraient pour exploiter le succès dans la Région centrale, ou de la façon que réclameraient les circonstances. A l'aube du 4 août, l'assaut initial serait lancé avec la violence maximum sur toute l'interface O.T.A.N. / Pacte

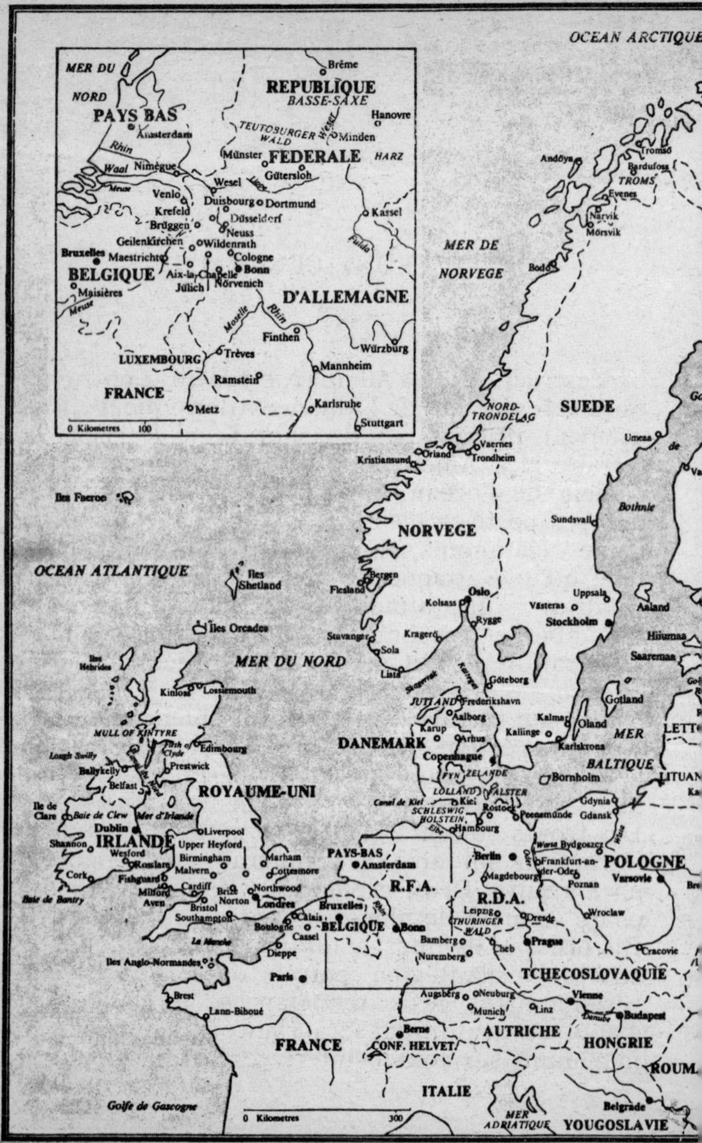

MER DU NORD
PAYS BAS
Amsterdam
Rhin
Waal
Nimègue
Meuse
Venlo
Krefeld
Brüggen
Geilenkirchen
Bruxelles
Maestricht
BELGIQUE
Maisières
Meuse
REPUBLIQUE
BASSE-SAXE
Brême
Hanovre
TEUTOBURGER WALD
Weser
Minden
Münster
FEDERALE
HARZ
Gütersloh
Wesel
Lippe
Duisbourg
Dortmund
Düsseldorf
Neuss
Wildenrath
Cologne
Bonn
Aix-la-Chapelle
Jülich
Nörvenich
Kassel
Fulda
D'ALLEMAGNE
Moselle
Rhin
Finthen
Würzburg
LUXEMBOURG
Trèves
Mannheim
Ramstein
FRANCE
Metz
Karlsruhe
Stuttgart
0 Kilometres 100
OCEAN ARCTIQUE
Andöya
Tromsö
Bardufoss
TROMS
Evenes
Narvik
Mörsvik
MER DE NORVEGE
Bodö
NORD-TRONDELAG
SUEDE
Orland
Vaernes
Trondheim
Kristiansund
Umeaa
Iles Faeroe
Bothnie
Sundsvall
NORVEGE
OCEAN ATLANTIQUE
Iles Shetland
Bergen
Flesland
Oslo
Kolsass
Västeras
Uppsala
Stockholm
Aaland
Rygge
Iles Orcades
Stavanger
Kragerö
Hiiumaa
Saaremaa
Sola
Iles Hebrides
MER DU NORD
Lista
Skagerrak
Kattegat
Göteborg
Kinloss
Lossiemouth
JUTLAND
Frederikshavn
Gotland
Aalborg
Kalmar
Oland
Karup
Arhus
Kallinge
MULL OF KINTYRE
MER
Karlskrona
DANEMARK
Firth of Clyde
Edimbourg
Lough Swilly
Copenhague
Prestwick
Ballykelly
FYN
ZELANDE
BALTIQUE
Bornholm
Belfast
LOLLAND
FALSTER
ROYAUME-UNI
Canal de Kiel
Kiel
Gdynia
SCHLESWIG HOLSTEIN
Rostock
Peenemünde
Gdansk
Ile de Clare
Baie de Clew
Mer d'Irlande
Dublin
Liverpool
Elbe
Hambourg
IRLANDE
Upper Heyford
Warta
Bydgoszcz
Shannon
Wexford
Birmingham
Marham
PAYS-BAS
Berlin
Oder
Frankfurt-an-der-Oder
Rosslare
Malvern
Cottesmore
Amsterdam
POLOGNE
Cork
Fishguard
Cardiff
Northwood
R.F.A.
Magdebourg
Poznan
Varsovie
Baie de Bantry
Milford Aven
Brize Norton
Londres
Bristol
Bruxelles
Rhin
R.D.A.
Southampton
Calais
Leipzig
Dresde
Wroclaw
Boulogne
Cassel
BELGIQUE
Bonn
THURINGER WALD
La Manche
Dieppe
Bamberg
Cheb
Prague
Cracovie
Nuremberg
Iles Anglo-Normandes
Paris
TCHECOSLOVAQUIE
Brest
Augsberg
Neuburg
Vienne
Munich
Linz
Lann-Bihoué
Danube
Budapest
Berne
AUTRICHE
HONGRIE
FRANCE
CONF. HELVET.
ITALIE
Golfe de Gascogne
0 Kilometres 300
MER ADRIATIQUE
Belgrade
YOUGOSLAVIE

MER DE BARENTS
FINMARK
Kirkenes
Severomorsk
Mourmansk
PENINSULE DE KOLA
Mer Blanche
Arkhangelsk
FINLANDE
OURAL
Plesetsk
R. S. F. S. DE RUSSIE
Helsinki
Golfe de Finlande
Leningrad
ESTONIE
Novgorod
Rybinsk
Iaroslav
Vichny-Volotchek
Gorki
Dzerjinsk
Sverdlovsk
Moscou
Murom
Arzamas
Kazan
Vitebsk
Smolensk
Orcha
Ryazan
Minsk
Borisov
UNION DES REPUBLIQUES SOCIALISTES SOVIETIQUES
Magnitogorsk
BIELORUSSIE
Baranoutchi
Bobruisk
Kouibychev
Volga
Gomel
Tambov
Koursk
Don
Kiev
UKRAINE
Kharkov
Poltava
Dniester
KAZAKHSTAN
Kichinev
Rostov
Odessa
MOLDAVIE
ASTRAKHAN
Mer Caspienne
Mer d'Aral
Kuban
Bucarest
MER NOIRE
Sébastopol
Nord-Europe

de Varsovie, c'est-à-dire de la Norvège à la Turquie.

La Région centrale du Commandement Allié pour l'Europe (ACE), menacée directement par trois fronts, plus un quatrième sur le territoire polonais, devait être le point de focalisation de cette gigantesque opération. C'est donc sur le Front central que nous nous concentrerons à présent.

Dans une guerre moderne, aucun plan préalable à une offensive majeure ne peut être respecté très longtemps après le début de celle-ci. Les plans ne sont que des composants d'une conception à long terme. Ils embrassent l'objet de l'opération dans sa totalité, les dispositifs et les mouvements de l'adversaire tels qu'on les connaît à un moment donné, les réactions probables des commandants des forces ennemies et, ce qui est peut-être le plus important, l'estimation des moyens nécessaires à un soutien logistique efficace. La préparation de ce dernier point exige autant d'imagination que de capacité à prévoir l'avenir. Un plan opérationnel peut être radicalement modifié d'un jour, voire d'une heure, à l'autre, pour s'adapter aux exigences d'une situation en évolution. Mais le soutien logistique, qui implique le transport en énormes quantités des matériels les plus divers, des ponts mobiles aux cartouches, du carburant aux rations alimentaires, n'a pas la souplesse de déplacement des formations de combat évoluant sur le champ de bataille.

Dans son ensemble, la planification logistique soviétique était saine. Elle prenait en compte les mouvements imprévisibles que le Haut Commandement devrait imposer aux divisions, voire aux armées, pour répondre aux exigences de la situation. Le déplacement des formations, au gré des nécessités de la bataille, fut généralement effectué de façon satisfaisante, malgré l'interdiction aérienne alliée. L'infrastructure logistique répondit globalement à ce qu'on attendait d'elle.

La 197e division de fusiliers motorisée fut l'une des formations directement affectée par le regroupement qu'impliquait le déroulement des combats. Elle avait pénétré dans la zone avancée comme partie intégrante de la 28e armée. Celle-ci se trouvait le 4 août au sud-est de la 1re armée de chars de la Garde, qui avançait vers l'ouest à partir de la région de Dresde. Le 5 août, la 197e division passa sous le commandement de la 8e armée de la Garde, qui opérait à l'ouest de Leipzig. La division devait donc effectuer une marche au nord-ouest d'une centaine de kilomètres. Cette distance fut couverte dans la nuit du 5 au 6 août. La formation devait engager le combat au matin du 7.

« La 197e division de fusiliers motorisée s'apprêtait à passer à l'action. Les moteurs des chars, des véhicules de transport blindés (B.T.R.), des véhicules de combat d'infanterie (B.M.P.) et des armes autopropulsées, mugissaient. En longues colonnes, les engins quittaient la forêt dans la brume du matin d'été pour s'engager sur les petites routes qui descendaient du massif du Harz vers la plaine. La division progressait vers la limite avancée de la zone de combat, 25 kilomètres plus loin.

Depuis trois jours, la 13e division de fusiliers motorisée de la Garde y affrontait des formations britanniques, mais sans rencontrer le succès escompté. Son personnel épuisé attendait la relève et le moment de se replier sur l'arrière, pour manger et dormir un peu. Mais le terrible fracas de centaines de canons, de douzaines et de douzaines de lance-roquettes à tubes multiples tirant en salves couvrirait l'approche de la division fraîche. L'artillerie de celle-ci, ainsi que celle de la 13e division de la Garde, avaient rejoint durant la nuit ses positions de tir. En outre, le commandant de la 8e armée de la Garde avait ajouté sa propre brigade d'artillerie au dispositif d'appui qui couvrirait le déploiement de la division fraîche, ce qui jetait dans la balance quatre-vingt-dix canons automoteurs de 130 mm supplémentaires.

A 07 h 00, une salve soudaine tirée par les deux bataillons de lance-roquettes BM-27 et les huit brigades de lance-roquettes multiples ouvrit le programme d'artillerie. Plus de 1000 projectiles, dont beaucoup à charge chimique, submergèrent la division britannique. Leur fracas fut aussitôt multiplié par le tir de 340 canons et obusiers, auxquels s'ajoutaient 120 mortiers lourds automatiques de 82 mm. Puis, très vite, ce tonnerre saccadé se fondit en un roulement ininterrompu.

La 197e division de fusiliers motorisée se ruait pour opérer le contact avec l'ennemi. La 13e division de fusiliers motorisée de la Garde avait préparé et balisé les lignes de progression, que des écrans de fumée masquaient. L'intensité du feu de l'artillerie s'accroissait encore. Avançant avec sa colonne, Nekrassov voyait comme dans un rêve des formations d'avions argentés qui survolaient le champ de bataille, à frôler la cime des arbres.

La 13e division de la Garde fit à l'ennemi ses adieux temporaires. Les chars en contact vidèrent systématiquement toutes les munitions dont ils disposaient. Les batteries de lance-roquettes lourds à tubes multiples crachèrent le feu. Un seul problème se posait à la division : faire baisser la tête de l'ennemi assez longtemps pour que la formation de relève puisse engager le combat avec succès.

Dans leur progression, les colonnes de la 197e division croisèrent les véhicules crottés et mutilés des unités qui repartaient vers l'arrière. Au sein de la compagnie du lieutenant Nekrassov, le moral tomba en chute libre. Les soldats de la Garde, visages terreux, creusés, hirsutes, incapables de garder ouverts leurs yeux rougis, ne présentaient guère un spectacle encourageant.

« Comment ça se passe ? demandèrent les montants.

– Attendez de vous trouver en face d'un *Chieftain* – ou pire, d'un *Challenger*, et vous le saurez... »

Des rires sonores montèrent des troupes fraîches.

« On nous a appris comment traiter un *Chieftain* !

– Essayez donc de le combattre avec vos instructions ! »

Et les rires qui montèrent alors des rangs de ceux qu'on relevait n'avaient rien de joyeux.

Le lieutenant Nekrassov sourit sans conviction. C'était la première fois qu'il marchait au combat. Et peut-être aussi, la dernière. Le matin, il avait avalé une double ration de vodka, pensant que cela rendrait les choses plus faciles, mais il s'était trompé. Et dans sa tête, une voix répétait : « Pourquoi tout cela ? Pourquoi suis-je ici ? Pourquoi sommes-nous tous ici ? » Pour l'instant, son B.M.P. n'avançait pas. Le conducteur, un simple soldat du nom de Boris Ivanienko, contemplait le jeune officier avec une attention affectueuse.

« Les voilà ! » La nouvelle courut parmi ceux de la 13e division de la Garde qui étaient le plus exposés. « Ils arrivent à temps ! »

Les deux régiments de fusiliers motorisés

légers qui venaient d'arriver prirent rapidement position. Deux bataillons de chars venaient en tête, suivis de six bataillons de fusiliers motorisés. A peine un kilomètre plus loin, on voyait les blindés ennemis en pleine action. Ecrasant les buissons, emplissant l'air de la puanteur âcre de leurs échappements, quatre-vingts chars et deux cents blindés divers avançaient en grinçant dans une auréole de fumée. Les lance-roquettes à tubes multiples des Soviétiques entrèrent en action, au moment précis où les fantassins, vulnérables, quittaient leurs transports. Les obus, en explosant, créaient un brouillard qui dissimulait les positions de l'ennemi britannique. La masse gris-vert de l'infanterie se répandit sur le terrain et, formant des files approximatives, entreprit d'avancer derrière les chars.

Soudain, le fracas de l'artillerie s'interrompit. L'air résonna de vivats sauvages – un hurlement glaçant que même le crépitement terrifiant des fusils automatiques ne parvint pas à couvrir. Puis, avec une sorte de lenteur respectueuse, l'artillerie se mit à pilonner des cibles plus distantes.

Les deux régiments de fusiliers motorisés légers, qui livraient le combat à pied, avaient pour tâche de débusquer les points les plus faibles du dispositif ennemi. La totalité de son front antichars ne pouvait pas présenter une solidité uniforme. Dès qu'on aurait trouvé un défaut à sa cuirasse, le régiment de chars et le régiment de fusiliers lourds de la division l'attaqueraient. Ces deux unités progressaient encore vers la zone avancée; leur tour viendrait bientôt.

La préparation aérienne et celle de l'artillerie semblaient ralentir leur tempo. Les fantassins des deux régiments de fusiliers légers poursuivaient leur exploration. Alors, tous virent éclater dans le ciel les trois fusées vertes qui annonçaient l'assaut général. Le régiment de chars de la division et son régiment de fusiliers motorisé lourd se mirent lentement en mouvement. Des paquets de boue jaillissaient des chenilles, les moteurs emballés miaulaient. A nouveau, le canon tonna – c'était le régiment de chars, désormais employé en ordre de bataille, qui attaquait les groupes de combat britanniques. Derrière venait le régiment de fusiliers motorisé lourd. En tête allait le bataillon de chars du régiment, suivi du premier de ses trois bataillons de fusiliers motorisés. Le second couvrait la gauche, le troisième, la droite. Les compagnies de chaque bataillon avaient adopté une disposition identique. La première compagnie avançait en ligne droite. La seconde progressait à sa gauche et la troisième, à sa droite. L'air lourd de fumée résonnait du fracas de l'acier heurté. Les blindés de combat quittèrent les colonnes pour adopter leur ordre de bataille, tandis que les canons des chars marquaient le rythme de la macabre danse. Ce bruit affolant, cette confusion, cette peur sourde, cette nécessité d'accomplir la tâche qui vous incombait alors que tout, autour de vous, tendait à vous en détourner, c'était ça, une bataille.

Par le périscope de son B.M.P., Nekrassov examina les alentours. Partout, de la fumée, des projectiles labourant le sol meuble, à courte distance. Des flammes rouges léchaient le blindage d'un T-72 qui ne se trouvait pas à vingt mètres. Derrière, un autre était immobilisé, ses chenilles arrachées – sans doute par l'une de ces mines antichars que l'ennemi larguait d'avion ou d'hélico. Les blindés soviétiques avaient déferlé comme une avalanche, investissant les alentours, mais où avaient bien pu passer les *Chieftain* ? L'ennemi était proche, invisible, abrité derrière des crêtes basses.

Alors arrivèrent les hélicoptères de combat antichars de l'ennemi, avec leurs terribles armes guidées. Ils allaient plonger à l'attaque des batteries de canons antiaériens et de lance-missiles pour dégager la voie aux A-10 *Thunderbolt* américains, qui tireraient comme des canards au posé les chars et les B.T.R...

Le B.M.P., rapide, s'accrochait au terrain. Ce n'était pas une cible aisée pour le canon d'un char, ni pour une arme antichar guidée tirée du sol. Pourtant, sous les yeux de Nekrassov, un véhicule analogue au sien fut frappé de plein fouet par un obus puissant. Des morceaux de blindage fusèrent hors d'un nuage de débris. C'était certainement le canon d'un *Challenger* qui avait fait ça. Heureusement, ce type semblait peu répandu dans l'armée britannique. Nekrassov aurait bien aimé que son propre camp, malgré sa supériorité, en possède quelques exemplaires.

Au milieu de l'après-midi du 7 août, la 197ᵉ division de fusiliers motorisée avait pénétré de six kilomètres dans le dispositif défensif de l'ennemi. Mais c'était tout. On n'avançait plus. Sur les dix B.M.P. qu'elle comptait le matin, la compagnie de Nekrassov en avait perdu quatre. Celui du lieutenant était intact.

Quand les chars s'étaient avancés au maximum, les fantassins s'élançaient à leur tour, couverts par le feu des blindés et suivis de leurs B.M.P. Mais les réservistes n'avaient pas appris à épargner leurs munitions. Ils vidaient allégrement les chargeurs de leurs armes automatiques, et épuisaient vite les 120 cartouches dont ils disposaient chacun. Ensuite, ils se mettaient à couvert où ils pouvaient. Les défenses antichars de l'ennemi n'avaient pas été touchées. Et les blindés soviétiques n'avançaient plus.

Etendu dans l'herbe, Nekrassov se rongeait les

sangs. Si une contre-attaque avait lieu maintenant, tout le régiment, avec ses fusils vides, serait probablement balayé. Mais l'ennemi ne semblait pas décidé à passer à l'action. Il avait dû, lui aussi, essuyer de rudes coups.

Depuis plusieurs jours, quatre divisions de fusiliers motorisées – deux soviétiques et deux est-allemandes – s'étaient relayées face à une unique division britannique. Les Anglais ont dû en prendre plein les dents, songea Nekrassov, mais pas autant que nous. Il considéra sa propre compagnie. Seuls restaient vingt-trois hommes à pied, plus les équipages des six B.M.P. indemnes. Et soudain, il se rendit compte que les soldats refluaient, rampant lentement vers l'arrière.

« Arrêtez ! Arrêtez ! » s'écria le lieutenant. En vain. Personne ne le comprenait. Ces Ouzbeks, ces Kirghizes, ne parlaient pas un traître mot de russe. Ils risquaient de se méprendre, de battre franchement en arrière au lieu de retourner au feu. Bien sûr, les lance-roquettes à tubes multiples qui leur faisaient face étaient tout bonnement terrifiants. Mais Nekrassov n'y pouvait rien. Il devait stopper ce reflux.

« Revenez ! hurla-t-il. Pas l'arrière ! Le K.G.B. va vous descendre ! »

Les soldats cessèrent de ramper pour regarder leur chef. Sans se relever, celui-ci désigna la deuxième compagnie, que son mouvement de retraite avait placée sous le feu du bataillon de barrage du K.G.B., dont les mitrailleuses crachaient impitoyablement. Car la fonction de ce bataillon était de maintenir, par tous les moyens, l'élan offensif des troupes. Les Ouzbeks comprirent vite et se mirent à couvert. Ils se tournèrent vers Nekrassov et lui grimacèrent des sourires. Leurs yeux voulaient dire : « Merci, mon lieutenant ! Vous nous avez prévenus juste à temps ! »

Les munitions n'arrivèrent qu'en fin d'après-midi. Elles furent accueillies avec des sentiments mitigés. Car s'il n'est guère envisageable de faire la guerre sans poudre et sans balles, leur présence signifiait en l'occurrence que l'on allait devoir repartir à l'assaut. Et qui, cette fois-ci, y survivrait ?

On distribua aussi de maigres rations, qui devaient suffire à assurer le déjeuner, le dîner, et le petit déjeuner du lendemain. Il y avait de la vodka pour 105 hommes, très peu de pain, et seulement dix pots de pâte de viande. Nekrassov maudit l'intendance.

« Camarade lieutenant », hasarda Astap Beda, le plantureux sergent-major qui essayait à toute force de faire régner le calme, « selon le médecin du régiment, il est dangereux de trop manger pendant un combat. Si vous êtes blessé, et qu'on doive vous opérer l'estomac plein... »

Nekrassov éclata : « Ce type ment comme il respire ! Nous manquons de pain, on n'arrive pas à nourrir la troupe, alors les toubibs bricolent des théories scientifiques complètement... » Il surprit le regard de l'autre et parvint à se taire.

L'offensive du Pacte de Varsovie s'ouvrit à l'avantage indiscutable de l'assaillant. Le rapport de forces, dans le domaine des troupes terrestres, était de trois à un. La proportion s'accroissait encore en ce qui concernait les chars et l'artillerie – du moins, en ce qui concernait la quantité, car la qualité du matériel occidental rivalisait aisément avec celle qui caractérisait le parc du camp opposé.

Autre avantage qui avait favorisé le Pacte de Varsovie : le temps. Au matin du 4 août, ses forces avaient disposé, pour leur mobilisation, de deux semaines de plus que l'O.T.A.N. En outre l'assaillant pouvait prendre l'initiative de l'emploi des armes chimiques et nucléaires. Il était évident que la panoplie biologique ne serait pas utilisée, mais l'Ouest devait néanmoins conduire ses opérations en tenant compte de la possibilité d'avoir à essuyer une attaque mettant en œuvre les deux autres moyens. Son efficacité se trouvait donc pénalisée par les procédures de protection chimique et nucléaire, qui pouvaient faire baisser le rendement de 50 p. 100.

Mais le meilleur atout dans le jeu de l'agresseur était la possibilité qu'il avait de choisir l'heure et le lieu de l'attaque, ce qui l'autorisait à concentrer ses forces à son gré.

De fait, la topographie exerçait une influence si déterminante sur le choix des axes de poussée que les Soviétiques n'avaient pas les mains aussi libres que la théorie aurait pu le faire croire, alors que les formations alliées combattaient sur un terrain qu'elles connaissaient parfaitement, ce qui n'était pas le cas de leurs adversaires. Néanmoins, le repérage rapide de ces poussées, préalable à la mise en place opportune des dispositifs de défense et à la préparation de la contre-offensive, représenta l'une des préoccupations principales des commandants de corps d'armée et de divisions alliés.

Le 4 août 1985, le SHAPE (Grand Quartier Général des Puissances Alliées en Europe) rendit public un message ainsi rédigé :

« Pacte de Varsovie attaque Commandement Allié en Europe. Premières actions menées par des troupes parachutées suivies d'un assaut massif de blindés sur toute l'étendue du front. Violents combats dans la Région centrale. Alliés soumis à une pression intense. Les Soviétiques affirment que l'opération est " purement défensive ". Situation confuse. »

Effectivement, rares étaient les zones des positions avancées de l'O.T.A.N. dans la Région centrale qui, aux premières heures de ce jour d'août, ne subissaient pas une violente attaque aérienne et d'artillerie où les armes chimiques jouaient un rôle important.

Les positions de l'O.T.A.N. relatives à la guerre chimique n'étaient guère satisfaisantes. Lorsque le conflit éclata, les Alliés européens n'avaient pas réussi à mettre sur pied un protocole commun qui permettrait le stockage en temps de paix de munitions chimiques sur leurs territoires nationaux. Les U.S.A. – nous l'avons déjà précisé – fabriquaient des armes binaires depuis le début des années 80 et, suite à un accord bilatéral passé avec la R.F.A. et le Royaume-Uni, en produisaient également pour le compte de ces deux pays; elles demeureraient entreposées sur le territoire américain jusqu'à ce que le besoin s'en fasse sentir. Le Royaume-Uni demanda la livraison par voie aérienne d'une partie de son stock. Le 6, il était prêt à riposter. La R.F.A. l'imita deux jours plus tard. Le 4 août, le conseil de l'O.T.A.N. n'avait pas encore pris de décision. Le commandant suprême allié, commandant en chef de toutes les troupes américaines en Europe, ne voulait pas attendre. Avec l'accord du Comité des chefs d'Etat-Major interarmées à Washington, il ordonna le 4 août que les troupes U.S. se livrent à une riposte immédiate. Le 1er corps d'armée britannique ouvrit les actions de représailles le 6 août, et les trois corps d'armées allemands, le 8.

Mais certains des Alliés ne possédaient pas le potentiel nécessaire. Il ne fut cependant guère difficile de les fournir en munitions binaires, ni de prêter à la 2e Force Aérienne Tactique Alliée un escadron de F-4 équipés de pulvérisateurs. Les équipements de protection du Pacte de Varsovie étaient moins efficaces que ceux des Occidentaux et, pour une attaque chimique d'intensité égale, leur taux de pertes était proportionnellement plus fort. A partir du 8 août, les attaques chimiques dirigées contre les troupes au sol diminuèrent d'intensité dans les deux camps, mais on continua à les employer contre les bases aériennes où, complétées par l'emploi de bombes à retardement, elles pénalisaient sérieusement la rotation des appareils.

Le 11 août 1985, Mr. et Mrs. George Illingworth, de Bradford, Yorkshire, reçurent une lettre de leur fils aîné Brian qui servait en qualité de mécanicien d'aviation à la base de la R.A.F. de Bruggen, en Allemagne de l'Ouest, lorsque la guerre éclata. Voici le texte de cette lettre :

« Cher Papa, chère M'man,

Je vous dis tout de suite que je vais bien, à part ma jambe cassée, mes coupures et mes bleus. Je préfère vous prévenir parce que de toute façon vous vous apercevrez que cette lettre est postée de l'hôpital de la R.A.F. à Wroughton. Le toubib dit que je peux vous raconter comment ça m'est arrivé, et je suppose qu'il est au courant pour les histoires de secret et tout ça.

Moi et les potes, on était avec l'escadron dans l'abri aérien durci. Tout le monde parlait de la guerre qui allait éclater, ils en avaient causé à la radio des Forces Armées, mais on pensait que c'était du pipeau, histoire de nous faire jouer aux soldats dans nos combinaisons N.B.C., ils aiment bien prétendre que les exercices sont pour de vrai. Enfin, on a eu droit à un speech de l'adjudant-chef – il est pas marrant, mais plutôt correct – et puis à un autre du commandant d'escadron, qui n'avait pas l'air de savoir s'il voulait décrocher une médaille ou rentrer chez sa mère. On nous a dit que cette fois-ci, c'était la bonne, et que les *Tornado* de Bruggen seraient une cible rêvée pour les Popoffs.

« On était super-entraînés. On savait que les Popoffs pouvaient attaquer avec des bombes classiques, des gaz ou même nous atomiser, alors quand la sirène s'est déclenchée à minuit, il nous a pas fallu longtemps pour enfiler nos combinaisons. Ce que je ne comprenais pas, c'était qu'on restait assis là, sans rien faire, à attendre de voir si les Popoffs allaient oui ou non nous attaquer. Je parie que les Israéliens n'auraient pas réagi comme ça. D'après le sergent, c'est à cause de ces « **** lés de politiciens » (désolé, M'man !). Bref, à six heures et demie, les haut-parleurs se sont mis à gueuler « ROUGE – ROUGE – ROUGE » ce qui voulait dire qu'on allait être attaqués. Presque toutes les grandes portes en ferraille de l'abri étaient déjà fermées, ou sur le point de l'être, sauf la nôtre. On avait répété le truc des tas de fois, et jamais elle ne s'était coincée. On peut aussi les manœuvrer à la main, mais ça prend beaucoup plus de temps que nous ne pensions en avoir. Et on restait plantés là, avec un vide d'un bon mètre cinquante devant nos deux *Tornado*.

« Heureusement, notre abri était orienté au sud. Parce qu'à peu près sept minutes après l'alerte, il y a eu un fracas du tonnerre et au moins seize bombardiers soviétiques ont survolé le terrain. Je n'ai pu en voir que deux ou trois qui passaient au-dessus de la piste, mais d'autres gars étaient mieux placés que moi. On pensait qu'ils allaient attaquer aux gaz, mais on se trompait, au moins pour cette fois : ils n'ont balancé que des bombes classiques. Il y a eu un BANG ! énorme sur le toit de l'abri, on a ramassé une douche d'éclats de peinture et de saletés, mais le béton a tenu bon. Même pas une fissure. Les bombardiers sont repartis aussi vite qu'ils étaient venus, et le cabot et moi on est sortis avec les gars histoire d'examiner les dégâts. Ce n'était pas très malin, et le sergent nous l'a fait remarquer plutôt brutalement, parce que les Popoffs pouvaient avoir l'idée de faire un second passage. Mais ils devaient être satisfaits du premier, car ils ne sont pas revenus.

« En tout cas, ils avaient réussi un sacré souk. A droite, les hangars de maintenance brûlaient, il y avait de la fumée partout. Le bâtiment du contrôle aérien était salement touché. Idem pour plusieurs des casernes. Des camions-citernes étaient en flammes, un bulldozer des équipes d'entretien des pistes avait été carrément couché sur le côté. Une fumée noire commençait à couvrir la base. Tout de même, on avait eu pas mal de chance de nous trouver dans les abris durcis avec les avions – je crois qu'aucun n'a été touché. Des types de garde se sont fait choper à l'extérieur, comme celui qui occupe le lit voisin du mien. Il dit qu'il a perdu pas mal de ses potes, dont la plupart se trouvaient pourtant dans des tranchées.

« Les véhicules d'incendie sont intervenus rapidement. J'en ai vu un qui fonçait vers le hangar de maintenance principal, quand celui-ci a explosé. Un éclair, un BANG ! et c'était fini. Plutôt secouant. Alors, on a compris que les Popoffs avaient équipé certaines de leurs bombes de détonateurs à retardement, ce qui en faisait des mines. C'était dur, parce qu'on ne savait jamais quand et où la prochaine allait exploser. Le seul truc à faire, c'était d'examiner le sol mètre carré par mètre carré. J'ai remarqué que de bonnes portions de la piste étaient intactes, et que plusieurs *Tornado* pouvaient décoller assez rapidement – mais d'abord, ils devaient rouler au sol entre les cratères et les tas de débris, ce qui n'avait rien d'une partie de plaisir.

« A présent, je suis sûr que vous devinez ce qui s'est passé. J'ai dû aller vérifier que l'aire du 17ᵉ escadron était en état pour le roulage. On savait que les *Tornado* décollaient sur une courte distance. S'ils y parvenaient, ils pourraient contre-attaquer, et cette idée avait pas mal de partisans. Alors que je passais à une trentaine de mètres d'un tas de débris, il a explosé. J'ai eu de la chance. Le souffle m'a projeté de côté contre un muret, et je me suis cassé la jambe. Oui, j'ai eu de la chance, beaucoup plus que certains des copains qu'on continue à emmener à l'hôpital, quarante-huit heures après l'attaque, à cause des bombes à retardement. Enfin. On s'occupe bien de nous, et je serai vite de retour à la maison. Tirez pour moi les oreilles de ce petit crétin de Willie.

« Je vous embrasse,
« Brian »

Au matin du 4 août, sur toute l'étendue du front de la Région centrale, la préparation aérienne et d'artillerie fut suivie dans quatre zones par de fortes concentrations préalables à quatre puissants assauts de blindés, selon des axes de poussée éminemment prévisibles. Les quatre zones se trouvaient sur le territoire de la République fédérale d'Allemagne. Au nord, la 2ᵉ armée de chars de la Garde doubla Hambourg – que ses édiles avaient en toute hâte déclarée ville ouverte – pour progresser vers les Pays-Bas, tandis qu'une de ses colonnes poussait vers le Danemark par le Schleswig-Holstein. La 103ᵉ division aéroportée soviétique venait de s'emparer de l'aéroport de Dresde. De nouvelles troupes étaient dépêchées par avion pour assurer l'exploitation de ce succès. Plus au sud, la 3e armée de choc s'était rapprochée de Hanovre, et la possibilité d'une poussée subséquente vers le sud-ouest – Cologne et la Ruhr – était envisagée. Pour les Forces Alliées Centre-Europe (AFCENT), ce mouvement devait être l'objet d'une attention toute particulière. Si l'ennemi franchissait le Rhin inférieur et s'engageait dans les Pays-Bas, cela pourrait avoir des conséquences préoccupantes – par exemple l'inflexion de sa progression vers le sud qui lui permettrait, en remontant le Rhin le long de sa rive gauche, de prendre à revers le Groupe d'Armées Centre-Europe (CENTAG). Encore plus au sud, la 8e armée de la Garde poussait vers Francfort. Dans ce secteur, le terrain, vallonné et boisé, se prêtait moins bien à une offensive, mais le dispositif de l'O.T.A.N. n'avait pas la profondeur dont il jouissait au nord. Deux cent cinquante kilomètres à peine séparaient le Rhin de la frontière. Pourtant, la partie n'était pas jouée pour les blindés. Les armes antichars, dont les positions avaient été soigneusement déterminées, jointes à l'utilisation judicieuse des chars de la cavalerie légère blindée et des hélicoptères de combat opérant en étroite collaboration avec les avions d'attaque au sol, parvinrent à ralentir considérablement la progression des colonnes ennemies.

Encore au sud, où les Français devaient prendre le commandement d'un groupe opérationnel, la poussée de la 41e armée, venue de Tchécoslovaquie, en direction de Nuremberg, puis de Stuttgart, obtenait un meilleur succès.

Telle était la situation au premier jour de l'offensive du Pacte de Varsovie. Du moins, si l'on décidait de l'apprécier en peu de mots, et à partir d'une certaine altitude. Car plus bas, au niveau du sol, le tableau était différent. Le bruit régnait en maître. Bruit lointain des explosions, des fusillades, bruit des avions qui passaient en hurlant, des chenilles trépidantes des chars lancés et, parfois, l'impact tétanisant des coups proches, bombes, roquettes s'abattant en grêle, mortiers automatiques crachant leurs cinq obus en dix secondes, couvrant tout d'un épais voile de désespoir. La fatigue luttait contre le devoir. Chacun était épuisé. Les hommes les plus sensés, les plus solides, soudain choqués, tremblaient d'incertitude. Certains allaient se cacher, n'importe où. D'autres marchaient au hasard, le cerveau gourd, presque comateux. Puis la crise passait. Les hommes se reprenaient, puisaient dans leurs réserves d'énergie et de maîtrise de soi, pour recommencer à se battre.

Au soir du premier jour, le Pacte de Varsovie avait réalisé sur l'ensemble du front des gains considérables. La prise de l'aéroport de Brême avait été exploitée par une division de fusiliers motorisée amenée en toute hâte par la voie aérienne. Une tête de pont avait été créée au-delà de la Weser, dans le secteur du 1er corps d'armée néerlandais. La 3e armée de choc menaçait Hanovre, mais le 1er corps d'armée allemand, quoique forcé par la violence de l'assaut de reculer de 20 kilomètres en deçà de la frontière, et sévèrement touché, était encore en bonne condition. Plus au sud, le 1er corps d'armée britannique avait cédé du terrain à l'ouest du Harz, et Kassel, à la jonction du 1er corps d'armée britannique et des Belges, se trouvait également menacé par la 3e armée de choc. A la limite des Groupes d'Armée Centre et Nord, le 3e corps d'armée allemand, placé sous le commandement du CENTAG, avait été repoussé de 10 à 20 kilomètres à travers les collines de la forêt de Thuringe. Sur sa droite, le 5e corps d'armée américain avait les plus grandes difficultés à tenir la région de Fulda, au terrain plus dégagé, contre une 1e armée de chars de la Garde très déterminée à percer vers Francfort. Sur la branche droite du V, le 7e corps d'armée américain avait dû céder Bamberg à la 28e armée soviétique et reculer de 30 kilomètres, mais tenait bon devant Nuremberg, tandis que le 2e corps d'armée allemand, ayant perdu du terrain durant une attaque de la 41e armée du District militaire des Carpathes, s'était maintenant déployé au nord de la Tchécoslovaquie et tenait bon lui aussi, appuyé par le 2e corps d'armée français, qui n'avait pas encore engagé le combat.

Le 5 août, lorsque le profil de la journée se dégagea, le Haut Commandement soviétique put contempler avec une certaine satisfaction le fruit de ces premières opérations, même si tous les espoirs ne s'étaient pas entièrement concrétisés. Aucune percée complète n'avait été réussie sur les quatre axes de poussée principaux. On ne percevait pas l'amorce d'une déchirure par laquelle pourraient s'engouffrer les monstrueuses meutes de blindés des groupes d'armées de chars de Biélorussie et d'Ukraine, dont c'était précisément le rôle. Néanmoins, les gains étaient là, surtout dans le nord, où Hambourg avait été isolé (et à l'instar de Berlin, contourné) tandis que la prise de Brême avait ouvert, comme prévu, de bonnes possibilités d'exploitation en direction des Pays-Bas. La majeure partie de la Basse-Saxe se trouvait déjà entre les mains des Soviétiques.

Dans les formations de l'O.T.A.N., le moral, bien qu'attaqué et montrant parfois des signes de faiblesse, ne s'était pas effondré. Même, à la tombée de la nuit, il parut reprendre. Les Américains, qui s'attendaient à endiguer et à repousser facilement l'assaut de l'adversaire, étaient déçus de leur échec. Les missiles guidés qui assuraient la défense antichars avancée avaient été disposés et dirigés correctement. Les hélicoptères antichars opérant en collaboration avec les A-10 *Thunderbolt* avaient infligé aux blindés de lourdes pertes. La faiblesse du camp occidental – que les Soviétiques avaient prévue et mise à profit – était cette incertitude relative aux appareils à voilure tournante. On ne savait pas très bien à qui ils appartenaient, et les commandants des forces aériennes et terrestres n'étaient pas d'accord sur la meilleure façon de les employer. Mais lorsque appareils à voilure tournante et appareils à voilure fixe collaboraient contre les chars – comme l'avait appris à ses dépens la 8e armée de la Garde dans la région de Fulda – ceux-ci avaient le dessous.

Le mouvement des réfugiés abandonnant les zones frontalières fut envisagé comme un facteur particulièrement favorable à l'assaillant. L'aviation et l'artillerie soviétiques s'étaient efforcées de canaliser les réfugiés vers les routes qu'utilisaient les Alliés occidentaux pour leurs mouvements d'arrière, puis de les écarter des principaux axes de poussée prévus. Les ordres visant à ne pas limiter, mais au contraire à augmenter au maximum les pertes chez les civils pour obtenir ce but avaient été suivis.

Il ne faisait pourtant pas de doute que cette première journée, quels qu'aient été ses gains, n'avait pas été caractérisée par la vitesse de progression qu'attendait le Haut Commandement soviétique. Il faudrait y remédier, si l'on voulait que le plan soit une réussite parfaite.

A l'ouverture des hostilités, le Premier Ministre britannique avait donné des instructions pour que la presse bénéficie de la meilleure information possible. On espérait que seraient évités les malentendus semblables à ceux qui avaient gangrené la couverture par les médias américains de la tragédie vietnamienne. En conséquence, le chef d'escadron Guy Whitworth, chef de l'armement au 617ᵉ escadron de la R.A.F. stationné à Marham (Royaume-Uni) ne fut pas surpris de recevoir de la part de son commandant de base une invitation aimable, mais ferme, à venir parler devant des correspondants de guerre de son « petit voyage à Magdebourg ».

Il était 06 h 30 le 7 août. Dans la salle des opérations, Guy Whitworth achevait son debriefing. Il s'était posé deux heures plus tôt, après trois heures passées dans un *Tornado* qui l'avait mené, par-delà la Belgique et l'Allemagne de l'Ouest, derrière l'Elbe, jusqu'à un terrain d'aviation situé à quelques kilomètres à l'est de Magdebourg, et dans l'œil d'un cyclone d'action qu'il ne parvenait pas encore à bien cerner. Voici sa description du vol qui conduisit huit GR-1 *Tornado* de leur base du Norfolk à un aérodrome de première importance situé à 150 kilomètres derrière la zone des combats. Nous la publions telle qu'elle est apparue en juin 1986 dans le *Christian Science Monitor*.

« Au briefing, on nous dit que le terrain en question abritait un régiment de Mig-27 *Flogger* J. C'est le meilleur appareil d'appui offensif à court rayon d'action dont disposent actuellement les Soviétiques, et on nous précisa que sa présence se faisait sentir sur le champ de bataille. Il semble qu'ils puissent utiliser des pistes de terre compactée, mais qu'ils n'aient pas encore commencé à le faire, peut-être parce qu'ils peuvent obtenir un taux de sortie plus important en demeurant à proximité de leur base principale et de ses approvisionnements en armement et en carburant. Le *Flogger* n'a qu'une capacité nocturne ou tous-temps très limitée, et nous estimâmes que nous avions de bonnes chances de surprendre les oiseaux au nid aux petites heures du matin.

« Le lieutenant-colonel Bill Spier, notre commandant d'escadron, emmenait la première vague de quatre appareils. Mon navigateur, le lieutenant d'escadrille Andy Blackett, et moi-même étions son N° 4. Chaque *Tornado* était muni de deux engins JP-233 antipistes, de deux missiles défensifs antiradar – ils se guident sur les émissions radar de l'ennemi – et d'un module de contre-mesure électronique. Notre objectif était de mettre hors d'état l'aérodrome soviétique et de contraindre les *Flogger* à l'inaction durant le plus d'heures possible.

« La première partie du vol se déroula sans incidents. Après avoir pris de l'altitude, nous rejoignîmes l'avion-citerne VC-10 qui nous attendait au-dessus de la mer du Nord. Nous avions déjà pratiqué le ravitaillement en vol de nuit, et il n'y eut pas de problème. Ensuite, les contrôleurs de secteur de Belgique nous prirent en charge. Ils devaient être en contact avec l'un des AWACS de l'O.T.A.N., car ils purent nous indiquer avec une grande précision la position des lignes de poussée du Pacte de Varsovie. Andy contrôlait leurs informations sur les écrans combinés radar-carte. Il n'avait pas eu besoin d'une correction radar ou laser. En approchant du Rhin, nous descendîmes à 200 pieds et prîmes une vitesse de 600 nœuds.

« Le Rhin passé, nous entrevîmes la guerre. Grâce à la précision des indications fournies par l'AWACS, nous ne fûmes pas forcés de survoler les blindés du Pacte de Varsovie et les batteries de missiles SAM qui les accompagnaient. Sur notre gauche la canonnade allait bon train, mais lorsque le lieutenant-colonel Spier nous eut fait réduire à nouveau notre altitude de 100 pieds, le ciel devint bien sombre et bien étroit. Le système de suivi automatique du terrain avait pris les commandes de notre *Tornado*, dont le vol épousait le contour du sol autant que sa vitesse le lui permettait. Nous approchions la lisière nord du massif du Harz et l'appareil demeurait parfaitement stable, sa voilure repliée à 67° – mais lorsque nous franchîmes la frontière des deux Allemagnes à l'est de Kassel, ce calme fut troublé par le *bing bing* d'un radar de surveillance que notre dispositif d'alerte radar venait de repérer, puis par la note aiguë d'un SAM autoguidé de basse altitude. Je pense qu'à ce moment les *Cooker* avaient déjà décelé notre présence, mais par bonheur, la riposte des forces terrestres n'était pas ce qu'elle aurait pu être, sans doute parce que notre plan de vol nous faisait longer la zone de contact de la 8e armée de la Garde et de la 3e armée de choc.

« Au sud-est de Magdebourg, nous prîmes au nord. A 30 kilomètres de l'objectif, Andy sélectionna la fonction *attaque* et la fonction *stabilisé* sur l'écran d'affichage combiné radar-carte pour superposer la représentation informatisée de la cible et les mires de visée. Je contrôlai la séquence sur mon viseur « tête-haute » au cas où je remarquerais une erreur et où je devrais repasser en commandes manuelles.

« Durant quelques secondes, nous crûmes pouvoir profiter d'un effet de surprise total et peut-être notre approche, par le sud-est et non par l'ouest, nous permit-elle de gagner quelques précieuses secondes, mais nous fûmes bientôt en butte à plusieurs systèmes de défense terrestre antiaériens. Je tirai les deux missiles antiradar. Le module de contre-mesure électronique fonctionnait à la perfection. Andy n'arrêtait pas, ajustant son télémètre-laser sur la piste principale, peaufinant le réglage de la mire de visée. En dessous de nous, les Soviétiques s'activaient aussi. C'est là que nous avons perdu Eric et Ken. A mon avis, leur appareil a été touché par un tir de canon ou un SAM de basse altitude. Il a tout bonnement explosé. Les autres ont arrosé la base avec leurs JP-233. Je n'ai pas eu le temps d'examiner les degâts provoqués par nos propres engins, mais les sous-munitions libérées par ceux du lieutenant-colonel ont touché la piste sur toute sa largeur. Elle était coupée en trois endroits au moins. De plus, nous avions semé des mines à retardement sur la totalité du tarmac et du terrain proprement dit. Il leur faudrait un bon bout de temps pour remettre les choses en état. Les *Flogger*, invisibles, devaient être tapis au fond de leurs abris durcis, comme nous nous y étions attendus. Et maintenant, ils ne vont pas les quitter avant longtemps. En prime, nous sommes tombés sur deux transports *Candid*. Andy a pu les voir sauter. Je suppose que l'ennemi a lui aussi des problèmes d'engorgement des aérodromes. Les quatre autres *Tornado* nous suivaient à trente secondes. Au moment où ils s'éloignaient de l'objectif, ils perdirent l'un des leurs après qu'il eut tiré ses engins.

« Nous prîmes la route du retour, mais nous n'étions pas sortis d'affaire. Deux problèmes nous préoccupaient. D'abord, la présence éventuelle d'un ou plusieurs *Flogger* en vol au moment de notre attaque, et qui pouvaient avoir l'idée de passer à l'action. Ensuite, notre propre défense aérienne, que les appareils arrivant de l'est à grande vitesse et à basse altitude rendent toujours un peu nerveuse. Un ou deux *Tornado* disposaient encore de missiles antiradar mais nous comptions surtout sur les modules de contre-mesure électronique pour franchir une seconde fois le barrage des SAM du Pacte de Varsovie. Et, comme nous l'avions espéré, ces engins – qui avaient avancé au rythme des blindés – n'étaient pas aussi bien coordonnés que ceux qui protégeaient la base aérienne. De plus, leurs radars surveillaient principalement le front du dispositif soviétique et non son arrière, d'où nous venions.

« Nous doublâmes la limite avancée de la zone de bataille au-dessus de Teutoburger Wald avec une vitesse, une altitude et un cap qui devaient nous garantir un retour sans histoires. Pour autant que je sache, nos systèmes IFF (identification ami-ennemi) fonctionnaient, mais ils avaient fort bien pu être piratés plus tôt dans la nuit. Toujours est-il qu'un salaud quelconque a tiré un SAM. Enfin, je suppose que c'était un SAM. Il aurait pu s'agir d'un de nos propres HAWK, mais j'espère que ce n'était pas le cas. Andy n'avait repéré aucun signal radar suspect. Nous n'avions vu aucun appareil extérieur à notre groupe. C'est le *Tornado* du lieutenant-colonel Spier qui a écopé. Il s'est transformé en boule de feu. Désintégré. Personne à bord n'avait une chance de s'en sortir. Ironie du sort, il nous avait avertis au cours du briefing de ne surtout pas relâcher notre attention pendant la phase de retour de la mission, car c'était là que survenaient généralement les pertes les plus importantes.

« J'ai pris le commandement, et nous avons gagné de l'altitude pour le second rendez-vous avec notre ravitailleur. Il faut le dire, je suis heureux que les gars du ministère de la Défense aient décidé en 1982 de poursuivre le programme de modification des VC-10, parce que sans ravitaillement en vol, nous n'aurions jamais pu rejoindre Magdebourg à partir de Marham. Voilà donc le résultat : cinq *Tornado* indemnes sur huit, et un aérodrome capital pour le Pacte de Varsovie hors de service durant quelques heures critiques. »

La 1re armée de chars de la Garde, déployée autour de Dresde à l'éclatement du conflit, engagea le combat contre le CENTAG les 5 et 6 août, mais désormais deux divisions fraîches, dépêchées des Etats-Unis par la voie aérienne et dont le matériel se trouvait déjà sur place, étaient opérationnelles. La position se voyait sensiblement moins menacée. Néanmoins, le 8 août, toute la partie de la République fédérale d'Allemagne située à l'est d'une ligne courant de Brême à l'est d'Augsburg se trouvait aux mains des Soviétiques. Ils avaient contourné Berlin et Hambourg mais Hanovre, Minden, Kassel, Würtzburg, Nuremberg et Munich étaient tombés. Un gigantesque saillant, à l'ouest de Brême, s'enfonçait dans les Pays-Bas. Le passage du Rhin inférieur, entrepris dans la soirée du 8 août, s'était soldé par un succès et avait permis au Pacte de Varsovie d'établir une solide tête de pont sur la rive gauche du fleuve, jusqu'au Waal.

Un « Centre de Concentration des Renforts » avait été installé à Dresde. Sa capacité et son rendement théoriques étaient très importants, mais le mouvement des armées de chars sur le réseau ferroviaire polonais monopolisait virtuellement le système dont il faisait partie, et le flux du matériel de remplacement et des troupes de renfort venus d'U.R.S.S. s'était sensiblement ralenti.

Il fallut quatre jours, au lieu des deux prévus, pour que la 197e division de fusiliers motorisée retrouve des effectifs complets. Les 94e et 207e divisions de fusiliers motorisées se trouvaient elles aussi dans le même secteur. Tous les chars T-72 des régiments de fusiliers motorisés de la 197e division furent réquisitionnés pour combler les pertes de son régiment de chars. On attribua aux régiments de fusiliers motorisés de vieux T-55 qui empestaient encore la naphtaline. Le régiment de fusiliers motorisé lourd reçut de nouveaux B.M.P. tous frais sortis de deux usines de l'Oural, en remplacement de ceux qu'il avait perdus, mais aucun B.T.R. n'était disponible pour les deux régiments légers de la division. Ceux de ces véhicules qui se trouvaient encore intacts furent rassemblés au profit d'un unique bataillon, les autres devant se débrouiller avec des camions civils réquisitionnés. Quant aux hommes, on combla les rangs avec des réservistes et des soldats venus de divisions ayant subi de trop lourdes pertes pour mériter d'être reformées.

Au Centre, un florilège de chars, de transports blindés et de pièces d'artillerie pris à l'ennemi avait été rassemblé. On lançait un programme d'information destiné aux officiers et aux hommes du rang. Pour leur plus grand plaisir, Nekrassov et Makarov – celui-ci servait maintenant dans la 207e division – s'y retrouvèrent.

Le Centre comportait aussi un petit camp de prisonniers occidentaux. On pouvait les interroger. Une sous-unité spéciale du G.R.U., le renseignement militaire soviétique, veillait à ce que les prisonniers répondent aux questions avec sincérité.

Les deux lieutenants passèrent au peigne fin

chacun des engins exposés au Centre. Ils inspectèrent le char ouest-allemand *Leopard* II et le véhicule de combat d'infanterie *Marder*. Bonnes machines, mais très compliquées. Comment assurer leur maintenance sur le terrain si les installations de réparation ou les dépôts de matériel d'Allemagne fédérale tombaient ? Le char U.S. *Abrams* M-1 n'était pas mal non plus, avec son allure de prédateur surbaissé, mais l'armement principal manquait de puissance et la consommation du moteur était exorbitante. Les deux amis furent impressionnés par le *Chieftain*, et davantage encore par le *Challenger* : un blindage presque impénétrable, un armement surpuissant et un moteur fiable. Si les Occidentaux avaient pu disposer de quelques milliers de *Challenger* supplémentaires, l'attaque n'aurait pas tardé à s'enliser.

Les officiers du G.R.U. étaient ravis de fournir les explications nécessaires. L'Armée britannique possédait les meilleurs chars – quoiqu'en nombre insuffisant – et d'excellents soldats, mais se trouvait sous-équipée en canons antiaériens automatiques. Les Anglais n'avaient aucune défense réelle contre les hélicoptères soviétiques. La *Bundeswehr* allemande, déterminée, disciplinée, bénéficiait d'une qualité d'entraînement exceptionnelle. Les Allemands de l'Est combattaient principalement les Américains.

Nekrassov demanda comment les unités belges et néerlandaises s'étaient comportées au feu. Pour les Anglais, il savait.

« Pas mal du tout, lui répondit-on. Excellente logistique, bon matériel. Ils ne sont pas nombreux, bien sûr, mais ils savent se défendre. Leur grande faiblesse est que les soldats discutent les ordres. La peine de mort pour désobéissance n'existe pas chez eux. »

Nekrassov hocha la tête, peu convaincu.

Les deux hommes visitèrent ensuite les officiers prisonniers, enfermés comme des bêtes fauves. L'interprète du G.R.U. faisait espièglement tournoyer une grosse matraque de caoutchouc noir : elle lui facilitait le travail mieux qu'un dictionnaire n'aurait pu le faire.

Du menton, Nekrassov désigna un major américain assis derrière les barreaux.

« Demandez-lui, dit-il à l'interprète, pourquoi certains de leurs véhicules sont ornés d'une grande croix rouge sur fond blanc à la place du camouflage habituel. C'est idiot, nous pouvons les repérer et les détruire beaucoup plus facilement que les autres. Dans quel but font-ils ça ? »

Nekrassov ne devait pas être le premier à poser la question, car l'interprète répondit sans même consulter le prisonnier.

« Les véhicules ornés d'une croix rouge sont des ambulances. Ils estiment que nous ne devrions pas tirer sur elles. Il y aurait une convention internationale dans ce sens, à ce qu'ils racontent.

– Si une telle convention existait, nous en serions informés.

– Bien sûr ! » L'interprète haussa les épaules. « Ça serait indiqué dans le manuel ! »

Nekrassov haussa les épaules à son tour.

« Demandez-lui, intervint Makarov, s'il est exact que des femmes servent dans leur armée avec le même statut que les hommes. »

Sans se donner davantage la peine d'interroger le major américain, l'interprète répondit d'un ton las :

« C'est exact.

– Ridicule ! explosa Nekrassov. Les femmes ne sont pas des hommes. Il leur faut du repos, une nourriture convenable. De telles choses ne se trouvent pas à l'armée.

– Quelles rations sont fournies aux prisonniers ? » Makarov s'était adressé directement à l'interprète. Celui-ci feignit de ne pas avoir entendu.

De toute sa vie, Nekrassov n'avait jamais parlé à un Occidental. Il brûlait de poser une question dont l'homme à la matraque ne connaissait pas déjà la réponse, rien que pour entendre la voix de ce major américain maigre, à l'uniforme déchiré.

« Demandez-lui s'il est exact qu'aux Etats-Unis chacun ait le droit d'écrire ce qu'il veut dans un journal, même si c'est contre le Président.

– Question sans objet », aboya sèchement l'interprète.

Nekrassov comprit qu'il était allé un peu trop loin et se laissa entraîner à l'extérieur par son ami Dimitri.

A l'extrémité méridionale de la Région centrale, un groupe d'armées alliées avait été composé, et placé sous commandement français. Sa zone de responsabilité commençait au sud de la ligne Karlsruhe-Nuremberg. Au nord de celle-ci, le CENTAG disposait de quatre corps d'armée qui lui donnaient des chances raisonnables de tenir les positions à l'est de Francfort.

Si le Haut Commandement soviétique avait placé la 3e armée de choc immédiatement derrière la 1re armée de chars de la Garde, une menace beaucoup plus sérieuse aurait pesé sur le CENTAG. Mais la 3e armée de choc avait été envoyée au nord, pour exploiter la situation favorable qui s'y développait et préparer l'exécution de la partie cruciale du plan principal, la percée qui permettrait de prendre au sud le long de la rive gauche du Rhin.

Le NORTHAG, avec sous son commandement deux corps d'armée britanniques, un corps d'armée allemand et ce qui restait d'un corps d'armée néerlandais, livrait un sombre combat le long d'une ligne courant des environs de Minden à Nimègue (Pays-Bas), qui comportait au sud, près de Venlo, une inquiétante excroissance qu'on baptiserait plus tard saillant de Krefeld. Le 1er corps d'armée britannique, sur la droite, s'était brillamment défendu. Ses engins guidés antichars, confiés à de petits groupes opérant en collaboration avec les *Jagd-Kommandos* allemands, avaient obtenu de bons résultats, mais la situation ne serait plus tenable très longtemps. A l'ouest, le 1er corps d'armée allemand subissait une pression le long du Teutoburger Wald, et l'intention des Soviétiques était visiblement de l'enfoncer le plus vite possible. Plus loin à l'ouest, le 2e corps d'armée britannique avec sous son commandement une brigade américaine et quelques troupes néerlandaises subissait également une forte pression au sud de Wesel : il défendait la brèche de Venlo, entre le Rhin et la Meuse, la pointe même du saillant.

L'ordre de se porter contre le 2e corps d'armée allemand à 06 h 00 le matin du 7 août avait été reçu la veille par le major général Pankratov, commandant de la 51e division de chars de la 8e armée de la Garde dans la Région centrale. Les effectifs de la division étaient théoriquement complets, avec un personnel de 10 843 hommes. Ses véhicules de combat blindés se décomposaient en 418 chars T-72 et 241 B.M.P. 2. Son artillerie comportait 126 obusiers automoteurs, 48 lance-roquettes multiples, et 62 batteries antiaériennes automotrices lourdes combinant les roquettes et les canons automatiques. La division, organisée normalement, était une formation de Première Catégorie, comme il était de règle pour celles qui se trouvaient déployées en Europe de l'Est. Elle possédait un régiment de fusiliers motorisé et trois de chars, un régiment de canons de 152 mm automoteurs et un autre de missiles antiaériens, plus huit bataillons : transmissions, reconnaissance, génie, transport, défense chimique, maintenance, services médicaux, et une unité de roquettes FROG 7. Le personnel, venu de nombreuses régions d'U.R.S.S., accusait une insuffisance numérique de 10 p. 100.

La veille de l'assaut, trois bataillons supplémentaires vinrent s'ajouter à la division. Théoriquement, ils se trouvaient sous le commandement du major général Pankratov. Pratiquement, leur chef était le lieutenant-colonel Drobis du K.G.B. – le responsable, comme on disait à l'Etat-Major, de la Section Spéciale. Deux de ces unités étaient les bataillons de barrage du K.G.B., dont le personnel d'origine variée possédait un degré d'entraînement et de qualification relativement faible. Jeunes Komsomols sains et joyeux, gardiens détachés de leurs prisons, ou membres de respectables familles de bureaucrates, tous compensaient leur manque de formation militaire par une volonté indéfectible de servir la cause du Parti.

Les bataillons de barrage étaient équipés de camions légers, et armés de mitrailleuses et d'armes antichars portables. Leur fonction était simple, et leur position dans le plan de déploiement de la division, logique. On les plaçait à l'arrière des éléments de tête. Par l'usage de leurs armes, ils entretenaient l'élan vers l'avant de leurs propres troupes et circonvenaient les hésitations, les ralentissements, et surtout les velléités de retraite. La puissance de feu du K.G.B. était un facteur déterminant de la poussée d'une attaque. Cela provoquait des pertes, bien sûr, mais celles-ci seraient compensées par l'arrivée de formations de renfort fraîches, et le bilan était donc positif. Le rôle stimulant des bataillons de barrage du K.G.B. était, dans le système tactique pratique de l'Armée Rouge, un élément essentiel accepté sans discussion.

La progression de la 51e division de chars avait été, lors de l'attaque du 6 août, moins rapide que prévu. Son bataillon de tête, martelé sur son avant par les armes antichars américaines, se heurtait sur son arrière à l'enclume du K.G.B.

Des trois bataillons spéciaux ajoutés à la division, l'un était le 693e bataillon de chasse. Il suivait la progression à une certaine distance de la tête. Il avait pour tâche la liquidation des éléments potentiellement hostiles de la population locale – bourgeois réactionnaires, prêtres, notables, etc. Il s'intéressait également aux officiers et aux soldats de la 51e division de chars dont la pugnacité laisserait à désirer.

Le commandant de division se tenait devant la carte des opérations, dans le B.T.R. 50-PU qui lui servait de P.C. Il avait à sa droite son adjoint politique, un homme du Parti. A sa gauche, son chef d'état-major. Derrière lui, le lieutenant-colonel Drobis du K.G.B. Le colonel Zimine, qui commandait l'artillerie de la division, pénétra dans le B.T.R., refermant soigneusement la trappe blindée derrière lui. C'était le 6 août, en fin d'après-midi.

« Un gros boulot pour vous, l'artillerie, grogna le commandant de division. Soit une vallée, prise entre des collines, et au fond de laquelle court une route orientée dans notre direction. Hier, nous avons essayé d'opérer une percée. Sans succès, car les Américains ont amené de positions plus éloignées des armes antichars beaucoup trop efficaces.

« S'ils recommencent ce jeu-là, votre bataillon de lance-roquettes multiples BM-27 leur fera leur affaire. Il faut les supprimer du premier coup. Demain, vous aurez du travail.

– Camarade général, répliqua le commandant d'artillerie, puis-je mettre le bataillon de BM-27 en place à 5 kilomètres vers l'arrière et à 5 kilomètres vers le sud ?

– Pourquoi ? rugit le lieutenant-colonel Drobis.

– C'est une question de balistique, répliqua sans se démonter le commandant d'artillerie. Nous allons tirer plusieurs centaines de projectiles en même temps, nous voulons couvrir une route qui forme avec le front un angle droit. La zone d'impact doit donc s'étirer le long de la route, et non la couper. Nos positions actuelles sont trop avancées et trop déportées sur le côté pour que nous puissions y parvenir. Nous devrons tirer d'un point situé derrière nous et plus au sud. Nous reculons, nous tirons, et nous avançons à nouveau.

– Il n'en est absolument pas question, trancha sèchement le lieutenant-colonel du K.G.B. Vous restez où vous êtes. Vous tirez d'où vous êtes.

– Alors, la zone d'impact coupera la route au lieu de la longer.

– A vous de trouver la solution.

– Cela m'est impossible compte tenu des positions actuelles, à 2 kilomètres seulement de la ligne de front et à 5 kilomètres de l'axe de la route.

– Vous voulez battre en retraite ?

– Il est essentiel de reculer d'au moins 5 kilomètres et de se déporter de 4 ou 5 kilomètres vers le sud. Sinon, le régiment de chars sera repoussé.

– Vous comptez regagnez l'arrière en nous laissant au cœur de la bagarre ? Ecoutez, colonel, arrangez-vous pour placer correctement votre zone d'impact, comme vous dites, à partir de la ligne de front, sinon...

– C'est la balistique, camarade. Notre façon d'opérer est régie par ses lois. Nous ne pouvons pas les modifier selon les circonstances.

– Bien. Cela suffit. Je ne vous laisserai pas battre en retraite, et vous refusez d'exécuter les ordres. Arrêtez-le ! Là où vous allez, vous aurez le temps de penser à la balistique. »

Deux sergents du K.G.B. saisirent le colonel Zimine aux bras et l'entraînèrent à l'extérieur.

Le général Pankratov n'avait pas quitté des yeux la carte murale, peu soucieux de se mêler à l'incident. Il voyait déjà le nouveau désastre qui surviendrait quelques heures plus tard. L'attaque du lendemain serait rcpoussée, comme celle de la veille, et pour les mêmes raisons. Il était triste de ne pouvoir rien faire pour le commandant d'artillerie, un ami de longue date, mais il savait que toute tentative serait inutile.

L'Armée Rouge était la seule puissance organisée à l'intérieur de l'Union soviétique capable de détruire sans en pâtir l'ensemble du système socialiste. Il n'y avait donc rien d'étonnant à ce que le Parti et le K.G.B. aient l'œil sur chacun des rouages de la machine. Le commandant-adjoint de toutes les compagnies soviétiques était un commissaire politique du Parti. Il y avait des agents secrets du K.G.B. dans chaque peloton.

Un contrôle aussi serré entrave l'initiative, et contribue à créer une pesanteur, un émoussement des comportements qui pour une armée est synonyme de défaite. Il y avait là un réel dilemme. Le Parti et le K.G.B. avaient dû choisir entre une armée efficace qui menacerait leur position, ou une armée qui ne la menacerait pas mais serait vraisemblablement incapable de se comporter positivement au combat. Ils avaient opté pour ce qui était à leurs yeux le moindre mal. En temps de guerre, il était encore plus dangereux de relâcher les rênes de l'armée qu'en temps de paix. Et l'interférence d'amateurs, bureaucrates du Parti ou membres de la police secrète, dans un domaine aussi hautement spécialisé que la conduite des opérations militaires, devait fatalement entraîner des erreurs, voire des catastrophes.

Le général Pankratov était un professionnel de haut niveau. Il s'estimait tout à fait capable de venir à bout d'une division américaine. Ni les sbires du K.G.B., ni les indicateurs du Parti ne connaissaient la marche à suivre pour y parvenir, et il était impossible de la leur expliquer simplement parce qu'ils n'étaient pas du métier. Et il fallait toujours qu'ils aient le dernier mot. Aussi, le lendemain, le général Pankratov devrait-il se conformer à leur volonté, strictement, sans imagination, sans initiative, sans possibilité de choix. Il prendrait l'ennemi de front, puisque, selon ses censeurs, telle était la seule façon de mener une bataille. S'écarter de cette ligne signifiait la mort.

On n'y peut rien changer, songea le général. Les ordres que je donnerai demain seront des ordres stupides. Ils enverront une nouvelle fois des soldats vers une mort inutile.

Il leva les yeux du rapport qu'on venait de lui soumettre et donna plusieurs instructions d'une voix lasse et morne. Il irait au combat à bord de son véhicule de commandement. Comme toujours, il aurait sa casquette sur la tête. Le casque d'acier était inconfortable, et gênant lorsqu'on franchissait une trappe blindée. Et puis, si son B.T.R. 50-PU se faisait toucher par quelque chose de vraiment gros, un casque ne changerait rien. Le général Pankratov, à l'instar de beaucoup de généraux, était volontiers fataliste.

Les résultats obtenus par les formations du Pacte de Varsovie n'avaient pas entièrement satisfait le Haut Commandement soviétique. Celui-ci déplorait que les diverses armes n'aient pas parfaitement collaboré, que l'appui d'artillerie se soit avéré si peu souple et si lent à répondre, que les commandements subalternes aient manqué d'élan et s'en soient trop remis à leurs supérieurs. Les Alliés occidentaux avaient sans tarder exploité cette faiblesse, utilisant leur exceptionnelle infrastructure électronique pour identifier puis neutraliser les éléments de commandement. Malgré l'action des bataillons de barrage du K.G.B., les unités avaient manqué de cohésion – ceci était dû à l'absence de pratique des réservistes, et à l'impossibilité qu'il y avait à faire opérer efficacement ensemble des hommes qui ne parlaient pas la même langue. Quant à la coordination des chars et de l'infanterie au combat, elle posait de sérieux problèmes. Au bout du compte, seule l'infanterie était capable de neutraliser les défenses antichars. Sans elle, les blindés du Pacte de Varsovie se trouvaient sérieusement désavantagés. Mais les B.M.P. étaient encore plus vulnérables que les chars, et ne pouvaient pas progresser aussi rapidement qu'eux. Les Alliés ne tardèrent pas à comprendre l'intérêt qu'il y aurait pour eux à séparer les chars et l'infanterie, tactique qui leur valut souvent des succès éclatants.

Les moyens dont disposait encore le Haut Commandement soviétique étaient énormes. Le 14 août, quarante divisions appartenant au Pacte de Varsovie – dont quinze divisions de chars –

se trouvaient dans la Région centrale, et la moitié seulement avait déjà engagé le combat. Leur puissance de feu globale était le triple ou le quadruple de celle de leurs adversaires. Mais le temps ne jouait pas pour elles, et le non-respect du planning initial risquait d'avoir les plus fâcheuses conséquences.

Le 15 août à 04 h 30, le lieutenant-colonel Roger Pullin, commandant la 19e escadrille, se demanda s'il n'avait pas la berlue. La fatigue le submergeait. Il lui restait cinq *Phantom*. On avait déjà remis deux fois en état la piste principale. Les équipages étaient sur les genoux. Et là, devant lui, au beau milieu du poste des opérations durci de l'escadron, encadré de deux mécaniciens tout gonflés d'importance par leur nouveau rôle de gardes, se tenait un authentique pilote soviétique revêtu de sa combinaison anti-G, de son gilet de sauvetage — bref, de toute sa panoplie. Il semblait très en colère.

Les gars racontèrent que le pilote était tombé en plein centre de la zone de dispersion de l'escadrille, qu'il avait débouclé son parachute, lancé son pistolet sur le sol et, marmonnant des paroles indistinctes, les avait suivis de son plein gré jusqu'au poste des opérations.

Roger passa un coup de téléphone au commandant de la base, avertit la Défense au sol, puis reporta son attention vers le pilote debout devant lui. Au soir du 3 août — s'était-il depuis écoulé douze jours, ou douze siècles? — Roger s'était arrêté au mess des officiers pour prendre une bouteille de scotch. Elle se trouvait toujours dans sa serviette. Il l'en sortit et, dans un russe impeccable, demanda à son hôte s'il désirait prendre une tasse de café ou peut-être quelque chose de plus fort. L'offre décontenança un instant le pilote soviétique. Cinq minutes plus tard, les deux hommes étaient assis dans le bureau de Roger. A deux mètres de la porte ouverte, dans le couloir, se tenait un garde armé.

Le commandant de base avait donné des instructions rapides et précises :

« Dès qu'on viendra le chercher, votre gars sera soumis par des spécialistes à un interrogatoire poussé. Dans l'intervalle, je veux que vous lui fassiez raconter ce qui lui est arrivé, comme le raconterait un de nos hommes. Vous me prenez tout ça sur cassette, ça me permettra de me faire une idée correcte de la chose. Vous avez une dizaine de minutes. »

Le pilote était le capitaine Léonid Balachov, et il venait de se faire descendre par un SAM de son propre camp. Lorsque Roger lui demanda des précisions, l'autre déversa un torrent d'injures et d'imprécations, dirigées non contre les forces aériennes alliées, mais bien contre le système qui l'avait envoyé dans une région du ciel où, une demi-heure plus tôt, des appareils occidentaux avaient effectué un bombardement massif.

« Comme si ça ne suffisait pas de décoller en catastrophe sans contrôle au sol réel et avec un cap approximatif, pour atteindre un objectif inconnu situé entre 30 000 et 40 000 pieds *environ*, au milieu d'une bande de cow-boys en *Mig*-25 qui n'ont jamais tiré sur quoi que ce soit de toute leur putain de vie, qui n'ont pas la moindre notion de l'attaque en formation, et avec derrière soi un tas de Polonais tarés dont on se demande s'ils vont se contenter de s'esbigner ou tenter de vous descendre avant... »

Le pilote du *Flogger* tendit sa tasse vide.

« Je n'ai pas totalisé mes 1 200 heures sur *Flogger* en treize ans ni décroché mon insigne de tireur d'élite en faisant des ronds de jambe devant le commissaire de l'escadrille. Je savais qu'il s'agissait d'un gros coup et je connais très bien les F-15 : pour s'en sortir, il faut rester à basse altitude et prier pour que la *Sirena* détecte à temps l'accrochage radar du *Sparrow* et vous permette de l'éviter. Malgré le briefing, j'ai donc agi comme ça. Au-dessus, le combat faisait rage et je pouvais voir sur mon radar *High Lark* le gros des bombardiers à une vingtaine de kilomètres devant moi. C'est alors que je me suis fait arracher ma queue. Depuis cinq ans, on serine aux pilotes de *Flogger* qu'ils doivent faire preuve d'initiative. Malheureusement, on tient le même discours aux rigolos des SAM. Et puis, comment posséder à la fois les techniques du combat et celles de l'attaque au sol si on ne vous laisse voler que 90 heures par an ? Eh oui ! Depuis 1981, les pilotes de *Flogger* G sont aussi tenus de remuer la gadoue ! Ils auraient mieux fait de consacrer le temps, l'énergie et le carburant à s'entraîner aux missions d'interception à l'échelle du régiment, ou même de laisser les gugusses des *Foxbat* travailler avec les *Flogger* – mais dans les quartiers généraux, tout le monde s'en fout. Ils enterrent les rapports des escadrons. Il n'y a que les listes de promotion qui les intéressent. »

La police de la R.A.F. venait d'arriver. Balachov eut le temps de tendre sa tasse encore une fois. Puis il s'écria, dans un anglais approximatif :

« Bravo, camarades. Vous êtes de bons soldats ! »

Il s'éloigna, abandonnant le lieutenant-colonel à ses réflexions sur les pilotes de chasse, qui étaient bien tous les mêmes – surtout lorsqu'ils venaient de se faire descendre par leur propre camp et qu'il était quatre heures et demie du matin. En tout cas, les Soviétiques ne semblaient guère avoir mieux résolu que les Occidentaux les problèmes de la gestion de l'espace aérien !

Quels qu'aient été les problèmes rencontrés sur le terrain par les Soviétiques – sans parler des signes d'instabilité interne qui préoccupaient de plus en plus le Kremlin – et qui rendaient impérative la conclusion rapide et heureuse des opérations dans la Région centrale, il n'en demeurait pas moins vrai que de l'autre côté, le Commandement allié en Europe avait de sérieux ennuis. On sait aujourd'hui que le SACEUR subissait la pression de ses commandants de groupes d'armées, qui désiraient utiliser les armes tactiques nucléaires. Il s'y opposait toujours, convaincu qu'une telle initiative entraînerait sans tarder l'échange nucléaire ultime que tous redoutaient. Le Président des Etats-Unis partageait ce point de vue. Trois tâches incombaient au SACEUR : boucher la trouée de Venlo, où une nouvelle attaque massive de la 20ᵉ armée de la Garde, attaque dont le fer de lance serait la fameuse 6ᵉ division de fusiliers motorisée de la Garde, ne tarderait pas à se produire. Alléger la pression que subissait la zone par une contre-offensive menée du sud au nord et portant sur les échelons arrière de l'attaque. Enfin, interdire la progression à travers la Pologne des blindés qu'on venait de détacher du groupe d'armées de chars de Biélorussie.

Il avait rassemblé une force de réserve équivalant à peu près à sept divisions, et en avait confié le commandement à l'AFCENT (Forces Alliées Centre-Europe), qui avait pour instruction de ne la déployer que sur son ordre exprès. Si le pont aérien transatlantique tenait, si les défenses des Approches Occidentales des îles Britanniques parvenaient à assurer l'acheminement à bon port des quatre importants convois qui touchaient presque au terme de leur périlleuse traversée, alors il disposerait très bientôt de l'équivalent de deux corps d'armée américains supplémentaires. Il était parvenu à persuader les Français d'envoyer vers le nord une division blindée destinée au SOUTHAG (Groupe d'Armées Sud-Europe). Elle atteindrait le secteur de Maastricht sous quarante-huit heures. En outre – il en était intimement persuadé – les Forces Alliées aériennes, malgré tout ce qu'on venait de leur infliger, se trouvaient toujours en mesure de faire un effort exceptionnel et d'obtenir de bons résultats : il avait la plus grande confiance dans leur potentiel, leurs effectifs et leur commandement.

Il faudrait simplement que les troupes déjà sur place parviennent à tenir le saillant de Krefeld, près de Venlo, avec l'assistance des Français et des deux brigades qu'il réussirait peut-être à faire monter du CENTAG, en attendant l'arrivée des formations fraîches. Un appui maximum serait demandé aux forces aériennes.

La contre-offensive cruciale dirigée vers Brême relèverait du NORTHAG, auquel il allouait quatre de ses précieuses divisions de réserve à partir de 00 h 01 le 14 août, pour une opération qui débuterait le 15, aux premières lueurs du jour.

En ce qui concernait l'interdiction des mouvements de blindés à travers la Pologne – outre l'action des médias occidentaux, qui faisaient l'impossible pour persuader les travailleurs polonais de saboter le réseau ferroviaire – il allait demander aux Forces Alliées aériennes de donner leur maximum.

« Pouvez-vous couper les principales liaisons ferroviaires polonaises à l'est de Wroclaw et de

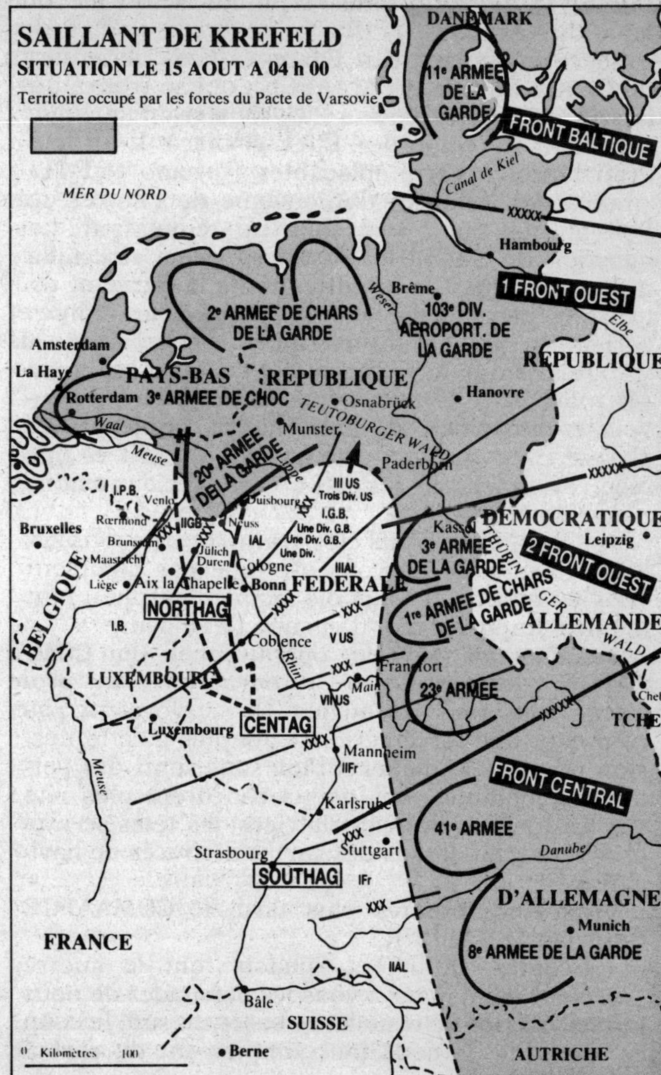
SAILLANT DE KREFELD
SITUATION LE 15 AOUT A 04 h 00
Territoire occupé par les forces du Pacte de Varsovie
MER DU NORD
DANEMARK
11e ARMEE DE LA GARDE
FRONT BALTIQUE
Canal de Kiel
Hambourg
1 FRONT OUEST
Elbe
Brême
Weser
103e DIV. AEROPORT. DE LA GARDE
2e ARMEE DE CHARS DE LA GARDE
Amsterdam
La Haye
PAYS-BAS
Rotterdam
3e ARMEE DE CHOC
Waal
REPUBLIQUE
Osnabrück
Hanovre
TEUTOBURGER WALD
Munster
Paderborn
20e ARMEE DE LA GARDE
Lippe
Meuse
I.P.B.
Venlo
Roermond
IIGB
Duisbourg
III US
Trois Div. US
I.G.B.
Une Div. G.B.
Une Div. G.B.
Une Div.
Neuss
IAL
Bruxelles
Brunssum
Maastricht
Jülich
Duren
Cologne
IIIAL
Liège
Aix la Chapelle
Bonn
FEDERALE
DEMOCRATIQUE
Kassel
THÜRINGER WALD
Leipzig
3e ARMEE DE LA GARDE
2 FRONT OUEST
1re ARMEE DE CHARS DE LA GARDE
ALLEMANDE
BELGIQUE
NORTHAG
I.B.
Coblence
V US
Rhin
LUXEMBOURG
Francfort
Main
23e ARMEE
Cheb
TCHE.
VII US
Luxembourg
CENTAG
Mannheim
IIFr
Meuse
FRONT CENTRAL
Karlsruhe
41e ARMEE
Strasbourg
Stuttgart
Danube
SOUTHAG
IFr
D'ALLEMAGNE
Munich
FRANCE
8e ARMEE DE LA GARDE
IIAL
Bâle
SUISSE
Berne
AUTRICHE
0 Kilomètres 100

Poznan ? » demanda dans l'écouteur la voix métallique du SACEUR.

Le commandant des Forces Alliées aériennes du Centre-Europe (COMAAFCE), qui se trouvait à la salle des cartes de son P.C. souterrain, quelque part dans la région de l'Eifel, grimaça. Il lui faudrait lancer ses irremplaçables *Tornado* et F-111 au-delà des défenses d'Allemagne de l'Est et de Pologne, ce qui n'avait rien de réjouissant. La question du SACEUR laissait supposer une telle méconnaissance de la difficulté de la tâche, et du terrible prix qu'avaient déjà payé les forces aériennes, qu'il eut du mal à rester courtois.

« Je sais que la situation est critique, répliqua-t-il, mais est-ce que vous vous sentez bien ? Si j'envoie trente zincs, il nous faudra beaucoup de chance pour que dix atteignent l'objectif et que cinq reviennent. Et il s'agit de vos précieux avions à armement bivalent.

– Okay, okay. Vous êtes vraiment susceptibles, les aviateurs. Je ne vous explique pas comment vous y prendre. Je vous dis simplement qu'il faut le faire. Rappelez-moi dans une demi-heure. »

Au quartier général opérationnel du COMAAFCE, les stratèges retournèrent le problème sous tous les angles. Ils ne voyaient pas comment une force aérienne adaptée à cette mission pourrait la mener à bien sans subir des pertes inacceptables. Les doigts coururent plus vite sur les touches des calculatrices, les têtes se rapprochèrent au-dessus des cartes de tracés de navigation.

Vingt-cinq minutes plus tard, le COMAAFCE rappelait le SACEUR.

« Ecoutez, dit-il, les Suédois font la guerre dans leur coin, mais si vous les persuadez de nous laisser utiliser deux de leurs bases du sud, le coup est possible. Il nous faut simplement du carburant pour trente appareils, réparti entre les deux aérodromes. L'atterrissage et le décollage auront lieu de nuit, et discrètement. Selon la façon dont tourneront les choses, nous serons peut-être obligés d'y faire à nouveau étape sur le chemin du retour, mais nous tenterons de rejoindre directement la Grande-Bretagne, ou à tout le moins la Norvège. Bien sûr, ça serait formidable que les chasseurs suédois nous fournissent une couverture quand nous aurons quitté les côtes de Pologne, mais je crois que leurs règles s'y opposent. »

L'officier de liaison suédois le plus haut gradé du SHAPE écouta gravement la requête, qu'il transmit immédiatement à Stockholm.

La réponse arriva trente minutes plus tard : oui, les deux groupes pouvaient utiliser les bases, à condition que l'opération soit planifiée et exécutée selon les termes exacts du COMAAFCE — arrivée et départ la même nuit, sécurité maximum avant et après. A moins de se trouver en difficulté, les appareils ne seraient pas autorisés à faire étape en Suède le lendemain matin. Il n'était pas non plus question que les chasseurs du *Flygvapnet* (Forces aériennes suédoises) assurent une quelconque couverture. Une telle initiative serait contraire aux principes fondamentaux de la neutralité suédoise.

A midi le même jour — 13 août — dix-huit FB-111 de l'U.S.A.F. et douze *Tornado* (six appartenant à la R.A.F., six aux Forces aériennes allemandes) avaient été détachés pour la mission des bases britanniques de Upper Heyfort, Cottesmore et Marham.

Les appareils, ayant rejoint la Suède en survolant la Norvège méridionale, approcheraient la Pologne par le nord. Traversant la plaine polonaise à une altitude de soixante-dix mètres, ils auraient toutes les chances d'échapper à la détection jusqu'au moment où, ayant laissé la côte derrière eux, ils ne se trouveraient plus qu'à 180 kilomètres de Poznan et 270 de Wroclaw, soit douze et dix-huit minutes de vol. Partant de Suède, ils contourneraient le flanc nord des défenses du Pacte de Varsovie. Avec un peu de chance, l'effet de surprise serait total. Tel était le principe du plan. Le groupe initial se scinderait lorsqu'il franchirait la Vistule au nord de Bydgozcz, en deux unités qui se dirigeraient séparément sur leurs objectifs respectifs. Au retour, il faudrait s'attendre à ce que des chasseurs tentent de leur barrer la route. Ils devraient compter pour leur survie sur la vitesse, la faible altitude de vol et l'obscurité.

A minuit, et avec le maximum de discrétion possible, les trente appareils se posèrent sur les bases du *Flygvapnet* de Kalmar et Kallinge. Ils furent ravitaillés. A 02 h 00, ils partaient pour leur mission. Les cibles principales étaient les ponts à travées multiples enjambant la Warta et l'Oder, qu'empruntaient les lignes de chemin de fer reliant Berlin à Varsovie et à Cracovie. Autour de Poznan, de Wroclaw, de longs convois de wagons plates-formes chargés d'une cinquantaine de chars T-72 progressaient lentement vers l'ouest, se suivant parfois à moins de 100 mètres. Endiguer un tel flux serait certes déterminant, mais les ponts avaient toujours été, pour les combattants de l'air, des cibles problématiques. Une légère erreur de visée, et le coup était manqué — sans compter qu'un pont est prévu pour résister à des efforts verticaux importants. Mais là, ce seraient des missiles à guidage radar et infrarouge, tirés de 3 000 mètres, qui fracasseraient impitoyablement leurs piles. Les munitions restantes seraient dirigées contre les convois rencontrés sur le chemin du retour.

Les *Tornado* prirent la tête des deux groupes après le passage de la Vistule. Leur première tâche était de neutraliser les batteries SAM disposées autour des villes et près des ponts, grâce à leurs engins antiradar et de dégager ainsi la voie pour les FB-111 et leur armement plus lourd. Les premiers ponts furent détruits aisément, mais lorsque les artilleurs qui somnolaient devant leurs canons antiaériens ZSU comprirent ce qui se passait, ils créèrent un rideau de feu d'une telle intensité que quatre *Tornado* allèrent au tapis avant que les batteries puissent être réduites au silence. Cinq FB-111 connurent un sort identique, sans parler de deux traînards que des SAM avaient cueillis lorsque le groupe s'était scindé. Mais quatre ponts n'existaient plus, et deux convois avaient accompagné dans la rivière la chute de leurs tabliers. C'était une réussite exceptionnelle, qui aurait sur le sort de la bataille du Front central des conséquences cruciales.

Sur les trente appareils originels, dix-neuf quittèrent la zone de l'objectif pour rejoindre par le plus court chemin la Baltique à l'ouest de Gdansk.

Les défenses étaient à présent totalement en alerte, mais un vol légèrement subsonique à une altitude de soixante-dix mètres dans l'obscurité faisait des FB-111 et des *Tornado* des cibles particulièrement difficiles pour les *Mig*-23 *Flogger* des forces aériennes polonaise et est-allemande qui les attendaient au nord. Ceux-ci parvinrent cependant à abattre un FB-111 et un *Tornado*.

Quatre des dix-sept appareils survivants, sérieusement touchés, durent se poser à l'aube sur la base aérienne de Kallinge. Les quatre *Foxbat* soviétiques qui les poursuivaient pénétrèrent dans l'espace aérien suédois, les intercepteurs *Viggen* du *Flygvapnet*, plus agiles, parvinrent à en abattre deux. Les autres rebroussèrent chemin en direction de Leningrad. Les treize appareils qui n'avaient pas subi d'avaries rejoignirent Oslo sans encombre.

Près de Venlo, la situation du front du 2e corps d'armée britannique, dont les quatre divisions se trouvaient flanquées sur leur droite par une brigade américaine et sur leur gauche par le 1er corps d'armée néerlandais, était critique. Au soir du 14 août, la 20e armée de la Garde avait presque atteint l'objectif fixé par son commandant, savoir enfoncer les forces alliées qui défendaient près de Krefeld la pointe du saillant engagé par les Soviétiques entre Venlo et Duisburg.

Cette action donnerait le coup d'envoi à la phase la plus critique de tout le plan opérationnel du Pacte de Varsovie : après avoir franchi le Rhin, le remonter en longeant sa rive gauche et prendre le CENTAG à revers.

Mais l'importance des renforts venus d'outre-Atlantique augmentait régulièrement. L'arrivée dans la Région centrale d'un nouveau corps d'armée américain était imminente. Une division blindée française approchait de Maastricht. Le SACEUR avait alloué au NORTHAG quatre de ses divisions de réserve, en vue de la contre-offensive en direction de Brême qui devait débuter à l'aube du 15.

Dans l'histoire de la Troisième Guerre mondiale, cette journée allait avoir une importance cruciale. A la pointe du saillant de Krefeld, les Soviétiques avaient enfoncé le 2e corps d'armée britannique. Au soir du 14, leurs chars se trouvaient à proximité de Jülich. A moins d'endiguer cette avance, il serait impossible d'engager à temps le nouveau corps d'armée américain et la division française, la contre-offensive du NORTHAG vers Brême avorterait, et tout le dispositif allié en R.F.A. serait menacé par la poussée vers le sud des Soviétiques visant à prendre le CENTAG à revers. L'heure était indubitablement venue d'utiliser les B-52 basés à Lajes (Açores). Au matin du 14 août, le SACEUR ordonna au COMAAFCE de mettre tous les moyens en œuvre pour ralentir, le lendemain à l'aube, la progression des Soviétiques et contribuer à la stabilisation des positions dans le saillant de Krefelf.

Commandants des forces terrestres et aériennes étaient également conscients des difficultés pratiques que soulevait la décision d'employer les B-52. Les défenseurs devraient rompre le contact suffisamment longtemps et suffisamment nettement pour que l'action des bombardiers ait un impact maximum sur les forces du Pacte de Varsovie et n'inflige aux positions avancées de l'O.T.A.N. que des pertes minimes.

Les directives concernant l'objectif furent reçues à Lajes le 14 à 12 h 00 (heure locale). A 15 h 00 s'acheva la dernière série de vérifications et trente-neuf des B-52 furent déclarés aptes à la mission. Ce fut alors que l'expérience accumulée par les équipages et les équipes au sol au cours de plusieurs années d'exercices en Europe paya ses plus beaux dividendes. Cent bombes MK-82 furent chargées dans chaque soute. La distance aller-retour de 6 500 kilomètres était bien inférieure au rayon d'action maximum des B-52, mais les appareils reçurent leur plein de carburant. A 22 h 00 le briefing des équipages était terminé. La zone d'objectif formait un quadrilatère de dix kilomètres du nord au sud et de deux kilomètres de l'est à l'ouest, situé au plein ouest de Neuss.

On estimait que dans ces limites au moins trois divisions de la 20e armée de la Garde, plus probablement un ou deux des régiments de tête de l'échelon de renforcement, se concentreraient pour la percée finale. En termes pratiques, la cible comprendrait un minimum de 20 000 hommes, 1 000 chars, 500 B.T.R., plus 1 500 véhicules non blindés essentiels à l'entretien de l'élan des troupes. Le terrain plat offrait peu de possibilités de protection. A proximité, un échangeur d'autoroute fournissait un repère presque idéal, aussi bien pour le bombardement au radar que pour le bombardement visuel. L'heure sur l'objectif était fixée à 04 h 00 et l'altitude de largage, à 40 000 pieds.

Les B-52 étaient fortement pourvus d'armement défensif, mais les exercices effectués au cours des cinq années précédentes avaient montré la nécessité d'une escorte de chasseurs. Ce rôle serait partagé par des *Mirage* 2000 et F-1C français, et des F-15 américains. La course des B-52 les mènerait au nord-est, par-dessus les Pyrénées, la France et le Luxembourg jusque vers Cologne, où commencerait leur passe de bombardement.

A 03 h 00, les B-52 volaient à une vitesse de 850 kilomètres/heure et à une altitude de 40000 pieds au-dessus du territoire français. Sur leurs flancs allaient des groupes de *Mirage* F-1C du Commandement Air des Forces de Défense aériennes (CAFDA). Les radars des AWACS, désormais repliés au-dessus de la partie centrale de la France, ne décelaient aucun mouvement inhabituel de chasseurs ennemis aux alentours des bases capturées d'Allemagne fédérale ou de celles d'Allemagne de l'Est.

A partir de la vallée de la Meuse, les B-52 seraient dans la zone d'interception théorique déterminée par le rayon d'action des *Flogger* G et des *Foxbat*. Pour réduire les difficultés dans le domaine de l'identification et de la gestion de l'espace aérien, le COMAAFCE avait fait suspendre toutes les missions d'interdiction profonde ou de contre-attaque dans la Région centrale à partir de 23 h 00. Ainsi, tout ce qui franchirait la limite avant de la position principale serait considéré comme hostile.

Les IL-76C *Cooker* qu'on avait repliés au-dessus de la Pologne centrale, repéreraient certainement la formation de bombardiers au moment où elle survolerait la France. Mais ils n'en seraient pas pour autant en mesure de déterminer son objectif. Le rayon d'action du B-52 lui permettait de changer de cap à tout moment et de menacer n'importe quelle cible située entre la Bulgarie et la Baltique. De plus, le COMAAFCE savait que les unités de *Flogger* et de *Foxbat* avaient suivi la progression des armées du Pacte de Varsovie durant les dix premiers jours du conflit. Il soupçonnait que les Soviétiques avaient trouvé plus facile de déployer ces appareils que de leur assurer les infrastructures – armement, carburant, réparations – nécessaires au maintien d'un taux de sortie élevé. Il eût donc été suicidaire pour le Pacte d'engager le combat aérien trop avant dans le territoire de l'O.T.A.N., où les intercepteurs français conservaient la quasi-intégralité de leur potentiel, ou avant de connaître plus précisément la destination ultime des bombardiers.

Comme les B-52 approchaient du Luxembourg, ils furent rejoints par quatre appareils de contremesure électronique F-111 EB, qui aveuglèrent efficacement les trois *Cooker* et bon nombre de radars de surveillance à courte portée de l'ennemi. Les *Flogger* et les *Foxbat* durent décoller en urgence de bases parfois distantes de 600 kilomètres, avec pour seule indication la dernière position connue des bombardiers. Et leurs problèmes ne s'arrêtaient pas là. Malgré les tentatives des Soviétiques pour encourager l'initiative des pilotes, l'assouplissement des formations et la réduction du contrôle au sol, la plupart des équipages de défense aérienne avaient été entraînés à se battre dans un espace aérien bien déterminé, contre des intrus dont le cap et la position étaient parfaitement connus. Les appareils eux-mêmes n'étaient guère capables d'assurer de façon satisfaisante des tâches sortant de ce cadre. Le *Foxbat* se résumait à un intercepteur rapide de haute altitude très peu maniable, alors que le *Flogger* G, quoique plus souple, n'avait rien d'un chasseur de supériorité aérienne.

Bientôt, quarante *Mirage* 2000 et trente F-15 vinrent s'abriter à leur tour derrière l'armure électronique que forgeaient les quatre F-111 EB. Au-dessus de Cologne, les bombardiers prirent au nord-nord-ouest. La nuit était nuageuse mais, sur les écrans des radars air-sol, la ville et le fleuve se profilaient avec une limpidité de cristal. Quelques secondes plus tard, l'échangeur d'autoroute qui devait servir de repère apparut aussi nettement. Alors, ainsi que le journal du 337e escadron de l'U.S.A.F. le dit, « tous les diables de l'enfer se déchaînèrent sur la Terre comme au Ciel ».

Il est impossible d'affirmer combien de chasseurs du Pacte de Varsovie se portèrent à la rencontre des B-52. Les AWACS identifièrent initialement quatre-vingt-cinq *bips*, mais leur aptitude à discerner chaque cible fut annihilée par le nombre très important d'appareils qui évoluaient dans un espace aérien inférieur à 250 kilomètres carrés. La confusion s'accrut quand trois *Cub* des Forces aériennes soviétiques s'efforcèrent de brouiller à la fois les radars des bombardiers et les systèmes de surveillance des *Sentry*. Pour l'instant, l'avantage était à l'O.T.A.N. Le contrôle au sol du Pacte de Varsovie ne pouvait guère que diriger ses chasseurs dans la direction approximative des émissions de brouillage des F-111 puis les laisser improviser. Mais, pour la première fois depuis le début des hostilités, les F-15 *Eagle* purent utiliser leur équipement au maximum de ses possibilités. Ils n'avaient même pas besoin de s'approcher pour identifier un appareil : s'il se dirigeait vers l'ouest, feu ! A quatre-vingts kilomètres, *Foxbat* et *Flogger* se dessinaient nettement sur les écrans radar des *Eagle*, et comme ils venaient de face à deux fois la vitesse du son, ils étaient des proies faciles pour les missiles à guidage radar *Sparrow* de leurs adversaires.

Chaque *Eagle* était armé de quatre de ces engins, et de quatre missiles air-air à guidage infrarouge *Sidewinder*. Dans les premières secondes qui suivirent le contact, plus de 100 *Sparrow* furent certainement tirés, touchant une soixantaine d'assaillants. Sur les écrans des *Sentry*, on remarqua avec satisfaction qu'immédiatement après l'ouverture du combat, plusieurs *bips* hostiles changèrent brutalement de cap et reprirent le chemin de l'est.

Mais la plupart des survivants de ce premier choc avaient bien l'intention de poursuivre la lutte. A trente kilomètres de la formation de bombardiers, les puissants radars d'interception aérienne *Fox Fire* des *Foxbat* entreprirent de percer le mur de brouillage des F-111 pour déceler les B-52. Cependant, il était 04 h 00. Les premières lueurs de l'aube coloraient le ciel, et les F-15, les *Mirage*, pouvaient mettre à profit l'avantage que leur conférait leur maniabilité pour prendre contact avec les *Mig* rapides, les identifier et les détruire à l'aide de leurs *Sidewinder* et de leurs *Magic* à guidage infrarouge.

Alors, au grand dam de tous, les systèmes de surveillance alliés et soviétiques détectèrent le tir d'une véritable salve de SAM. L'auteur en était un bataillon soviétique avancé en position près de Dortmund. Des défections impromptues clairsemèrent les rangs des assaillants : les pilotes soviétiques devinaient les conséquences d'un tel tir au beau milieu de la mêlée. Mais la salve de missiles SA-4 ne fut pas doublée.

Dans les B-52, chaque EWO (Electronic Warfare Officer – officier de guerre électronique) se concentrait sur le tube cathodique de 25 centimètres au carré disposé devant lui, où s'affichaient les informations traitées par l'équipement de contre-mesure électronique qui le flanquait. Le tir de SA-4 ne leur échappa pas, et lorsque le signal d'accrochage radar des missiles apparut, le rideau d'auto-brouillage automatique rompit immédiatement la mortelle liaison. On connaissait depuis longtemps les fréquences de guidage des SA-4 et, au grand soulagement des EWO, celles-ci n'avaient pas été modifiées. Les SAM ne touchèrent aucun bombardier.

D'autres combattants du ciel n'eurent pas cette chance. Plus tard, plusieurs pilotes des deux camps devaient clamer bien haut qu'ils avaient été abattus non par des chasseurs ennemis, mais par des SAM. En fait, bien peu auraient pu déterminer avec certitude quel engin les avait touchés. Les *Mig* étaient résolus à atteindre la formation de bombardiers, mais ne pouvaient se permettre de négliger les *Mirage* et les *Eagle.* Dans la confusion, chacun oubliait les plans tactiques établis avant le combat. On utilisa des deux côtés les missiles infrarouge, puis les canons. Les pertes s'accumulaient, augmentées par les collisions et les erreurs – inchiffrables – d'identification.

La bataille fit rage pendant un peu plus de cinq minutes, mais ce temps était suffisant pour que la presque totalité des bombardiers accomplissent leur passe de bombardement. 40000 pieds plus bas, les unités de la 20e armée de la Garde achevaient leur ravitaillement nocturne avant de poursuivre leur progression contre un adversaire qui, si l'on en croyait ses récentes tentatives pour rompre l'engagement, devait être en pleine déroute. Les grondements des moteurs des chars et des B.T.R., des citernes et des véhicules de maintenance, tous les bruits de quatre divisions se préparant à donner l'assaut étouffèrent complètement la plainte ténue des réacteurs, à douze kilomètres d'altitude. Le premier déluge de bombes de 250 livres sc déchaîna sans avertissement. Pendant six minutes, plus de 1500 tonnes d'explosifs surpuissants allaient labourer une zone d'à peine 20 kilomètres carrés. Les T-72 et les T-80 qui avaient survécu aux tirs frontaux de roquettes air-sol lors des combats récents sautaient, frappés de plein fouet. L'onde de choc arrachait les chenilles de ceux qui n'écopaient pas d'un coup direct. Les B.T.R., les véhicules non blindés, connaissaient une véritable hécatombe. Et l'effet sur les hommes avait quelque chose de terrifiant. Beaucoup furent tués ou blessés. Plus encore, choqués et paralysés par la peur. Les équipages des chars et des B.T.R., se firent broyer aussi bien dans leurs véhicules qu'à l'extérieur de ceux-ci. La plupart étaient des réservistes qui goûtaient pour la première fois l'âpre saveur du combat. Nombreux furent ceux dont les nerfs cédèrent devant la soudaineté, la férocité et la durée de cette attaque donnée par un invisible ennemi. En moins de dix minutes d'une lutte unilatérale, et pour plusieurs heures cruciales, la 20e armée de la Garde avait cessé d'existe en tant que formation de combat.

Mais les pertes infligées aux forces terrestres ne se limitèrent pas aux troupes soviétiques. Des bombes tombant en chute libre d'une altitude de 40000 pieds ne respectent pas d'elles-mêmes une ligne de bombardement, et malgré la distance de 1200 mètres qui séparaient les positions les plus avancées des défenseurs alliés de la limite de l'objectif, un bataillon britannique et plusieurs compagnies d'infanterie néerlandaises subirent de lourdes pertes.

Au-dessus, les équipages des B-52 n'avaient ni le temps de se féliciter de leur succès, ni celui de s'interroger sur la précision de leur largage. L'un après l'autre, les EWO voyaient apparaître sur leurs écrans les signaux indiquant que des radars de *Foxbat* les tenaient dans leurs faisceaux, puis, très vite, ceux qui avertissaient qu'un missile AA-9 venait d'opérer son accrochage radar. On vida les containers de feuilles métalliques et la majorité des engins allèrent exploser sans dommage pour leurs cibles dans les nuages de leurres. De temps en temps, un canonnier de queue apercevait les chasseurs ennemis et faisait feu de ses quatre canons de 125 mm – avec le même optimisme qu'il aurait mis, quarante ans plus tôt, à mitrailler un Messerschmitt de l'arrière de sa Forteresse Volante. Mais les pilotes des *Foxbat* étaient courageux et déterminés. Le 337e escadron venait en queue de la formation, et subit le gros de l'attaque des chasseurs. Deux de ses appareils furent détruits avant d'avoir pu larguer leurs bombes, et deux autres immédiatement après. Au moment où la formation mettait le cap à l'ouest pour gagner la relative sécurité de l'espace aérien de la mer du Nord, elle essuya de nouvelles pertes : un B-52 fut éperonné par un *Foxbat*, tandis que d'autres étaient abattus par des missiles de courte portée à guidage infrarouge AA-6. Cela ne consola guère les survivants d'apprendre ultérieurement que la plupart des Mig qui les avaient attaqués s'étaient ensuite fait intercepter et abattre par les F-16 *Fighting Falcon* des Forces aériennes belges et néerlandaises.

Dix-sept B-52 seulement rejoignirent Lajes. Plusieurs d'entre eux avaient subi des degâts importants. Quatre autres durent faire un atterrissage forcé sur des bases belges et françaises. Sur trente-neuf appareils, dix-huit étaient détruits, soit un taux de perte de 45 p. 100. Les historiens militaires ne manqueront pas de commenter ce chiffre. Ils conviendront peut-être que depuis que les hommes font la guerre, aucun commandant n'a pu accepter un taux de perte de cette ampleur même durant une période extrêmement brève. Mais, comme ce fut le cas lors de la guerre d'octobre 1973 au Moyen-Orient, toute évaluation du taux de perte doit prendre en compte l'importance objective du but visé. Sans l'action des B-52, il eût probablement été impossible d'empêcher la 20e armée de la Garde de prendre le CENTAG à revers – à moins de céder aux demandes des commandants d'unités combattantes de l'O.T.A.N. et d'en recourir à l'arme nucléaire, avec toutes les terribles conséquences que cette iniative n'eût pas manqué d'entraîner. La perte de cinquante pilotes et membres d'équipage de chasseurs et de bombardiers, ajoutée à celle d'environ 270 soldats, tel avait été le prix à payer pour stopper la dangereuse poussée du Pacte de Varsovie, et permettre à la contre-offensive du NORTHAG en direction de Brême de voir le jour.

Le 16 août, le corps d'armée américain fraîchement débarqué se battait près d'Aix-la-Chapelle en position de flanc, interdisant à l'adversaire toute possibilité de progression vers le sud, parallèlement au Rhin. De fait, les blindés soviétiques ne descendirent jamais plus bas que Jülich.

Le planning initial du Pacte de Varsovie se trouvait désormais sérieusement perturbé. Un regroupement était nécessaire. Il n'impliquerait pas une retraite, mais au moins un mouvement vers l'arrière – à commencer par celui des divisions avancées du saillant de Krefeld, désormais menacées d'encerclement. Il faut préciser sans ambiguïté qu'il ne s'agissait pas là, pour l'Armée Rouge, d'une défaite majeure. Des forces énormes pouvaient encore être engagées avant que l'intégralité du potentiel américain soit devenue utilisable. Mais c'était tout de même un échec : le succès rapide dont chacun s'accordait à reconnaître l'importance cruciale n'avait pas été obtenu.

Le 14 août, un *Mig*-25 *Foxbat* B se posa sur un aérodrome près de Dijon. Son pilote, le capitaine Belov, demanda l'asile politique. Il déclara qu'on l'avait envoyé en mission de renseignement en vue d'une offensive majeure dans le secteur central décidée pour le lendemain. L'attaque en question – dont les Alliés avaient d'ailleurs eu vent par d'autres canaux – débuta à l'aube du 15 août par des poussées simultanées exercées sur les interfaces de quatre corps d'armée de l'O.T.A.N. Dans chaque cas, une unique division de fusiliers motorisée soviétique fut employée, suivie des habituels bataillons de barrage du K.G.B. et disposant d'un appui d'artillerie normal. L'objectif de l'opération était de forcer l'adversaire à déployer largement ses réserves. Ensuite, la 4ᵉ armée de chars de la Garde, que l'on venait de former en Pologne, assurerait l'exploitation du succès.

La 197e division de fusiliers motorisée, avec en tête ses deux régiments de fusiliers motorisés légers, entreprit à 06 h 30 d'enfoncer un coin dans les positions ennemies, à l'interface du 1er corps d'armée britannique et du 1er corps d'armée allemand. Sa progression était couverte par le feu de 400 canons et soutenue en profondeur par 180 avions d'attaque.

Les régiments de chars et de fusiliers motorisés lourds étaient encore déployés sur leurs lignes de départ, attendant que l'infanterie légère ait localisé une faiblesse dans les défenses de l'adversaire.

Voilées par la brume de l'aube, les unités disciplinaires qui renforçaient la division se préparaient au combat à côté du bataillon de Nekrassov. On leur distribuait systématiquement les munitions au dernier moment. Elles n'avaient pas d'armes lourdes. Leur surveillance était assurée par des vieux B.T.R. 50-PU où des hommes pourvus d'armes automatiques gardaient leur personnel en respect. Elles étaient internationales. Sur la droite de Nekrassov, on distribuait des armes à des ouvriers polonais sortis de leurs prisons pour la circonstance, sous la surveillance vigilante d'une compagnie de sécurité est-allemande. Sur sa gauche, un bataillon de dissidents soviétiques avalaient leur vodka devant la compagnie polonaise qui en avait la responsabilité.

Nekrassov était désormais capitaine. La veille au soir, tous ceux qui avaient survécu aux derniers engagements s'étaient vus décerner une médaille. Une pluie d'étoiles avait illuminé les épaulettes des officiers. Le commandant du régiment avait promis à Nekrassov qu'il serait major avant trois jours, s'il n'était pas mort d'ici là. Cela n'avait guère encouragé le jeune homme. Maintenant, il mâchonnait un brin d'herbe en regardant au loin. La promesse d'une nouvelle promotion l'aidait moins à tenir le coup que la présence du solide Boris, qui conduisait toujours son B.M.P., ou les attentions du petit Yuri qui dormait à poings fermés à l'arrière du véhicule.

Deux kilomètres plus loin, un rideau de fumée noire couronnait les collines boisées. Des vols de monstrueux oiseaux de métal s'y ruaient en hurlant, courbant les cimes à leur passage.

Dans un grondement infernal, un régiment de chars doubla le bataillon de Nekrassov. Les troupes disciplinaires allaient au combat juchées sur ses blindés. On avait distribué aux hommes des vestes de treillis kaki, mais ils conservaient leurs pantalons rayés de prisonniers.

« Où est-ce que vous allez, avec vos pyjamas ? » leur crièrent au passage les hommes de Nekrassov.

Les disciplinaires accrochés aux tourelles ne comprirent pas. C'étaient probablement des Roumains, des ennemis du régime. Sur le flanc des chars soviétiques, des soldats en uniformes hongrois entassés dans des B.T.R. veillaient à ce que les Roumains n'abandonnent pas leurs postes.

Le régiment de chars était suivi de trois bataillons de barrage, puis du régiment de fusiliers motorisé lourd, Dès midi, il n'y avait plus que très peu de survivants parmi les disciplinaires. Le régiment de chars lui-même avait subi de lourdes pertes. Au cours du combat, on avait rassemblé ses restes pour former un unique bataillon. Le régiment de fusiliers motorisé lourd avait peu souffert, grâce à la protection des unités qui le précédaient. Maintenant, il donnait l'assaut à son tour, avec sur ses talons les habituels bataillons du K.G.B. L'ennemi n'opposait qu'une résistance très réduite.

A 10 h 00 il était clair que le régiment venait de s'engager dans une zone non défendue. Sans perdre de temps à nettoyer le terrain, il devait contourner toutes les défenses actives et progresser vers l'ouest avec toute la vitesse dont il était capable.

L'attaque avait été menée sur trois axes de poussée. Deux divisions s'étaient heurtées à une résistance efficace qui les avait presque entièrement balayées. Une, la 197ᵉ division de fusiliers motorisée, avait réussi sa percée entre le 1ᵉʳ corps d'armée britannique et le 1ᵉʳ corps d'armée allemand, dont les défenses s'écroulaient. C'est là que le commandant du front décida de concentrer ses efforts. Le moment était venu d'engager le groupe d'armées de chars.

Grâce aux travailleurs polonais et aux aviateurs de l'O.T.A.N., une seule des trois armées de chars tapies en Biélorussie avait pu être dépêchée à temps. Mais même une unique armée de chars – et Nekrassov le savait bien – était un instrument terrible. Son rôle était d'utiliser les étroites brèches ménagées par les divisions et les armées du premier échelon pour pousser en territoire ennemi, enfoncer un coin d'acier dans les positions, les centres de communication et d'administration, réduisant à zéro tout espoir de reconstituer le dispositif de défense.

Le grondement des colonnes immenses de la 4ᵉ armée de chars de la Garde était affolant. Le ciel avait disparu. Une brume recouvrait tout, et le disque pâle du soleil se voyait à peine derrière les nuées de poussière grise. Qui pouvait résister à ce raz de marée ?

La 197ᵉ division avait réussi sa percée, mais tombait en pièces. Le bataillon de Nekrassov, qui comprenait vingt-trois B.M.P. et qu'était venue renforcer une compagnie de blindés de huit chars, se trouvait livré à lui-même. Toutes les communications avaient été coupées. Le quartier général de division ne fonctionnait pratiquement plus, et le commandement régimentaire semblait suivre le même chemin. Impossible de les contacter. Nekrassov savait que si les unités avancées de l'armée de chars étaient déployées sur l'une des lignes de progression voisines et non sur la sienne, il n'y avait plus aucun espoir, ni pour lui ni pour son commandement. Son régiment s'était scindé en trois groupes distincts que personne ne coordonnait plus. Derrière lui, il n'y avait personne. Seulement des milliers de cadavres et des centaines de véhicules carbonisés. Par contre, si les chars attaquaient dans sa direction, son bataillon serait comme le petit poisson qui nage à côté de la gueule du requin : en sécurité.

Soudain, Nekrassov sut instinctivement que les chars avançaient derrière lui. Il n'y avait pas eu d'appui aérien depuis plusieurs heures, et maintenant les moteurs des roquettes faisaient miauler l'air. De toute évidence, plusieurs divisions aériennes avaient reçu pour consigne de couvrir l'attaque. Maintenant, Nekrassov voyait les chars. Plus vite ! Plus vite ! Il n'eut plus aucun doute sur le rôle que devaient jouer les lambeaux de son bataillon.

« En avant ! » hurla-t-il dans son laryngophone. « En avant ! » Les hommes comprirent alors qu'ils se trouvaient sur le fil d'un terrible coin d'acier. Les véhicules de Nekrassov mugirent et partirent droit devant eux. Sur la gauche de sa colonne, les échelons arrière d'une division britannique battaient en retraite selon une route parallèle. Nekrassov les ignora. En avant ! Vers l'ouest ! Plus vite ! Mais alors les forces aériennes et les éléments de tête de l'armée de chars parurent s'écarter de ce qu'il supposait être l'axe de poussée. Sa colonne se trouva bientôt séparée d'eux. Malgré les ordres qui interdisaient formellement de perdre du temps en engagements mineurs, ils avaient dévié de la ligne de progression ! Nekrassov ne comprenait plus. C'était la première fois que son chauffeur Boris le voyait aussi désorienté.

Les chenilles des B.M.P. arrachaient des étincelles à la route. Sans ralentir l'allure, le bataillon diminué chargea au travers d'une petite ville aux maisons de brique rouge. Les rues grouillaient de réfugiés tirant des charrettes, de petites remorques, tout leur pauvre trésor. Des enfants aux yeux révulsés, aux joues luisantes de larmes, couraient en hurlant. Des vieux qui se souvenaient de la dernière guerre restaient blottis sur le pas des portes. Devant le bataillon, la panique gagna la misérable foule. Ceux qui ne s'écartèrent pas assez vite furent mis en bouillie par les chenilles. Mais les soldats ignorèrent les autres. Tout ce qui comptait, c'était de franchir l'obstacle et de rejoindre le front le plus vite possible.

Mais avant la tombée de la nuit, l'attaque de la 4e armée de chars de la Garde, qui revêtait pour le commandant du front une importance cruciale, s'était interrompue. Un événement fracassant avait eu lieu. Dans un secteur voisin, aux Pays-Bas, le général Ryzanov qui commandait la 3e armée de choc, l'avait rebaptisée Armée russe de Libération. Il avait dépêché auprès de l'O.T.A.N. des officiers de liaison, et ordonné que le feu soit ouvert sur les troupes soviétiques.

Le Haut Commandement du Pacte de Varsovie devait à tout prix isoler et neutraliser Ryzanov et ses rebelles. Ceci impliquait que d'autres formations soient détournées de leur tâche principale.

Un certain nombre de bataillons et de régiments soviétiques, coupés du gros des troupes en plein territoire ennemi par les modifications du front qu'avait provoquées la défection de la 3e armée de choc, perdirent vite toute efficacité opérationnelle. Les commandants de l'O.T.A.N. mirent à profit ce répit inespéré en effectuant les regroupements préalables aux opérations de contre-offensive. Pour le Haut Commandement soviétique, le dernier espoir de parvenir à une conclusion positive des opérations menées en R.F.A. (et il était de plus en plus crucial qu'elles soient rapidement couronnées de succès) était incarné par les deux autres armées de chars du groupe d'armées de chars de Biélorussie, savoir les 5e et 7e armées de chars de la Garde. Mais celles-ci, suite aux actions de sabotage et à l'intervention de l'aviation de l'O.T.A.N., se trouvaient largement dispersées sur le territoire polonais. En aucun cas leur concentration et leur engagement au combat ne pourraient être réalisés rapidement. Il faudrait de plus, pour ouvrir des brèches aux blindés, enfoncer à nouveau les défenses que l'ennemi venait de reconstituer partiellement. C'était là une tâche pour l'infanterie, fortement appuyée par l'artillerie et l'aviation – mais l'infanterie disponible était très réduite. Et il ne serait pas possible de faire venir à temps de Pologne des formations fraîches, pour les mêmes raisons qui interdisaient l'engagement rapide des armées de chars.

Tout ceci était parfaitement clair au niveau du commandement de front, de groupe d'armées, et même d'armée. Plus bas on ne savait pas grand-chose; au quartier général de la 197e division de fusiliers motorisée, par exemple, ou plutôt à ce qu'il en restait, où des officiers d'état-major abrutis de bruit et chancelant d'épuisement recevaient des ordres qu'ils ne pouvaient pas comprendre et en donnaient d'autres dont ils savaient qu'ils ne pourraient être exécutés, même s'ils étaient transmis. Dans les régiments régnait une confusion lubugre. Des automates comateux continuaient à bouger sans dessein ni espoir. Au niveau du bataillon, de petits groupes s'étaient constitués, et faisaient ce qu'ils pouvaient.

Cette bataille devait être, comme pour beaucoup de ses frères d'armes, la dernière du capitaine Nekrassov. Son bataillon affaibli subit une violente attaque aérienne menée par des hélicoptères chasseurs de chars américains *Apache,* opérant avec des A-10 *Thunderbolt,* et fut complètement anéanti. Quelques-uns des hommes de Nekrassov survécurent, mais il s'en moquait. Il n'en savait même rien. Lui, il était mort.

XII

LA CAMPAGNE DE SCANDINAVIE

PARMI les nombreux documents qu'un transfuge amena de Moscou en Suède, à la faveur de la confusion qui caractérisa la fin de 1985, figuraient les journaux privés du colonel A. N. Romanenko, l'un des directeurs adjoints aux Plans de l'Etat-Major soviétique. Ses notes pour le 15 août comportent le compte rendu d'une conversation qu'il eut avec le général Rudolf Ignatiev, directeur aux Plans :

Vers sept heures ce matin, le général Ignatiev est entré dans mon bureau avec sur le visage une expression dure.

« Ces Américains du diable! s'est-il écrié. Ils ont débarqué des marines en Norvège. Nous savions qu'ils allaient envoyer des troupes, mais nos forces navales se faisaient fort de leur régler leur compte. Eh bien, elles se trompaient. Il nous faut envoyer de toute urgence une force dans le sud-ouest de la Norvège, sinon les Américains vont remonter sur Bodö. Nous nous en tirons plutôt bien dans le secteur de Bodö, et nous devons y rester. Vous avez ces plans sur la prise des terrains d'aviation autour de Stavanger et l'envoi de troupes dans le sud — je les ai examinés avec vous. Je veux que vous les mettiez en œuvre rapidement. Mais vous devrez vérifier s'il faut les modifier pour répondre à ce que les Américains ont pu apporter là-bas. »

Ignatiev ajouta qu'il avait le feu vert du chef, qui désirait que l'attaque ait lieu le lendemain après-midi. Selon le chef, les gouvernements de l'O.T.A.N. allaient être drôlement secoués de constater que nous avions pris leur flanc nord.

« Nous leur montrerons qu'il est inutile d'essayer de nous arrêter, continua Ignatiev. La maîtrise de l'espace aérien des mers du Nord et de Norvège sera pour nous un réel avantage. Je sais que les Forces aériennes à long rayon d'action ont subi de lourdes pertes. Eh bien, nous allons utiliser pleinement les bombardiers à court et moyen rayon d'action, ainsi que les chasseurs bombardiers. Nous devrions avoir une défense aérienne suffisante pour tenir l'ennemi à l'écart. Mais il faut nous dépêcher. C'est faisable pour demain ? »

Tandis qu'il parlait, les pensées tourbillonnaient sous mon crâne. Cette opération, je l'avais conçue moi-même.

« Voilà ce qu'il en est, commençai-je. La division aéroportée du district militaire de la Baltique a été remplacée par la 7e division aéroportée de la Garde du district militaire de Leningrad. Celle-ci est opérationnelle. Nous devons réunir la capacité d'aérotransport adéquate — je pense que nous l'avons, mais je vais demander une confirmation immédiate. Il y a toujours des chalands d'assaut dans les îles danoises, et des péniches de débarquement à Rostock et à Kiel. Puisque nous devons agir vite, il nous faudra utiliser partiellement l'infanterie de marine et les forces mécanisées qui occupent le Danemark. »

L'impatience d'Ignatiev était visible. Il consulta

sa montre. « Oui, je sais qu'il faut régler toutes ces questions, mais elles n'ont rien de problématique. Je veux que vous vous mettiez tout de suite à l'opération. Nous lancerons l'affaire vers 15 h. 00, mais d'ici là envoyez quelques ordres de mise en état d'alerte.

Il y a autre chose, dis-je. Si nous voulons assurer l'assaut aéroporté, il nous faut attaquer les aérodromes de Trondheim-Orland et Vaernes. Il est impossible de les atteindre de façon pratique sans traverser la Suède. Puisque nous allons survoler la Suède, autant faire emprunter le même chemin à l'ensemble du transport aérien. Ça nous rendrait les choses cinquante fois plus faciles. Allons-nous prendre ce risque ?

– Un risque ? s'exclama Ignatiev. Lequel ? Croyez-vous que ces effarouchés de Suédois vont se battre pour nous empêcher de traverser leur ciel ? Nous le faisons depuis une semaine, et ils se contentent à peu près de se ronger les ongles. Ils n'ont pas connu la guerre depuis 1814. Inutile de vous inquiéter. Au travail ! »

Pour l'Union soviétique, la neutralité suédoise revêtait une importance stratégique considérable. Si la Suède décidait de rejoindre le camp des Alliés, le rapport de forces dans la Baltique deviendrait nettement défavorable à l'U.R.S.S. En cas de guerre, si les Suédois demeuraient sur la touche – comme ils s'affirmaient depuis toujours décidés à le faire – ils devaient néanmoins bien comprendre que la neutralité de leur pays ne devait en aucune manière représenter un obstacle aux besoins des Soviétiques relatifs aux espaces aérien et maritime de la zone de la Baltique. Pour peu qu'ils acceptent ces conditions, les Suédois n'avaient aucune raison de subir les conséquences d'une offensive majeure en Europe. Pour Moscou, miser sur ce non-alignement représentait la meilleure option – ce qui n'interdisait pas la préparation de plans d'intervention, si Stockholm avait besoin d'un petit coup de pouce pour comprendre où résidait son intérêt véritable. La liberté de manœuvre des Soviétiques dans la Baltique, et les vues qu'ils entretenaient à propos de la Norvège étaient d'une importance trop grande pour que quelques politiciens en mal de vertu viennent les perturber. Cependant, la mise en garde des stratèges avait été sans ambiguïté : toute initiative qui pouvait obliger les forces soviétiques à entreprendre une campagne superflue sur le territoire suédois devait être évitée.

L'opinion publique suédoise reçut un rude coup lorsque, à l'automne 1981, un sous-marin soviétique de la classe *Whiskey* s'échoua sur des rochers dans le périmètre des eaux territoriales de la Suède, près de la base navale de Karlskrona. L'affaire occupa les médias durant des jours et des nuits. Moscou fit la sourde oreille aux protestations, et refusa de fournir des explications précises et vérifiables. Les Suédois s'entêtèrent. Ils ne laissèrent repartir le sous-marin intrus qu'après avoir effectué à son sujet toutes les recherches en leur pouvoir – ce qui leur permit de déterminer que le submersible était armé de missiles nucléaires. Cette information fut rendue publique. L'incident, mais aussi l'attitude méprisante des Soviétiques, échaudèrent les Suédois. Désormais, une déchirure affaiblissait le tissu des relations entre les deux pays. Moscou ne fit rien pour la ravauder. Au contraire, durant les deux ou trois années suivantes, les avions frappés de l'étoile rouge se livrèrent à une suite de violations mineures de l'espace aérien de la Suède, simplement destinée à rappeler à celle-ci sa situation géographique et la puissance de l'Union soviétique.

Les éléments réguliers des forces armées suédoises n'avaient rien d'idéalistes fumeux. La qualité de leur renseignement, servi par une bonne technologie, était excellente et ils n'entretenaient aucune illusion à propos de l'Union soviétique. Mais ils n'en étaient pas pour autant aveugles aux erreurs du monde occidental. Ces professionnels de haut niveau avaient appris à assumer un étrange paradoxe : entretenir à un degré supérieur la vigilance et l'efficacité de leurs troupes pour servir la cause d'institutions fondamentalement pacifistes.

La Suède consacrait à sa défense une fraction considérable de son P.N.B., comparable à celle des Alliés européens de l'O.T.A.N. les plus importants. Un plan de mobilisation national pouvait lever en soixante-douze heures 800000 hommes et femmes pour assurer la protection du territoire. La défense aérienne, remarquable pour un pays d'une population aussi réduite, reposait presque entièrement sur la production nationale, tant pour les appareils – tel l'excellent avion d'attaque et d'interception *Viggen* – que pour les radars et l'équipement électronique, domaine où l'industrie suédoise donnait toute sa mesure. Des hangars et des abris souterrains avaient été creusés dans les flancs des montagnes.

La Marine avait tiré parti de l'absence presque totale de marées et de la présence de falaises granitiques pour ouvrir dans ces dernières, à l'explosif, de vastes docks destinés aux navires de guerre. En 1985, la Suède disposait d'une douzaine de sous-marins Diesel-électriques modernes; de quatre destroyers modernisés; de vingt-huit vedettes rapides lance-missiles; d'hélicoptères de lutte anti-sous-marine et de divers bâtiments de lutte contre les mines. Comme l'avait écrit vingt-cinq ans plus tôt le commandant B. F. Thermaenius, alors attaché naval auprès de l'ambassade de Suède à Londres : « La Marine royale suédoise doit être prête à opérer dans des eaux restreintes, selon une tactique d'attaque et d'esquive, le plus souvent de nuit ou dans l'obscurité. » Les sous-marins patrouilleraient bien sûr à proximité des bases de l'ennemi, pour observer et intercepter sa flotte d'invasion. En temps de paix, leur action de surveillance serait source d'informations impossibles à se procurer autrement. En période de tension grave, ce rôle deviendrait crucial.

Ainsi, aux premières heures du 3 août 1985, le sous-marin suédois *Sjöhasten,* en patrouille de reconnaissance à la limite des eaux territoriales soviétiques devant le golfe de Riga, repéra un convoi de navires amphibies soviétiques important et fortement escorté. Le lieutenant Per Asling, commandant du *Sjöhasten,* n'avait pas été averti du déroulement d'un quelconque exercice naval entrepris par le Pacte de Varsovie ou l'Union soviétique. Mais il ignorait aussi que la guerre était imminente. Il estima que son devoir lui dictait de ne pas révéler sa présence, et de déterminer précisément le cap suivi par la force soviétique ainsi que sa composition. Il enverrait alors un court rapport en « urgence extrême », puis un second, plus développé. Le premier de ces messages fut remis au chef d'état-major de la Défense suédoise par son adjoint aux Affaires navales à 09 h. 57. A midi, lorsque le Conseil d'Etat se réunit en assemblée extraordinaire, en présence de Sa Majesté le roi Carl Gustaf, on avait reçu le rapport complémentaire du *Sjöhasten.* Comme le fit remarquer le commandant en chef de la Marine nationale, si la force soviétique tenait son cap, elle passerait le lendemain au sud de Bornholm et pourrait atteindre les détroits de la Baltique le 5 août à l'aube. Il achevait de parler lorsqu'on lui remit un rapport de reconnaissance aérienne, qui confirmait celui du sous-marin : les bâtiments amphibies soviétiques faisaient bien route vers les détroits de la Baltique. Il s'agissait d'une force de renfort-soutien destinée à une division détachée de la 2e armée de chars de la Garde qui rejoignit, aux premières heures du 5 août, le canal de Kiel. Mais avant que ces événements ne surviennent, le Conseil d'Etat, les forces armées et les citoyens suédois avaient eu d'autres sujets de préoccupation.

Un élément clef du plan de campagne des Soviétiques en Norvège était l'attaque amphibie du port et de l'aérodrome de Bodö. L'aérodrome représentait pour l'aviation maritime alliée et la chasse norvégienne une base importante vers laquelle il devint vital, lorsque le déclenchement du conflit fut imminent, d'envoyer quotidiennement des appareils de reconnaissance pour compléter les informations limitées recueillies par les agents et les satellites. Depuis la région de Leningrad, où se trouvaient basés les appareils de reconnaissance – capables de voler à haute altitude mais de faible rayon d'action – et via la péninsule de Kola, la distance à couvrir dépassait 4000 kilomètres, et impliquait trois escales de ravitaillement. En outre, une mission d'un tel profil ne manquerait pas d'être détectée par le système d'alerte avancée de l'O.T.A.N., alors que tout devait être fait pour conserver à l'assaut amphibie l'avantage de la surprise. Moscou prit donc la décision d'envoyer chaque jour un avion de reconnaissance spécial *Mig*-25 *Foxbat* B survoler la Suède à une altitude de 25000 mètres. L'appareil ne serait pas armé. Si les Suédois pleurnichaient, on réagirait de la manière habituelle.

Le premier vol fut effectué le 2 août à l'aube, à partir de la base de Vaasa (Finlande), et se répéta le 3. Chaque fois, deux *Viggen* JA.37 jaillirent de leurs hangars de montagne de la base aérienne de Västeraas pour foncer plein pot vers le ciel vingt-cinq secondes plus tard. En dépit de leurs hautes performances, la tâche était ardue et le temps manquait pour la mener à bien. Les *Viggen* ne pouvaient pas monter à 25000 mètres, mais les caractéristiques des missiles qui les équipaient leur donnaient de bonnes chances d'intimider l'intrus – à condition qu'ils se situent par rapport à lui dans une position tactique favorable, ce qui serait moins problématique lorsqu'il emprunterait le chemin du retour. C'était du moins comme ça que l'état-major des forces aériennes suédoises voyait les choses.

Lorsqu'il présenta à Moscou ses vigoureuses protestations, l'ambassadeur de Suède fit bien valoir que si de telles violations se poursuivaient, les *Viggen* se verraient contraints d'engager le combat. On lui répondit par une tirade consacrée aux devoirs des pays neutres. Le lendemain 4 août, les forces armées suédoises, en pleine mobilisation, s'affairaient à absorber leurs réservistes. Le *Flygvapnet* attendait la décision du gouvernement concernant le déploiement sur des sites de dispersion d'une fraction de ses éléments, initiative qui risquait de compliquer la vie des civils et de susciter une certaine inquiétude. Le cabinet ordonna de placer la défense aérienne en état d'alerte maximum. Les escadrilles engageraient le combat, sans en référer aux autorités supérieures, avec tous les intrus qui violeraient l'espace aérien national. Une déclaration en ce sens fut diffusée à l'intention de l'étranger, mais ce jour-là, l'étranger avait d'autres problèmes. A Stockholm, un cabinet de crise composé de sept ministres fut constitué, et investi de pouvoirs étendus. Le *Flygvapnet*, fer de lance de la défense suédoise, était alors aussi prêt qu'il pouvait l'être, mais il ne faisait pas de doute que son degré d'efficacité déclinerait temporairement si l'on décidait sa dispersion complète.

Vers midi le même jour, le cabinet de crise se prononça contre une telle dispersion. Avec le passage des heures, un certain soulagement s'empara des esprits : aucun élément importun ne venait troubler le ciel suédois. Ceux qui se persuadaient déjà que l'U.R.S.S. avait pris en compte les protestations de l'ambassadeur devaient déchanter le lendemain matin.

Cette fois-ci, le *Foxbat* approcha en rasant la mer puis monta brutalement en chandelle jusqu'à haute altitude, évitant ainsi d'être repéré suffisamment tôt par les radars pour que les chasseurs aient le temps d'intervenir. Mais le Commandement de la défense aérienne s'était juré de détruire l'intrus durant son vol de retour. Deux couples de *Viggen* quittèrent la base aérienne d'Uppsala pour patrouiller le long d'une ligne nord-sud centrée sur Stockholm que le *Foxbat* couperait forcément en regagnant Leningrad. Un couple croiserait à haute altitude, l'autre beaucoup plus bas, bien qu'il semblât douteux que le *Foxbat* dispose encore d'une réserve de carburant suffisante pour réitérer sa ruse de l'aller. Quatre *Viggen* supplémentaires furent affectés à des patrouilles similaires, plus au nord, le long de lignes centrées sur Sundsvall et Umeaa. Mais le pilote du *Foxbat* avait ses raisons pour suivre une route méridionale qui devait le conduire, à haute altitude et à grande vitesse, à proximité de Stockholm.

D'abord guidés par le contrôle au sol, les chasseurs de haute altitude du secteur sud allumèrent leurs postcombustions pour dévorer les quelques milliers de pieds qui les séparaient de leur plafond en maintenant un cap d'interception qui les mènerait derrière le *Foxbat* et en dessous de lui.

Son radar d'alerte de queue avait averti le pilote soviétique de la présence des deux *Viggen*. Dans les centres d'opérations souterrains du *Flygvapnet*, où l'on suivait les péripéties de cette poursuite, personne n'entendit le dialogue bref et haché que le Soviétique avait avec un interlocuteur. Et, vu le caractère exceptionnel des circonstances, il n'y eut rien d'étonnant à ce que l'on ne remarque pas avec la rapidité habituelle l'apparition de deux contacts radar se déplaçant extrêmement rapidement d'est en ouest à 60° de latitude Nord. Le leader suédois fut averti par le contrôle au sol. On ne pouvait rien faire de plus. Le piège se refermait déjà.

Les deux nouveaux chasseurs *Foxbat* avaient sur les *Viggen* l'avantage du plafond et de la vitesse. Et surtout, leurs missiles à fragmentation *Acrid* pouvaient être tirés à 45 kilomètres de l'objectif. Leurs pilotes étaient parfaitement renseignés par leur camarade du *Foxbat* de reconnaissance. Les *Acrid* firent mouche un peu au-delà de la côte suédoise et envoyèrent les deux JA-37 droit dans la mer. Le pilote du N° 2 du tandem, le capitaine Lars Ericsson, actionna son siège éjectable et traversa la verrière de son chasseur à l'agonie. Lorsque le parachute principal se déploya il vit qu'un fort vent d'est le ramenait vers la terre. Aucun signe de son leader à l'horizon. Après un moment d'hébétude, il comprit que le sol montait vite et que l'arrivée serait délicate. Il toucha terre brutalement et fut traîné avant de s'immobiliser dans un champ, à proximité de l'université d'Uppsala et de sa propre base.

L'intention première des Soviétiques avait été d'abattre les deux appareils au-dessus de la mer, pour que le gouvernement suédois ne soit pas tenu de faire partager immédiatement au pays cet avertissement sans ambiguïté. Mais c'était là trop de raffinement pour des méthodes aussi carrées. Ericsson était en soins intensifs à l'hôpital d'Uppsala, la colonne vertébrale brisée. « Faites en sorte que votre neutralité soit coopérative, sinon apprêtez-vous à en subir les conséquences », disait le message.

Dans la confusion furieuse qu'entraîna l'attaque de la Région centrale, l'importance pour le plan soviétique du débarquement à Bodö ne fut pas immédiatement perçue par les Suédois et les Alliés. Le pilote du *Foxbat* de reconnaissance avait signalé la présence dans la zone de onze *Buccaneer* de la R.A.F., de quatre avions maritimes norvégiens *Orion* et de seize F-16 *Fighting Falcon*. Il fut estimé judicieusement que le Commandement allié unifié des Approches de l'Ouest (JACWA) déciderait de laisser les *Buccaneer* sur place en vue d'opérations ultérieures contre le transport maritime, et que le groupe amphibie soviétique serait pour eux une proie toute désignée. Alors que les plans concernant le nord se trouvaient déjà en cours de réalisation, et que l'on disposait d'une information aussi solide, il n'y avait pas à hésiter sur la conclusion : l'élimination de ces forces et l'interdiction de l'aérodrome à l'ennemi étaient d'une importance capitale.

La solution évidente consistait à lancer à l'attaque de cette pièce maîtresse des alliés une puissante formation de SU-24 *Fencer*. Pour des raisons de rayon d'action – et parce qu'une attaque par-derrière ajouterait l'avantage de la surprise – il eût été plus simple sur le plan opérationnel d'admettre le survol de la Suède, mais Moscou estima qu'il était préférable de laisser les Suédois panser leurs plaies un moment. L'attaque fut donc montée à partir de Mourmansk, avec des TU-16 *Blinder* et des *Fencer* envoyés de la région de Leningrad.

Au cours des jours suivants, Bodö fut l'objet d'une pression constante visant à neutraliser ses forces jusqu'au débarquement, le 15 août, du groupe amphibie soviétique. Les vols de reconnaissance se poursuivaient au-dessus de la Suède, dont la neutralité, quoique rudement ébranlée, ne succombait pas pour autant. Mais la destruction des deux *Viggen*, qui ne faisaient rien d'autre que protéger l'espace aérien national, faisait enrager le pays. L'incident ne fut pas étranger à l'autorisation que reçurent les 30 chasseurs de l'O.T.A.N. en route pour la Pologne de survoler la Suède et de se ravitailler secrètement sur deux de ses bases aériennes, dans la nuit du 13 au 14 août. Au retour, certains chasseurs endommagés durent faire des atterrissages forcés sur le territoire suédois, et deux des quatre *Foxbat* lancés à leurs trousses furent abattus par les *Viggen* alors qu'ils menaçaient l'espace aérien national. La presse ne relata que ce dernier point, passant sous silence l'utilisation des bases par les forces de l'O.T.A.N.

La nouvelle du débarquement américain en Norvège fut connue au matin du 15 août, et accueillie avec soulagement comme le premier signe d'un recul des Soviétiques dans ce secteur. Presque immédiatement, l'ambassadeur d'U.R.S.S. demanda à être reçu par Bjorn Osvald, le premier ministre suédois. Voici la relation de cette entrevue par le premier ministre :

« L'ambassadeur soviétique entra, et me donna aussitôt l'impression d'un homme dont le visage est couvert d'un masque. Il n'avait plus rien de commun avec l'être enjoué que j'avais si souvent rencontré.

« J'ai un important message de mon gouvernement, dit-il. Un message que je vous demande d'écouter et de soupeser avec la dernière attention. Le voici :

« A 13 h 00 aujourd'hui, une formation d'avions soviétiques survolera votre territoire. Il y aura ensuite d'autres mouvements aériens, qui seront toujours notifiés avec une avance suffisante à vos services de contrôle du trafic aérien. Le gouvernement soviétique n'a dans cette affaire aucune intention de vous nuire. Je vous donne la garantie qu'aucune attaque, aérienne ou autre, ne sera dirigée contre vous à condition que vous... » Il leva les yeux de la feuille qu'il était en train de lire : « A condition que vous ne tentiez en aucune façon de gêner ou d'intercepter nos appareils. En outre, le gouvernement et le peuple d'Union soviétique sauront se souvenir des actes d'aide amicale accomplis par des Etats restés à l'écart de son combat pour l'existence. »

Il y eut une pause, et je compris qu'il n'avait rien à ajouter. J'étais quasi terrassé. Il ouvrit à nouveau la bouche :

« Y a-t-il une réponse que vous souhaiteriez adresser à mon gouvernement ?

– Oui, dis-je. La voici. Nous avons pris la décision de défendre notre territoire – terrestre, maritime, aérien – contre quiconque, absolument quiconque, empiète sur lui. Ceci inclut évidemment l'Union soviétique. Veuillez avertir votre gouvernement de ne pas faire survoler la Suède par ses avions.

— Vous avez bien conscience que cela veut dire la guerre, avec toutes ses terribles conséquences pour votre peuple ? remarqua-t-il.

— Oui, répondis-je, forçant ma voix au calme. C'est vous qui l'aurez voulue. Maintenant, je vous prie de transmettre rapidement ma réponse.

— Fort bien. »

Il quitta la pièce, avec toujours ce même masque sur le visage.

J'appelai le ministre de la Défense et le ministre des Affaires étrangères tandis que mes secrétaires organisaient la réunion d'urgence du Cabinet. La décision fut confirmée. Le pays était en guerre. »

Cela ne voulait pas dire que la Suède faisait désormais partie de l'O.T.A.N., mais impliquait qu'elle était prête à collaborer avec cette dernière dans la lutte contre l'ennemi commun.

Le *Flygvapnet* se trouvait naturellement en état d'alerte, et les *Viggen* décollèrent. Après trois heures de combat, les forces aériennes soviétiques avaient infligé à leurs adversaires de lourdes pertes, et remporté une victoire indiscutable. Mais près d'un tiers de leurs transports et des chasseurs TU-28 *Fiddler* qui les escortaient avaient été abattus ou contraints de rebrousser chemin. Les autres étaient passés, franchissant ensuite la frontière norvégienne.

Le soir même, le premier ministre s'adressa à la nation. Le *Flygvapnet* et l'ensemble des forces armées s'étaient superbement comportés. Le Cabinet avait décidé que le pays devait désormais être mis totalement sur le pied de guerre. Il savait qu'il parlait pour tous les Suédois en disant qu'ils se battraient jusqu'au bout pour défendre leur patrie.

La population accueillit avec courage ces graves

nouvelles. La notion de sacrifice total pour préserver la neutralité du pays était profondément ancrée; bientôt, dans l'esprit du Suédois moyen, elle se confondit avec celle de faire la guerre, à mesure que s'éveillait, avec le développement de la campagne de Norvège, la conscience d'une solidarité scandinave. Quant aux Forces armées suédoises, elles n'avaient pas l'intention de laisser la neutralité les empêcher de se battre le plus efficacement possible.

La perte du Jutland au premier jour des hostilités et celle du Schleswig-Holstein – qui était la conséquence de la première – résultèrent de la combinaison d'une attaque chimique massive lancée contre le Jutland, et d'un coup de main effectué par des troupes d'assaut dissimulées à bord de navires marchands battant pavillon soviétique, est-allemand et même neutre, qui traversaient le Kattegat. Elles avaient débarqué à Århus, Ålborg et Frederikshavn sans rencontrer de résistance notable. La Zélande était tombée après de violents combats opposant la défense danoise appuyée par des renforts et une force de débarquement venue des ports ouest de la Baltique. Bornholm, privé de ses installations radar et radio par une attaque aérienne, avait été cueilli comme un fruit mûr par une division aéroportée polonaise. La plupart des appareils des Forces aériennes tactiques alliées du BALTAP (Approches de la Baltique) parvinrent à se réfugier en République fédérale d'Allemagne ou en Norvège. Une opération navale osée fut montée pour secourir une fraction des troupes danoises et britanniques qui livraient en Zélande un combat désespéré. Sur neuf navires, quatre furent perdus, mais les autres rejoignirent indemnes le fjord d'Oslo.

Le commandant pour la Norvège du Nord livrait depuis le début de la guerre une bataille serrée lorsque – comme cela était prévisible – presque tous ses radars d'alerte avancée furent détruits par des appareils basés sur la péninsule de Kola, qui effectuèrent ensuite des raids fréquents et meurtriers sur ses aérodromes, ses ports et ses principales zones de défense. La division de fusiliers motorisée soviétique qui franchit la frontière le 4 août à Kirkenes réalisa une progression plus rapide que prévu grâce au recours intensif à l'héliportage de l'infanterie et du génie, appuyés par des essaims d'avions d'attaque au sol et l'artillerie, lourde et légère, tirant au maximum de sa portée avec une fréquence et une puissance qui affolèrent les troupes légères de l'infanterie norvégienne. Au cours de cette progression, une division aéroportée soviétique captura Andöya et Evenes. Une division de fusiliers motorisée et des éléments spécialisés de l'infanterie de marine soviétique quittèrent Mourmansk par voie de mer. Quatre autres divisions soviétiques furent repérées alors qu'elles traversaient la Finlande en direction des comtés de Troms et de Finmark. L'aérodrome de Tromsö fut dévasté. Seule la base aérienne de Bardufoss, protégée par le rempart inaccessible de ses montagnes et défendue depuis 1984 par des missiles sol-air, resta opérationnelle.

Certains tournaient anxieusement les yeux vers l'Ouest. Quelque part au-delà de l'horizon, les porte-avions du SACLANT (Commandant suprême allié de l'Atlantique) s'activaient et n'allaient pas tarder à se porter contre les bases de la presqu'île de Kola pour soulager le nord de la Norvège. Mais le robuste général norvégien qui commandait la zone savait qu'il ne pouvait pas compter immédiatement sur une telle intervention. Il devait se battre avec les troupes nationales et alliées qu'il avait sous la main, plus celles que le CINCNORTH (Commandant en chef des Forces Alliées Nord-Europe) pourrait détacher d'autres tâches et lui allouer. Fort heureusement, il connaissait parfaitement la situation locale, et sa finesse égalait son sang-froid.

Il fut rapidement décidé de conserver à Bardufoss son rôle de base pour les missions de reconnaissance vers l'est et d'avant-poste à l'usage des chasseurs de la défense aérienne. Les *Harrier* britanniques, délogés de Tromsö, demeurèrent dans le nord. Ils décollaient et atterrissaient désormais sur des portions de routes droites, et leur maintenance était assurée à partir de villages blottis dans l'ombre des montagnes. Des F-111 américains venus d'Angleterre attaquèrent les bases soviétiques qui s'installaient à Andöya, Evenes et Bodö.

Ce furent une brigade norvégienne et les éléments de la Force mobile du Commandement Alliée en Europe qui reprirent l'aérodrome d'Evenes. C'était une bonne nouvelle mais un orage grondant s'amassait en Finlande. Le 9 août, les trois divisions soviétiques qui y avaient progressé en direction de la frontière entreprirent une poussée concertée, qui exigea pour être contenue le concours de toutes les troupes norvégiennes entre Bardufoss et le nord. Le lendemain, la force amphibie soviétique s'ouvrait en force un passage dans les champs de mines qui protégeaient le rivage à proximité de l'aérodrome de Bodö, et entreprenait de débarquer. Le 11 août au soir, les forces soviétiques présentes dans la ville et ses environs étaient assez nombreuses pour constituer deux régiments de fusiliers motorisés. Elles disposaient d'un approvisionnement suffisant à assurer une semaine d'activité intense. Une brigade norvégienne fut redéployée à partir d'Evenes, et les commandos de la Marine britannique se joignirent à elle pour endiguer l'expansion ennemie dans le secteur de Bodö. La route E6, l'axe de communication principal entre le nord et le sud de la Norvège, risquait d'être coupée.

Le 12, on apprit que la flotte de choc du SACLANT faisait route vers l'est par la trouée Groenland-Islande-îles Britanniques. Si les appareils embarqués sur ses porte-avions avaient pu intervenir le jour même dans la bataille au nord de la Norvège, les défenses terrestres auraient peut-être été capables de tenir leurs positions. Mais la flotte se trouvait encore à trop grande distance. Une quatrième division de fusiliers motorisée soviétique, assortie d'une brigade d'assaut aéroportée, se déploya dans Troms, et la pression sur les troupes terrestres alliées, trop peu nombreuses et dont le ravitaillement – particulièrement en munitions d'artillerie – devenait problématique, s'accrut dans des proportions intolérables. Le commandant pour le nord de la Norvège dut ordonner le retrait de toutes les unités en position au nord de Bodö, et augmenta la protection de l'E6, que les Soviétiques s'efforçaient d'atteindre avec détermination.

Le 14, le repli de la petite armée était effectué. Vers minuit le même jour, un officier d'état-major rejoignit le Commandant pour le nord de la Norvège dans un village proche de l'E6 et lui déclara :

« Les marines sont là, mon général.

– Vous voulez parler des commandos britanniques. Bien sûr, ils se sont même déjà repliés.

– Non, mon général. Les U.S. marines. Ils sont en train de débarquer à Trondheim.

– Avec leur escadre aérienne ?

– Avec tout. »

L'infanterie de marine des Etats-Unis avait déjà fait quelques entrées remarquées au cours de son histoire, mais aucune n'avait été plus opportune que celle-ci. Elle fournirait l'âme même de la force que le Commandant pour le nord de la Norvège voulait constituer en vue de la contre-offensive. Il avait déjà sélectionné à cet effet les groupes-brigades canadiens et la 12e brigade norvégienne — les seules formations qui aient eu la possibilité de se reposer et de refaire leurs forces au cours des dernières vingt-quatre heures — mais leur puissance de feu restait insuffisante, elles manquaient des armes spécialisées nécessaires pour venir à bout des forces mécanisées soviétiques. Avec une brigade d'U.S. marines pour leur prêter main-forte, elles recouvraient de grandes chances de réussir une riposte tactique majeure.

A Trondheim, le port et les aérodromes travaillaient au maximum de leurs capacités. Certains des appareils qui encombraient les bases de Vaernes et Orland durent être déplacés vers le sud. Ce qui restait d'un escadron F-16 *Fighting Falcon* norvégiens fut posté à Rygge, à l'extrémité sud du fjord d'Oslo.

Le 15 août, tandis qu'étaient prises ces dispositions, le colonel Romanenko, directeur adjoint aux Plans, mettait en action, conformément aux ordres de son chef, son plan de débarquement dans le sud-ouest de la Norvège, avec les conséquences que l'on sait.

Tandis qu'il rentrait à Oslo après une visite à Trondheim, l'après-midi de ce jour, le CINC-NORTH disposait déjà d'informations assez complètes sur ce qui s'était passé. Il se trouvait encore à Trondheim lorsque l'attaque de bombardiers soviétiques sur les bases de Vaernes et Orland avait échoué : les assaillants, affaiblis par leur rencontre avec les *Viggen*, avaient pénétré dans la zone d'objectif norvégienne pour se heurter à une défense de chasseurs renforcée par les marines. Les raids sur les zones du sud-ouest, destinés à appuyer le débarquement des troupes d'assaut aéroportées s'étaient également soldés par des échecs. Les appareils transportant les parachutistes avaient subi de lourdes pertes. En tout et pour tout, les Soviétiques étaient parvenus à débarquer deux bataillons à Flesland et un autre, affaibli, sur les bases aériennes de Sola et Lista. Au matin du 21 août, le compte de ces intrus était réglé.

A l'aube du même jour, le CINCNORTH apprit que les Finlandais s'étaient retournés contre les Soviétiques présents dans leur pays. Depuis le début du mois d'août, les forces finlandaises avaient été contraintes d'assister les formations de l'Armée Rouge dans la traversée de leur territoire. Le long de ces lignes de communication, c'était l'ordre militaire soviétique qui régnait. Il y avait eu des réquisitions abusives de main-d'œuvre et de matériel. Les Finlandais, conditionnés par la prudence de Paasakivi et de Kekkonen, s'étaient dans une certaine mesure pliés à ces exigences, mais une haute idée du prix de la liberté individuelle continuait de les habiter. La révolte ne fut pas déclenchée par un quelconque signal venu d'en haut; elle suivit simplement une réaction d'indignation spontanée provoquée par le comportement arrogant des officiers d'un centre de contrôle logistique soviétique. Les Finlandais n'étaient guère nombreux, mais presque tous engagèrent la lutte contre ceux qui semblaient les considérer une fois de plus comme leurs serviteurs.

Il restait encore d'autres batailles à livrer pour reprendre aux Soviétiques le territoire de la région nord qu'ils occupaient. Le CINCNORTH avait progressivement regroupé des troupes terrestres en vue de la récupération du Danemark et du Schleswig-Holstein. Des formations d'infanterie de marine néerlandaises et britanniques, renforcées par les éléments danois et britanniques rescapés de Zélande, furent concentrés le 18 août dans le sud de la Norvège. Vu l'usure et la démoralisation des troupes d'occupation soviétiques dans les Approches de la Baltique, une telle force, bénéficiant de l'appui aérien nécessaire, avait de bonnes chances de prendre pied puis de s'établir solidement au nord du Jutland. Le transport maritime représentait le seul point faible. On ne disposait pas des bâtiments adéquats en quantité suffisante pour débarquer une première vague d'assaut capable de résister à la contre-offensive de l'adversaire jusqu'au moment où la seconde vague serait amenée sur place. Le risque était trop grand, et le CINCNORTH proposa de remplacer cette opération par un raid massif. Il pouvait disposer des navires de guerre qui avaient escorté les U.S. marines jusqu'à Trondheim. Les F-16 *Fighting Falcon* de Rygge avaient été renforcés par des éléments venus de la base aérienne d'Orland. Celles de Lista et de Sola possédaient désormais des moyens de défense aérienne et d'attaque au sol considérables. Des actions de renseignement avaient permis de déterminer que Frederikshavn serait vulnérable pour une force d'environ deux bataillons et un escadron de chars. L'opération fut programmée pour le 20 août au soir.

Au cours des deux jours de préparation qui suivirent, le sort du raid sembla incertain. L'ensemble des forces amphibies se concentraient à Kragerö et à Kristiandsund : parviendraient-elles à y tenir ? La réponse du commandant des Approches de la Baltique fut de leur faire prendre la mer où, vu les circonstances, elles ne seraient pas plus en danger qu'ailleurs. Elles s'engagèrent dans le Kattegat à la faveur de l'obscurité – et avec un léger retard – pour débarquer à Frederikshavn tôt dans la matinée du 21.

La garnison soviétique n'opposa qu'une résistance réduite avant de se rendre. Puis, par une étrange réaction en chaîne, la reddition des troupes d'occupation devint générale. D'autres unités furent envoyées pour épauler celles qui venaient de participer au raid. Et le commandant des Approches de la Baltique disparut de la circulation.

Une semaine plus tard, il accueillait le CINCNORTH à Copenhague, alors que celui-ci descendait de son avion pour rendre visite aux membres du gouvernement danois, qui venait de réintégrer le palais de Christianborg. Le quotidien suédois *Svenska Dageblad* du 1er septembre 1985 rapporte ainsi la conversation des deux commandants :

« J'ai entendu dire que vous aviez tenu à libérer personnellement la Zélande, déclara le CINCNORTH. Est-il exact que vous ayez traversé la Suède par la route et le chemin de fer avec le régiment de *Gardehusar*, puis franchi l'Øresund en car-ferries ?

– Parfaitement. Voyez-vous, il s'agissait d'une course contre la montre.

– Vous aviez peur que les Soviétiques mettent votre capitale à...

– Mais non, pas les Soviétiques ! Simplement, si j'arrivais trop tard, ce seraient ces bousilleurs de Suédois qui libéreraient Copenhague ! »

XIII

LA GUERRE SUR MER

Le croiseur *Krasnya Krim* appareilla de Sébastopol en juin 1985. Il franchit le Bosphore, les Dardanelles, s'attarda quelques jours en Méditerranée orientale puis, par le canal de Suez et la mer Rouge, rejoignit l'océan Indien. La flotte soviétique qui y croisait venait pour sa plus grande partie de la base navale de Vladivostok. Mais la mission du *Krasnya Krim* était particulière. Après avoir effectué un ravitaillement en carburant à Socotra, il devrait rejoindre la base navale indienne de Vishakhapatnam, d'où il rallierait l'île Maurice avant de contourner l'Afrique, avec des escales en Angola et en Guinée, pour regagner finalement la mer Noire au début du mois d'août.

La mission du *Krasnya Krim* consistait à tester les réactions que provoquerait sa présence à l'intérieur des Zones Economiques Etendues de 200 milles et des eaux territoriales d'un certain nombre d'Etats côtiers, tous signataires de la Convention des Nations Unies sur le droit de la mer, passée l'année précédente après trente ans de rencontres et de conférences diverses.

A bord, outre le commandant, le commissaire politique, une trentaine d'officiers et 500 hommes d'équipage, se trouvait l'académicien Youri Skridolov. Il avait fait partie de la délégation soviétique à la conférence des Nations Unies sur le droit de la mer, qui s'était réunie à Washington, à Caracas, à Genève et à nouveau à Washington. Homme foncièrement honnête et d'une vaste intelligence, autorité mondialement reconnue dans le domaine du droit international, le professeur Skridolov vouait une haine fondamentale, quoique secrète, aux fumisteries marxistes-léninistes. Sa forte personnalité lui valut vite, à bord du *Krasnya Krim*, le respect et l'affection de tous – y compris du commissaire politique.

Skridolov prit l'habitude d'enregistrer sur bande magnétique des extraits de bulletins d'information d'intérêt local et de provenance internationale, qu'il traduisait en russe et diffusait chaque soir, accompagnés d'un commentaire, sur le système de communication du croiseur. Sans se montrer ouvertement critique envers le P.C.U.S ou l'Union soviétique, il parvenait à brosser un tableau assez juste du monde libre et des événements qui y survenaient. Peu à peu, la petite société du *Krasnya Krim*, isolée en mer pour des semaines d'affilée, acquit une conscience entièrement nouvelle. Des sujets qui n'avaient jamais été abordés auparavant suscitaient discussions et analyses. Le système soviétique était l'objet de critiques verbales de plus en plus hardies. La grande majorité de l'équipage se composait de jeunes appelés célibataires. Lorsque le croiseur quitta Luanda le 23 juillet pour rallier la mer Noire, le grain semé levait déjà. Après une brève escale de ravitaillement en Guinée, on reprit la mer. Le détroit de Gibraltar devait être franchi le 4 août, et les Dardanelles, le 8.

Le 25 juillet, le bulletin d'information de Skridolov se fit plus incisif. Le commandant venait de recevoir un message top secret, dont il avait pris l'initiative de dévoiler le contenu au professeur, l'avertissant que les relations entre le Pacte de Varsovie et l'O.T.A.N. s'étaient tendues. Le *Krasnya Krim* avait ordre de forcer l'allure pour franchir les Dardanelles le 3 août. Il devrait donc doubler Gibraltar dans la nuit du 30 juillet. Le commandant en chef de la Marine soviétique ordonnait également que le bâtiment effectue « discrètement » les préparatifs de guerre nécessaires, et lui fournissait un compte rendu de situation concernant les forces navales de l'O.T.A.N. qu'il risquait de rencontrer, ainsi que la position des bâtiments de guerre et des sous-marins soviétiques. Il semblait possible que la 6e Flotte américaine tente de barrer la voie des Dardanelles.

La chaîne d'événements qui survinrent à bord du croiseur soviétique au cours des jours suivants demeure floue. Il ressort que ses marins étaient prêts à prendre des mesures énergiques pour montrer leur hostilité au régime de Moscou. Le 30 juillet à 21 h 07, après avoir demandé l'autorisation de l'officier général de Gibraltar, le *Krasnya Krim* pénétra dans les eaux territoriales britanniques et jeta l'ancre dans la baie. Le carburant embarqué en Guinée s'était révélé sérieusement défectueux, et le croiseur serait dans l'impossibilité de reprendre la mer avant qu'un nettoyage complet de son circuit d'alimentation ait été effectué. C'est du moins l'explication qui fut fournie au Haut Commandement soviétique. L'officier général de Gibraltar, lorsqu'il reçut le lendemain matin la visite du commandant du croiseur, de son commissaire politique et du professeur Skridolov, eut droit à une autre argumentation.

Les trois hommes avaient la conviction qu'un conflit mondial était désormais inévitable, et qu'il ferait surgir une nouvelle Russie. L'équipage, consulté dans sa totalité, avait donné son accord sans réserve à la requête que le commandant présenta : on souhaitait que le croiseur et ses occupants bénéficient du droit d'asile. Ils s'abstiendraient de tout acte d'hostilité dirigée contre leur ancien camp ou les forces de l'O.T.A.N., et attendraient la fin du conflit pour déterminer quel rôle pouvait être le leur dans la construction d'un avenir plus serein.

Cette requête fut immédiatement acceptée.

Le 10 août, un croiseur nucléaire lance-missiles seul rescapé de la 5e *Eskadra* de la Marine soviétique, hissa lui aussi le pavillon britannique et entra dans la rade de Gibraltar, saluant la batterie côtière de vingt et un coups de canon. Quand il eut jeté l'ancre, son commandant, le capitaine de 1re classe P. Semenov, se présenta en grand uniforme devant le gouverneur britannique et déclara que le croiseur lance-missiles se plaçait à la disposition des autorités britanniques, et que tout son équipage demandait l'asile politique.

« Ceci inclut les commissaires politiques et les officiers du K.G.B ? s'enquit le gouverneur.

– Non, rétorqua le commandant. Nous les avons pendus aux mâts. »

Le même jour, le sous-marin nucléaire soviétique *Robespierre* entra dans le port de Boston, en arborant le pavillon des Etats-Unis. Comme les sous-marins n'ont pas de mâts, les membres du K.G.B. qui se trouvaient à son bord avaient été simplement jetés à la mer quelques instants plus tôt. Le sous-marin fut désarmé et immobilisé. Quant à l'équipage, on l'interna dans des conditions fort confortables.

Pour aborder de la façon la plus complète possible, dans l'espace forcément limité qui est le nôtre, l'important sujet de la guerre sur mer, nous reproduisons ci-dessous plusieurs extraits d'une conférence prononcée devant le Collège de la Défense nationale de Washington par le contre-amiral Randolph Maybury, de l'U.S. Navy, durant l'été 1986. De 1984 à fin 1985, le contre-amiral avait exercé à Londres les fonctions de chef d'état-major adjoint du CINCUSNAVEUR (Commandant en chef de l'U.S Navy en Europe).

Ce qui va suivre s'appuie sur le travail d'évaluation de la Marine soviétique effectué, peu d'années avant la Troisième Guerre mondiale, par l'amiral Miller qui commandait alors la 6e Flotte américaine, en Méditerranée. Les événements devaient prouver que ses vues n'étaient guère éloignées de la réalité.

Dans la mesure où le déploiement des Forces soviétiques, avec l'inventaire des principaux types de bâtiments de guerre dont elles disposaient à l'ouverture des hostilités, sera traité ultérieurement, nous nous préoccuperons uniquement ici de l'aspect qualitatif du problème. Considérons d'abord la Flotte de surface soviétique, à l'exclusion des porte-avions. Les croiseurs lourds, les croiseurs, les destroyers, les frégates et les unités de tonnage plus réduit comprenaient tous une majorité de navires modernes à l'allure impressionnante, manœuvrables et tenant bien la mer. Ils étaient relativement rapides et bien armés, principalement dans le domaine de l'armement défensif. Mais ces qualités avaient leurs revers : munitions de rechargement en nombre réduit, exiguïté des quartiers de l'équipage, de l'espace dévolu aux pièces de rechange et de l'avitaillement. D'autre part, les standards de qualité de la construction navale étaient moins rigoureux que ceux requis en général par les marines occidentales. On estimait qu'une fois touchés, les bâtiments soviétiques couleraient vite. Leur armement, fortement dépendant de l'électronique, risquait de se voir virtuellement annihilé en cas d'attaque : à moins de disposer d'une protection adéquate envers les contre-mesures électroniques, ils se retrouveraient sans défense – même s'ils demeuraient à flot.

Dans le domaine de la lutte anti-sous-marine, les Soviétiques souffraient d'un retard certain. Leurs navires étaient équipés de sonars, ils disposaient d'hélicoptères munis de sonars plongeants, et d'appareils à voilure fixe utilisant des radiobouées. Mais, à la différence des Américains, ils n'avaient pas installé sur de vastes portions des fonds marins un grand nombre de sonars fixes capables de déceler, à une distance considérable du littoral, la présence de sous-marins hostiles. Les sous-marins soviétiques étaient en outre notoirement plus bruyants que ceux des Etats-Unis et de leurs alliés.

Des unités rapides d'attaque, armées de missiles, formaient l'essentiel des petits navires de combat de l'U.R.S.S. Vite neutralisés par une attaque aérienne, ils conservaient leur efficacité dans les eaux côtières, où ils pouvaient bénéficier de la protection de chasseurs basés à terre. A l'exception peut-être des croiseurs lourds de la classe *Kirov*, qui avec leur propulsion nucléaire, leur vitesse et leur armement pouvaient faire des dégâts considérables avant d'être neutralisés, les éléments de surface de la Flotte soviétique ne représentaient pas une menace suffisante pour alarmer outre mesure l'U.S. Navy.

Il en allait autrement des sous-marins. Outre leurs S.N.L.E. (sous-marin nucléaire lanceur d'engins), les Soviétiques produisaient trois types de sous-marins d'escadre polyvalents. Le premier, à propulsion nucléaire, était armé de torpilles et de missiles, destinés à frapper aussi bien des navires de surface que des sous-marins. Le second et le troisième, armés de missiles de croisière anti-navires, différaient par leur mode de propulsion, nucléaire ou Diesel-électrique. Chaque type se subdivisait en classes, dont les plus modernes naviguaient silencieusement et à une grande profondeur. En outre, la flotte de sous-marins soviétique comptait un nombre considérable de sous-marins de patrouille, armés de torpilles et éventuellement capables de mouiller des mines. A l'inverse de ceux qui bénéficiaient d'une propulsion nucléaire, les Diesel-électriques étaient dans l'obligation, lorsqu'ils rechargeaient leurs batteries, de laisser dépasser au-dessus de la surface un tube d'adduction d'air, qu'un radar – surtout aéroporté – pouvait facilement détecter. D'un autre côté, ils étaient si silencieux en plongée que les moyens passifs ne suffisaient pas à les détecter, et qu'il fallait donc utiliser à leur encontre des sonars actifs. Malheureusement, ceux-ci devenaient de véritables balises pour les sous-marins nucléaires, leur permettant de s'approcher rapidement jusqu'à la limite de portée de leurs missiles et de tirer sans être repérés. Ils pouvaient opérer dans les profondeurs de tous les océans du monde aussi longtemps qu'ils restaient pourvus en ravitaillement et en armement, mais leur efficacité et leur sûreté se trouvaient dramatiquement diminuées dans les hauts-fonds (200 mètres ou moins) de la plate-forme continentale. Quoi qu'il en fût, il demeurait indubitable que la force sous-marine soviétique représentait une menace sérieuse pour les navires de guerre et de transport des Etats-Unis et de leurs alliés : ils pouvaient probablement, malgré le recours aux mesures anti-sous-marins les plus performantes dont on disposait, réussir au minimum une attaque sur trois, alors qu'en moyenne, un seul sous-marin était détruit sur cinq détectés.

L'aviation navale soviétique, quant à elle, n'en était en 1985 qu'à ses balbutiements. Le premier porte-aéronefs de fort tonnage à propulsion nucléaire n'avait pas encore achevé ses essais. Les quatre porte-aéronefs de 45000 tonnes de la classe *Kiev*, avec leur panoplie d'hélicoptères anti-sous-marins et leurs appareils V/STOL (décollage et atterrissage vertical ou court) de chasse et de reconnaissance, paraissaient néanmoins répondre à leur mission. Les croiseurs porte-hélicoptères *Moskva* et *Leningrad*, moins importants, ne semblaient guère redoutables. Par contre, les forces aériennes soviétiques basées à terre imposaient un respect beaucoup plus grand. L'amiral Gorchkov avait pu convaincre le Conseil de la Défense de la nécessité de disposer à la fois d'une capacité de reconnaissance à long rayon d'action pour couvrir les océans Atlantique, Indien et Pacifique occidental, et d'une force de bombardement très rapide à long rayon d'action armée de missiles air-mer antinavires. Ce rôle était tenu par des *Bear* et des *Backfire*. Des bases opérationnelles stratégiquement placées permettraient à ces bombardiers de faire peser sur les transports maritimes de l'O.T.A.N. et des Alliés une très sérieuse menace. Que de telles bases soient ouvertes en Afrique du Nord à l'Union soviétique, et même la 6e Flotte américaine en Méditerranée serait en péril.

L'évaluation des forces amphibies soviétiques montrait que, malgré l'excellence soigneusement mise en valeur de leur infanterie de marine, elles souffraient du manque de certains éléments tels que l'hélitransport et l'appui aérien tactique intégré. En tant que force d'intervention ne se heurtant qu'à une opposition limitée, elle avait certainement une efficacité réelle, mais sa puissance de combat ne pouvait être comparée à celle des U.S. marines. Le soutien logistique représentait un autre défaut dans la cuirasse de la marine soviétique. Certes, en temps de paix, des forces comme la 5e *Eskadra*, en Méditerranée orientale, pouvaient rester durant de longues périodes éloignées de leur port d'attache, mais la plupart du temps elles se trouvaient à l'ancre, et une suite de bâtiments auxiliaires, de ravitailleurs ou de navires marchands, assuraient leur maintenance. Ceci ne prouvait pas qu'elles fussent capables d'opérations océaniques soutenues, mais impliquait tout de même que si la Marine soviétique réussissait une attaque-surprise, elle pourrait infliger à son adversaire des dommages considérables.

Quant au moral et à l'efficacité des officiers et des hommes, ils avaient leurs points positifs et leurs points négatifs. Le Haut Commandement, et plus généralement les officiers supérieurs, donnaient l'impression de connaître leur métier. Les commandants des vaisseaux et des sous-marins étaient également d'un bon niveau, mais certains signes laissaient supposer que les cadres réellement compétents n'étaient pas aussi nombreux qu'il eût été souhaitable. De même, personne ne recourait volontiers à l'initiative personnelle et, bien que le principe de l'unicité du commandement ait toujours été mis en avant, il en allait autrement dans la pratique : le *Zampolit* — adjoint du commandant pour les affaires politiques, qui représentait l'organisation du Parti — ne s'occupait pas uniquement des questions idéologiques, mais aussi bien de points purement militaires, voire techniques.

Sur un bâtiment de guerre soviétique, l'instruction et l'entraînement faisaient peser un lourd poids sur les épaules des officiers. La plupart des marins étaient des appelés, qui servaient trente-six mois. Quant aux navires, ils passaient au port une proportion de leur temps étonnamment forte. Le degré d'entraînement au combat et le maniement des armes n'étaient pas forcément aussi pointus que la belle allure des bâtiments pouvait le faire supposer.

Pour résumer, la Marine soviétique était en termes de qualité une force impressionnante mais qui dépendait de la proximité de ses bases, aussi bien navales qu'aériennes, pour pouvoir affronter à égalité ou avec des chances de succès les Forces navales américaines et alliées.

L'amiral Maybury traita ensuite de la qualité de la force de missiles nucléaires stratégique des Soviétiques. Les premiers types de S.N.L.E. (sous-marin nucléaire lanceur d'engins) mis en service par ceux-ci étaient, on s'en souvient, notablement inférieurs aux sous-marins de l'U.S. Navy embarquant des *Polaris* ou des *Poseidon*. Mais en 1985, le parc de S.N.L.E. soviétiques se composait en majorité de bâtiments de la classe *Delta*, armés de missiles dont la portée dépassait 6500 kilomètres. Patrouillant dans les mers d'Okhotsk ou de Barents, ces sous-marins pouvaient frapper n'importe quel point du territoire des U.S.A., sans craindre les moindres contre-mesures. De fait, ni la Marine américaine ni la Marine soviétique ne pouvaient contrer les S.N.L.E. de l'adversaire. Ceux-ci conservaient en conséquence leur caractère unique d'armes de représailles. Quant aux S.N.L.E. français et britanniques, ils constituaient, malgré leur nombre plus restreint, une formidable force de frappe secondaire, que les Soviétiques ne pouvaient pas contrer, ni a fortiori ignorer.

Avant de considérer ce que l'on sait actuellement des déploiements des Soviétiques durant le dernier conflit, il faut rappeler que l'application de trois principes – surprise, coordination de toutes les armes, concentration de forces – avait été particulièrement mise en avant, car on l'estimait essentielle pour que le Pacte de Varsovie atteigne son objectif militaire, qui était la destruction des forces armées de l'O.T.A.N. et de ses partenaires. Des plans, continuellement remis à jour, existaient depuis que la puissance militaire de l'Union soviétique était devenue suffisamment importante par rapport à celle de l'O.T.A.N. et de ses partenaires. Des plans, continuellement remis à jour, existaient depuis que la puissance militaire de l'Union soviétique était devenue suffisamment importante par rapport à celle de l'O.T.A.N. pour conférer au Kremlin la faculté de l'utiliser si des circonstances favorables se présentaient. Dans la Marine soviétique, on évitait de compromettre les chances de ces plans d'urgence en limitant leur circulation au niveau du commandant de flotte inclus. Encore ces directives concernaient-elles un Jour J qui demeurait non précisé jusqu'à J – 5. Grâce à ces précautions, aucune modification du profil des activités navales soviétiques ne pouvait laisser présager à l'O.T.A.N. l'imminence d'une attaque. D'un autre côté, tout bâtiment de la Flotte soviétique s'écartant de la zone de proximité de sa base devait être totalement paré pour la guerre, et les déploiements de temps de paix devaient permettre aux unités principales de rejoindre leurs positions de combat en moins de cinq jours. La reconnaissance, la surveillance et le renseignement opérationnel devaient être capables d'appuyer le déploiement opérationnel initial sans que leur augmentation de volume trahisse une activité inhabituelle. Le commandement et le contrôle opérationnel de tous les bâtiments de guerre, navires marchands et flottes de pêche se trouvant à l'extérieur des zones de proximité des bases serait assuré à J 1 par le commandant en chef de la Marine soviétique à Moscou, où son premier adjoint, en tant que chef de l'état-major naval principal, se tenait prêt à assurer le contrôle des opérations à l'échelle mondiale.

Aujourd'hui, il apparaît que l'estimation de l'O.T.A.N. concernant les missions majeures, en cas de guerre, de la Marine soviétique, n'avait rien d'erroné. Celle-ci devait : maintenir en état d'alerte maximum les S.N.L.E. de la force stratégique nucléaire de représailles, et assurer leur sécurité face à toutes contre-mesures qui pouvaient les menacer; contrer, autant qu'il était possible, les S.N.L.E. des U.S.A., de la Grande-Bretagne et de la France; détruire ou neutraliser les groupes aériens embarqués et les bâtiments américains les plus importants; appuyer l'armée, directement par sa puissance de feu, indirectement par le transport, l'approvisionnement, et l'interdiction du trafic maritime ennemi; interrompre tous les mouvements sur mer qui servaient directement la capacité de combat de l'ennemi; enfin, effectuer les missions de reconnaissance, de surveillance et de renseignement requises pour l'accomplissement de ces tâches.

Des documents soviétiques indiquent que le dispositif des forces suivant avait été choisi, pour satisfaire aux directives du plan d'urgence. A tout moment de la dernière semaine de juillet 1985, huit S.N.L.E., chacun armé de seize ou vingt missiles, étaient en patrouille dans la mer de Barents. Cinq se trouvaient dans la mer d'Okhotsk — c'est-à-dire en mesure de frapper n'importe quel point des Etats-Unis. Pour protéger leurs S.N.L.E. d'éventuels intrus animés d'intentions hostiles, les Soviétiques utilisaient des sous-marins Diesel-électriques équipés pour la lutte anti-sous-marine, qui exploitaient le silence de leurs moteurs électriques pour traquer leurs adversaires à propulsion nucléaire. Des avions de lutte anti-sous-marine basés à terre appuyaient bien sûr les opérations des S.N.L.E., qui bénéficiaient également d'un réseau de renseignement opérationnel complet.

L'Union soviétique en était venue à la conclusion qu'il était inenvisageable de contrer, par des moyens directs ou de façon globale, les forces de S.N.L.E. des U.S.A., de la Grande-Bretagne et de la France. Mais on pouvait dans une certaine mesure limiter les dégâts qu'une frappe de représailles des S.N.L.E. ennemis causerait au pays. Les seuls bâtiments dévolus à cette tâche préventive étaient quelques sous-marins Diesel-électriques – six dans la mer du Nord et six dans le Pacifique – qui seraient chargés de mouiller des mines devant les bases des S.N.L.E. Les autres contre-mesures prises dans ce sens par les Soviétiques n'étaient pas de nature spécifiquement navales, et restent donc étrangères à notre propos. De toute façon, elles s'avérèrent peu efficaces.

Autant rappeler quel était le déploiement des forces de l'O.T.A.N. et des U.S.A. sur lequel l'U.R.S.S. fondait ses plans. En 1985, l'U.S. Navy avait bien engagé son programme d'extension de la période de service (SLEP) de ses porte-avions : il ajouterait quinze ans aux trente ans d'espérance de vie utile de ces bâtiments. Il permettrait à l'U.S. Navy d'armer jusqu'à la fin du siècle au moins douze porte-avions supplémentaires.

On doit accepter le fait que, sur un temps de plusieurs années, il faut posséder trois porte-avions pour en garder un continuellement en service. Voilà pourquoi, à l'été 1985, se trouvaient déployés de façon permanente un groupe de combat d'un porte-avions en Méditerranée, un groupe de combat d'un – éventuellement deux – porte-avions dans l'océan Indien, et un groupe de combat d'un – éventuellement deux – porte-avions dans le Pacifique occidental.

L'Atlantique ne bénéficiait pas de la présence permanente d'un tel groupe : un Groupe de combat atlantique comportant un ou plusieurs porte-avions serait formé à partir des bâtiments stationnés dans les eaux métropolitaines, avant le déploiement. Chacun des porte-avions embarquait une force aérienne d'environ quatre-vingt-cinq appareils – chasseurs, avions d'attaque, avions et hélicoptères de lutte anti-sous-marine, plus un ou deux appareils spécialement équipés pour les contre-mesures électroniques et l'alerte avancée. Pour protéger cette base aérienne flottante, les Etats-Unis disposaient de deux ou trois croiseurs armés de missiles guidés, et d'une dizaine de destroyers et de frégates modernes. Un sous-marin nucléaire d'attaque fournissait fréquemment un appui direct.

L'U.R.S.S., supposant que les porte-avions américains étaient en mesure de lancer une attaque nucléaire, en avait déduit qu'il fallait les pister constamment et les tenir à portée de sous-marins armés de missiles et de torpilles. Comme il était évident que ces gros bâtiments seraient difficiles à couler – voire seulement à neutraliser – des croiseurs et des destroyers soviétiques, armés de missiles mer-mer, furent disposés de manière à pouvoir se placer à portée de tir en moins d'un ou deux jours de route – mouvement qu'ils exécutaient d'ailleurs occasionnellement, afin qu'il ne puisse être interprété par les porte-avions américains comme l'indice de l'imminence d'une guerre.

Au cours de cette dernière semaine de juillet 1985, quatre sous-marins à propulsion nucléaire soviétiques, deux armés de missiles et deux armés de torpilles, croisaient en Méditerrannée. Ils appartenaient tous à la Flotte du Nord. Devant Terre-Neuve, barrant la route du Groupe de combat atlantique, se trouvaient en position sept autres sous-marins nucléaires de la Flotte du Nord, dont trois étaient armés de missiles et quatre, de torpilles. A l'ouest de Gibraltar, à portée de tir des bases O.T.A.N. de Keflavik (Islande) et Lossiemouth (Ecosse) étaient postés quatre bâtiments Diesel-électriques, deux armés de missiles et deux armés de missiles balistiques, dépendant de la même flotte. D'autres sous-marins se trouvaient en mer, entre leurs secteurs de patrouille et leur base de Mourmansk.

La 5e *Eskadra*, mouillée ou croisant à proximité du groupe de combat de porte-avions de la 6e Flotte américaine, se composait de trois croiseurs armés de missiles guidés, de quatre destroyers armés de missiles guidés, et de quatre destroyers armés de canons, qui relevaient tous de la Flotte soviétique de la mer Noire. La 6e Flotte américaine et la 5e *Eskadra* bénéficiaient du soutien logistique adéquat et, dans le cas des Soviétiques, d'un nombre important de bâtiments auxiliaires et de maintenance.

Dans l'océan Indien, les Soviétiques avaient stationné quatre sous-marins à propulsion nucléaire, un armé de missiles guidés et les trois autres de torpilles, pour couvrir le groupe de combat américain de porte-avions, mais leur force de surface dans ce secteur, qui se composait d'un croiseur armé de missiles guidés et de trois destroyers ou frégates armés de missiles guidés, tendait à garder ses distances.

Enfin, dans le Pacifique occidental où se trouvait le groupe de combat américain de porte-avions habituellement basé aux Philippines, les Soviétiques avaient posté deux autres sous-marins à propulsion nucléaire, le premier armé de missiles et le second de torpilles. De plus un Diesel-électrique armé de missiles guidés patrouillait devant Yokosuka (Japon).

Outre les bâtiments sous-marins ou de surface dont la mission serait de détruire les porte-avions américains, les Forces aéronavales soviétiques disposaient d'escadrons de bombardiers à long rayon d'action, spécialement entraînés et briefés, armés de missiles air-mer tirés à distance de sécurité, dont les bases se trouvaient à Mourmansk, dans le district militaire de Leningrad, à Sébastopol et à Vladivostok. Il s'agissait principalement dc bombardiers *Backfire*, destinés à appuyer les Flottes du Nord et du Pacifiquc, alors que des *Blinder*, au rayon d'action moins étendu, couvraient la Baltique et la mer Noire. Ces deux types de bombardiers pouvaient être ravitaillés en vol. Ainsi, les porte-avions américains et leurs escortes, dont les Soviétiques connaissaient sans cesse la position grâce aux observations de leurs appareils aériens, de leurs navires de surface, de leurs sous-marins et de leurs satellites, étaient-ils susceptibles de subir une attaque aérienne en n'importe quel point de l'Atlantique Nord, de la Méditerranée, de la partie septentrionale de l'océan Indien, et du Pacifique depuis la mer de Chine méridionale jusqu'à la côte ouest des Etats-Unis.

Venons-en à présent aux diverses dispositions prises par la Marine soviétique pour soutenir et appuyer l'Armée Rouge et ses alliés du Pacte de Varsovie. Depuis les années 70, il était évident que la capacité amphibie des Soviétiques s'accroissait, et l'exercice *Zapad*, exécuté en 1981 dans la Baltique orientale, souleva un intérêt considérable. On sait aujourd'hui qu'il s'agissait d'une répétition en vue de la prise des Dardanelles, ce qui explique a posteriori l'étonnante concentration de bâtiments à laquelle il donna lieu : le croiseur porte-hélicoptères *Leningrad*, un croiseur de la classe *Sverdlov*, deux frégates de la classe *Krivak*, plusieurs unités appartenant aux forces amphibies de la Flotte de la mer Noire, le plus récent des grands navires de débarquement – le *Ivan Rogov* de la Flotte du Pacifique –, tandis que le porte-aéronefs *Kiev*, accompagné de deux frégates, qui avait quitté la Méditerranée pour rejoindre sa base de la Flotte du Nord, se déroutait vers la Baltique. En juillet 1985, de puissantes forces amphibies, efficacement appuyées par des défenses anti-sous-marines et anti-aériennes ainsi que par des forces aériennes d'attaque basées à terre, se tenaient prêtes à combattre aux côtés des troupes terrestres du Pacte de Varsovie en Norvège du Nord, en Allemagne du Nord, en Turquie et en Extrême-Orient, tandis que des sous-marins et des éléments de l'aéronavale se tenaient prêts à interdire à l'O.T.A.N. l'appui et le soutien de ses forces terrestres dans ces théâtres.

Quand l'on considère les plans des Soviétiques visant à l'interruption de tous les mouvements maritimes qui servaient directement la capacité de combat de l'ennemi, il ne faut pas perdre de vue l'importance que revêtaient pour eux, en termes de conception opérationnelle, l'effet de surprise et la coordination de toutes les armes. On doit se rappeler également que toute la flotte marchande, ainsi que la flotte de pêche, de l'Union soviétique et du Pacte de Varsovie, se trouvait placée sous le contrôle opérationnel du gouvernement soviétique – c'est-à-dire, après la mise à exécution des plans, de l'Etat-Major naval principal soviétique.

Il est désormais évident que les Soviétiques avaient fort soigneusement prévu de quelle façon et à quels endroits ils devaient faire pression sur les structures du transport maritime mondial pour obtenir sa désorganisation maximum dans le minimum de temps, le premier but à atteindre étant de priver les Etats-Unis et leurs alliés de toutes les matières d'importation qui pouvaient avoir des conséquences directes sur leur capacité de combat.

La croissance rapide de la flotte marchande soviétique au cours des années 70 et au début des années 80 avait permis au pays de se procurer des devises fortes, dont le besoin se faisait cruellement sentir. Elle avait aussi contribué à étendre la sphère d'influence soviétique, et s'était révélée un auxiliaire précieux des forces navales, par exemple en fournissant des informations précises, complètes et actualisées sur le trafic maritime mondial, avec la nature des cargaisons et leurs ports de destination. Certains navires marchands soviétiques étaient en mesure de poser des mines, et beaucoup comportaient un équipement de guerre électronique destiné à l'interception et au brouillage des communications radio. Au déclenchement des hostilités, les Soviétiques prévoyaient donc de paralyser le trafic maritime grâce à un certain nombre d'opérations – si possible simultanées – comprenant des raids effectués par des forces de surface, des attaques de sous-marins, des attaques menées par des forces aériennes basées à terre, le mouillage de mines par des navires marchands, le sabotage, le brouillage radio et la désinformation. Des « zones de guerre », à l'intérieur desquelles les navires neutres ou non-alignés navigueraient à leurs risques et périls, seraient instituées. Elles couvriraient les approches occidentales de l'Europe du Nord-Ouest, l'ouest du détroit de Gibraltar, les abords du cap de Bonne-Espérance, la mer de Chine orientale. Ce concept de « menace instantanée à la navigation » – au lieu de celui, plus ancien, de guerre de course – cadrait bien avec les plans politico-militaires des Soviétiques, qui visaient à une prise rapide de la République fédérale d'Allemagne, suivie de négociations avec les Etats-Unis.

Les forces navales et aéronavales soviétiques dont le rôle serait de paralyser la navigation devaient, comme les autres, être mises en place bien avant que ne soient exécutés les plans d'urgence pour la guerre. En temps de paix, le renseignement opérationnel occidental s'intéressait bien sûr de très près aux mouvements des croiseurs lourds soviétiques de la classe *Kirov*, dont deux se trouvaient en service en 1985, l'un – le *Kirov* lui-même – dans la Flotte du Nord, et l'autre dans le Pacifique. L'U.S. Navy, et partant l'O.T.A.N., connaissaient bien leurs « signatures électroniques », comme celles des principales unités de la marine de guerre soviétique. Mais le moment venu, il ne serait guère difficile de contrefaire celles-ci et de confondre – même pour un jour ou deux – les systèmes de surveillance et de reconnaissance occidentaux. De plus, la classe *Kirov*, dotée d'une propulsion nucléaire et d'un armement exceptionnel, pouvait opérer indépendamment, à grande vitesse, et en continu, ce qui exigerait d'un adversaire résolu à la neutraliser une concentration des forces de première grandeur.

Les porte-aéronefs V/STOL de la classe *Kiev*, dont quatre, également répartis entre la Flotte du Nord et le Pacifique, se trouvaient en service en juillet 1985, fournissaient à la force de surface soviétique antinavires son autre élément important. Les uns croisaient, sans attirer autrement l'attention, de Mourmansk à la Méditerranée avec des excursions occasionnelles vers les îles du Cap-Vert et la côte occidentale de l'Afrique; les autres, basés à Vladivostok, descendaient jusqu'à la baie de Cam Ranh, avec parfois des pointes dans la mer de Chine méridionale. Ces porte-aéronefs étaient généralement escortés par une paire d'excellentes frégates de la classe *Krivak*.

Les Occidentaux avaient supposé à maintes reprises qu'en cas de conflit, les croiseurs lourds *Kirov* rejoindraient les porte-aéronefs *Kiev*, et qu'on leur ajouterait peut-être quelques frégates ou quelques destroyers, pour former des groupes de combat équivalents à ceux de l'O.T.A.N. Mais cette hypothèse était erronée. Elle négligeait l'importance de l'élément de surprise pour les Soviétiques, qui eussent été par ailleurs bien mal inspirés de sacrifier l'exceptionnelle mobilité de leurs *Kirov* à propulsion nucléaire en les faisant naviguer de conserve avec les *Kiev*, logistiquement limités.

Quant aux sous-marins dévolus à la destruction des navires marchands, ils n'étaient que deux, en temps de paix, à patrouiller dans l'attente de cette mission précise. Le premier de ces bâtiments à propulsion nucléaire, armés de torpilles et qui accusaient leur âge, naviguait à deux jours de route du cap de Bonne-Espérance. Le second, à la même distance du cap de Sào Roque, la pointe du Brésil. Ils devraient identifier et envoyer par le fond des navires déterminés, que Moscou leur aurait désignés, dès les premières heures des hostilités sur le Front Central européen.

Telle était l'essence du plan naval soviétique –

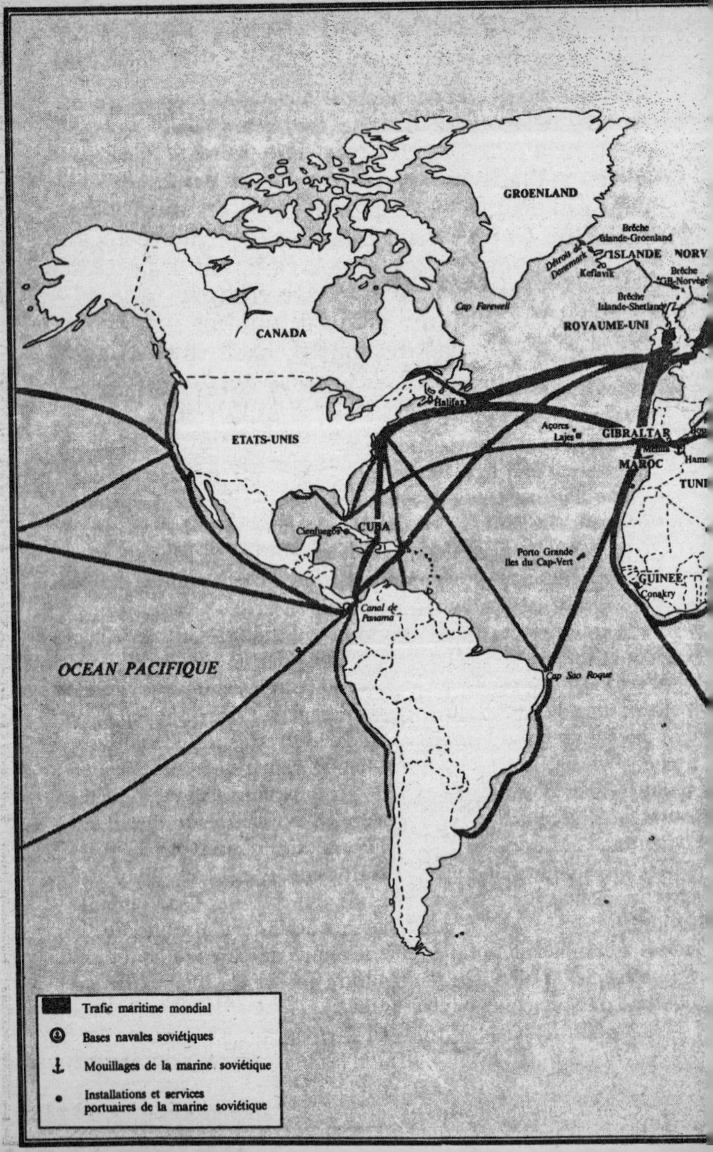
GROENLAND
Brèche Islande-Groenland
Détroit de Danemark
ISLANDE
NORV
Keflavik
Brèche GB-Norvège
Brèche Islande-Shetland
Cap Farewell
CANADA
ROYAUME-UNI
Halifax
ETATS-UNIS
Açores
Lajes
GIBRALTAR
Melilla
MAROC
TUNI
Cienfuegos
CUBA
Porto Grande
Iles du Cap-Vert
GUINEE
Conakry
Canal de Panama
OCEAN PACIFIQUE
Cap Sao Roque
Trafic maritime mondial
Bases navales soviétiques
Mouillages de la marine soviétique
Installations et services portuaires de la marine soviétique

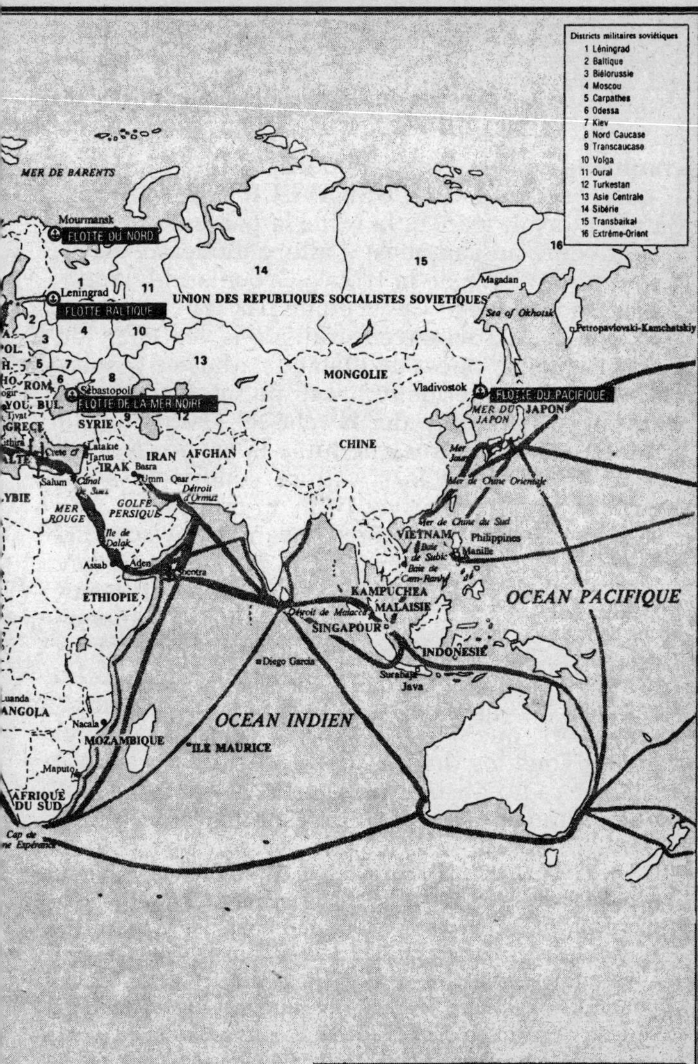

MONDE

Déploiement naval soviétique - 4 août 1985

un plan bien conçu, et qui ne fut pas loin de fonctionner.

L'amiral Maybury se livra alors au récit succinct de diverses actions dont la plupart, il faut le préciser, survinrent à peu près en même temps. Il commença par le croiseur lourd *Kirov.*

Le 1er août, le CINCUSNAVEUR apprit que ce bâtiment avait franchi la veille la passe de Kola et faisait route au sud-ouest à allure modérée, en direction du centre de la trouée Groenland-Islande-îles Britanniques. Ce n'était pas la première fois que le *Kirov* s'aventurait dans les eaux de l'Atlantique, à l'ouest de l'Islande. Mais ce que les Occidentaux ignoraient, c'est qu'un sous-marin nucléaire d'attaque de la classe *Oscar* faisait route en même temps que lui, à la verticale de sa coque, si bien que la signature sonore du sous-marin se confondait avec celle du croiseur.

Le 3 août, le *Kirov* se trouvait à environ 550 kilomètres du cap Farewell, à la pointe du Groenland. Soudain l'*Orion,* qui pistait le croiseur, détecta un second écho à proximité de celui-ci. Puis les échos se mêlèrent, et au bout d'un temps se séparèrent. L'*Orion* continua à pister l'écho qui selon lui appartenait indubitablement au croiseur, alors que l'autre prenait au sud à vingt nœuds. Tous les deux avaient observé un silence radar et radio absolu. Au matin du 4, le croiseur *Kirov* intercepta le porte-containers britannique *Leeds United,* dont le cap, la vitesse et la position lui avaient été transmis par Moscou. Le *Leeds United* ne sut jamais qu'il avait été touché par deux missiles tactiques à charge conventionnelle SS-N-19 tirés d'au-delà de l'horizon. Au cours des trois jours suivants, le *Kirov* détruisit sept navires alliés tout aussi précieux. Comme aucun d'eux n'eut le temps de transmettre un S.O.S, leur perte ne fut pas remarquée.

Les ordres du *Kirov* étaient de continuer au sud vers les îles du Cap-Vert, où il se réapprovisionnerait en missiles à la base soviétique de Porto Grande. Comme il avait épuisé tous ses engins mer-mer, le commandant Fokine décida avec sagesse de regagner plutôt Mourmansk sans tarder. Il savait que la base aérienne américaine de Keflavik avait été mise temporairement hors service par l'action de missiles balistiques lancés de sous-marins, spécialement mis au point pour la circonstance et embarqués à bord de vieux, mais toujours fiables, bâtiments de la classe *Golf*. Le croiseur fut repéré par un *Orion* canadien, qui parvint à rester hors de portée de ses missiles SAM. Le 9 août, le *Kirov* était sérieusement touché par des *Harpoon* tirés du sous-marin américain *Dallas*. Il fut coulé à la torpille un peu plus tard.

Le 2 août, en Méditerranée, la 5e *Eskadra* rejoignit son mouillage habituel du golfe d'Hammamet, devant les côtes tunisiennes. Du moins, c'est ce que firent les bâtiments de surface qu'elle comprenait. Les sous-marins – deux *Charlie* II à propulsion nucléaire et missiles guidés, et deux *Victor* à propulsion nucléaire – ne s'aventurèrent pas près de la surface. Répartis en deux tandems, ils patrouillaient à l'est et à l'ouest de Malte. Le même jour, le CINCSOUTH (Commandant en chef des Forces Alliées Sud-Europe) et le commandant de la 6e Flotte convinrent qu'il était temps de faire appareiller de Naples le groupe de combat de porte-avions qui pouvait prendre immédiatement la mer, et de lui faire rejoindre le sud-est de Malte. La 5e *Eskadra* était bien sûr l'objet d'une surveillance continuelle. Cependant, la tromperie électronique des Soviétiques fut efficace, car les croiseurs armés de missiles guidés *Amiral Drodz, Amiral Golovko* et *Sébastopol,* escortés de leurs destroyers lance-missiles, purent lever l'ancre le 3 août après la tombée de la nuit, et se diriger rapidement vers l'est sans être immédiatement pistés.

La Force fut repérée le 4 août vers 03 h 00 par l'un des avions de reconnaissance du CINCSOUTH, à environ 250 kilomètres à l'ouest du *Forrestal* et de son groupe de combat. L'amiral Lorimer, commandant la 6ᵉ Flotte, ordonna qu'une patrouille de reconnaissance décolle immédiatement et que l'on prépare l'attaque. A ce moment, les deux sous-marins du tandem étaient en contact avec le groupe de combat du *Forrestal* et avaient reçu l'ordre d'ouvrir les hostilités à 04 h 00. Quelques minutes après 04 h 00, alors que l'amiral américain n'avait pas encore reçu l'ordre de passer à l'action, son bâtiment principal fut frappé par deux missiles qui déclenchèrent des incendies dans le hangar et parmi les appareils armés et parés pour l'attaque. L'AWACS, en vol depuis 03 h 00, put signaler une arrivée de missiles lancés de sous-marin, et peu après, l'approche d'une salve de missiles tirés par la force soviétique, plus à l'ouest. Cette fois-ci, les contre-mesures furent suivies d'effets. Le *Forrestal* fut épargné, mais deux de ses destroyers d'escorte eurent moins de chance. Sur le porte-avions, les incendies étaient presque circonscrits. Les appareils endommagés passèrent par-dessus bord, on prépara les autres pour le décollage. Le bâtiment changea de cap et prit au nord-ouest pour se mettre face au vent. Cette manœuvre, nécessaire pour le décollage, le plaça à portée du second sous-marin soviétique. A 04 h 37, deux torpilles le frappèrent, endommageant son gouvernail et ses hélices bâbord.

Au cours de l'action de surface qui suivit, la totalité de la Force soviétique fut coulée, mais le *Forrestal* dut demander l'autorisation de pénétrer dans les eaux territoriales maltaises, et fut mis à l'ancre à Marsaxlokk avec d'extrêmes difficultés. Le soir même, l'un des sous-marins soviétiques du groupe ouest fut coulé par le USS *Arthur W. Radford*, alors qu'il tentait de s'approcher à portée de torpille du *Forrestal*.

Dans l'océan Indien, le groupe de combat américain se centrait sur le porte-avions à propulsion nucléaire *Nimitz*. Appareillant de Diego Garcia le 2 août, cette force prit au nord-ouest en direction de la mer d'Oman. On savait que l'Escadre soviétique de l'océan Indien se trouvait à Socotra, et l'intention était de s'en approcher à la distance où les appareils embarqués pourraient intervenir. Les mouvements du groupe de combat n'échappèrent bien sûr pas aux satellites de reconnaissance. Usant de leur rapidité exceptionnelle, deux sous-marins soviétiques de la classe *Alfa*, à propulsion nucléaire et armés de torpilles, prirent une position d'interception qui leur permettrait d'établir le contact le 4 août à 01 h 00. Comme le groupe américain filait 25 nœuds, il lui était impossible d'employer ses hélicoptères de lutte anti-sous-marine à des fins de détection, et ses appareils à voilure fixe anti-sous-marins, qui utilisaient des radiobouées, ne lui étaient en la circonstance que d'un secours limité. Une seconde attaque de sous-marin fut donc ainsi entreprise et réussie peu de temps après l'ouverture des hostilités. Heureusement, une seule torpille toucha le *Nimitz*. Bien que l'impact se soit produit sur l'arrière, le porte-avions ne dut réduire sa vitesse que de quatre nœuds et, plus important encore, ses réacteurs ne furent pas affectés. L'attaque aérienne qui suivit, dirigée contre l'Escadre soviétique, ne fut pas une réussite. Les SAM provoquèrent des pertes nombreuses, principalement parce que l'un des appareils de contre-mesures électroniques qui accompagnait le vol avait dû amerrir en catastrophe peu de temps après le décollage, à la suite d'une avarie de moteur. Les chasseurs du *Nimitz* purent contrer assez efficacement l'action de *Backfire* soviétiques venus du Sud-Yémen qui attaquèrent le groupe de combat américain. En bref, une lutte assez égale s'était déroulée dans l'océan Indien aux premières heures de la guerre, bien que l'absence de tout dock plus proche que celui de San Diego et assez vaste pour accueillir le *Nimitz* posât de très sérieux problèmes.

Dans le Pacifique, le croiseur lourd de classe *Kirov* avait suivi un schéma opérationnel semblable à celui de son éponyme dans l'Atlantique : il appareillait occasionnellement de Petropavlovsk et mettait le cap au sud-est durant quelques jours — apparemment pour fournir un objectif de reconnaissance et d'attaque à l'usage des forces aéronavales soviétiques. Le 1er août, le croiseur entama une de ses sorties habituelles dans le Pacifique. Le sous-marin américain *La Jolla*, alors en patrouille de surveillance dans les environs de Petropavlovsk, entreprit de le filer. Peu après le déclenchement du duel, le croiseur soviétique fut attaqué. Il reçut trois torpilles et coula en vingt minutes.

Dans le même temps, le porte-avions *Kitty Hawk*, l'un des deux que comptait la 7e Flotte, se trouvait en manœuvre à l'est de Yokosuka avec ses croiseurs équipés du système de défense aérienne *Aegis* et quelques unités des Forces de défense maritime japonaises. Il reçut l'ordre d'intercepter le croiseur soviétique, en renfort du *La Jolla*. Mais avant que son groupe ait pu s'approcher à distance de combat, le *Kitty Hawk* reçut un message lancé par le sous-marin, et annonçant que celui-ci venait de couler le croiseur lourd. Le porte-avions et son escorte mirent donc le cap sur Yokosuka.

Le porte-avions américain *John F. Kennedy*, ainsi que son groupe de combat, se trouvaient le 4 août à Subic Bay. L'amiral Carlsberg, commandant la 7e Flotte, estima qu'il était de son devoir, si l'actuelle tension internationale débouchait sur un conflit, de faire appareiller sa force pour chasser et détruire le porte-avions soviétique *Minsk*, sister-ship du *Kiev*, qui utilisait régulièrement la baie de Cam Ranh comme base opérationnelle. Le groupe de combat prit donc la mer le 4 août à 18 h 00, après une opération intensive de lutte anti-sous-marine eut été menée le long de la route de sortie. Ce que l'amiral Carlsberg ignorait, c'est que le matin même un sous-marin soviétique avait mouillé des mines en un endroit où le *John F. Kennedy* devait obligatoirement passer en quittant Subic. Le porte-avions fit donc détoner l'une de ces mines et dut regagner le port, après que tous ses avions furent parvenus à décoller. Les chasseurs V/STOL *Forger* du *Minsk* n'étaient pas des adversaires à la hauteur du groupe aérien du *John F. Kennedy*. Le groupe s'envola le lendemain matin de la base aérienne de Manille, et coula le porte-aéronefs soviétique ainsi que deux unités de son escorte. Deux destroyers et deux croiseurs armés de missiles guidés échappèrent pourtant. Ils envoyèrent par le fond plusieurs navires marchands naviguant dans la mer de Chine méridionale, avant d'être immobilisés à Subaraja (Java).

A ce moment, le *Kitty Hawk* avait été redéployé à Subic, remplaçant le *John F. Kennedy*, endommagé, comme vaisseau amiral de la 7e Flotte.

Les sous-marins soviétiques postés devant le cap de Sào Roque, devant le cap de Bonne-Espérance, et à l'ouest du détroit de Gibraltar, parvinrent tous à couler plusieurs précieux navires marchands durant les premiers jours des hostilités. Dans les ports des sept mers, les bateaux restaient à quai, et ceux qui naviguaient passaient très à l'écart des zones dangereuses. Plusieurs heurtèrent des mines mouillées quelque temps plus tôt par des navires marchands soviétiques. La « menace instantanée à la navigation » était devenue une dure réalité.

Mentionnons enfin l'opération de débarquement dans les Dardanelles lancée par les Soviétiques, avec l'assistance des Roumains et des Bulgares. Au lieu d'effectuer une attaque directe dans le voisinage immédiat du Bosphore, les forces soviétiques progressèrent par voie de terre à partir de la Bulgarie – se heurtant à la vigoureuse opposition de troupes turques et grecques déjà déployées dans cette zone pour parer justement à une telle éventualité – tout en lançant une opération de débarquement naval et aérien contre le port de Zonguldak. De là, ils prévoyaient d'avancer vers l'ouest en suivant la côte, appuyés par la Flotte de la mer Noire, et de menacer Ankara. Aujourd'hui, grâce à l'examen des documents et des archives des Soviétiques, le but de cette campagne apparaît clairement : elle devait amener les Turcs, après la chute de l'Allemagne fédérale, à accepter les conditions de l'Union soviétique. L'échec des opérations de celle-ci sur le Front central lui interdit d'atteindre cet objectif.

On se souviendra que les Soviétiques, en se proposant d'occuper sous dix jours l'intégralité du territoire de la R.F.A., visaient à provoquer l'écroulement de l'Alliance Atlantique et à amener les Etats-Unis à la table de négociation. Aux yeux du Haut Commandement naval soviétique, il était impératif de détruire ou de neutraliser les porte-avions américains par une attaque-surprise déclenchée à la première occasion. Ce fut cette initiative qui, plus que toute autre, conféra à la guerre son caractère mondial immédiat. Elle eut sans doute été la cause, au cas où l'Armée Rouge aurait atteint le Rhin en temps voulu, d'un refus catégorique de négocier de la part des Etats-Unis. Outre la rage des Américains, devant ce que beaucoup considéraient comme un nouveau Pearl Harbor, outre leur détermination à réaffirmer leur suprématie navale dans l'Atlantique, l'isolationnisme n'était plus, pour l'Amérique des années 80, une option viable. Elle devait désormais importer d'autres continents du pétrole et des matières premières d'intérêt stratégique, ce qui la rendait fondamentalement dépendante du trafic maritime. La prédominance navale des Soviétiques autour de l'Europe, de l'Afrique, de l'Asie lui était donc intolérable. C'est pourtant ce qu'aurait entraîné une cessation totale de la présence des Etats-Unis en Europe.

Parlons maintenant des campagnes aéronavales qui suivirent les premières attaques-surprise. Il y en eu cinq, différenciées mais peu ou prou simultanées, qui se déroulèrent dans les limites du territoire global de l'O.T.A.N., tandis qu'au niveau mondial le trafic maritime était l'objet des pressions que l'on a vues, et que l'est de Suez, ainsi que le Pacifique, devenaient le théâtre d'une activité navale régionale. Ces campagnes concernèrent : la mer de Norvège et l'appui du Commandant en chef des Forces Alliées Nord-Europe (CINCNORTH); la Baltique, la mer du Nord, la Manche, et l'appui du Commandement en chef des Forces Alliées Centre-Europe (CINCENT); les Approches Occidentales de l'Europe du Nord-Ouest, et l'appui général du Commandement Allié en Europe; le renforcement des convois sur l'Atlantique; l'appui du CINCSOUTH en Méditerranée.

Prenons d'abord la mer de Norvège. Outre la perte du croiseur lourd *Kirov*, que nous avons déjà évoquée, eut lieu au même moment une opération particulièrement intéressante, concernant le porte-aéronefs *Kiev*. Celui-ci avait quitté Mourmansk le 23 juillet, près de quinze jours avant le déclenchement de la guerre, escorté par ses deux frégates de classe *Krivak*. Le groupe arriva à Cork (République d'Irlande) le 27, dans le cadre de ce qui fut présenté comme une visite de courtoisie. Il devait ensuite rejoindre les Caraïbes, pour un exercice d'entraînement. Le dispositif de surveillance de l'O.T.A.N. pistait bien sûr ces bâtiments depuis qu'ils avaient quitté leurs eaux territoriales. Lorsqu'ils appareillèrent de Cork le 2 août et mirent le cap au sud-ouest, la surveillance continua, mais s'interrompit dans la nuit du 3, suite à l'efficacité du brouillage électronique des Soviétiques. Heureusement, grâce à l'utilisation de la base aérienne de Shannon, la recherche aérienne qui fut alors entreprise permit, le 5, de retrouver le *Kiev*.

Shannon étendait le rayon opérationnel des avions de lutte anti-sous-marine français *Atlantique Nouvelle Génération* (ANG) et fournissait un point de rassemblement idéal pour l'escadron de *Tornado* des forces aéronavales de R.F.A., qui s'étaient repliées du Schleswig-Holstein sur Lossiemouth, et que le JACWA (Commandement allié unifié des Approches Occidentales) venait de redéployer. Accompagnés par deux intercepteurs *Tornado* de la R.A.F., et servis par un ravitailleur VC-10, les appareils allemands fondirent sur le *Kiev* le 6 août à midi. Les *Forger* du porte-aéronefs soviétique avaient déjà abattu l'un des ANG et l'un des *Tornado*. Ses SAM et ceux des frégates eurent raison de deux autres. Mais les survivants, très déterminés, infligèrent au *Kiev* de graves blessures, et endommagèrent sérieusement l'une de ses frégates. Ce fut le *Splendid,* un sous-marin d'escadre britannique envoyé pour intercepter le porte-aéronefs, qui coula celui-ci et sa frégate endommagée. La seconde frégate, après avoir repêché les survivants, mit le cap sur Cuba mais fut repérée par un *Orion* de la base américaine de Lajes, et détruite.

En mer de Norvège, les principales opérations commencèrent le 5 août. Le sous-marin d'escadre britannique *Churchill,* en patrouille anti-sous-marine au nord des îles Shetland, coula un sous-marin Diesel-électrique soviétique de la récente classe *Tango,* qui s'apprêtait à mouiller des mines dans le Firth of Clyde. Au cours des trois jours suivants, eurent lieu plusieurs rencontres avec des sous-marins ennemis, cependant que la première vague de bâtiments soviétiques ayant pris la mer après le début des hostilités atteignait la trouée Groenland-Islande-îles Britanniques. Le rapport de pertes fut favorable à l'O.T.A.N., comme le silence de fonctionnement supérieur des sous-marins américains et alliés pouvait le laisser prévoir. Mais sept nouveaux sous-marins à propulsion nucléaire soviétique avaient gagné l'Atlantique.

La Flotte de choc américaine de l'Atlantique, composée de deux porte-avions et de leurs groupes de combat, s'engagea le 10 août dans la mer de Norvège, pour appuyer les Forces terrestres norvégiennes, ainsi que l'infanterie de marine américaine et britannique, dont la mission était de défendre les bases aériennes. Trois groupes de combat de porte-avions auraient dû être engagés, mais quand l'on sut que le *Forrestal* venait de se faire gravement endommager en Méditerranée, il fut décidé de détacher le *Saratoga* et son groupe de la Flotte de choc atlantique pour l'envoyer appuyer le CINCSOUTH.

Il était également prévu que la Flotte de choc assure l'appui à distance de la première opération de renfort transatlantique majeure. Ces renforts consistaient en un groupe de convois militaires rapides qui quittèrent le 8 août, sous forte escorte, les ports de la côte est des Etats-Unis. Des convois de diversion empruntèrent des routes différentes, un plan complet visant à tromper l'ennemi fut élaboré et mis à exécution, mais malgré ces précautions les convois subirent l'attaque massive de sous-marins soviétiques tirant parfois leurs missiles à une distance de 400 kilomètres. Au milieu de l'Atlantique, ils essuyèrent également le feu de bombardiers *Backfire* basés à Mourmansk, armés d'engins air-mer dont la portée avoisinait 300 kilomètres. La bataille qui s'ensuivit occupa une surface d'océan gigantesque. Les contre-mesures permirent heureusement de réduire la casse, qui fut néanmoins sérieuse : sur quarante-huit transports ayant quitté les Etats-Unis, seuls trente-six rejoignirent sains et saufs les ports de la Manche. Mais les hommes et le matériel qu'ils apportaient devaient jouer un rôle capital dans la stabilisation du dispositif sur le Front central.

Nous en arrivons maintenant à la conclusion de la conférence prononcée par l'amiral Maybury devant le Collège de la Défense nationale de Washington, que nous prenons la liberté d'assortir de quelques considérations de notre cru.

Le récit plus circonstancié de ces diverses opérations figure bien sûr dans *La Troisième Guerre mondiale*, publié au printemps 1987, qui couvre également la bataille aéronavale livrée autour des détroits de la Baltique et dans la Manche, durant laquelle les Forces légères soviétiques, bénéficiant d'une couverture aérienne, tentèrent d'interdire le flux de renforts et d'approvisionnements partant du Royaume-Uni à destination de l'Europe continentale. Nous n'avons pas jugé utile d'en d'écrire une seconde fois les péripéties.

Nombre de mines furent mouillées par les Forces soviétiques, et le trafic maritime faillit bien s'interrompre totalement, par suite de la carence en bâtiments de déminage. Cette situation fut surtout ressentie au sud de l'Irlande. On se souvient que le *Kiev* et son groupe avaient fait escale à Cork peu avant le déclenchement des hostilités. On sait désormais que pendant cette visite, un groupe de sous-marins soviétiques mouillaient des mines à action retardée devant Lough Swilly, Bantry Bay, Cork, Wexford, Dublin et Milford Haven. Cinq navires devaient être coulés par ces engins. Ce n'est qu'à Milford Haven, où des mesures de lutte contre les mines avaient été prises, que l'on put éviter les pertes.

La majorité des renforts de second échelon envoyés par voie de mer partit des ports du golfe du Mexique. Les convois faisaient route vers le sud des Açores pour gagner ensuite les eaux moins profondes de la plate-forme continentale européenne. Grâce à l'appui assuré à partir du Portugal, de l'Espagne et de la France, ceci permit de réduire l'ampleur de la menace sous-marine et d'annuler presque totalement la menace aérienne. Hors de la zone de l'O.T.A.N. n'existait aucun contrôle opérationnel aéro-maritime du trafic maritime, et les moyens de protection adéquats manquaient. La navigation océanique fut donc en grande partie paralysée, jusqu'à ce que l'O.T.A.N. reprenne confiance dans sa capacité à la restaurer. Quinze jours après le début des hostilités, le réseau de renseignement opérationnel mondial de l'O.T.A.N. put fournir une évaluation plus réaliste de la menace que les sous-marins faisaient peser sur les divers théâtres d'opération. L'action de cette organisation permit indubitablement de contrer la grave menace qui pesait sur l'utilisation de la mer par l'Alliance.

Il n'est pas inutile de s'attarder quelques instants sur ce dernier point. Le progrès des technologies de l'information avait permis aux Alliés occidentaux – par le biais des ordinateurs, de la micro-électronique, des télécommunications – de traiter, de stocker, d'obtenir et d'envoyer l'information sous ses formes les plus variées, extrêmement rapidement et – du moins jusqu'à ce que l'ennemi commence à s'en mêler – avec une grande sécurité. Heureusement, les tentatives de perturbation des Soviétiques n'étaient guère efficaces. Chaque once d'information obtenue sur un sous-marin soviétique qui s'était placé dans le champ de n'importe quel détecteur allié – sonar équipant un bâtiment ou un hélicoptère, radiobouée larguée par un appareil à voilure fixe, dispositif acoustique reposant sur le fond marin, ou écho radar renvoyé par le schnorchel lorsqu'il s'agissait d'un sous-marin Diesel-électrique – pouvait être immédiatement traitée, analysée, comparée. L'O.T.A.N. actualisait alors ses cartes de déplacement des sous-marins, et informait en conséquence tous les intéressés. En outre, les sous-mariniers soviétiques connaissaient l'existence de ces mesures, ce qui les amenait souvent à réduire leur vitesse – car le bruit du bâtiment croît en fonction de celle-ci. Il faut préciser que les sous-mariniers de l'O.T.A.N. faisaient montre du même respect envers le réseau de renseignement opérationnel soviétique. Seuls les sous-marins à propulsion nucléaire ne se soucient pas de ces risques de détection : ils n'ont pas à se déplacer à grande vitesse pour remplir leur rôle, et se trouvent déployés dans des zones écartées dont il est facile d'interdire l'accès aux intrus.

D'une façon générale, on peut dire que le point faible le plus critique des Alliés au cours des combats sur mer fut le manque de missiles anti-missiles efficaces, ainsi que de contre-mesures destinées aux systèmes de guidage et d'autoguidage des missiles ennemis. Dès les années 50, il apparaissait clairement que l'heure du missile guidé naval était venue. Cette certitude ne fut pas suffisamment exploitée. Le défaut du guidage électronique est qu'on peut le perturber à l'aide de moyens électroniques. Tout missile équipé d'un système de guidage polyvalent peut, par définition, être leurré et dirigé sur autre chose que l'objectif choisi. Le but ultime demeure bien sûr la destruction ou la neutralisation des bâtiments, des sous-marins, des avions et des hélicoptères de l'adversaire. Mais dans un premier temps, les missiles – d'où qu'ils viennent – comptent davantage.

A la fin de la seconde semaine de la Troisième Guerre mondiale, plus de 90 p. 100 des navires de commerce, flottes de pêche comprises, de l'Union soviétique et du Pacte de Varsovie qui naviguaient en dehors de la Baltique, de la mer Noire et de la mer du Japon avaient été coulés, capturés, ou forcés de chercher refuge dans un port neutre. La puissance maritime de l'Union soviétique avait cessé d'être.

XIV

LA GUERRE DANS LES AIRS

Nous avons déjà décrit en détail certaines des batailles aériennes qui firent rage au-dessus du Front central, car la plupart eurent un impact majeur sur le déroulement et l'issue des combats terrestres. Mais plus que dans tout autre conflit, la puissance aérienne se révéla d'une importance prépondérante durant la Troisième Guerre mondiale. Elle mérite donc que nous l'examinions avec davantage de recul.

Il ne se trouva pas un combat où les forces aériennes ne fussent impliquées. Les appareils qui peuplaient les ciels des océans et des franges littorales des Etats côtiers avaient principalement pour bases des porte-avions. La grosse majorité de ceux-ci se composait de grands bâtiments de l'U.S. Navy, mais les *Foch* et *Clemenceau* français, les *Ark Royal* et *Illustrious* britanniques furent également présents au cœur des batailles de l'Atlantique et de la Méditerranée. L'U.S. Navy disposait de près de 1 500 avions extrêmement performants, sans compter les éléments de la Pacific Air Force (PACAF) de l'U.S.A.F., dont le quartier général se trouvait au Japon et dont les escadres aériennes étaient basées sur le territoire de divers pays amis du Sud-Est asiatique, et les bombardiers lourds B-52 du Stratégic Air Command, sur l'île de Guam, qui jouèrent tous leur rôle dans les combats périphériques.

Au-dessus de l'Atlantique, l'action des appareils embarqués sur les porte-avions de la Flotte de choc américaine est devenue, à juste titre, célèbre. Ce que l'on sait moins, c'est que les avions de patrouille maritime alliés, opérant indépendamment ou en collaboration avec des bâtiments de surface ou des sous-marins, firent payer un lourd tribut aux sous-marins soviétiques. Ces appareils, bourrés d'équipements de détection sonique ou électronique, munis d'engins sous-marins ingénieux, dépassèrent même les hautes espérances qu'ils avaient suscitées en temps de paix. Mais leur taille, leur manque de protection passive, les rendaient vulnérables au sol; et au début de la guerre, sur la rive orientale de l'Atlantique, ils furent un certain nombre à succomber aux missiles tirés contre leurs aérodromes par des sous-marins et des avions soviétiques opérant à distance. Ensuite, ces appareils de patrouille maritime furent dispersés par unités ou par couples le long du littoral atlantique de l'Europe, menant une guerre de solitaires. Leurs équipages pouvaient s'alimenter et se reposer à leur bord dans d'excellentes conditions, et les exigences de la maintenance, valables en temps de paix, n'avaient plus guère cours, si bien que ces appareils restèrent en vol durant plus de 75 p. 100 de la durée totale de la guerre, n'atterrissant que pour se ravitailler en carburant et en nourriture.

L'Aéronavale soviétique, dont l'objectif était d'interrompre le pont aérien transatlantique, crucial pour les Alliés, parvint à envoyer droit dans la mer bon nombre de transports de troupes américains, blessés à mort par les missiles air-air de ses *Backfire, Bear*, et *Badger* modifiés. Malgré ces pertes, le système d'alerte avancée de l'O.T.A.N. ne fut pas fondamentalement affecté et les F-15 *Eagle* de l'U.S.A.F. basés en Islande, les *Tornado* de la R.A.F. basés en Ecosse surent se montrer à la hauteur de leurs adversaires. De même, lorsque les V/STOL *Forger* – des appareils plutôt mal conçus – tentèrent de quitter le pont de leurs porte-aéronefs de classe *Kiev* pour passer à l'action, les *Tornado* de la R.A.F. et les chasseurs embarqués de l'U.S. Navy surent les tenir en respect jusqu'au moment où le bâtiment qui leur servait de base fut coulé. Dans la guerre navale, l'existence de moyens de reconnaissance sophistiqués – systèmes radar ou infrarouge équipant des avions volant à haute altitude ou des satellites – ne permettait plus d'obtenir l'effet de surprise que par l'emploi de l'avion ou du sous-marin.

Le Royaume-Uni et la France subirent les attaques aériennes des Soviétiques dès les premières heures du conflit. Au début, ces attaques se confinèrent à des tirs de missiles armant des *Backfire*, des *Badger*, des *Bear*, dont les cibles étaient les installations portuaires, les bases aériennes, les centres radar et de communication, ainsi que des bâtiments abritant des instances gouvernementales ou militaires. Sans avoir de conséquences décisives, ces attaques mirent parfois à mal des objectifs importants et vulnérables, tel le vaste immeuble aux vagues allures d'hôtel de West Drayton, à la lisière de Londres, où se trouvait le centre de contrôle du trafic aérien britannique.

Aux premiers jours du conflit, l'Aéronavale et les Forces de bombardement à long rayon d'action soviétiques ne purent lancer contre leurs objectifs français et britanniques des attaques réellement efficaces : leurs bases étaient trop éloignées, et elles subirent de lourdes pertes à s'aventurer au-dessus de l'Atlantique ou de la mer du

Nord pour se placer à distance suffisante et tirer leurs missiles en se tenant hors de portée. Il fallut attendre le 8 août, lorsque les Forces aériennes soviétiques purent disposer des aérodromes du Schleswig-Holstein et lancer vers la France et la Grande-Bretagne des essaims denses de bombardiers SU-17 *Fitter*, et SU-24 *Fencer*, pour que ces deux pays essuient des attaques aériennes vraiment massives. Mais à ce moment, les FB-111 américains, les *Tornado* britanniques et allemands, les *Jaguar* français, commencèrent à marteler les aérodromes que les Soviétiques n'occupaient que depuis peu, et dont les défenses étaient forcément sommaires. *Fitter* et *Fencer* subirent aussi de lourdes pertes au-dessus de leurs zones d'objectif et furent, à l'aller comme au retour, décimés par les F-16 *Fighting Falcon* des Néerlandais et des Belges. Les brèches pratiquées dans leurs dispositifs d'alerte avancée, la destruction de leurs installations radar fixes ou de leurs aérodromes, diminuèrent l'efficacité des défenses aériennes britannique et française, mais leurs infrastructures de communication – modernes et bien abritées – résistèrent bien, tandis que les avions équipés d'un système aéroporté de détection lointaine (AEW) réussirent parfaitement à combler les vides laissés béants par la destruction des dispositifs au sol. Jusqu'à la dernière minute de la guerre, et malgré les coupes claires qu'elles avaient subies, la R.A.F. et l'Armée de l'Air continuèrent à relever avec une détermination et une efficacité extraordinaires le défi lancé par les éléments des Forces aériennes soviétiques qui s'aventuraient dans leurs espaces aériens.

Avec un mépris calculé des pertes qu'ils pourraient subir, les Soviétiques avaient envahi de leurs avions le ciel de la bataille d'Allemagne. Les

Forces aériennes alliées – inférieures en nombre mais généralement supérieures dans les autres domaines – ne pouvaient répondre que par un effort d'une intensité maximum. Toutes les craintes entretenues avant-guerre à propos de ce que l'on appelait avec un bel optimisme « la gestion de l'espace aérien » se trouvèrent brutalement confirmées : brouillage des radars, des communications, impossibilité d'assurer le contrôle au sol rapproché des chasseurs. Les problèmes soulevés par l'identification ami-ennemi, ou la coordination des missiles sol-air et des avions pilotés dans le même espace aérien, étaient si complexes qu'on ne pouvait les résoudre que par des mesures d'une simplicité radicale. En l'absence d'un système parfaitement sûr de verrouillage d'engins par identification IFF (ami-ennemi), les deux camps abattaient aussi bien leurs avions que ceux de l'adversaire. En quelques heures, les Forces aériennes alliées Centre-Europe (AAFCE) mirent sur pied quelques règles générales, déterminant des créneaux d'altitude réservés aux appareils retour de mission et suspendant quelques minutes par heure le tir de missiles du sol. Ces mesures firent parfois l'affaire des Soviétiques, qui purent atteindre alors leurs cibles en toute impunité, mais dans l'intensité de la bataille aérienne, on n'aurait guère pu faire mieux.

En altitude, les F-16 *Fighting Falcon* américains, belges, néerlandais et danois, avec les F-15 *Eagle* américains, les *Phantom* allemands et britanniques, les *Mirage* français, se mesuraient farouchement aux *Fishbed*, aux *Flogger*, aux *Foxbat* pour le contrôle de l'espace aérien. On calcula que le rapport des pertes infligées était de 5 à 2 en faveur des Alliés. Ceci équilibrait à peine la supériorité numérique en appareils du Pacte de Varsovie. Les pertes alliées ne tardèrent pas à inquiéter très sérieusement le COMAAFCE et ses commandants. Pour ajouter à leurs difficultés, il fallait établir à l'ouest de nouvelles bases aériennes, une nouvelle infrastructure au sol, à mesure que les bases avancées d'Allemagne du Nord tombaient, ou subissaient des attaques directes, terrestres et aériennes. Bien qu'il n'ait jamais fait partie de la politique officielle de l'O.T.A.N. de prévoir un retrait, des mesures de réaménagement avaient été discrètement prises. Aussi, dès que le besoin s'en fit sentir, les escadrons de l'O.T.A.N. se retrouvèrent en train d'opérer à partir d'aérodromes belges, français ou britanniques qu'ils ne connaissaient pas, mais où un système de protection aérienne offrait néanmoins une sécurité relative. Les C-130 *Hercules* de la R.A.F. et de l'U.S.A.F., les *Transall* français et allemands, les hélicoptères, s'acquittèrent magnifiquement de leur tâche, arrachant aux bases exposées hommes, armes, équipements techniques, véhicules spécialisés. Malgré le chaos qui brouillait certains points de leur structure, les Forces aériennes alliées continuèrent à voler et à affronter l'ennemi avec la même détermination.

Les pilotes, les navigateurs des jets rapides, avaient acquis des réflexes à la mesure de leur machine. Lorsque celle-ci, endommagée par la bataille, devenait incontrôlable, ils actionnaient instinctivement leur siège éjectable. Beaucoup eurent la chance de descendre en parachute dans les bras d'Allemands qui les cachèrent et les aidèrent à rejoindre les lignes alliées. Certains revinrent quatre fois à pied, et quatre fois demandèrent à réintégrer un cockpit pour rejoindre la bataille. Ceci fut un facteur de compensation du taux d'usure que subissaient sans rémission les forces aériennes de l'O.T.A.N.

Pendant ce temps, les *Tornado* allemands et

britanniques, les FB-111 américains, martelaient les aérodromes du Pacte de Varsovie en Allemagne de l'Est et en Tchécoslovaquie. Ces attaques répétées étaient certes coûteuses, mais les bombes et les mines lancées par les avions érodaient inéluctablement la supériorité numérique de l'adversaire et troublait le fonctionnement de ses aérodromes, contribuant à rétablir l'équilibre dans les combats de haute et moyenne altitude. Ces escadrons aériens de l'O.T.A.N. eurent aussi pour mission d'attaquer les « points d'étranglement » afin d'interrompre et de gêner la progression vers l'Europe de l'Ouest du ravitaillement et des formations blindées de renfort du Pacte de Varsovie.

Après neuf jours de combat aérien féroce, le COMAAFCE avait perdu la moitié de ses appareils et une proportion légèrement inférieure de ses équipages. Mais les Forces aériennes alliées reprirent l'initiative lorsque, le 13 août, le SACEUR décida de lancer dans la bataille ses avions bivalents armés d'engins conventionnels et d'utiliser les B-52 basés à Lajes (Açores). L'efficacité de cette mesure fut renforcée par la décision parallèle du COMAAFCE d'engager ce qui lui restait de ses réserves – quelques escadrons des forces aériennes italiennes, des escadrons aéronavals débarqués américains et français, des appareils d'entraînement *Alphajet* allemands et français. Ces forces avaient été mises à l'abri dans le sud de la France et de l'Allemagne, à la frustration croissante de leurs équipages.

Tous les facteurs qui ont permis aux Alliés de conserver le contrôle de l'espace aérien ne seront connus que lorsque l'étude et l'analyse exhaustives de la guerre auront été effectuées, mais les principaux apparaissent déjà clairement. L'importance attachée à la qualité des hommes et des machines paya dans la bataille d'importants dividendes; il est néanmoins certain que si la guerre s'était tant soit peu prolongée, le nombre serait devenu le seul facteur déterminant. L'implication de l'Armée de l'Air française dès le début du conflit revêtit indubitablement un caractère stratégique important. Les forces aériennes tactiques françaises (1er Commandement aérien tactique), avec leur quartier général à Metz, fournirent une structure souple pour la coordination et l'utilisation des appareils alliés repliés d'Allemagne sur les aérodromes français. Sans la promptitude de cet engagement, sans cette adaptabilité immédiate et l'entrée dans la bataille de plusieurs centaines de *Jaguar* et de *Mirage* de l'Armée de l'Air, magnifiquement pilotés et servis, tout le sort de la guerre du ciel eût sans doute été changé.

XV

CONFLIT DANS L'ESPACE

QUAND commencèrent les hostilités, le 4 août 1985, la navette *Enterprise 101*, avec un équipage de quatre hommes sous le commandement du colonel « Slim » Wentworth de l'U.S.A.F., se trouvait sur orbite en mission polyvalente depuis plus de quarante heures. Sa tâche initiale était la reconnaissance photographique et électronique. A chacun de ses passages au-dessus de l'Union soviétique, elle avait déjà récolté une impressionnante quantité d'informations de grande valeur. Elle était également munie d'un stock de bandes magnétiques préenregistrées où figuraient des programmes à diffuser en cas de guerre à l'intention de l'U.R.S.S. et des pays satellites. Ils incitaient au désengagement et à la révolte. Les Soviétiques savaient tout cela par leur service de renseignement. Ils avaient établi des plans visant à la destruction d'*Enterprise 101*, si l'état d'alerte devait déboucher sur un conflit.

Aux premières heures du 4 août, un *Soyouz 49* partit en mission d'interception. Sa quatrième orbite l'amena à 150 mètres du vaisseau de Wentworth, lequel effectuait alors une observation visuelle. Le rayon laser jailli du *Soyouz* l'aveugla immédiatement. Un nouveau balayage et une attaque de balles à fragmentation endommagèrent la navette au point d'interdire tout espoir de rentrée contrôlée dans l'atmosphère et de retour à la terre. Seule une opération de sauvetage tentée par une seconde navette pouvait tirer de là le colonel Wentworth et ses hommes. Les dégâts infligés, principalement aux contrôles et aux générateurs d'énergie électrique, entraîneraient sous peu l'interruption des systèmes d'entretien des fonctions vitales. Il n'y avait pas une seconde à perdre.

Janet Wentworth, une grande brune plutôt jolie, se trouvait avec Nicholas (dix ans) et Pamela (six ans) dans le vaste et clair living de la villa que Slim et elle occupaient à Monterey (Californie). Ses enfants blottis à ses pieds, elle regardait le présentateur du programme matinal commenter la dramatique nouvelle. La famille prenait habituellement son breakfast dans la cuisine, mais la télé du living était plus grande. Ils savaient désormais que le pays était en guerre. Ils savaient surtout qu'un mari, qu'un père chéri la faisait déjà, très haut dans le ciel.

« Il reviendra vite, dit Janet tandis qu'elle débarrassait la table. Aussi facilement que les autres fois. »

Il y avait davantage d'assurance dans sa voix que dans son cœur.

Le téléphone sonna.

« Slim a des pépins. » Janet connaissait bien cette voix. Un ami proche. Il les appelait du Contrôle spatial.

« Ils vont commencer à en parler aux infos, mais j'ai préféré te prévenir. Il est blessé aux yeux. A part ça, il est O.K. Son taxi a morflé mais lui, on va le ramener. »

Janet n'avait pas reposé le combiné que le commentateur de la télé annonçait : « L'un de nos vaisseaux spatiaux a été endommagé par l'attaque d'un intercepteur spatial soviétique. Une mission de sauvetage se prépare actuellement et devrait se porter sous peu au secours de l'équipage. »

« C'est formidable! s'exclama Janet à l'intention de Nicholas et de Pamela. Ils vont le chercher et le ramener à la maison! Vous verrez! »

Il y avait quelqu'un sur le seuil. Un officier, qui se présenta et déclara être envoyé par le Contrôle spatial. Les deux hommes en uniforme de l'Air Force qui l'accompagnaient déposèrent dans le living un récepteur télé comme Janet n'en avait jamais vu. Il n'était sûrement pas fait pour regarder des *soap-operas.* L'officier l'installa, le brancha, régla ses multiples boutons.

« Maintenant, dit-il, vous pourrez parler au colonel Wentworth et le voir sur l'écran. On lui a dit de vous appeler. »

Qu'est-ce que ça voulait dire? Janet sentit une peur sourde s'emparer d'elle.

Elle contourna – sans le toucher – l'étrange récepteur et appela son ami du Contrôle spatial qui lui avait téléphoné tout à l'heure.

« On va lancer une navette pour le récupérer, hein? » Sa voix tremblait. « Ils l'ont annoncé à la télé. »

La réponse tarda à venir.

« Je l'espère, Janet. Il n'y a pas tellement de véhicules disponibles. Tout dépend de la façon dont l'état-major voudra les utiliser. »

Lorqu'il rappela, soixante minutes plus tard, la jeune femme n'avait pu encore se résoudre à toucher au récepteur.

« Janet, j'ai de mauvaises nouvelles. Il n'y a qu'un seul lanceur capable de lui porter secours avant que les systèmes d'entretien des fonctions vitales s'interrompent. L'état-major a décidé que ce lanceur serait employé pour remplacer un satellite de communication d'intérêt majeur que les Soviétiques ont intercepté.

– Ça... ça veut dire que vous allez laisser mourir Slim, là-haut, alors qu'il peut être sauvé ?

– Il ne leur reste qu'un seul lanceur opérationnel, répéta la voix. Il faudra au moins trois jours avant qu'*Enterprise 103* puisse à nouveau repartir. Avec les dégâts que lui ont fait subir les Soviétiques, les systèmes du vaisseau de Slim auront déjà lâché. A Vandenberg, ils doivent être en train d'embarquer le satellite de remplacement dans leur unique navette, et ni toi ni moi n'y pouvons rien. Le récepteur qu'ils t'ont apporté te permettra de communiquer avec Slim. De le voir et de lui parler. Allume-le, mais aie beaucoup de courage.

– Le présentateur... le présentateur a dit qu'une mission de secours se préparait et allait partir bientôt. Oh ! Bill, il l'a dit !

– Je suis désolé, Janet. Tu peux me croire. C'est seulement du boulot de public relations pour rassurer les gens. Toi, tu devais savoir la vérité. »

Elle fut incapable de prononcer un mot durant de longues secondes. Puis :

« Et son équipage ? Que vont devenir ses hommes – et leurs familles ?

– On s'occupe d'eux. » Un silence, les grésillements sur la ligne. « Janet, le temps presse. Allume le récepteur et parle à Slim. »

Elle obéit. Le visage de son mari apparut sur l'écran. En fond, tous les gadgets incompréhensibles d'un vaisseau spatial. Slim avait l'air engoncé dans sa combinaison, comme les autres fois, mais ses gestes paraissaient incertains. Et son regard n'avait pas son expression normale.

« Slim !

– Bonjour, amour. Mes yeux ne sont pas brillants et je ne peux pas te voir, mais c'est bon de t'entendre. Comment ça se passe, en bas?

– Bien, mentit-elle. Nicholas et Pamela sont avec moi. Dites bonjour à papa, les enfants.

– B'jour, p'pa.

– Formidable », fit la voix dans le récepteur.

Janet regardait un astronaute privé de son poids et de sa vue qui se déplaçait gauchement dans la cabine d'un vaisseau spatial. Mais sa voix était celle de Slim.

« Je t'aime, Janet.

– Oh! Slim...

– Ça ne va plus durer longtemps, maintenant. Peut-être une heure, peut-être quelques minutes. Je t'aime, Janet. Je t'aime plus que tout. Je coupe. »

L'écran redevint opaque.

Lorsque la guerre prit fin, une mission spatiale gagna l'orbite de l'*Enterprise 101* et récupéra les corps du colonel Wentworth et de ses hommes. Ils furent inhumés avec les honneurs militaires au cimetière national d'Arlington. Janet Wentworth n'assista pas à la cérémonie.

Au cours des trois décennies qui précédèrent la guerre, la technologie spatiale progressa à pas de géant, grâce aux énormes investissements – en temps, en argent, en créativité – des deux superpuissances. Mais derrière les programmes à des fins pacifiques, ceux dont on parlait le plus, c'étaient de fait les militaires qui sous-tendaient le colossal effort : l'ensemble de l'activité spatiale présentait un intérêt militaire; au moins 65 p. 100 des lancements avaient un objectif militaire pur. En janvier 1985, l'U.R.S.S. avait effectué 2119 lancements, contre 1287 pour les U.S.A. Ces derniers utilisaient des vecteurs plus puissants, capables d'emporter une charge utile plus considérable; leurs satellites jouissaient de possibilités plus étendues et d'une durée de vie plus longue.

Parmi les tâches de type militaire effectuées par les satellites automatiques figuraient la reconnaissance par l'intermédiaire de moyens photographiques, électroniques, radar et infrarouge; le service des stations de communication, d'alerte avancée, de météorologie et de navigation; enfin, certains satellites chasseurs de satellites étaient spécialisés dans les missions d'interception et de destruction. On réservait les véhicules habités, comme l'*Enterprise 101*, aux missions comportant des tâches multiples et diversifiées, ou devant être exécutées dans un contexte incertain. La Chine, la France et la Grande-Bretagne avaient elles aussi entrepris la réalisation de programmes spatiaux modestes et lançaient des satellites de recherche scientifique et de communication. La France et la Chine utilisaient leurs propres vecteurs alors que les Britanniques dépendaient en la matière des Etats-Unis. C'était bien sûr également le cas de l'O.T.A.N., qui entretenait un système de communication à trois satellites.

Avant la guerre, la grande masse des êtres humains n'avaient qu'une faible idée de ce qui se déroulait haut au-dessus de leurs têtes. A cause du secret, d'abord, et du fait que l'attention générale n'était captée par l'espace qu'à l'occasion du départ ou du retour de vaillants astronautes, cosmonautes et spationautes dont les télés mondiales faisaient sporadiquement des gorges chaudes. Pourtant, ce ne furent guère les exploits héroïques qui caractérisèrent cette dimension du conflit. Le rôle de l'homme dans l'espace se limitait encore à l'exécution de quelques tâches précises. Lorsqu'on en venait aux applications militaires, sa présence se révélait plus souvent une gêne qu'un avantage. Il y avait bien sûr de notables exceptions, lorsque la complexité d'une mission requérait le jugement, la maîtrise et l'initiative directs d'un être humain : le dernier vol du colonel « Slim » Wentworth à bord d'*Enterprise 101* en fournit le tragique exemple. Mais, dans l'ensemble, c'étaient les robots qui tenaient l'espace.

Il n'est pas inutile de rappeler quelques points fondamentaux dont la compréhension permettra de mieux évaluer cet aspect si particulier du conflit. Comme les planètes, les satellites artificiels obéissent à des lois découvertes au XVIIe siècle par l'astronome allemand Johannes Kepler. Ainsi, le plan de l'orbite d'un satellite passera inéluctablement par le centre de la planète autour de laquelle il gravite. Le mouvement d'un satellite est par nature stable et, partant, prévisible. On ne peut le modifier qu'en faisant jouer une force propulsive dont la source est embarquée à bord – généralement, des moteurs fusées à carburant solide ou liquide. Comme ces moteurs et leur carburant font partie intégrante du satellite et quittent la terre en même temps que lui, ils diminuent d'autant la charge utile; et comme le carburant s'épuise vite, la manœuvrabilité se trouve limitée.

Autre facteur de limitation : la quantité d'énergie électrique dont dispose le satellite pour l'alimentation de ses systèmes. La cellule solaire n'est pas une solution universelle, et pose entre autres des problèmes de puissance disponible et de stockage d'énergie. Voilà pourquoi les satellites radar, dont le rôle fut si crucial durant la guerre, souffraient d'un handicap majeur : les radars sont très gourmands en électricité. Cela avait amené les Soviétiques à équiper leurs satellites de reconnaissance radar de réacteurs nucléaires miniaturisés pour assurer leur alimentation en énergie. On se souvient de ce satellite soviétique, indubitablement engagé dans une tâche de surveillance océanique, qui affola le monde entier en 1978 lorsque sa rentrée non contrôlée dans l'atmosphère dispersa des éléments radioactifs au-dessus du Canada septentrional.

Même sans accidents de ce genre, la durée de vie d'un satellite est limitée, pour sa durée proprement dite, par l'altitude de son orbite, et pour sa durée utile, par l'endurance de sa source d'énergie. En gros, on peut dire que plus l'orbite est basse, plus la durée de vie sera brève. Ce sont les paramètres du lancement qui déterminent l'altitude de l'orbite, choisie en fonction de la tâche que le satellite doit exécuter. La photographie exige une orbite rapprochée – parfois guère plus de 120 kilomètres du sol. A l'autre bout de l'échelle, les satellites de détection d'explosions nucléaires VELA (vélocité et angle d'attaque) lancés au cours de la guerre par les Etats-Unis plafonnaient à 110000 kilomètres de la terre.

Bien que l'espace permette à des engins créés par l'homme de couvrir des distances considérables à des vitesses énormes, animés d'un mouvement quasi perpétuel, tout ce qui se déplace dans le cosmos obéit aux lois de Kepler. Lorsqu'un satellite placé sur son orbite est abandonné à lui-même, il passe à la verticale d'un point donné de la terre à un moment déterminé et prévisible. Des manœuvres adéquates peuvent modifier l'altitude et le plan de son orbite mais lorsqu'elles prendront fin, le satellite – à moins qu'il ne regagne la terre – se retrouvera sur une nouvelle orbite, aussi prévisible et aussi stable que la première. Ainsi, bien que la mission exacte de certains de ces engins n'ait pas été connue avant-guerre de façon très précise, l'espace restait « zone ouverte » : les satellites, les étages supérieurs de lanceurs et autres débris d'origine humaine étaient soigneusement dénombrés, enregistrés et surveillés par les ordinateurs d'organismes adéquats. D'ailleurs, une convention des Nations Unies presque unanimement acceptée et qui comptait l'U.R.S.S. parmi ses signataires, stipulait l'obligation de signaler le lancement de tout satellite, et de communiquer ses principaux paramètres. Cette convention fut en gros respectée.

Parmi les nombreux avantages qui découlèrent avant-guerre des programmes spatiaux, l'un des principaux fut l'acceptation – rendue de toute façon inévitable par la science – du concept d'« espace ouvert ». Il contribua à lever l'une des difficultés qui entravait la progression des négociations SALT et START : la surveillance spatiale rendait aisé le décompte de nombreux lanceurs et aires de tir de missiles. Cette méthode reçut le nom anodin de « vérification par moyens techniques nationaux », mais elle avait ses limites : elle ne pouvait dénombrer les missiles de réserve abrités dans leurs caches, ni percer le secret des MIRV (Vecteurs à charges multiples à objectifs indépendants) dans les ogives des missiles eux-mêmes.

En temps de paix, l'activité spatiale de l'homme tendait donc vers la stabilité, sur le plan aussi bien politique que scientifique. La coopération internationale était d'ailleurs considérable. Parfois, elle empruntait même des chemins surprenants : en 1977, l'U.R.S.S. avait averti les U.S.A. que l'Afrique du Sud semblait se préparer à effectuer un essai nucléaire dans le désert du Kalahari. L'information avait été acquise grâce aux observations des satellites soviétiques *Cosmos*, que des manœuvres avaient placés en orbite au-dessus du site supposé de l'essai, en juillet et août de cette année-là.

Quoique les méthodes arrêtées par les deux superpuissances pour conquérir l'espace aient considérablement différé sur le plan technique, l'opinion généralement reçue en Occident – au moins chez les non-initiés – était que l'avantage appartenait sûrement aux Américains. La réalité, plus complexe, montrait que selon les domaines chacun marquait des points sur son concurrent. Les Etats-Unis avaient mis en œuvre des efforts titanesques pour faire aboutir le programme *Apollo* et débarquer sur la Lune. L'Union soviétique, de façon beaucoup moins ostentatoire, avait mis en orbite sa station *Saliout*, qu'une rotation des équipages avait pu faire utiliser par une quarantaine de cosmonautes chargés d'effectuer divers travaux de recherche. Ces deux programmes étaient aussi remarquables qu'impossibles à comparer.

La télémétrie permet de transmettre instantanément à la terre les informations recueillies dans l'espace par des capteurs optiques ou électroniques. Au cours du conflit, ces systèmes furent partiellement ou totalement brouillés par les installations adéquates que possédaient les deux camps, aussi bien dans l'espace qu'à la surface de la planète. Quant à la photographie, qui impliquait un processus complexe d'éjection d'un container recelant la pellicule impressionnée, laquelle, une fois sur terre, devait encore être traitée et interprétée, la lenteur de cette méthode devenait rédhibitoire en temps de guerre. D'un autre côté, ce type de transmission des informations présentait une invulnérabilité parfaite au brouillage. Le système de télécommunications par satellite, déjà solidement établi avant la guerre, prit au cours de cette guerre menée à un rythme sans précédent une importance capitale, assurant la liaison constante des centres de décision politiques et militaires.

Les satellites furent détruits par des actions d'un caractère plus limité qu'étendu. Le nombre de satellites d'interception et de destruction dont disposaient les deux camps n'ayant rien d'infini, ceux-ci furent réservés aux objectifs d'intérêt majeur, c'est-à-dire surtout aux satellites de renseignement électronique qui recueillaient des informations clefs sur les systèmes électroniques de l'adversaire et en particulier ses fréquences de travail. Certains des satellites ainsi mis hors d'état furent remplacés par d'autres. Le lancement de ces derniers s'accompagnait d'un ensemble de précautions concernant l'emplacement du site et les paramètres de la trajectoire, pour éviter toute confusion tragique avec un tir d'I.C.B.M. Mais l'espace avait été richement garni en satellites divers au cours des mois précédant la guerre, et ces opérations de remplacement ne furent guère nombreuses. En conséquence, les Etats-Unis, avec leurs imposantes fusées, leurs gros satellites et le rythme de lancement beaucoup plus lent que ceux-ci impliquaient, ne furent pas aussi nettement désavantagés que certains l'avaient prédit avant le déclenchement des hostilités.

La destruction ou le brouillage des satellites de renseignement électronique fut beaucoup plus nuisible à l'Ouest qu'à son adversaire. En effet, l'O.T.A.N. comptait à fond sur l'influence des contre-mesures et contre-contre-mesures électroniques pour contrebalancer l'infériorité numérique et les déploiements défavorables qui seraient les siens au début d'une guerre.

Avec les perspectives stratégiques et militaires qu'ouvraient les progrès de la technologie spatiale, il était inévitable que les superpuissances en viennent à s'intéresser aux systèmes antisatellites. Les premiers pas dans cette direction furent effectués au milieu des années 60. L'U.R.S.S. prouva qu'elle maîtrisait l'art du rendez-vous orbital en accouplant ses *Soyouz* et ses *Cosmos*, comme l'avaient fait les U.S.A. quelque temps plus tôt, avec leurs *Gemini*. Dans la seconde moitié des années 70, il apparut que l'U.R.S.S. en tenait fermement pour une méthode selon laquelle l'intercepteur approchait son objectif par en dessous, suivant une orbite similaire, pour lui envoyer des balles à fragmentation ou pour se placer dans son voisinage immédiat et exploser. La guerre montra l'exactitude de ces déductions : les deux méthodes furent utilisées – avec efficacité. Les satellites sont par nature des objectifs vulnérables; il n'en faut pas beaucoup, en termes d'impact ou d'explosion, pour les empêcher de remplir leur rôle. Le principal système américain tablait quant à lui sur une collision à vitesse réduite entre le satellite et l'intercepteur. Celui-ci, fixé sous l'aile d'un chasseur F-15 *Eagle*, était tiré en très haute atmosphère. Les deux camps utilisaient l'autoguidage infrarouge pour les dernières phases de l'interception.

Les missiles antisatellites lancés directement du sol furent envisagés puis écartés, malgré les succès qu'avaient rencontrés en la matière les Etats-Unis lors de leurs premiers essais dans le Pacifique. A l'instar des missiles antimissiles balistiques autorisés par les accords SALT I, ils levaient de complexes problèmes d'acquisition de l'objectif et de pointage, dont la résolution eût été trop coûteuse. On aurait bien sûr pu pallier le manque de précision du vecteur en l'équipant d'une ogive nucléaire mais les conséquences de son utilisation auraient pu être assez désastreuses, sur le plan de l'escalade entre les deux camps. De toute façon, le Traité spatial interdisait la mise en orbite d'engins nucléaires. Nul n'aurait pu dire si ce traité résisterait à l'épreuve de la guerre. Il eut pourtant l'avantage de bloquer les essais et les développements au cours de la période de paix qui précéda celle-ci.

Beaucoup d'écrits de science-fiction ont fait preuve d'un caractère prophétique frappant, mais l'imagerie du scaphandrier cosmique braquant son fulgur ou son paral ne trouva aucun écho au cours de la vraie guerre de l'espace. Wentworth et son équipage furent mis hors de combat par un *Soyouz* en mission d'interception et de destruction, dont le rayon laser aveugla le commandant d'*Enterprise 101.* Mais on sait à présent qu'il s'agissait d'un laser chimique expérimental, de portée et d'emploi limités. Les dégâts subis par les tuyères, les générateurs d'énergie et les contrôles de vol d'*Enterprise 101* furent certainement infligés par l'explosion dans son voisinage immédiat de balles à fragmentation lancées à partir de l'intercepteur soviétique.

La fiction et l'imagination sont une chose, le renseignement scientifique en est une autre, mais ils entretiennent pourtant une relation aussi intime que curieuse. Un sujet, porté périodiquement à l'attention du public, provoquait bien légitimement l'angoisse et le doute de celui-ci. Il s'agissait du « rayon de particules chargées ». Sa théorie – on charge, on « excite » des particules atomiques pour concentrer dans un mince rayon une énergie énorme – est bien connue des chercheurs depuis nombre d'années. Un tel engin ne ferait qu'une bouchée d'un satellite artificiel et, plus important encore, serait sans doute capable de détruire durant leur parcours les missiles balistiques, à condition que soit résolu le problème du pistage et du pointage. Mais à l'instar de l'énergie de fusion, dont l'avènement annoncé depuis longtemps devait nous libérer de l'esclavage des combustibles fossiles, si l'on comprenait les équations il n'en allait pas de même pour la technologie.

Autre Arlésienne de la guerre spatiale, l'impulsion électro-magnétique ou EMP. En simplifiant à l'extrême, il s'agissait de l'effet provoqué par les rayons gamma frappant brutalement l'atmosphère à la suite d'une explosion nucléaire dans l'espace. Les scientifiques avaient déterminé que la vague électromagnétique engendrée détruirait ou paralyserait tous les équipements électriques et électroniques sur une vaste fraction de la surface terrestre. Ceci se produirait sans qu'interviennent les effets habituels d'une explosion nucléaire en atmosphère. Si le lièvre levé n'était pas un leurre (et certaines conséquences inattendues d'un test nucléaire américain dans le Pacifique, en 1962, paraissaient bien impliquer son existence), tous les éléments de commande et de contrôle d'une machine de guerre moderne pouvaient être paralysés.

Le traité de 1963 sur l'interdiction partielle des essais nucléaires interdit de tester même à petite échelle la théorie de l'EMP. Ceci, ajouté au danger de confusion avec une attaque nucléaire, fit que le génie resta sagement dans sa lampe. Quand éclata la guerre de 1985, aucune défense globale contre ce risque n'avait été mise sur pied. Cependant, les pays industrialisés avaient adopté quelques mesures de protection lors de la modernisation quasi générale qu'avaient connu leurs communications au début des années 80 : durcissement des circuits de l'équipement électronique clef, utilisation accrue de la fibre optique dans la transmission de l'énergie et de l'information. Il est fort possible que l'effet EMP ait pu endommager gravement les structures de communication nécessaires à la conduite de la guerre. Il n'aurait certainement pas mis fin à celle-ci et, pour des raisons d'avantage stratégique, aucun des belligérants ne tenta de le mettre en pratique à son profit.

DES PÉRIPHÉRIQUES VITAUX

XVI

UN PIÈGE À ÉLÉPHANT : L'AMÉRIQUE CENTRALE

Lorsque s'ouvrit la décennie 80, les forces du changement en Amérique centrale n'étaient pas toutes de nature révolutionnaire, ou soutenues par Cuba. Elles comptaient aussi des éléments réformistes et modérés. Au nombre de ces derniers figurait l'Internationale socialiste, très proche des partis sociaux-démocrates du Venezuela, du Costa Rica et du Mexique, et jouissant également d'une certaine influence au Salvador. L'IS, plutôt centre gauche, avait perdu son crédit auprès des dirigeants du Nicaragua : le régime sandiniste passait sous contrôle communiste. Au centre droit régnait l'Organizacion Democrata Cristiana de America (ODCA), présidée par un Vénézuélien, influente auprès du président du Salvador Napoleon Duarte, et de quelques partis politiques des Caraïbes.

Cubains et Soviétiques décidèrent de s'attaquer en premier lieu à l'ODCA – c'est-à-dire au Salvador et au Venezuela.

Déjà, en 1980, les dirigeants cubains avaient secrètement rencontré les chefs marxistes d'Amérique centrale, pour discuter leur plan de polarisation du Nicaragua. Leur triomphe s'était matérialisé par la victoire militaire du mouvement sandiniste, et le renversement de la dynastie Somoza. L'événement, profondément troublant pour l'administration américaine, revêtait une grande importance. Il prouvait qu'en Amérique centrale, un mouvement de guérilla pouvait affronter avec succès une armée régulière « conseillée » par les Etats-Unis, mais démoralisée. Il plaçait à la tête d'un pays centre-américain continental une équipe comportant des éléments farouchement pro-cubains. Jusqu'au moment où ils furent presque entièrement gagnés au communisme, les sandinistes purent jouir au Nicaragua d'un soutien très vaste.

Si la voix qui s'était élevée en 1980 lors de la rencontre entre chefs marxistes appartenait à Fidel Castro, la main appartenait, elle, à Leonid Brejnev. L'U.R.S.S. tenait déjà à bout de bras l'économie catastrophique de Cuba, grâce à une aide estimée à quarante millions de dollars par semaine. Elle venait d'envisager la possibilité d'attirer les Etats-Unis dans un piège tendu sur le seuil méridional de leur territoire. Tandis qu'ils s'y débattraient en pure perte, des événements d'importance cruciale sur lesquels ils n'auraient aucun contrôle surviendraient ailleurs.

Les stratèges soviétiques estimaient que l'Amérique centrale et les Caraïbes étaient désormais mûres pour la révolution. Cuba serait le tremplin d'où partirait vers ces régions un puissant mouvement politico-stratégique. Cette manœuvre de diversion immobiliserait une partie des Forces armées américaines et ferait tomber le prestige des U.S.A., offrant à l'U.R.S.S. la possibilité de frapper des coups décisifs et d'intervenir à sa guise en d'autres parties du monde. Les U.S.A. auraient du mal à impliquer leurs alliés, et à prétendre que le conflit centre-américain devait être

Amérique Centrale
ETATS-UNIS
Los Angeles
San Diego
Tinker
Dyess
Carswell
Houston
New Orleans
Mississipi
Rio Grande
Bermudes
OCEAN ATLANTIQUE
Miami
BAHAMAS
GOLFE DU MEXIQUE
MEXIQUE
Mexico
La Havane
Marianao
CUBA
Guantanamo
REPUBLIQUE DOMINICAINE
Port au Prince
San Juan
JAMAÏQUE
Kingston
HAITI
Santo Domingo
PORTO RICO
BELIZE
GUATEMALA
Guatemala
HONDURAS
Tegucigalpa
EL SAVADOR
NICARAGUA
Managua
COSTA RICA
San José
MER DES CARAIBES
Petites Antilles
Guadeloupe
DOMINIQUE
Martinique
BARBADE
STE-LUCIE
ST VINCENT
GRENADE
Curaçao
TRINIDAD & TOBAGO
Canal de Panama
PANAMA
Caracas
VENEZUELA
OCEAN PACIFIQUE
Bogota
COLOMBIE
Orénoque
Georgetown
Paramaribo
Cayenne
GUYANE
SURINAM
GUYANE FRANÇAISE
Rio Négro
Quito
EQUATEUR
Iles Galapagos
BRESIL
Amazone
PEROU
0 Kilomètres
1000

purement envisagé en termes de rapports Est-Ouest. Quant à l'opinion publique américaine, elle refuserait jusqu'à l'hystérie tout engagement massif de troupes visant à réprimer les mouvements insurrectionnels – d'autant plus facilement que le théâtre des opérations bénéficierait à coup sûr d'une couverture télé maximum. Pour le Kremlin, l'affaire se présentait bien.

Castro avait vu là l'occasion de rompre l'isolement dont souffrait Cuba depuis plusieurs années par rapport aux autres pays d'Amérique latine. Lors de leur conférence au Nicaragua, il avertit ses amis marxistes qu'il s'apprêtait à jeter à la face des Etats-Unis ses atouts raciaux : si l'administration conservatrice de Washington réduisait ses programmes d'aide sociale – ce qu'elle ne manquerait pas de faire – elle devait s'attendre à ce que Noirs et Hispano-américains déclenchent un vent d'émeutes. En Amérique centrale, le principal objectif était l'instauration de la guerre civile au Salvador – projet qui répondait, entre autres, au retour au pouvoir des démocrates-chrétiens au Venezuela : ces derniers étaient bien décidés à raffermir leurs liens avec les U.S.A. et à affronter Cuba.

En 1981, Castro fit parvenir à Brejnev un mémorandum disant à peu près ceci :

« Le gouvernement du Venezuela est le maître-allié des Etats-Unis dans la région. Sans le Venezuela, les Américains ne pourraient certainement pas nous empêcher de susciter des révolutions au Salvador, au Guatemala, au Honduras – et la radicalisation du mouvement sandiniste s'accélérerait notablement. Le gouvernement vénézuélien considère que l'extension du communisme en Amérique centrale représente pour sa sécurité un risque majeur. Afin de lutter plus efficacement contre ce danger, il peut demander et obtenir l'aide de plusieurs pays voisins, notamment le Brésil. Mais nous avons deux avantages. D'abord, l'existence au Venezuela même d'une forte opposition à ce gouvernement et à sa politique. Ensuite, le fait que ledit gouvernement se soit couvert de ridicule en se faisant l'instrument principal de l'arrivée d'un fantoche démocrate-chrétien à la présidence du Salvador. Les Américains estiment que cet homme (a) saura faire tenir tranquille sa junte militaire (en réalité, il est trop faible); (b) sera perçu comme un modéré doué d'un certain charisme – alors que ses apparitions sur le réseau télévisé américain sont peu convaincantes, surtout lorsqu'il tente de parler anglais; (c) sera accepté par les Mexicains (ce qui semble impossible). C'est au Salvador que les forces révolutionnaires du communisme doivent maintenant frapper. »

A peu près au même moment échoua sur le bureau du président des Etats-Unis un document dont le contenu peut se résumer ainsi :

« Face à l'alternative révolution/répression, les Etats-Unis doivent trouver en Amérique centrale une voie médiane. Tout en aidant les gouvernements militaires du Salvador, du Guatemala et du Honduras, il importe également que les Etats-Unis (a) fassent promouvoir par ces gouvernements des réformes visant à réduire le soutien dont bénéficient les révolutionnaires; (b) demandent instamment à ces gouvernements de limiter l'ampleur du " terrorisme officiel "; (c) protègent l'actuel gouvernement du Salvador contre un éventuel coup d'Etat de l'extrême droite; (d) s'opposent résolument, et si nécessaire par la force, à l'envoi de troupes cubaines auprès des mouvements de guérilla du Salvador; (e) dissuadent les sociaux-démocrates d'apporter leur soutien aux communistes. Les premiers à convaincre sont ceux du Mexique. »

Mais les sociaux-démocrates mexicains ne se laissèrent pas convaincre. Leur approche de la situation différait trop profondément de celle des Américains. Et il n'en fut que plus facile de tendre le piège à éléphant.

La première phase de la crise vit l'intensification de la guerre révolutionnaire au Salvador. Ce qui avait commencé comme une série d'escarmouches opposant une poignée de guérilleros à une armée mal entraînée, mal équipée et faible en effectifs devint une vraie guerre, menée sur une importante proportion du territoire national. Les U.S.A. aidaient l'armée officielle et Cuba, les guérilleros.

Les élections du début 1982 virent le départ des modérés, remplacés par un gouvernement de coalition situé à la droite des démocrates-chrétiens. Pour beaucoup d'officiers, c'était là une bonne nouvelle. Ils prirent les commandes, jurant de poursuivre la guerre contre la subversion communiste jusqu'à l'extermination des derniers guérilleros. Leur violence fut telle que nombre de modérés décidèrent d'épouser la cause des communistes. La guerre gagna encore en intensité et en cruauté.

Les Etats-Unis ne pouvaient malheureusement plus prétendre qu'ils défendaient la démocratie au Salvador. Il leur fallait prendre fermement position, pour ou contre le gouvernement militaire du pays.

L'administration américaine choisit de soutenir ce dernier. A grand renfort de conseillers militaires, de fournitures d'armes et de matériel, elle se lança dans un type de lutte anti-insurrectionnelle condamné à l'avance. Les militaires du Salvador, que cet appui considérable fortifiait encore dans leur résolution de « vaincre ou mourir », accrurent le degré de violence d'une guerre qui ressemblait de plus en plus à un soulèvement populaire.

Fin 1983, la guerre du Salvador poussait des métastases vers les cinq autres républiques d'Amérique centrale.

Dès avant la prise du pouvoir par la droite au Salvador, le gouvernement sandiniste du Nicaragua s'était engagé profondément sur la dangereuse voie cubaine. Sous la pression de conditions économiques catastrophiques, on avait commencé à emprisonner industriels et hommes d'affaires – locaux ou travaillant pour des multinationales – en prétextant qu'ils sabotaient l'économie nationale. Les Etats-Unis avaient réagi en suspendant leur aide, vite imités par le Venezuela. Les pro-cubains que comptait la tête du mouvement sandiniste s'étaient alors tournés vers La Havane et Moscou, réclamant leur assistance. Cuba dénonça bien haut les « mesures interventionnistes orchestrées par les Etats-Unis qui frappaient le Nicaragua » et affirma qu'une « armée de mercenaires », payée en dollars américains et en bolivars vénézuéliens, s'entraînait au Costa Rica, s'apprêtant à « porter la guerre contre la révolution nicaraguayenne ». Cuba dépêcha sur place davantage de conseillers militaires, envoya encore des armes. Le Mexique ne se montra guère coopératif : sa thèse était qu'en interrompant leur aide économique au Nicaragua, les Etats-Unis avaient jeté ce pays droit dans les bras de l'Union soviétique.

Au Guatemala, l'existence d'une armée de guérilla bien entraînée et bien équipée faisait craindre aux militaires l'éruption prochaine d'une guerre révolutionnaire de grande ampleur. Au Costa Rica, la diminution du niveau de vie, la baisse des cours du café et des autres produits d'exportation, favorisèrent le déferlement d'une vague de terrorisme animée par des groupes réduits mais extrêmement efficaces. C'était un phénomène inédit dans ce pays réputé pour sa stabilité interne et ses prises de position pacifistes sur la scène internationale. La même chose se produisit à Panama, où la mort en 1981 du général Torrijos avait créé une vacance du pouvoir propice à une reprise de l'activisme d'extrême gauche. Les troubles graves survenus à proximité du canal de Panama fournirent à l'U.S. Navy un sérieux motif d'inquiétude.

Avec une inconscience égale, le Guatemala intervint alors au Salvador, et le Honduras, au Nicaragua. L'Organisation des Etats américains se réunit en octobre 1983, pour accoucher d'une résolution anémique condamnant « toutes les formes d'agression ». La guerre en Amérique centrale prenait l'allure d'un conflit supranational opposant la droite à la gauche. Les frontières des Etats perdaient peu à peu leur signification.

Le risque croissant de guerre entre le Venezuela et la Guyana vint encore compliquer la situation.

Des élections générales devaient avoir lieu au Venezuela dans les premiers jours de décembre 1983. Au cours de la période démocrate-chrétienne du Salvador, le Venezuela s'était comporté comme l'allié juré des Etats-Unis, malgré l'opposition quasi générale de sa population. A l'époque, 10 p. 100 seulement des Vénézuéliens estimaient que leur pays devait intervenir au Salvador et aider la junte, alors que 60 p. 100 se disaient favorables à la poursuite de l'aide au Nicaragua.

Certains groupes nationalistes de l'extrême droite vénézuélienne, ainsi qu'une fraction de l'armée, virent avec satisfaction l'accroissement de la tension entre leur pays et la Guyana pro-cubaine, mais ce fut cette dernière qui prit l'initiative des hostilités. Un conflit mettant aux prises ces deux Etats n'est jamais difficile à déclencher : le Venezuela a la conviction que les deux tiers du territoire de son voisin lui appartiennent. En Guyana, certains politiciens voulaient raffermir les liens qui attachaient leur pays à Cuba – souvent parce que cela renforcerait leurs positions personnelles. Ils acquirent la certitude que le déplacement de bandes armées sur la partie litigieuse du territoire, assorti de quelques violations de frontière, suffirait à mettre le feu aux poudres. Le spectre d'une guerre ayant pour théâtre le continent sud-américain venait de se matérialiser.

La Guyana demanda l'aide de Cuba, et de nouvelles équipes de « conseillers » débarquèrent très vite de La Havane. Les autres pays des Caraïbes tentèrent de convaincre les deux parties de résoudre leur différend par des voies pacifiques; leur réprobation presque unanime entourait le Venezuela. Une campagne fustigeant « l'impérialisme vénézuélien », lancée par la gauche, trouva un écho profond à Trinidad et Tobago, Curaçao, Grenada, en République Dominicaine, et gagna même la Jamaïque. Pour les Etats-Unis, il était embarrassant de voir leur principal allié dans la lutte contre la subversion en Amérique centrale et aux Caraïbes perdre toute la sympathie de ses voisins à cause d'un différend territorial quasi centenaire avec un pays anglophone où les Noirs étaient majoritaires. Cuba ne rata pas l'occasion de donner une nouvelle preuve de son anticolonialisme, et se prépara à stationner des troupes sur le continent, « à la requête d'un gouvernement ami, menacé d'agression par l'étranger ».

En novembre 1983, la position des Etats-Unis en Amérique centrale n'avait jamais paru aussi mauvaise. L'administration américaine, engagée dans une politique de lutte antisubversive mais en principe susceptible d'accepter un changement politique modéré, avait abandonné l'espoir de voir un jour ces pays déchirés entre deux extrémismes, prendre une voie médiane. Le Mexique restait sur ses positions anti-américaines, prêt à miser sur les mouvements de centre gauche, voire d'extrême gauche. Alors que les élections approchaient, le gouvernement vénézuélien avait perdu la meilleure partie de ses moyens d'action, et son impopularité internationale se trouvait encore accrue par le différend frontalier supplémentaire qui l'opposait à la Colombie, alors que Cuba recouvrait son prestige politique et voyait s'ouvrir de vastes possibilités d'envoyer ses troupes au secours de « gouvernements amis ». Les Etats-Unis se débattaient vainement dans le piège à éléphant. L'Union Soviétique avait de bonnes raisons de se réjouir.

Les techniciens cubains hâtaient la construction du nouvel aéroport de Grenade, commencée en 1980. Il était déjà évident que ses installations pourraient accueillir des avions de combat sophistiqués. Les Etats-Unis devaient décider s'ils entreprendraient ou non une action militaire pour empêcher la floraison de « nouveaux Cuba » sur les terres d'Amérique centrale et les îles des Caraïbes.

Pour sortir du piège, l'administration adopta la vieille méthode de Theodore Roosevelt : « parler doucement en tenant un gros bâton ». Le gros bâton prit la forme d'un avertissement solennel : tout nouvel envoi de troupes à destination de l'étranger auquel se livrerait Cuba serait considéré par les Etats-Unis comme *casus belli.* Des unités de la Flotte atlantique américaine prirent position autour de l'île. Washington annonça que si ces bâtiments subissaient la moindre attaque, des objectifs déterminés du territoire cubain seraient frappés en représailles. Quant à la voix douce, ce fut celle du président des Etats-Unis, qui déclara que « compte tenu de la crise vers laquelle se dirige indubitablement l'Union soviétique, aucun pays d'Amérique centrale ou des Caraïbes ne peut trouver intérêt à demeurer sous sa tutelle. Nous tendrons une main franche et amicale, nous offrirons notre aide, aux gouvernements désireux de s'affranchir de cette tutelle. Nous n'avons aucune animosité envers les dirigeants en place. »

La méthode porta ses fruits. Les navires de guerre ne furent pas attaqués et Cuba cessa d'envoyer des troupes à l'étranger. La C.I.A. attribua ce succès à la présence du gros bâton. Ainsi que le rapporta le *New York Times*, l'Agence professait l'opinion suivante : « Les éléments modérés de l'élite cubaine s'inquiètent du marasme grandissant de l'économie nationale et de la situation catastrophique qui règne en Union soviétique. Ils auraient fort bien pu renverser l'actuelle équipe dirigeante si celle-ci avait fait tirer des missiles contre les navires américains. » Cuba expliqua sa propre passivité de façon plus subtile : « Nous pouvons nous permettre d'être patients, affirmait un communiqué. Les processus révolutionnaires entamés en Amérique centrale contre les régimes fascistes sont irréversibles. Le soutien des U.S.A. n'empêchera pas ces régimes de s'écrouler. Cependant, si les U.S.A. encourageaient l'instauration de régimes moins fascistes dans les pays actuellement aux mains des militaires, il serait fructueux d'envisager un nouveau type de relations avec les instigateurs de ce changement. Mais avant de tirer des plans sur l'avenir, attendons le début de décembre et la défaite des démocrates-chrétiens aux élections vénézuéliennes. »

Ceux-ci furent en effet battus par les sociaux-démocrates, qui s'assurèrent une majorité confortable. D'abord horrifiée, l'administration américaine devait découvrir ensuite de solides raisons de se féliciter.

Selon la Constitution, le nouveau président du Venezuela ne prendrait ses fonctions qu'au mois d'avril de l'année suivante. Il n'attendit pas cette date pour conférer avec les dirigeants du Mexique et des Etats-Unis, et déclara sans ambiguïté que son pays n'avait plus l'intention de considérer les conflits en Amérique centrale à travers le seul filtre des rapports Est-Ouest, comme le faisaient les U.S.A.. Il avait le projet d'installer des éléments modérés dans les gouvernements du Salvador et du Guatemala. Le Venezuela acceptait la politique du « gros bâton et des paroles douces » que pratiquaient les U.S.A. envers Cuba – avec cependant quelques restrictions : l'intervention militaire d'une quelconque puissance étrangère en Amérique centrale ou dans les Caraïbes ne pourrait jamais recevoir son aval. Quant aux paroles douces, le Venezuela estimait – comme le Mexique – que Cuba pouvait être dégagé de l'emprise soviétique par une politique de rapprochement prudente et adroite.

La nouvelle alliance du Mexique et du Venezuela se révéla plutôt efficace. Les deux pays persuadèrent les dirigeants sociaux-démocrates du Salvador de se séparer des éléments les plus radicaux du Front National de Libération Farabundo Marti, et d'accepter la création d'un gouvernement provisoire, ou siégeraient les démocrates-chrétiens. Les U.S.A. furent priés d'organiser une conférence internationale à laquelle participeraient toutes les organisations politiques démocrates du Salvador, et qui serait placée sous le contrôle du Mexique et du Venezuela. Le rôle principal des U.S.A. serait de convaincre les éléments d'extrême droite du gouvernement militaire du Salvador, et de leur faire accepter la démocratisation progressive du régime.

L'extrême droite et l'extrême gauche rejetèrent ces offres avec la même indignation, ce qui amena l'administration américaine à accepter la proposition mexico-vénézuélienne, en posant tout de même trois conditions : (a) aucune participation cubaine à quelque stade des travaux que ce soit; (b) exclusion absolue des marxistes et des pro-cubains de toutes les positions clefs du nouveau gouvernement du Salvador; (c) il serait procédé à des élections générales six mois après l'entrée en fonction du gouvernement provisoire.

Aux Etats-Unis, certains accueillirent ce changement de politique comme un coup de poignard dans le dos d'alliés loyaux; pour d'autres, c'était une sage décision. L'optimisme revint quand le Nicaragua, acculé par une crise économique galopante et découragé par l'interruption de l'aide cubaine, remit progressivement la barre au centre.

Pour endiguer ce déferlement de réformes politiques que patronnaient le Mexique et le Venezuela, le premier ministre cubain fit une ultime tentative. Mais ses efforts furent vains, même au Nicaragua. Les Etats-Unis firent discrètement savoir aux plus modérés des sandinistes qu'ils envisageraient la reprise des relations diplomatiques et de l'aide économique si ceux-ci libéraient les prisonniers politiques, garantissaient le respect des libertés civiles et autorisaient la reparution de la presse d'opposition.

Au début de 1985, Cuba devait donc reconsidérer sa position, et s'y employa très vite.

Lorsque éclata la Troisième Guerre mondiale, la démocratie au Salvador était encore fragile. Les dictatures militaires du Honduras et du Guatemala n'avaient plus leur solidité d'antan. Un assassinat venait de coûter la vie au président du Mexique, mais ce pays et le Venezuela parviendraient sans doute à trouver une solution politique à leurs problèmes. Au Nicaragua, les modérés avaient affermi leur position dans les structures civiles, mais l'armée et les forces de sécurité, qui avaient été profondément infiltrées par les Cubains, demeuraient très à gauche.

Quand les chenilles des chars soviétiques mordirent le sol de l'Europe de l'Ouest, Cuba se rongeait les sangs à essayer de redéfinir sa position. Les ordres de Moscou étaient explicites : « Déchaîner contre les Etats-Unis une guerre totale. »

Après avoir tenu un dramatique conseil qui occupa presque toute la journée du 4 août, les dirigeants cubains répondirent à Moscou par un long télex chiffré. Les trente premières pages étaient consacrées à d'obséquieuses protestations de fidélité à la justesse révolutionnaire fondamentale de la cause soviétique. Mais les phrases suivantes n'avaient pas la teneur qu'espérait le Kremlin : « Les représailles nucléaires que les Etats-Unis peuvent exercer contre la République socialiste cubaine placent celle-ci dans une situation de vulnérabilité extrême. Nos options sont fort peu nombreuses. Nous ne disposons pas du potentiel militaire nécessaire pour entreprendre l'invasion d'un pays important d'Amérique latine. Lancer une attaque aérienne contre les Etats-Unis serait trop risqué. Les opérations navales sont hors de question : la capacité de la marine cubaine se limite à la surveillance et à la défense du littoral. Dans cette région du globe, la prédominance navale des Etats-Unis est absolue. L'attaque d'objectifs spécifiques de la mer des Caraïbes – par exemple, Porto Rico – a été considérée avec la plus grande attention. Après mûre réflexion, il nous apparaît que ce type d'action serait inefficace, voire nuisible aux intérêts soviétiques à ce stade du conflit.

« Nous sommes néanmoins décidés à servir courageusement la cause socialiste commune. Notre action prendra trois formes. Premièrement, intensification de l'aérotransport des munitions, du matériel et des hommes vers certains points déterminés du continent centre-américain, déjà contrôlés par la guérilla ou les socialistes. Deuxièmement, mise en état d'alerte de nos forces aériennes et de nos unités de missiles, qui se tiendront prêtes à attaquer les convois militaires et les navires marchands américains faisant route vers l'Europe. Vous conviendrez, nous en sommes persuadés, que cette action ne doit être entreprise qu'au moment opportun; une intervention prématurée – c'est-à-dire avant que les objectifs majeurs aient pris la mer – risquerait de déchaîner contre nous des représailles nucléaires, et d'anéantir en quelques secondes le seul pays socialiste situé à proximité de la forteresse du capitalisme, ce qui ne pourrait que nuire à notre cause commune. Troisièmement, nous avons décrété la mobilisation générale. Tout Cuba est désormais sur le pied de guerre. Nos forces armées se concentrent en vue de donner l'assaut à la base américaine de Guantànamo, qui sera lancé dès le début de notre attaque des convois maritimes américains. »

Après son déchiffrage, ce message fut examiné par deux généraux. L'un se trouvait à Moscou et l'autre à Miami.

Le premier, le général de l'armée I.P. Seriy du Second Directoire Principal (le renseignement militaire) du G.R.U., porta à la connaissance du Haut Commandement soviétique l'analyse suivante : « De toute évidence Cuba nous abandonne, aussi bassement que Mussolini a trahi Hitler en 1943. Les Cubains ne prendront part à la guerre que lorsqu'ils estimeront que nous l'avons déjà gagnée. Leurs dirigeants devront recevoir, après la victoire de l'Union soviétique, le traitement adéquat. »

Le second, le lieutenant général Henry J. Irving, était chef d'état-major de la Force de Déploiement Rapide. Les U.S.A. avaient parfaitement percé les arcanes du code Atropos qu'employaient les Soviétiques et leurs alliés : la transcription en clair du message cubain ne se trouvait pas encore sur le bureau de Seriy qu'Irving avait déjà reçu et lu son propre exemplaire. Il rédigea le compte rendu suivant : « Malgré leur apparente passivité, il est évident que les forces armées cubaines attaqueront les convois américains dès que ceux-ci auront pris la mer et se lanceront simultanément à l'assaut de notre base cubaine de Guantànamo (éventuellement à l'aide de moyens biologiques, et probablement de moyens chimiques et nucléaires). Il est impératif que les Etats-Unis préviennent ces actions, et déclenchent dès à présent contre Cuba leur plan de guerre non nucléaire. »

Le plan américain fut mis à exécution. Des bases aériennes de Floride, des ponts des porte-avions de la Flotte atlantique, s'élança la dévastation. La puissance de l'attaque submergea les défenses aériennes cubaines et causa de très lourdes pertes. La totalité des objectifs industriels et militaires fut détruite. Un blocus naval absolu coupa Cuba du reste du monde. Des forces américaines (comprenant notamment des émigrés cubains et des mercenaires philippins) se concentrèrent pour envahir l'île.

Les Etats-Unis n'avaient pas prévu la réaction des autres pays d'Amérique latine. Le secrétaire général de l'O.E.A. adressa le 10 août un message urgent à la Maison Blanche : « Bien que tous nos membres se rangent en principe du côté des Etats-Unis dans la confrontation planétaire qui les oppose à l'Union soviétique, je dois vous dire que la perspective de voir vos forces armées tuer de nouveaux civils cubains n'engendre chez eux qu'opposition et révulsion. Les Cubains n'ont encore entrepris contre vous aucune action hostile, que déjà vous les bombardez. Je vous prie instamment de me fournir dès à présent l'assurance qu'en aucune circonstance l'arme nucléaire ne sera employée contre Cuba, et que tout sera fait pour réduire au maximum les pertes civiles. »

Le général Irving considéra presque cette supplique comme une insulte personnelle, mais la vitesse avec laquelle la situation évoluait sur le théâtre européen vint calmer ses ardeurs avant que l'invasion de Cuba puisse être entreprise. Le jour où la déconfiture de l'Union soviétique devint flagrante, le ministre de l'Economie cubain adressa au chef du gouvernement le mémorandum suivant : « Notre grand allié soviétique vient de perdre la guerre. Faisons preuve de sagacité, à l'instar du général Franco lorsque Hitler fut vaincu en 1945. Nous possédons un atout dont Franco était privé, dans l'Europe dénazifiée de l'immédiat après-guerre. Nombre de pays latino-américains sont les alliés des Etats-Unis, mais cela ne veut pas dire qu'ils servent aveuglément les intérêts nationaux de ceux-ci. Maintenant que l'Union soviétique n'est plus là pour faire contrepoids, ils vont craindre que les Etats-Unis ne tentent d'exercer sur eux une influence quasi hégémonique. La vieille peur de la subversion soviéto-cubaine peut laisser la place à celle du néo-colonialisme américain.

« Au cours des jours critiques qui vont suivre, il serait judicieux d'ordonner à nos troupes qui combattent aux côtés des guérilleros sur le continent centre-américain de se rendre aux autorités gouvernementales locales, en demandant peut-être la protection du Mexique et du Venezuela. Mais Cuba ne doit en aucun cas se plier à un ultimatum américain exigeant sa reddition sans conditions, et nous devons faire savoir que si les forces armées des Etats-Unis envahissent son territoire national, le peuple cubain se battra jusqu'à la mort. »

Ces propositions furent acceptées, et la plupart des troupes cubaines présentes sur le continent se rendirent aux autorités officielles, en même temps que les guérilleros. Mais Cuba et les Etats-Unis n'avaient pas encore signé de traité de paix.

Fin novembre, le secrétaire général de l'O.E.A. adressa à la Maison Blanche un nouveau télex : « Permettez-moi d'être tout à fait franc. Le gouvernement et le peuple cubains s'attendent toujours à voir les Etats-Unis envahir leur patrie. La quasi-majorité de nos membres estime qu'une telle invasion serait une faute grave. Je dois vous avertir brutalement d'une chose qui risque de vous troubler. Si vous persistez dans votre attitude agressive envers Cuba, le président du Mexique, et peut-être celui du Venezuela, se rendront à La Havane pour signer un traité d'assistance économique avec le gouvernement local, assurant à ce dernier la fourniture de vivres et de carburant. En aidant Cuba, ces pays ne feront que garantir leur propre liberté d'action. »

Ce message fit grincer des dents les partisans

américains d'une ligne dure, mais le président et ses conseillers personnels eurent la sagesse de prendre en compte l'avis implicite qu'il contenait.

L'influence du Brésil, devenu l'un des principaux promoteurs de l'unité latino-américaine, fut décisive. Les Etats-Unis acceptèrent de lever le blocus de Cuba, à la condition que les quelques troupes cubaines qui combattaient encore en Amérique centrale acceptent de se rendre, et que Cuba cesse de soutenir la subversion en Amérique latine par quelque moyen, politique ou militaire, que ce soit. La Havane donna très vite son accord. Au moment où nous rédigeons cet ouvrage, la vie politique intérieure de Cuba est déjà sur la voie de profondes réformes.

Au niveau des relations entre Etats, on constate l'apparition d'une nouvelle situation : les gouvernements latino-américains s'efforcent d'avoir envers les U.S.A. une politique commune. Cuba, où la domination du parti communiste s'efface de fait et de droit, s'incorpore progressivement à cette alliance. Mais en s'achevant, la Troisième Guerre mondiale n'a pas mis fin aux possibilités de crise en Amérique latine. L'évolution de la situation peut instaurer une période d'affrontement « anticolonialiste » contre les puissances occidentales triomphantes. Nous estimons cependant que les risques d'une telle éventualité sont réduits, car les signes d'un changement fondamental d'attitude des Etats-Unis envers les pays d'Amérique latine se discernent déjà de façon évidente.

XVII

LE MOYEN-ORIENT

Au Moyen-Orient, région depuis longtemps soumise à l'empire de la violence, ce furent la menace d'une guerre généralisée, puis cette guerre elle-même, qui finirent par instaurer la paix. De fait, sans les mesures drastiques prises à l'été 1984 par les Nations Unies, la Troisième Guerre mondiale aurait fort bien pu éclater un an plus tôt, et au Moyen-Orient.

Souvenons-nous qu'au début de la présente décennie, la marche des événements dans le monde arabe, en Asie du sud-ouest et en Afrique, conduisait précisément vers les situations d'affrontement que les nations occidentales désiraient éviter. Parmi ces événements, citons les combats en Afghanistan, l'agonie de l'Iran, la guerre du golfe Persique, l'expansionnisme libyen, les actions d'Israël contre l'Irak, le Liban, sa colonisation de la rive occidentale du Jourdain et son annexion du Golan, l'intervention de l'Afrique du Sud en Namibie et en Angola, plus l'inquiétante divergence de vues entre les Etats-Unis et l'Europe occidentale. Dans le même temps, d'autres événements venaient fortifier la stabilité et la compréhension internationales : initiatives de l'O.N.U. et de la C.E.E. en Namibie et en Palestine, évolution relativement harmonieuse de la situation au Zimbabwe, efforts des Américains et des Soviétiques visant la discussion du contrôle des armements, prise de conscience générale de la nécessité de soulager la misère du tiers monde, et travaux du conseil du golfe Persique pour la coopération.

Ces événements venaient illustrer l'une des caractéristiques fondamentales des politiques de l'Union soviétique et des Etats-Unis : la lutte pour l'influence et le profit qui opposait ces deux pays en Afrique et au Moyen-Orient s'y livrait par procuration, et les deux adversaires n'avaient aucune envie d'en venir à la confrontation directe. L'Afrique méridionale offrait un meilleur champ à ce duel intérimaire que le Moyen-Orient, car malgré les nombreux points communs de ces deux régions, un trait important les différenciait.

Toutes deux comprenaient une nation aux abois, un peuple doté d'un instinct de conservation exacerbé, frappant sans ménagement ceux de ses voisins qui menaçaient sa survie, résistant aux pressions du Conseil de Sécurité de l'O.N.U., dont les résolutions leur enjoignaient d'abandonner une portion de leur territoire pour parvenir à un règlement pacifique. Toutes deux présentaient — et présentent toujours — un intérêt stratégique majeur. Toutes deux faisaient prospérer les marchands d'armes. Toutes deux mettaient en lumière la volonté de déstabilisation soviétique et l'ambiguïté occidentale. Ni dans l'une ni dans l'autre, l'Union Soviétique ou les Etats-Unis n'auraient toléré de voir l'adversaire prendre l'avantage. Pour les deux superpuissances, le Moyen-Orient et l'Afrique méridionale étaient les champs clos d'une lutte acharnée. Cette dernière similitude soulignait leur différence cruciale. Alors que le sud de l'Afrique n'avait que peu de chances de devenir le théâtre d'une confrontation soviéto-

Sud-Europe, Moyen-Orient et Nord-Afrique

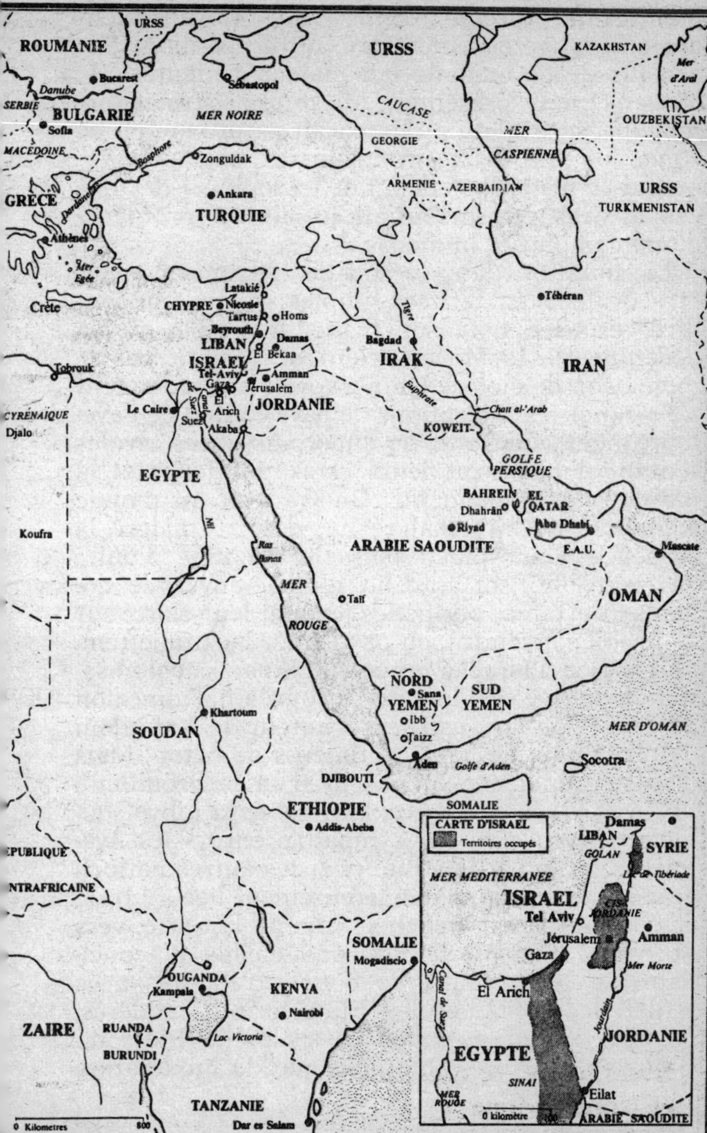

URSS
ROUMANIE
Bucarest
Danube
Sébastopol
SERBIE
BULGARIE
MER NOIRE
Sofia
MACÉDOINE
Bosphore
Zonguldak
GRÈCE
Dardanelles
Ankara
TURQUIE
Athènes
Mer Egée
Crète
CAUCASE
GEORGIE
ARMENIE
AZERBAIDJAN
MER CASPIENNE
KAZAKHSTAN
Mer d'Aral
OUZBEKISTAN
URSS
TURKMENISTAN
Téhéran
Latakié
CHYPRE
Nicosie
Tartus
Homs
Beyrouth
LIBAN
Damas
El Bekaa
ISRAEL
Tel-Aviv
Amman
Gaza
Jérusalem
El Arich
JORDANIE
Tobrouk
Le Caire
Canal de Suez
Suez
Akaba
Tigre
Bagdad
IRAK
Euphrate
IRAN
Chatt al-'Arab
KOWEIT
GOLFE PERSIQUE
BAHREIN
EL QATAR
Dhahrân
Abu Dhabi
E.A.U.
Riyad
ARABIE SAOUDITE
Mascate
OMAN
CYRÉNAÏQUE
Djalo
EGYPTE
Nil
Koufra
Ras Banas
MER ROUGE
Taïf
NORD YEMEN
Sana
SUD YEMEN
Ibb
Taizz
Aden
Golfe d'Aden
MER D'OMAN
Socotra
Khartoum
SOUDAN
DJIBOUTI
SOMALIE
ETHIOPIE
Addis-Abeba
RÉPUBLIQUE CENTRAFRICAINE
SOMALIE
Mogadiscio
OUGANDA
Kampala
KENYA
Nairobi
Lac Victoria
ZAIRE
RUANDA
BURUNDI
TANZANIE
Dar es Salam
0 Kilometres 800
CARTE D'ISRAEL
Territoires occupés
Damas
LIBAN
GOLAN
SYRIE
MER MEDITERRANEE
Lac de Tibériade
ISRAEL
CISJORDANIE
Tel Aviv
Jérusalem
Amman
Gaza
Mer Morte
El Arich
Canal de Suez
Jourdain
JORDANIE
EGYPTE
SINAI
MER ROUGE
Eilat
0 kilomètre 100
ARABIE SAOUDITE

américaine directe, celles du Moyen-Orient avaient dangereusement cru au fil des mois. Les raisons de cet état de fait étaient évidentes : le Moyen-Orient présentait un intérêt stratégique majeur, sa situation le plaçait à proximité de zones où les deux protagonistes pouvaient – quand ce n'était pas déjà fait – déployer des forces armées et, surtout, il posait un problème d'une complexité immense.

La situation dans le sud de l'Afrique pouvait être évaluée en termes simples et, si l'on peut dire, exposée noir sur blanc. Au début de la décennie 80, le Moyen-Orient ne rendait pas le même son de cloche. On n'y voyait pas seulement s'exprimer les aspirations de pays en mal de développement, sur fond de superpuissances rivales tentant d'influencer leurs choix politiques et la marche des événements. On y voyait un monde islamique déchiré malgré lui, déchiré malgré la présence du plus puissant motif d'unité envisageable : son hostilité globale envers le sionisme. Certaines péripéties jetaient leur clarté sur ce problème central, en particulier l'attitude temporisatrice d'Israël à propos du Sinaï, sa colonisation de la rive occidentale du Jourdain, l'annexion du Golan, ou la construction autour de Jérusalem d'un rempart de hauts bâtiments de béton. Mais d'autres tendaient à l'obscurcir, à le brouiller : l'Iran et l'Irak en guerre; la Syrie et la Libye soutenant l'Iran, non par sympathie envers les Ayatollahs, mais par hostilité pour les autres nations arabes : la Jordanie dangereusement liée à l'Irak, et commençant à pencher, comme la Syrie, vers l'U.R.S.S.; l'Egypte tentant de concilier l'inconciliable et d'entretenir de bonnes relations avec Israël, les U.S.A. et les Etats arabes modérés; l'Arabie Saoudite, Oman et les petits Etats du Golfe s'efforçant à une politique de modération dans un contexte dominé par l'extrémisme; l'O.L.P. fractionnée, et peu encline au compromis; les deux Yémen guettant l'ouverture sous le regard gourmand de l'U.R.S.S. Et la plupart de ces situations découlaient de l'inaptitude apparente de chaque puissance, super ou pas, à dénouer ou à trancher le nœud du problème : le bloquage palestinien. Dans le même temps, les U.S.A. semblaient en tenir fermement pour trois objectifs : une paix à la Camp David, l'exclusion de l'U.R.S.S., un flux ininterrompu de pétrole. Et l'U.R.S.S. paraissait décidée à ne pas se laisser jouer.

Ce fut en 1982 qu'intervinrent les premiers progrès réels vers un dégrippage du verrou palestinien. Les facteurs qui avaient contribué à le bloquer, fort nombreux, pouvaient être grossièrement ramenés à quatre principaux : d'abord, le soutien militaire et économique accordé par les U.S.A. à Israël avait conféré à ce dernier une supériorité militaire peu ou prou garantie sur les Etats arabes qui lui étaient hostiles. Ensuite, la détermination avec laquelle Israël avait annexé l'intégralité de la Cisjordanie, Gaza, le Golan et la partie est de Jérusalem avait de fortes chances de demeurer totalement inacceptable pour les Arabes et le monde islamique. En outre, le manque d'unité arabe chronique, particulièrement sensible chez les voisins immédiats d'Israël, impliquait simplement que ce dernier n'avait à craindre aucune menace locale et que cet état de choses durerait tant que ses adversaires ne se seraient pas unis. Enfin, la répugnance de l'O.L.P. à jouer ce que l'on appelait sa « dernière carte » éliminait toute possibilité de négociation entre les dirigeants palestiniens et Israël. Tels étaient quelques-uns des principaux obstacles. A les diminuer, à les éliminer, on modifierait la situation.

Ce fut précisément ce processus, entamé en 1982, qui devait conduire en 1986 à l'émergence d'un Etat palestinien autonome et au nouveau statut de Jérusalem.

Dix-neuf ans plus tôt, en 1967, le Conseil de Sécurité des Nations Unies avait adopté la Résolution 242, appelant au « retrait des forces armées israéliennes des territoires occupés au cours du récent conflit ». Elle avait également souligné la nécessité de garantir « l'inviolabilité territoriale et l'indépendance politique de chaque Etat de la région ». En bref, elle demandait deux choses : la sécurité pour Israël et la liberté pour les Palestiniens. Au début des années 80, des variations sur ce thème connurent un certain bonheur; ainsi, le plan en huit points du prince Fahd, présenté en 1981 mais rejeté la même année par le sommet de Fez. Il prévoyait :

1) Le retrait des Israéliens de tous les territoires occupés en 1967.

2) La création d'un Etat palestinien indépendant ayant Jérusalem Est pour capitale.

3) Le contrôle des Nations Unies sur la Cisjordanie et Gaza, durant une période de transition de quelques mois.

4) La reconnaissance du droit au rapatriement des Palestiniens, et le dédommagement de ceux qui ne désiraient pas être rapatriés.

5) La disparition de toutes les colonies israéliennes établies en territoire arabe depuis 1967.

6) La garantie de tout accord par l'O.N.U. ou plusieurs de ses membres.

7) La garantie de liberté du culte en Terre Sainte pour toutes les religions.

8) La garantie du droit à vivre en paix pour tous les Etats de la région.

Malgré quelques dissensions, le projet du prince Fahd reçut une approbation si forte et si universelle qu'il devint vite la référence de toute tentative de paix au Moyen-Orient. Cette acceptation générale fut facilitée par le progrès d'un plan de paix concernant l'avenir du Liban, par lequel ce pays prendrait la responsabilité de sa propre sécurité et pourrait retrouver son identité politique. D'abord, les phalanges chrétiennes, se détachant d'Israël, viendraient renforcer la notion d'autonomie nationale libanaise. Concurremment, les forces armées palestiniennes évacueraient la totalité du Sud-Liban, et les Israéliens agiraient de même. A leur place s'installerait la FINUL (force d'intervention des Nations Unies au Liban). L'armée libanaise, nouvellement constituée, veillerait au sort de Beyrouth, qu'auraient abandonné ses anciennes garnisons palestinienne et syrienne. Ceci permettrait à l'armée syrienne d'évacuer totalement le Liban, à l'exception de la vallée de la Bekaa, limitrophe du territoire syrien.

Ces réajustements militaires devaient sous-tendre un réalignement politique visant à l'établissement d'un gouvernement national libanais où toutes les parties, à l'exception des Palestiniens, seraient représentées.

Tout ceci semblait admirable, mais en théorie seulement. Restait à trouver le moyen de susciter ces fameuses initiatives internationales sans lesquelles le verrou ne céderait pas. Ce moyen existait, en Egypte.

En 1981 et 1982, le nouveau président égyptien poursuivit comme l'on s'y attendait, la politique de Camp David de façon à récupérer la totalité du Sinaï. Mais il s'efforçait de faire coïncider ce processus, qui requérait la coopération d'Israël et des Etats-Unis, avec un retour de l'Egypte dans le camp des pays arabes modérés. Au même moment, Israël caressait l'idée de retarder la restitution du Sinaï, pour se ménager le loisir d'évaluer la situation. Mais son désir de temporisation ne résista pas à la pression des U.S.A. et de l'Europe occidentale. Et lorsque le Sinaï fut rendu à l'Egypte en 1982, et qu'une force de sécurité composée de troupes venues des U.S.A., d'Europe et du tiers monde y eut été stationnée, de nouvelles possibilités s'ouvrirent.

La même année, le cheik Faiçal Abdullah d'Arabie Saoudite, qui œuvrait depuis longtemps au rapprochement de son pays et de l'Egypte, parvint à organiser à Genève une rencontre entre le prince Fahd et le président égyptien. Cette entrevue devait déclencher le train d'événements qui aboutiraient au dégrippage du verrou palestinien. En peu de mots, il fut décidé de restaurer au maximum l'unité arabe. Les facteurs de désunion, tels le fondamentalisme islamique ou l'aventurisme saharien, seraient contrôlés par la persuasion ou, si celle-ci échouait, par la force. Cette unité arabe retrouvée permettrait de faire pression sur deux points : d'abord Israël, qu'on forcerait par le truchement des Etats-Unis à négocier l'avènement d'un Etat palestinien autonome; puis l'O.L.P., pour l'obliger à reconnaître le droit à l'existence d'Israël – et l'amener par là même à la table des négociations. L'arme utilisée contre les Etats-Unis et leurs alliés occidentaux serait bien sûr le pétrole. Un marché simple : point de Palestine, point de barils. Mais les voix des absents de la conférence de Genève n'avaient pas encore été entendues : les Etats-Unis, Israël, la Libye, la Jordanie, la Syrie et l'Union soviétique.

Durant les mois suivants, ces voix s'élevèrent au cours de rencontres bi- ou multilatérales, et favorisèrent l'émergence de la solution. Mais avant que celle-ci se concrétise, il fallait éliminer deux obstacles rédhibitoires : la Libye et l'Iran.

Alors que les négociations progressaient, le leader libyen, dont les prestations étaient réputées, réussit à se surpasser : fort de l'aide du Pakistan, il entreprit de doter son pays d'un arsenal nucléaire. Ceci – joint à ses interventions au Soudan et au Niger, qui seront traitées au cours du prochain chapitre – fit éclater la rage des nations arabes modérées. Elles attendirent que les forces libyennes soient suffisamment monopolisées par la répression d'un nouveau soulèvement au Tchad, et autorisèrent l'Egypte à régler définitivement le compte du trouble-fête.

L'armée égyptienne frappa – et frappa fort. Les Forces aériennes libyennes furent annihilées sur leurs bases. Les rares chars en état de marche que possédait l'armée libyenne sautèrent sous les coups des hélicoptères de combat achetés par l'Egypte à la Grande-Bretagne. Les autres, ceux qui ne roulaient pas, furent détruits en même temps que leurs dépôts. Quant aux fantassins qui n'étaient pas mobilisés par une quelconque aventure saharienne, ils ne se montrèrent guère soucieux d'affronter les blindés et l'aviation de l'assaillant.

Au jour J, les Forces aériennes égyptiennes détruisirent la totalité des avions libyens à Benghazi, tandis que des troupes parachutées et héliportées s'emparaient de l'oasis de Koufra, et de ses installations de missiles *made in USRR*. Alors que des divisions blindées et mécanisées bénéficiant d'un important appui aérien se dirigeaient ver Benghazi, des commandos prenaient Tobrouk. En moins d'une semaine, l'armée égyptienne avait exploité son succès, détruisant ou capturant les principales forces libyennes déployées en Cyrénaïque orientale. Elle fut aidée dans cette action par les Senoussis, qui n'avaient jamais accepté de bon gré la domination de Tripoli. Pendant que des troupes mécanisées faisaient route à l'ouest par la côte, enlevant des garnisons peu pugnaces, les bombardiers égyptiens neutralisèrent la base aérienne de la capitale. D'autres opérations mettant en jeu un transport de troupes aérien ou maritime permirent la prise d'Agheila, Surt et Khums. Les échelons de renforcement occupèrent les principaux secteurs producteurs de pétrole entre Gialo et Dahra; des parachutistes et des troupes de reconnaissance légères contrôlaient les centres de communication, comme Daraj ou Al Fuqaha. Après un ultime combat d'escarmouche, les éléments de tête des forces blindées firent tomber Tripoli. La Libye était domptée.

Mais la lutte avait été menée contre son leader – qui trouva refuge en Ethiopie – et non contre son peuple, dont le nouveau gouvernement devait consister en un triumvirat, formé de trois personnalités retour d'exil : l'ancien commandant de la garnison de Tobrouk, le premier ministre de la période pré-militaire et l'éminence grise du dernier roi de Libye, Muhammad Idris es-Senoussi.

Les protestations de l'Union soviétique devant cette action de l'Egypte n'eurent pas plus d'effet en Occident que celles concernant l'invasion de l'Afghanistan n'en avaient déclenchées derrière le Rideau de fer. La 6e Flotte américaine patrouillait les zones centrale et orientale de la Méditerranée, et la 5e *Eskadra* avait reçu la consigne de ne pas bouger de son mouillage et de refuser tout affrontement. Le Haut Commandement soviétique se préoccupait bien davantage de la liberté de passage dans les Dardanelles que des ports de la Libye et du sort de son leader.

La chute de ce régime militaire permit à l'Iran de s'affranchir plus facilement du joug impitoyable des mollahs – et d'une façon qui priva les Soviétiques de toute possibilité de prise de contrôle sur le pays. Depuis longtemps, l'U.R.S.S. infiltrait les rangs des gardiens de la révolution, leur fournissant des armes et plaçant ses agents parmi eux. Elle tentait en même temps d'instiller la subversion au sein de l'armée, tâche dans laquelle elle avait bénéficié du concours de la Libye, qui appuyait financièrement un groupe d'officiers iraniens d'extrême gauche, parfaitement fanatisés. Aux yeux des modérés qui désiraient renverser le pouvoir religieux, la perspective d'une coalition réunissant ces officiers fanatiques, les communistes pro-soviétiques du Toudeh et les gardiens de la révolution n'offraient rien de particulièrement attrayant.

Cependant, l'influence dans le pays d'officiers modérés opposés à la révolution s'était développée; ils furent en mesure de circonscrire l'infiltration soviétique dans l'Azerbaïdjan iranien. Les gardiens de la révolution tentaient de supplanter l'armée, et de lui ravir le titre de première force militaire du pays : ils n'y parvenaient pas. Et surtout, la situation avait son homme.

Le général Ahmed Bahram, ancien commandant d'armée exilé par le pouvoir religieux, avait établi en Turquie son Q.G. et ses forces contre-révolutionnaires. Son jeu comportait deux solides atouts. D'abord, l'accord qu'il avait passé avec les nations arabes – et particulièrement avec les nouveaux dirigeants militaires de Bagdad – selon lequel il reconnaissait à l'Irak le droit de partager avec l'Iran la jouissance du Chatt al-'Arab, et s'engageait à harmoniser les politiques des deux pays concernant le Kurdistan. Sa seconde carte, encore plus forte, était l'entente secrète qui le liait aux généraux commandant les principales garnisons iraniennes et aux chefs des Moudjahiddin Khalq, la milice populaire nationale.

La prise du pouvoir par le général Bahram fut relativement peu sanglante, et le sang qu'elle fit couler appartenait principalement aux gardiens de la révolution. Quant aux communistes du Toudeh, ils s'avérèrent insuffisamment armés et concentrés pour opposer une résistance sérieuse aux conjurés.

L'établissement en Iran d'un régime plus modéré et mieux disposé à l'égard de l'Occident, ainsi que la fin de la guerre du golfe Persique, raffermirent encore les liens de l'Arabie Saoudite et de l'Egypte, tout en cimentant l'unité arabe globale. L'expansionnisme soviétique se trouvait pour l'instant circonscrit. La situation était idyllique – à un point près : les nations arabes jouissaient maintenant d'une formidable position de force, où elles pourraient efficacement mettre en batterie leur arme pétrolière.

Pourtant, l'ouverture du sommet de Taïf sembla se placer davantage sous les auspices du désaccord que sous ceux de l'unité qui permettrait aux dirigeants arabes de convaincre les U.S.A. d'exercer sur Israël une pression plus forte. Malgré l'adhésion forcée de la Libye aux thèses égyptiennes, la Syrie, le Yémen du Sud et l'Algérie s'opposaient toujours à tout arrangement avec l'Etat hébreu. Le retour de l'Egypte au sein du camp arabe n'était pas vraiment bien accepté, malgré les efforts déployés par l'Arabie Saoudite. L'O.L.P. admise à la conférence comme porte-parole des Palestiniens, inspirait encore la méfiance. On disait même qu'elle avait engagé des pourparlers secrets avec les Israéliens, à Vienne. Néanmoins, le Conseil national palestinien commençait à prendre part de façon plus constructive à la direction de l'O.L.P.

Mais il ne s'agissait là que d'apparences, et les apparences sont trompeuses. Les Saoudiens, hôtes du sommet, gardaient le contrôle de son ordre du jour et de ses travaux. Le plan du prince Fahd, malgré son rejet à Fez en 1981, conservait un prestige indéniable – et le prince Fahd était saoudien. L'Arabie Saoudite occupait l'importante fonction de gardien des lieux saints de l'Islam. Avec l'Egypte à son côté, forte de son potentiel économique et des atouts de sa politique savamment modérée, elle pouvait indiscutablement prétendre au titre de chef de file des nations arabes. De plus, sa détermination à obtenir des Etats-Unis qu'ils infléchissent l'attitude des Israéliens restait entière.

Durant le sommet de Taïf, l'envoyé spécial du président des Etats-Unis au Moyen-Orient séjourna au Caire, où il rencontrait à sa guise les émissaires de la conférence. Il conservait une figure sereine, et ses dépêches au président semblaient émaner d'un diplomate disposant d'un vaste éventail d'options. Pourtant, celles-ci se résumèrent bientôt à une alternative : réduire au silence le lobby juif américain, ou priver l'Occident du pétrole moyen-oriental.

Dans le même temps, les gouvernements d'Europe de l'Ouest n'étaient pas restés inactifs. A l'instigation de l'ancien président du Conseil des ministres de la C.E.E., ils avaient décidé de peser de tout leur poids pour que soient atteints deux objectifs, qui leur semblaient susceptibles d'augmenter considérablement la portée des initiatives de paix internationales. Le premier était que l'acceptation du droit à l'existence d'Israël, qu'impliquait tacitement le huitième point du plan Fahd, devait d'une façon ou d'une autre être rendue explicite. Le second consistait à faire reconnaître par toutes les parties intéressées le rôle que jouait l'O.L.P. dans ces grandes manœuvres de la paix, y compris par Israël lui-même, ceci impliquant que le droit à l'existence de l'Etat hébreu serait à son tour reconnu par l'O.L.P. Au moment du sommet de Taïf, ces deux objectifs paraissaient à portée.

Beaucoup dépendait cependant du désir et de la capacité des U.S.A. à faire bouger Israël. En 1983, les gouvernements des principaux membres européens de l'O.T.A.N. firent une proposition qui ne pouvait que séduire – et rassurer – leur allié d'outre-Atlantique : ils entendaient réduire leur vulnérabilité en entreprenant un effort de défense commun qui leur permettrait de moins dépendre de la présence des forces américaines sur leurs territoires. Ceci, espérait-on, permettrait aux U.S.A. de pousser plus vigoureusement leur politique du Moyen-Orient, dont l'une des composantes essentielles serait d'amener les Israéliens à accepter que les Palestiniens et les nations arabes jouent un rôle déterminé par le plan Fahd, avec peut-être quelques aménagements. Ce nouvel élément de pression vint s'ajouter à celle qu'exerçaient déjà les pays arabes sur les U.S.A. Confronté à la perspective de s'aliéner le lobby juif ou de priver l'Ouest du pétrole qui lui était nécessaire, le président des Etats-Unis opta pour la première. De toute façon, il n'avait pas l'intention de se représenter.

Une fois de plus, son envoyé spécial prit l'avion pour Tel-Aviv. Des fuites soigneusement dosées avaient averti les médias de la nature du message qu'il apportait aux Israéliens : soit Israël acceptait de bouger sur la base des accords de Camp David, soit l'aide économique et militaire américaine dont il bénéficiait se restreignait.

La réaction du gouvernement hébreu fut aussi fantasque que suicidaire. Dans un ultime sursaut de puissance qui prouvait leur faiblesse, les Israéliens clamèrent leur volonté d'annexer le Sud-

Liban et lancèrent illico leur aviation à l'attaque d'aérodromes voisins de Damas, contre des concentrations de troupes syriennes de la vallée de la Bekaa, sans oublier de faire dégager la FINUL. La Syrie rendit la monnaie : attaques aériennes, d'artillerie, et aux missiles du plateau du Golan. Pour une fois, les U.S.A. et l'U.R.S.S. furent du même avis : il fallait garrotter Israël. Le secrétaire d'Etat américain et son homologue soviétique se rencontrèrent à Londres. Ils décidèrent que si l'Etat hébreu n'acceptait pas de négocier sur les bases du plan Fahd, des sanctions économiques sévères comprenant le blocus de ses ports le frapperaient. L'équipe dirigeante démissionna. Celle qui lui succéda émanait du principal parti d'opposition, dont la politique d'ouverture aux négociations était notoire.

Il ne restait plus qu'à convenir de la formule pour pouvoir entamer la discussion. Après une considérable dépense d'énergie diplomatique, une nouvelle Résolution du Conseil de Sécurité vit le jour.

L'un de ses traits dominants était l'importance inédite qu'elle accordait à l'autodétermination palestinienne. Sans se conformer absolument au plan Fahd, elle prenait celui-ci en compte. Elle se décomposait en cinq points principaux :

1) Cessation totale de la violence, et fin de la colonisation israélienne dans les territoires occupés.

2) Institution d'une commission chargée d'entendre les deux parties et de faire les recommandations nécessaires à l'instauration d'une frontière « sûre et reconnue ».

3) Administration internationale temporaire de Jérusalem Est, de la Cisjordanie, du Golan et de Gaza, durant laquelle les Palestiniens, exerçant leur droit à l'autodétermination, éliraient leurs

dirigeants, élaboreraient leur constitution et préciseraient la nature des relations qu'ils entendaient entretenir avec leurs voisins.

4) Protection du droit de chacun des Etats de la région à vivre en paix grâce à un ensemble de garanties internationales, à l'aménagement de zones démilitarisées, et à des mesures restreignant le déploiement de certains armements.

5) Une ultime conférence de la paix se tiendrait à Genève sous la co-présidence des U.S.A. et de l'U.R.S.S. Les représentants élus des Palestiniens y assisteraient. Son rôle serait de veiller à l'élaboration et à la signature des traités de paix.

La Résolution reçut un soutien absolument unanime. L'U.R.S.S. n'avait pas alors l'intention de s'opposer à l'Arabie Saoudite et aux autres pays arabes modérés. Quand les véritables négociations concernant la mise à exécution de la Résolution débuteraient, le Sud-Yémen ou la Syrie seraient toujours là pour veiller aux intérêts soviétiques, quitte à déguiser ceux-ci en intérêts arabes.

Parallèlement à ces travaux, une activité diplomatique déployée au sein du Conseil de Sécurité, jointe aux initiatives des Européens à l'Assemblée générale, avait permis d'élaborer une résolution concernant le sort de Jérusalem, dont les options majeures étaient les suivantes :

1) Il y aurait une Jérusalem israélienne et une Jérusalem arabe. Chacune jouirait d'une souveraineté totale dans le périmètre de son propre territoire, mais la liberté de circuler de l'une à l'autre serait absolue.

2) Le secrétaire général des Nations Unies nommerait une commission impartiale chargée d'entendre les parties intéressées et de présenter au Conseil de Sécurité des recommandations

concernant le tracé des limites de la Jérusalem israélienne et de la Jérusalem arabe.

3) La Ville sainte serait intégralement démilitarisée.

4) Le secrétaire général nommerait à Jérusalem un haut-commissaire représentant les Nations Unies, qui œuvrerait avec les diverses parties intéressées au respect et à l'application des termes de la Résolution, et qui tiendrait l'Assemblée générale et le Conseil de Sécurité informés de la marche des événements.

Il est inutile de détailler le fonctionnement de cette machine, de la fin de 1983 jusqu'au début de 1984. Par contre, portons notre attention sur ce qui se passa en Syrie au cours de l'été 1984. Car ces événements faillirent faire avorter le processus de paix engagé, voire avancer d'un an, en le déportant au Moyen-Orient, le déclenchement de la Troisième Guerre mondiale.

Pendant que certains œuvraient à l'établissement de la paix, tout semblait montrer que d'autres poursuivaient des buts exactement inverses. Il y eut d'abord une série d'actions multiples, capricieuses, visant des cibles si diverses et revendiquées par des causes si variées qu'on aurait paradoxalement pu croire à la responsabilité d'un unique réseau aux ramifications internationales. Entre les anarchistes, la fraction dissidente des Palestiniens armée – bien sûr – par l'U.R.S.S., ou même la C.I.A., on se perdait en conjectures. Mais l'identité de la main qui frappait importait beaucoup moins que les conséquences de son geste.

Les attentats à la bombe du Caire tuèrent ou blessèrent plus de 350 personnes. Ensuite survint l'assassinat à Tel-Aviv de l'envoyé spécial du président des Etats-Unis. On l'attribua aux dissidents de l'O.L.P. – comme l'exécution, quelques jours plus tard, de seize soldats appartenant au contingent américain de la Force de sécurité des Nations Unies dans le Sinaï : les balles qui criblaient leurs corps avaient été tirées par des armes de fabrication soviétique. Les Etats-Unis commencèrent à douter de la sincérité des intentions de paix de l'U.R.S.S. Et l'U.R.S.S. manifesta le même scepticisme envers la loyauté de ceux-ci lorsque ses propres représentants à la conférence de la paix furent enlevés, torturés et mis à mort. Ces suspicions ne hâtèrent guère le progrès des travaux de Genève.

Mais le pire se produisit en Syrie. Les autorités syriennes furent promptes à accuser les groupes extrémistes israéliens, opérant sur leur territoire avec l'appui du Mossad : à Damas, le bureau du président avait sauté durant une rencontre de haut niveau. Les cyniques ne manquèrent pas de remarquer que l'entretien se poursuivait sans doute à un niveau encore plus haut, mais le chef de l'Etat, son frère, plusieurs ministres et quelques officiers généraux avaient été tués par l'explosion. Simultanément survinrent le sabotage d'une douzaine de bases militaires, la destruction de dépôts de carburant, de centrales électriques et de centres de communication. Le gouvernement syrien instaura la loi martiale. S'il s'agissait bien d'un coup porté par les forces clandestines israéliennes, celles-ci avaient fait une nouvelle fois la preuve de leur efficacité.

Deux nouveaux actes de violence firent sursauter le monde. A la base navale syrienne de Tartus, deux dragueurs de mines et une frégate soviétique en visite furent détruits par des mines antinavires. A Riyad, un avion AWACS que l'U.S. Air Force s'apprêtait à remettre aux forces aériennes saoudiennes se désintégra en vol. Tous ceux qui se trouvaient à son bord furent tués.

Une peur aggravée d'incertitude s'empara des négociateurs. L'U.R.S.S. accusa les U.S.A. de saboter les efforts de paix pour assurer, par le truchement d'Israël, la pérennité de sa position stratégique au Moyen-Orient. Les U.S.A. affirmèrent à leur tour que l'U.R.S.S. avait l'intention d'établir en Syrie une base militaire, d'où ils pourraient étendre leur influence à l'est et au sud.

Cette dernière allégation au moins possédait certains fondements. La Syrie, poussée par la panique ou manipulée par les ennemis irréductibles du compromis avec Israël, en avait une fois de plus appelé à l'aide de l'U.R.S.S., lui demandant la concrétisation des engagements de leur pacte de sécurité. La Syrie n'avait pas crié dans le désert.

La 5e *Eskadra* soviétique rejoignit la base navale syrienne de Latakié, tandis que des renforts venus de la mer Noire étaient acheminés via les Dardanelles, selon les quotas définis par la Convention de Montreux. Les navires de surface de l'escadre soviétique de l'océan Indien, c'est-à-dire un croiseur lance-missiles et deux frégates plus trois bâtiments auxiliaires, revint à Aden. Un vol de transports *Antonov* chargés d'armes, de matériel et de troupes traversa l'espace aérien turc, après avoir signalé son intention de façon extrêmement succincte, par les voies diplomatiques ordinaires. Les violentes protestations de la Turquie reçurent de la part de l'Union soviétique une réponse aussi discourtoise que menaçante. Passant outre, la Turquie déplaça vers la frontière syrienne plusieurs de ses unités terrestres et aériennes, immédiatement imitées par l'Irak et la Jordanie, tandis que ses forces navales concentraient à travers les Dardanelles quelques-uns de ses sous-marins, de ses mouilleurs de mines et de ses patrouilleurs. L'Egypte augmenta le nombre de ses avions de combat et de ses blindés présents dans le Sinaï. La réaction des Etats-Unis prouva leur volonté de rassurer leurs alliés et de mettre en garde l'U.R.S.S. Des unités de l'U.S. Air Force et de la Force de Déploiement Rapide furent dépêchées vers l'Egypte et la Somalie. Même la Jordanie accepta d'accueillir quelques conseillers américains et des appareils de détection aérienne AWACS. La 6e Flotte américaine se plaça en position d'attente au sud-est de Chypre. Deux destroyers américains abandonnèrent l'exercice qu'ils menaient avec la marine égyptienne au large de Ras Banas, en mer Rouge, pour rejoindre plus au sud leur porte-avions et son groupe de combat.

La situation paraissait si grave que les commandants de l'O.T.A.N. ordonnèrent la prise de certaines mesures d'alerte en Europe, tandis que les forces du Pacte de Varsovie prolongeaient et donnaient davantage d'ampleur aux manœuvres qu'elles exécutaient en Bulgarie. En Grande-Bretagne, on rappela une partie des réservistes. La France et l'Italie entreprirent conjointement des exercices navals en Méditerranée occidentale.

Puis eurent lieu plusieurs sérieux affrontements aériens et navals en Méditerranée orientale, opposant les forces syriennes aux forces américaines, et les Soviétiques aux Israéliens. Tous furent naturellement aussitôt étouffés ou démentis. Les forces américaines et soviétiques avaient pour consigne stricte d'éviter l'engagement avec l'adversaire principal, mais ce n'était qu'une question de temps avant que l'erreur ou le calcul n'amènent une infraction. Les deux superpuissances paraissaient au bord de la guerre. La ligne directe Moscou-Washington chauffait à blanc. Les paroles qu'elle transmit conférèrent beaucoup de poids à la proposition du secrétaire général des Nations Unies, qui appela à la tenue immédiate à Genève d'une conférence internationale. Toutes les parties intéressées acceptèrent.

Ainsi, aux derniers mois de 1984, les négociations relatives à l'avenir de Jérusalem, à la création d'un Etat palestinien indépendant et à la prise de garanties internationales préservant le droit à la paix de tous les Etats de la région purent reprendre, et cette fois avec succès : au printemps de 1985 fut décidée la tenue pour la fin de l'année d'une conférence co-présidée par l'U.R.S.S. et les U.S.A., et où serait préparée la signature des traités de paix.

Les progrès réalisés étaient indéniables. Fin de la violence. Retrait des colonies israéliennes des territoires palestiniens ou arabes occupés. Acceptation par toutes les parties des recommandations de la commission d'étude du tracé des frontières. Certitudes quant à l'avenir de Jérusalem. Choix par les Palestiniens de leur Constitution, et élection de leur parlement, où des membres de l'O.L.P. et du Conseil national palestinien formaient le parti majoritaire. Les principaux garants de ces nouveaux accords devaient être les U.S.A. et l'U.R.S.S. Des forces de sécurité essentiellement composées de troupes venues des nations du tiers monde garderaient les anciennes frontières litigieuses; elles ne comprendraient aucun élément américain ou soviétique. Il ne restait plus qu'à signer les traités et à appliquer leurs causes.

Mais la déflagration de la Troisième Guerre mondiale devait empêcher les choses de se passer de cette manière.

Les superpuissances avaient frôlé la guerre de si près, au Moyen-Orient, qu'il n'est pas inutile de préciser quel était le potentiel militaire des divers pays de cette région du monde, et de ceux qui sans en faire partie y possédaient des intérêts.

Si le nombre seul avait été déterminant, la balance aurait indiscutablement penché en faveur des pays arabes. L'Egypte, la Syrie, l'Irak, l'Arabie Saoudite et les Etats du Golfe — sans parler du Soudan, de l'Algérie et du Maroc — pouvaient rassembler sous leurs drapeaux près d'un million d'hommes en armes, et ce chiffre ne comprenait pas les réservistes. En revanche, les forces armées israéliennes ne comptaient pas plus de 170000 hommes, bien que ce chiffre pût être rapidement doublé par la mobilisation. Il y avait aussi bien sûr les forces de sécurité des Nations Unies, déployées à proximité des anciennes frontières litigieuses — Cisjordanie, Gaza, Sinaï, plateau du Golan, Jérusalem — mais leurs effectifs étaient réduits et ne disposaient que d'un équipement léger. Quant aux U.S.A. et à l'U.R.S.S., ils n'étaient représentés dans les pays entourant Israël et à proximité du nouvel Etat palestinien que par quelques spécialistes de l'entraînement et conseillers militaires. Certes, 100 000 soldats soviétiques se trouvaient toujours en Afghanistan, mais ils y avaient fort à faire; et les forces navales ou aériennes que les deux superpuissances déployaient périodiquement dans les ports ou sur les bases de pays arabes amis avaient été ramenées, après la fin du dernier affrontement, à des proportions modestes.

Mais le jeu ne se jouait pas qu'à coups d'effectifs. Tandis que montait la tension en Europe, que les forces du Pacte de Varsovie et celles de l'O.T.A.N. entamaient les processus de mobilisation, de redéploiement et de renforcement, des dispositions similaires se prenaient au Moyen-Orient. Il devint alors évident que les pays arabes modérés, Arabie Saoudite et Egypte en tête, n'avaient pas l'intention d'utiliser leur puissance militaire contre Israël, mais étaient au contraire déterminés à sauvegarder le processus de paix dans lequel ils se trouvaient engagés. Il fallait en conséquence qu'Israël se tienne tranquille, ce qui exigerait l'aide des U.S.A. En refusant ainsi de rentabiliser ce qui pouvait passer pour un avantage momentané, les Etats arabes combinaient la magnanimité et la sagesse politique; leur attitude devait porter ses fruits lorsque, peu après la fin des hostilités entre les superpuissances, les conférences sur la paix au Moyen-Orient connurent l'heureuse conclusion que l'on sait.

C'est pourquoi l'Egypte, à qui ses nouveaux rapports avec la Libye permettaient d'alléger considérablement la surveillance de leur frontière commune, ne renforça pas ses deux divisions blindées et ses deux divisions mécanisées présentes dans le Sinaï; elle le fit en revanche pour ses garnisons proches de Ras Banas et plaça d'importantes forces de réserve près du Caire et de Suez. Le commandement de la Défense aérienne égyptien gardait toujours les bases stratégiques centrales, ainsi que les approches du nord-est et du sud-est, avec ses 200 intercepteurs et ses brigades de missiles. Le déploiement des 300 avions de combat des forces aériennes épousa en gros celui de l'armée; la Marine ne modifia pas la distribution de ses sous-marins, destroyers et bâtiments de patrouille entre la Méditerranée orientale et la mer Rouge.

Les deux Yémen fournissaient à l'Arabie Saoudite son principal sujet d'inquiétude. Conservant deux de ses brigades, bénéficiant de l'appui adéquat, pour la défense du nord-ouest de son territoire, elle plaça au sud-ouest de celui-ci ses quatre brigades restantes et des unités de patrouille de la Force Frontalière. Des corvettes et des patrouilleurs saoudiens étaient postés en mer Rouge et dans le golfe Persique.

L'Armée irakienne, forte d'une douzaine de divisions, avait disposé ses forces à la frontière iranienne et face à la Syrie, se ménageant une réserve centrale. Les 350 avions de combat des Forces aériennes nationales appuyaient le déploiement des troupes terrestres et celui des patrouilleurs et des bâtiments lance-missiles de la Marine, en alerte dans les eaux du Golfe.

L'essentiel des dix divisions de l'Armée iranienne, dont la moitié étaient blindées, se répartissait entre le secteur nord-est, face à l'Afghanistan, et le front occidental, tandis que de fortes réserves se trouvaient disposées au centre et dans les principales zones productrices de pétrole du sud-ouest. La Marine iranienne patrouillait le Golfe, et les 200 avions de combat des Forces aériennes appuyaient son déploiement ainsi que celui des troupes terrestres.

Les Forces syriennes, alors absentes du Liban – dont la FINUL épaulait la petite armée – avaient attribué deux divisions blindées au commandement Nord, deux autres au commandement Est, tandis que ses deux divisions mécanisées demeuraient à proximité de Damas. Les 450 *Mig* des puissantes Forces aériennes irakiennes étaient déployées pour faire face à une menace venant de n'importe quel azimuth.

Les quatre divisions blindées et mécanisées de l'Armée jordanienne étaient concentrées dans les secteurs nord et est, appuyées par près de 100 F-5, tandis qu'une force navale réduite se tenait devant Akaba. Les 15 000 hommes du sultanat d'Oman – force dont l'efficacité compensait la relative faiblesse numérique – avaient été déployés pour empêcher toute incursion sud-yéménite et garder les approches maritimes. Les deux

Yémen possédaient des forces armées d'ampleur comparable, comportant des brigades de blindés et d'infanterie, des chasseurs *Mig* et des bâtiments patrouilleurs. Tous deux pouvaient menacer l'Arabie Saoudite. Aden était pratiquement une base navale soviétique.

Telle était la disposition des diverses forces lorsque le processus de paix au Moyen-Orient connut une interruption momentanée. La guerre que se livraient les deux garants principaux des accords de paix de 1985 amena évidemment les pays arabes – à l'exception de la Syrie et du Sud-Yémen – à poursuivre un objectif stratégique double. D'abord, ils entendaient préserver l'intégrité et la sécurité de leurs pays; ensuite, ils voulaient ménager les conditions politiques et militaires qui leur permettraient de relancer le processus de paix le plus rapidement possible. Il apparaissait donc à l'Arabie Saoudite, à l'Egypte et à leurs suiveurs – Jordanie, Irak, Oman et autres Etats du Golfe, Libye, Soudan – que leur politique devait tendre à l'isolement et au contrôle d'Israël; à la prévention de toute intervention de la part des deux Yémen; au soutien de l'Iran, pour aider au maintien de sa sécurité intérieure et garantir son territoire des incursions des Soviétiques à partir de l'Azerbaïdjan, ou de l'activité qu'ils pourraient susciter dans le Beloutchistan; enfin, avec l'aide des U.S.A. et de l'O.T.A.N., au maintien ou à la reprise du contrôle de la Méditerranée orientale, de la mer Rouge et du golfe Persique.

Décrire comment ces objectifs furent atteints n'entre pas dans notre propos. De fait, à part deux exceptions majeures, le Moyen-Orient et l'Asie du Sud-Ouest ne furent le théâtre d'aucune activité guerrière importante au cours du dernier conflit mondial. Notons simplement que la perspective de se confronter à l'Egypte, à la Jordanie, à la Syrie et à l'Irak, ainsi que la mise en garde explicite des Etats-Unis, suffirent à convaincre Israël de se tenir tranquille. La Syrie refusa les renforts aéroportés que lui proposait l'Union soviétique, car elle était plus consciente que jamais de la proximité de la Turquie, alors engagée dans le conflit avec les autres membres de l'O.T.A.N. La politique commune arabe avait pu atteindre son premier objectif sans faire couler le sang.

Mais le second objectif réclama un tribut plus meurtrier. Sous la pression intense de la plupart des nations arabes, le Nord-Yémen accepta qu'une force égypto-saoudienne vienne aider ses propres troupes à détruire définitivement les bandes de guérillas armées par l'U.R.S.S. qui infiltraient son territoire à partir du Sud-Yémen. Sana, Taiz et Ibb furent efficacement nettoyés, et des forces destinées à interdire toute nouvelle incursion prirent position le long de la frontière séparant les deux Yémen.

L'assistance à l'Iran ne se concrétisa pas par des envois d'armes ou de troupes, mais prit la forme d'une garantie de coopération concernant le contrôle des frontières, la protection de la navigation maritime dans le Golfe, accompagnée d'une aide économique. L'Iran put ainsi s'attacher à développer sa sécurité extérieure et sa prospérité, sans crainte de ses voisins de l'ouest; pour ce pays, le danger majeur venait désormais du nord, et ce fut la nécessité d'y parer qui provoqua l'irruption de la guerre au Moyen-Orient – l'autre cause en étant le contrôle des mers.

Ceux que laissaient sceptiques l'efficacité, voire l'utilité de la Force de Déploiement Rapide des Etats-Unis, éventuellement augmentée d'éléments français et britanniques, furent agréablement surpris par la rapidité réelle de son déploiement et par sa puissance. Le groupe de combat américain de l'océan Indien, malgré les dommages infligés par des torpilles au porte-avions *Nimitz*, parvint à neutraliser l'escadre soviétique. Le renforcement aérien qu'ils avaient fourni à l'Egypte et à l'Arabie Saoudite, plus la division aéroportée désormais disposée à proximité du Caire, donnaient aux Etats-Unis la possibilité de contrer toute intervention terrestre des Soviétiques. Des frégates françaises et britanniques, plus une force amphibie et l'escadre aérienne embarquée du corps des marines américain, tenaient le Golfe. La politique stratégique des Arabes avait atteint les quatre buts qu'elle s'était fixés.

La neutralisation de la menace venue du nord qui pesait sur l'Iran ne fut pas l'œuvre des Alliés occidentaux, ni des pays arabes ou des Iraniens eux-mêmes, mais des mouvements de guérillas afghans. Le plan de réarmement entamé par eux en 1982 atteignit son paroxysme en 1985. Ils disposaient alors en abondance de l'armement de base et des munitions nécessaires : lance-missiles SAM-7 (particulièrement efficaces contre les hélicoptères de combat), mitrailleuses, mortier, fusils d'assaut et missiles guidés antichars. Plus importante encore était la qualité du commandement central, et du contrôle qu'avait de ses forces le chef craint et respecté des Moudjahidin, dont les principales zones d'opération étaient les provinces de Nangarhar et de Paktiar. Il saisit sa chance lorsque l'U.R.S.S. commença à retirer d'Afghanistan certaines de ses formations de blindés et d'hélicoptères, à l'ouverture des hostilités sur le Front central européen. Il laissa partir sans intervenir les premières de ces puissantes troupes blindées et mécanisées, choisit son moment, déclara la *jihad* et supervisa l'attaque concertée de toutes les unités soviétiques encore présentes sur le sol de son pays. Il n'y eut aucun survivant parmi les occupants.

L'un des traits les plus satisfaisants de la conférence de la paix de Genève, dont les travaux se poursuivirent jusqu'à la fin de 1986, fut la célérité avec laquelle on reconsidéra et signa les traités de paix au Moyen-Orient déjà élaborés. Les garants étaient désormais les Nations Unies elles-mêmes, avec au premier rang les Etats-Unis et les pays arabes. Les conditions fondamentales de la paix se trouvaient réunies. Jérusalem devenait un symbole de liberté dans l'unité, les Palestiniens désormais autonomes s'étaient donné la Constitution de leur choix, et Israël n'avait plus de menaces à craindre. L'harmonie régnait entre la plupart des pays arabes.

Si cette paix promet de durer, c'est peut-être parce qu'elle est née d'une confrontation ayant mené à la négociation. Si la paix en Afrique – et particulièrement dans le sud de l'Afrique, que nous allons maintenant aborder – paraît moins bien lotie pour résister au temps, c'est peut-être qu'elle résulte d'une négociation qui ne peut qu'entraîner une nouvelle confrontation.

XVIII

LE SUD DE L'AFRIQUE

AU Moyen-Orient, le désir de parvenir au règlement pacifique de la question de Jérusalem et de la Palestine avait suscité le soutien de toutes les nations voisines, et peu ou prou provoqué l'unification du monde arabe. Une telle harmonie n'existait pas dans le sud de l'Afrique. Là, le problème ne concernait pas la création d'un état autonome à partir d'une population et d'un territoire bouleversés ou occupés à la suite d'une guerre. Le problème consistait à convaincre un Etat souverain disposant d'une grande puissance militaire et économique de changer son système politique, au désavantage immédiat de ceux à qui appartenait ce système.

La règle de la majorité doit remplacer l'apartheid, s'écriaient en chœur les Etats africains voisins de l'Afrique du Sud. C'était très bien – en principe. En pratique, il ne semblait exister aucun moyen par lequel ces Etats, ou l'Organisation de l'Unité Africaine (O.U.A.), ou quelque autre instance, eussent été capables d'amener l'Afrique du Sud à changer de système ou de politique. En outre, les priorités des nations noires concernaient l'acquisition d'un minimum de prospérité économique et de sécurité politique. Mais au début des années 80, on avait constaté l'apparition de signes d'espoir, l'un en Namibie, l'autre en Afrique du Sud même.

Revenons quatre ans en arrière, à l'émergence en 1983 d'une Namibie indépendante. Les efforts inlassables des pays du Groupe occidental – Grande-Bretagne, Etats-Unis, Canada, France, Allemagne de l'Ouest – avaient fini par réconcilier les positions contradictoires de l'Afrique du Sud et du SWAPO (Organisation des Peuples du Sud-Ouest Africain). On se souviendra que la Résolution 435 du Conseil de Sécurité avait proposé un cessez-le-feu contrôlé par une force des Nations Unies, qui devait être suivi d'élections – également placées sous le contrôle de l'O.N.U. – puis de la proclamation de l'indépendance. L'Afrique du Sud objectait que la plupart des autres Etats africains, et l'O.N.U. dans son ensemble, paraissaient considérer le SWAPO comme l'unique représentant du peuple namibien. Dans ces conditions, affirmait l'Afrique du Sud, l'impartialité des observateurs de l'O.N.U. restait douteuse. Et si le SWAPO, profitant de cet avantage, remportait aux élections une majorité écrasante, plus rien ne l'empêcherait de construire un Etat socialiste à parti unique et d'engager l'Afrique du Sud sur la voie fatidique du communisme international... Le SWAPO, quant à lui, se montrait favorable à la Résolution 435, qui lui conférait une grande liberté d'intimider ses opposants et de remporter une victoire massive, puis d'effectuer les réglages constitutionnels de son choix. Pour réduire le gouffre qui béait entre ces deux positions et s'assurer la confiance des partis politiques namibiens, du SWAPO, de l'Afrique du Sud et des autre Etats africains, le Groupe occidental présenta son plan à la fin de 1981.

Aucune proposition n'aurait pu recevoir de tous les intéressés un accueil également positif, mais

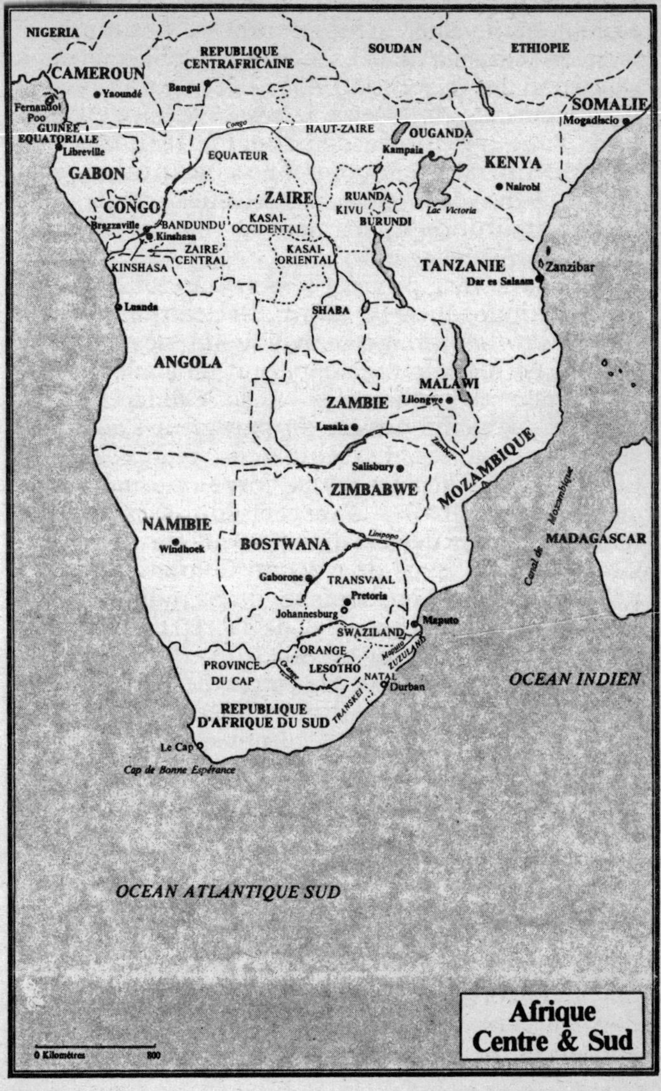
NIGERIA
REPUBLIQUE CENTRAFRICAINE
SOUDAN
ETHIOPIE
CAMEROUN
Yaoundé
Bangui
Fernando Poo
GUINEE EQUATORIALE
Libreville
SOMALIE
Mogadiscio
Congo
HAUT-ZAIRE
OUGANDA
Kampala
EQUATEUR
KENYA
GABON
Nairobi
ZAIRE
RUANDA
KIVU
BURUNDI
Lac Victoria
CONGO
Brazzaville
BANDUNDU
Kinshasa
KASAI-OCCIDENTAL
KASAI-ORIENTAL
ZAIRE-CENTRAL
KINSHASA
TANZANIE
Zanzibar
Dar es Salaam
Luanda
SHABA
ANGOLA
MALAWI
ZAMBIE
Lilongwe
Lusaka
Zambèze
MOZAMBIQUE
Salisbury
ZIMBABWE
Canal de Mozambique
NAMIBIE
Windhoek
BOSTWANA
Limpopo
MADAGASCAR
Gaborone
TRANSVAAL
Pretoria
Johannesburg
Maputo
SWAZILAND
ORANGE
PROVINCE DU CAP
Orange
LESOTHO
Maputo
ZUZULAND
NATAL
Durban
OCEAN INDIEN
REPUBLIQUE D'AFRIQUE DU SUD
TRANSKEI
Le Cap
Cap de Bonne Espérance
OCEAN ATLANTIQUE SUD
0 Kilomètres 800
Afrique Centre & Sud

le nouveau plan recueillit l'adhésion de ceux qui étaient en mesure d'influencer les hésitants, si bien qu'il forma une base sur laquelle mettre à exécution la Résolution 435. Il proposait essentiellement de faire suivre le cessez-le-feu de l'élection d'une assemblée constituante; cette assemblée devrait alors adopter une constitution, à la majorité des deux tiers; des élections régies par cette constitution ouvriraient la voie à l'indépendance proprement dite.

Au cours des premiers mois de 1982, le jeu diplomatique intense dont les Nations Unies furent le théâtre, accompagné de négociations serrées en Afrique même, permit de soulever graduellement les obstacles. A la Conférence de Genève, la même année, on parvint à s'accorder sur les modalités d'exécution du plan révisé de l'O.N.U. Il fut décidé qu'une force internationale, chargée de contrôler le respect du cessez-le-feu et le déroulement des élections, serait formée à partir d'éléments issus de pays du Commonwealth à population noire ou blanche, de Scandinavie, des Philippines, du Venezuela, de la république d'Irlande, de Finlande et de Suisse. Les camps dans lesquels se retireraient les forces des deux adversaires – situés au nord pour le SWAPO, au sud pour l'Afrique du Sud – furent choisis en fonction des facilités qu'ils offraient du point de vue de la surveillance et de l'administration, et de l'impossibilité dans laquelle se trouveraient leurs occupants d'intimider ou d'influencer les populations locales. Deux problèmes particulièrement épineux – la méthode pratique de conduite et de contrôle des élections, et l'intégration future des troupes du SWAPO dans la police et dans les forces territoriales du Sud-Ouest Africain – devaient être réglés grâce à des solutions déjà éprouvées au Zimbabwe.

Mais d'autres difficultés se dressaient encore sur la route de la paix. Avant d'élaborer la Constitution, il fallait réconcilier les points de vue opposés du SWAPO et du Parti national namibien, fort de l'appui des 100 000 Afrikaners que comptait la Namibie (1 million d'habitants), et du soutien de Pretoria. Autant de groupes, autant de conceptions des garanties constitutionnelles : seule une protection des droits des minorités crédibles aux yeux des intéressés pouvait satisfaire le Parti national namibien et l'Alliance démocratique de Turnhalle. Pourtant, une conférence constitutionnelle appelée à jeter les bases des structures gouvernementales d'une Namibie indépendante parvint à se réunir à Genève fin 1982.

Alors que la modération commençait à remporter les suffrages qui lui avaient jusque-là fait défaut, deux lignes particulièrement immodérées perdirent leur crédibilité et se virent heureusement abandonnées. La première émanait du groupe africain des Nations Unies, qui avait tenté d'obtenir contre l'Afrique du Sud le vote de sanctions économiques parce que ce pays s'était refusé à souscrire au plan original proposé par la Résolution 435. Le veto de la France, de la Grande-Bretagne et des Etats-Unis fit avorter la manœuvre. La seconde était plus étrange : à un moment, les Etats-Unis s'étaient persuadés qu'on pouvait lier le règlement du problème namibien au retrait des troupes cubaines d'Angola. Un document émanant du Département d'Etat suggérait de façon pour le moins curieuse que les dirigeants africains seraient dans l'impossibilité de refuser le *package* Namibie-Angola lorsqu'on leur aurait fait comprendre que le règlement du problème namibien passait obligatoirement par les Etats-Unis, et que ceux-ci étaient fermement décidés à l'obtenir. De fait, les Etats africains comprenaient parfaitement l'importance des Etats-Unis dans le règlement du problème namibien, mais celle-ci n'avait rien à voir avec l'Angola; elle concernait simplement l'influence qu'ils pouvaient exercer sur l'Afrique du Sud.

La série d'entretiens qu'eurent, au cours des premiers mois de 1982, le secrétaire d'Etat américain et le premier ministre sud-africain contribuèrent énormément à l'instauration des relations nouvelles que les deux pays devaient ultérieurement cultiver et fortifier. L'une des conséquences bénéfiques les plus immédiates de ces rencontres fut le soutien que décida d'accorder l'Afrique du Sud au plan du Groupe occidental relatif à l'indépendance de la Namibie, et l'action qu'elle entreprit pour décider les partis politiques internes à la Namibie à suivre son exemple.

Parallèlement à cette progression, les nations noires d'Afrique – Nigeria, Zimbabwe et Angola en tête – parvinrent à persuader la direction du SWAPO que ce plan occidental était le meilleur, pour ne pas dire le seul instrument susceptible de permettre à la Namibie de décider elle-même de son avenir. Mieux valait, affirmèrent-ils, emprunter malgré sa lenteur la voie sûre du légalisme pour parvenir, comme au Zimbabwe, à la domination noire finale, que de se risquer sur le chemin rapide mais hasardeux qui était celui du MPLA (Mouvement Populaire de Libération de l'Angola).

Car en Angola, la situation n'avait rien de rose. Corruption, rivalités, relâchement de la discipline, inefficacité semblaient y être les maîtres mots. La guerre contre l'Afrique du Sud avait amputé les transports civils de la moitié de leurs véhicules, et il était impossible d'assurer de façon satisfaisante la distribution des produits alimentaires. Les guérilleros de l'UNITA (Union Nationale pour l'Indépendance) entravaient le fonctionnement du réseau ferroviaire dans le centre et le sud du pays. Au sud, c'étaient les embuscades du FNLA (Front National de Libération de l'Angola) qui empêchaient toute vie normale. Si l'Angola devait s'arracher au marécage d'incompétence et de violence où il se débattait, il n'y parviendrait certainement pas en encourageant et en soutenant la lutte du SWAPO contre l'Afrique du Sud. Ces arguments portèrent.

La conférence de Genève sur l'indépendance de la Namibie s'avéra fructueuse. Le cessez-le-feu fut instauré, contrôlé et respecté. Les élections eurent lieu au début de l'année suivante – et ne se soldèrent pas par un résultat inattendu. Certes, le SWAPO possédait la majorité à l'Assemblée constituante, mais sa marge de manœuvre était tout de même réduite; et comme la Constitution devait être votée à la majorité des deux tiers, les autres partis eurent les coudées franches pour y inclure les garanties auxquelles l'Afrique du Sud, les Afrikaners de Namibie et le Groupe occidental tenaient tant.

En Afrique du Sud même, le progrès n'avait sans doute pas ce caractère frappant, mais qu'il y eût progrès était déjà significatif. L'une des raisons pour lesquelles Pretoria avait accepté de faire quelques concessions politiques était la confiance accrue que portait l'Afrique du Sud à sa propre puissance militaire, suite à la prise d'un train de mesures destinées à apaiser le sentiment d'insécurité qu'éprouvait une fraction importante de sa population blanche. Cette inquiétude était compréhensible : après tout, il y avait au Mozambique 300 chars soviétiques, et les engins de défense aérienne les plus sophistiqués. Des conseillers soviétiques, cubains et est-allemands assuraient la mise en œuvre du matériel et l'instruction. L'armée du Mozambique, qui ne comptait guère plus de 30000 hommes, était devenue assez efficace pour apporter son appui aux guérilleros du Congrès National Africain (ANC).

Le Zimbabwe – qu'un pacte de défense secret unissait au Mozambique – avait finalement réussi l'intégration de ses guérilleros dans ses troupes régulières et possédait à présent une force de défense de 50000 hommes, bien équipée, bien entraînée, et rompue à un type de combat parfaitement approprié aux circonstances d'une confrontation avec l'Afrique du Sud. L'armée du Botswana, quelques milliers d'hommes à peine, avait tout de même reçu des chars soviétiques, des véhicules divers, des munitions, des armes. L'Angola entretenait des forces armées régulières à peu près équivalentes en effectifs à celles du Mozambique, mais s'y ajoutaient 20000 conseillers militaires cubains, 2000 d'Allemagne de l'Est, plus quelques centaines venus d'U.R.S.S. qui pilotaient avions et hélicoptères, assuraient la mise en œuvre de l'équipement lourd, instruisaient et entraînaient les troupes angolaises, et pouvaient toujours, en cas de besoin, participer aux opérations. L'Organisation de Défense Populaire, la force paramilitaire angolaise, épaulait le tout de son demi-million d'hommes.

La puissance militaire conventionnelle sur laquelle pouvaient compter les Etats noirs limitrophes n'avait donc rien d'insignifiant. Dans le passé, l'Afrique du Sud s'était efforcée de sauvegarder sa sécurité intérieure et extérieure en effectuant des opérations punitives au-delà de ses frontières – notamment en Angola, à partir de la Namibie, sans parler des raids sur Maputo. Ces opérations étaient souvent confiées à des troupes noires étrangères à l'Afrique du Sud, et placées sous le commandement d'officiers blancs. Ainsi, en Angola, ceux-ci avaient conduit à l'attaque d'anciens membres du FNLA, adversaires du MPLA. Des actions de ce type avaient été également menées au Mozambique, en Zambie, au Zimbabwe – avant que les négociations sur la Namibie aient pris un tour sérieux – et même au Botswana et au Lesotho, qui s'étaient bornés à accorder un soutien inoffensif aux réfugiés d'Afrique du Sud.

La force de défense sud-africaine était solide. Elle rassemblait environ un demi-million d'hommes, dont 200000 servaient effectivement, les autres étant immédiatement mobilisables. Outre les forces régulières, elle comprenait une milice nationale de 50000 hommes et des commandos locaux totalisant des effectifs équivalents. La police comptait 40000 hommes, dont la moitié étaient des réservistes. La loyauté de tous devait être absolue, car le vrai danger pour la sécurité de l'Afrique du Sud venait de l'intérieur.

Les marxistes de l'ANC ne formaient pas le seul mouvement d'opposition noir, mais c'était incontestablement le plus important. Il recevait son principal soutien de Moscou. Sa discipline, son réalisme, lui avaient valu une renommée internationale. Sa branche militaire, *Umklonto we Sizwe*, pouvait rassembler à peu près 10000 guérilleros entraînés, et bien que l'ANC n'entretînt pas de bases en Afrique du Sud même, il jouissait à l'intérieur du pays du soutien politique profond de la population noire, et y avait établi un réseau clandestin. La plupart de ses opérations de guérilla concernaient le sabotage industriel, et visaient des objectifs tels que raffineries et centrales électriques. Certains, à l'intérieur du mouvement, prônaient un élargissement et une diversification des cibles, afin d'augmenter le sentiment d'insécurité de la population blanche et de décourager toute participation occidentale à l'économie du pays.

Les autres organisations d'opposition – que nombre de leurs membres abandonnaient pour rejoindre l'ANC, plus puissant et plus efficace – comprenaient le Conseil Révolutionnaire de la Jeunesse Sud-Africaine, bien implanté au Botswana, le Mouvement de la Conscience Noire d'Azania, et l'Organisation Populaire d'Azania. Cette dernière était parvenue à prendre parfaitement en main certains des nouveaux syndicats noirs, et avait pu provoquer nombre d'interruptions de travail au sein d'entreprises industrielles internationales. L'ANC encourageait de telles activités. Pour lui, le syndicalisme était un élément crucial de la lutte de libération, une arme d'autant plus intéressante qu'elle était légale.

L'Inkhata, la plus importante organisation noire d'Afrique du Sud, possédait également une existence officielle. Son dirigeant, le chef Kwazulu, avait été désavoué à la fois par Pretoria et par l'ANC, ce qui ne l'empêchait pas d'entretenir avec tous deux un dialogue constructif. De façon paradoxale, il se plaçait au centre de la politique sud-africaine et, malgré l'incertitude de ce terrain, son mouvement pouvait susciter un rééquilibrage à l'amiable de la Constitution, qui ferait mieux coïncider celle-ci avec la réalité raciale du pays.

La modération et le compromis l'avaient emporté en Namibie; un changement non violent fut mis à l'ordre du jour pour l'Afrique du Sud. En peu de mots, les propositions de Kwazulu visant à un partage plus équitable du pouvoir consistaient à amalgamer l'Etat du Natal, à administration blanche, et son voisin le Zululand, dont la population était noire. Cette fois-ci, il fut beaucoup plus difficile pour l'ANC de réagir par un rejet pur et simple. Son audience dans les villes était certes beaucoup plus importante que celle de l'Inkhata, mais un nombre croissant de ses militants l'abandonnaient pour rejoindre les rangs de cette organisation, estimant qu'elle représentait « l'héritier légal de l'ANC ». Faire aboutir les propositions de Kwazulu, en mettant l'accent sur le partage du pouvoir *noir*, valait peut-être mieux que d'entreprendre une guerre de libération qui se solderait certainement, dans les circonstances présentes, par la mort d'un très grand nombre de Noirs, une répression accrue et la promesse que la domination blanche et l'apartheid bénéficieraient d'un nouveau sursis.

Qu'elles qu'aient été la sagesse des propositions de Kwazulu et l'ouverture à celles-ci de l'ANC, il n'en demeurait pas moins que seul le Parti national, qui détenait le pouvoir, se trouvait en mesure de faire progresser le pays dans la voie du réformisme. Or, aux élections de 1980, le Parti national n'avait pas reçu mandat d'agir en ce sens. Au contraire. Il existait pourtant en Afrique du Sud un courant libéral favorable à des réformes graduelles, et dont l'influence s'étendait. Il fut l'une des causes – comme le désir d'instaurer un nouveau mode de relations avec les U.S.A., qui se traduirait par de gros bénéfices économiques – de la décision que prit le premier ministre en 1983 de lancer le pays dans un programme de réformes.

Il accepta l'idée de la naissance d'une classe moyenne noire à qui l'éducation et la qualification professionnelle permettraient l'accès à des fonctions plus hautes dans l'industrie ou l'administration. Dans le même temps, la décentralisation, un développement plus harmonieux au niveau régional, assureraient une prospérité accrue aux territoires indigènes. Les populations de couleur bénéficieraient d'une représentation politique plus importante qui déclencherait un processus de coopération et de consultation mutuelles, menant au bout du compte à un partage responsable du pouvoir. Il est regrettable que ce programme, d'où pouvait procéder un libéralisme réel, ait été interrompu par la guerre. De la part des Etats noirs voisins, l'Afrique du Sud ne reçut pas le traitement ferme et adroit qui avait été celui des pays arabes envers Israël : dès l'ouverture des hostilités, les armées du Mozambique, du Zimbabwe et du Botswana, ainsi qu'une force composée d'Angolais et d'éléments du SWAPO, envahirent son territoire.

Sur la scène africaine, la violence n'était pas une inconnue, comme nous le verrons en examinant ce qui se passait sur l'ensemble du continent au début de la décennie 80. L'un des principaux moteurs de cette violence avait été la volonté de la Libye de s'ouvrir un domaine saharien, d'englober sous son hégémonie le Tchad, le Niger et le Soudan, de se lier, même, à l'Ethiopie pour encercler et isoler l'Egypte. Les choses ne tournèrent heureusement pas comme l'avait espéré le pouvoir libyen. Pourtant, si à cette époque le zèle révolutionnaire, des revenus pétroliers conséquents, des voisins faibles, indécis ou inattentifs, et des armes fournies à volonté par l'Union soviétique avaient pu suffire à l'assouvissement d'une ambition dévorante, la Libye aurait été vraiment bien partie. L'armée du Tchad se résumait à trois bataillons d'infanterie, une poignée de canons et autant de mortiers. Celle du Niger était encore plus insignifiante, mais le pays possédait de riches réserves d'uranium. Certes, le Soudan entretenait des forces armées respectables, mais une importante fraction de celles-ci se trouvait déployée dans les régions instables du sud et à l'est, près de la frontière éthiopienne, afin d'y maintenir la sécurité et de tenir à l'œil les guérilleros d'Erythrée. De toute façon, les 250 chars et les 40 avions de combat du Soudan faisaient bien triste figure à côté des 3000 chars et des 400 *Mig* ou *Mirage* que possédait la Libye. Sans parler de l'aéromobilité que conféraient aux vingt-cinq bataillons d'infanterie, à la Légion Panafricaine et aux Jeunesses Musulmanes de cette dernière ses escadrons d'avions de transport *Hercules* et sa centaine d'hélicoptères de tranport de troupes.

La Libye s'était vite remise de l'échec momentané qu'elle avait rencontré au Tchad en 1982, quand la force de sécurité de l'O.U.A. y avait remplacé ses propres troupes. Le régime libyen était parvenu à convaincre les chefs des principales tribus arabes du Tchad de former une alliance – assez mal assortie – avec le dirigeant des forces rebelles les plus importantes du pays, basées près de la frontière soudanaise. S'étant ainsi assurée leur soutien commun, la Libye fut en mesure de déployer une fraction de ses propres troupes à Abéché et de continuer à harceler le Soudan. L'objectif final était de provoquer la chute du président de la République soudanaise. D'autres opérations de subversion étaient menées à partir de l'Ethiopie. A l'ouest du Tchad, la protection que la Libye accordait aux Touareg avait entraîné une lutte incessante entre les prétendues Légions Islamiques et la petite armée du Niger.

Ces manœuvres, destinées à isoler l'Egypte et à placer le Sahara sous l'hégémonie de la Libye, prirent fin lorsque l'Egypte intervint *manu militari* sur le territoire du fauteur de troubles, faisant s'écrouler définitivement son régime militaire. Les effets de cette chute furent globalement positifs. Les soldats libyens, que la perspective d'être affreusement mutilés et torturés à mort par les sauvages tribus du Niger et du Tchad n'inspirait guère, furent rendus à la mère patrie et aux joies incomparables de la vie de garnison. L'O.U.A. veilla à la cicatrisation des plaies frontalières soudano-tchadiennes. Le Niger s'apaisa sous la règle du militaire qui présidait à sa destinée; il demanda la protection et l'aide économique de la France et de l'Algérie – deux pays dont le rapprochement avait été grandement facilité par l'attitude de la Libye. Le Soudan put se consacrer davantage à la résolution des difficultés économiques que connaissaient ses régions méridionales, tout en tenant l'Ethiopie à l'œil et en développant ses bonnes relations avec l'Egypte. La position de la Somalie se renforça. L'axe égypto-libyen, comme nous l'avons vu au chapitre précédent, accéléra le processus d'unification des pays arabes et de règlement pacifique du problème palestinien.

Le grand jeu des superpuissances – on peut compter sur moi en cas de tension ou de danger, je me le prouve et je le prouve à mes alliés – était alors très en vogue en Afrique. La Somalie et le Soudan applaudissaient aux exercices continuels de la Force de Déploiement Rapide des Etats-Unis, tandis que les manœuvres des Soviétiques au Sud-Yémen et en Ethiopie remportaient les mêmes suffrages auprès de la Somalie et du Soudan. Mais beaucoup plus préoccupante était l'aide militaire que l'U.R.S.S. accordait au Mozambique, au Botswana et à l'Angola. En 1984, 10000 Cubains se trouvaient au Mozambique, sans parler des Allemands de l'Est et des Soviétiques. Le Botswana avait accepté l'assistance d'experts techniques et tactiques de ces deux nationalités pour améliorer l'entraînement de son armée en pleine expansion – mais il avait également établi des camps à l'usage des guérilleros de l'ANC. Ceux-ci étaient bien pourvus en armes légères de fabrication soviétique, lance-roquettes, mortiers, et jusqu'à des missiles sol-air portatifs. En Angola, le nombre de Soviétiques et d'Allemands de l'Est avait doublé. Outre leurs tâches traditionnelles – responsabilité de l'équipement sophistiqué et entraînement des troupes angolaises – ils formaient les guérilleros du SWAPO réfugiés en Angola après l'ouverture des négociations sur l'indépendance namibienne; ceux-ci représentaient une force toutes-armes du volume de la brigade qui interviendrait en Namibie au moment voulu. Cette inquiétante augmentation des moyens de combat conventionnels ou de guérilla dont disposaient les Etats du front, intervenant au moment où le Parti national sud-africain achoppait sur son programme de réformes et où l'ANC intensifiait ses actions de sabotage, n'augurait rien de bon pour l'Afrique du Sud.

En revanche, le Zimbabwe conservait son attitude ambivalente envers l'Union soviétique. D'abord, parce qu'il entendait se rapprocher économiquement de l'Occident; ensuite à cause de ses liens avec la Chine. Cette dernière se montrait toujours prête à soutenir tout mouvement susceptible de faire progresser la lutte contre l'apartheid, et désirait en même temps limiter l'influence de l'Union soviétique dans le sud de l'Afrique. Outre ses relations privilégiées avec le Zimbabwe, la Chine était en bons termes avec le Mozambique, l'Angola, la Zambie et la Tanzanie; en Namibie, elle exerçait une pression intense pour faire aboutir les propositions de règlement du Groupe occidental. Mais malgré tous ses efforts, elle ne pouvait rivaliser avec l'influence dont jouissait l'U.R.S.S. auprès des Etats noirs de cette région du monde.

La situation était fort différente en Afrique de l'Ouest. En 1981, la Guinée Equatoriale avait fait échec aux tentatives de l'Union soviétique, qui voulait renforcer son emprise sur le pays; mieux, elle s'était adressée à son ancien colonisateur, l'Espagne, pour que celle-ci l'aide à réorganiser son économie, son armée et sa Constitution. L'U.R.S.S. avait essuyé des camouflets identiques en Guinée-Bissau et aux îles du Cap-Vert. La France continuait à dispenser son aide économique et militaire à la Côte d'Ivoire et à la République centrafricaine. Mais l'évolution la plus satisfaisante était survenue au Sahara occidental. L'interruption du soutien que la Libye accordait au Polisario, les fortifiants saoudiens injectés dans l'économie marocaine, et le refus de l'O.U.A. de reconnaître la République Démocratique Sarahouie, concouraient tous à l'établissement d'un compromis : et le Maroc, la Mauritanie, l'Algérie, plus le Polisario, s'accordèrent enfin sur une solution commune. L'idée d'un Etat saharien indépendant fut abandonnée, à tout le moins renvoyée à une date ultérieure. La fédération du territoire litigieux avec la Mauritanie l'emporta.

Le Nigeria s'inquiétait surtout de la baisse de son revenu, consécutive à la réduction de ses exportations pétrolières : ses possibilités d'importations de produits alimentaires en quantité suffisante – celles-ci représentaient plus de 50 p. 100 de ses importations totales – s'en trouvaient fortement compromises. Les autorités mirent en œuvre un programme de redressement de type conventionnel – coupes claires dans les dépenses de l'Etat, demande de délais aux créanciers étrangers, réduction de l'aide sociale et abandon de certains projets. Ces mesures nécessaires n'étaient pas suffisantes; cependant, combinées à d'adoption d'une politique pétrolière plus saine, elles permirent au Nigeria d'obtenir le prêt international qui lui donnerait le coup de pouce décisif.

L'instabilité politique du Zaïre ne procédait pas seulement de sa dépendance envers le crédit international – le milliard de dollars alloué par le F.M.I. avait réglé le problème pour un temps –, elle découlait aussi du mécontentement engendré par les méthodes tyranniques de l'ancien président, et de son incapacité à mettre fin aux troubles qui agitaient le Shaba et surtout le Kivu, où les maquisards du Parti national populaire menaient toujours la lutte contre le pouvoir central. Le nouveau président zaïrois parvint cependant à inspirer aux gouvernements français et belge une confiance suffisante pour que ceux-ci acceptent l'idée d'une coopération militaire et économique plus étoffée.

Ainsi, tandis que les Etats-Unis et l'U.R.S.S. avançaient inexorablement vers la guerre, le risque d'un affrontement intérimaire entre les deux superpuissances dont le champ clos serait le continent africain ne menaçait pas vraiment la partie nord-est de celui-ci – les pays arabes –, ni l'ouest, ni même le centre et l'est, relativement stables. Les deux zones critiques étaient la corne de l'Afrique et le sud africain. La première, comme nous l'avons vu au chapitre XVII, fut partiellement neutralisée par la vitesse et la puissance avec laquelle les U.S.A. et leurs alliés renforcèrent leur position en Egypte, dans la mer Rouge et le golfe Persique. Des actions navales adéquates, et une dissuasion efficace ayant pour point de départ le Nord-Yémen et le sultanat d'Oman, découragèrent l'intervention du Sud-Yémen. De la même façon, le renforcement militaire par les Etats-Unis de la Somalie et du Soudan permit de lier les poings de l'Ethiopie. Mais, en Afrique du Sud, les combats furent longs, âpres et féroces.

Il est indéniable que l'affrontement aussi bref que cataclysmique qui opposa les forces de l'O.T.A.N. à celles du Pacte de Varsovie eut pour effet de prolonger l'existence du régime oppresseur et inégalitaire d'Afrique du Sud. Après la fin des hostilités, les dirigeants sud-africains furent soumis à un jeu de pressions internes et externes, aussi violentes qu'antagonistes. Ils décidèrent de préserver la pérennité du pouvoir blanc, sauf à s'exposer au mécontentement croissant des Noirs. Le comportement au cours du conflit des Etats noirs du front et des éléments de l'ANC n'avait rien fait pour rendre ceux-ci plus sympathiques aux yeux des Afrikaners. En outre, le fait que les forces armées sud-africaines soient parvenues à repousser et à défaire les envahisseurs avait encore fortifié chez les Afrikaners la certitude de leur suprématie. Les dirigeants de la tendance la plus dure se persuadèrent qu'ils pourraient perpétuer leur système de domination raciale : le pouvoir blanc était une chose qu'ils connaissaient bien, qu'ils sauraient gérer convenablement. Ne comprenant pas les conséquences d'un programme de réformes, ils l'accueillirent avec crainte et mépris. D'ailleurs, certains événements venaient corroborer leurs répugnances : le gouvernement constitutionnel de Namibie avait été renversé en 1985, et le SWAPO s'était emparé du pouvoir. Au Zimbabwe, l'agonie des pratiques démocratiques avait abouti à sa conclusion logique au cours de la même année; l'effort intense qu'avait déployé le Botswana pour soutenir les mouvements révolutionnaires — ANC et autres — s'était tout simplement traduit par la paupérisation dramatique de sa population; et le Mozambique s'était montré incapable d'échapper à l'emprise antagoniste des mercenaires communistes et des mouvements de résistance nationale.

Les partisans d'une politique de réforme graduelle et de partage du pouvoir avaient eux aussi trouvé au hasard du conflit quelques arguments inattendus, susceptibles de nourrir leur cause. D'abord, le sentiment de révulsion que partagèrent les populations noire et blanche d'Afrique du Sud devant la folie sanguinaire que certains maquisards de l'ANC eurent malheureusement l'occasion d'exprimer; ensuite, l'attitude générale qui caractérisa les troupes noires des territoires indigènes. L'armée de l'Inkhata s'illustra particulièrement, repoussant avec une farouche efficacité les troupes du Mozambique et les Cubains qui tentaient d'envahir le Zululand. Mais ces exemples de loyauté à la République ne suffirent pas à faire changer d'avis les opposants au programme de réformes. Au contraire, des suffrages de plus en plus nombreux se portèrent sur une thèse dure : celle qui prônait le renforcement de l'emprise économique que l'Afrique du Sud exerçait – en termes de produits alimentaires, de transports, de technologie et de produits manufacturés – sur les Etats noirs voisins, de façon à installer une sorte de tampon entre l'ANC et le pouvoir blanc.

La politique des territoires noirs se poursuivrait. Les prétendus Etats nationaux indépendants continueraient à subir la loi financière, économique et administrative de Pretoria. Le Conseil présidentiel, instance multiraciale qui avait permis d'introduire des réformes constitutionnelles, fut démantelé. La division du pouvoir entre les divers groupes raciaux devait être claire et nette. L'apartheid continuait.

L'Afrique du Sud s'engageait sur la voie du sang, de la violence et de la révolution. Son avenir dépend désormais de tous ceux pour qui son choix politique est inacceptable : les Etats noirs limitrophes, qui commencent à retrouver une certaine cohésion politique et militaire; l'ANC exilé et les autres mouvements noirs révolutionnaires; les syndicats, à l'intérieur même du pays; la quasi-totalité de l'Afrique noire, avec l'appui qu'elle peut fournir en armes, en hommes, en argent; le tiers monde. A moins que les Nations Unies ou d'autres instances diplomatiques fassent peser sur Pretoria une pression irrésistible, et parviennent à susciter une solution aussi satisfaisante que celle du Moyen-Orient, l'Afrique du Sud se prépare inéluctablement au règlement sanguinaire de la question de l'apartheid.

XIX

L'EXTRÊME-ORIENT

Trois empires coloniaux – britannique, français, néerlandais – s'étaient étalés sans discipline sur les cartes d'Asie du Sud-Est. Lorsqu'ils s'écroulèrent, la région se trouva privée de la cohérence qui lui était absolument nécessaire. La chute de Saigon, en 1975, sonna le glas de la brève période de domination américaine et apparemment celle des interventions extérieures. Les U.S.A., échaudés par l'expérience, retirèrent avec soulagement leurs troupes présentes sur le continent asiatique, pour se consacrer à une stratégie purement maritime appuyée sur les îles et les Etats insulaires du Pacifique.

Ceci ne voulait pas dire que les Etats-Unis abandonnaient l'Asie. Bien au contraire. Ils avaient la ferme intention de demeurer l'une des puissances majeures du bassin Pacifique, zone dont la croissance économique était la plus rapide du monde. Mais le nouveau point d'appui du levier américain se déporterait vers l'Asie du Nord-Est. Il existait déjà des liens privilégiés avec le Japon; d'autres allaient se créer bientôt avec la Chine. La stratégie maritime américaine requerrait toujours la présence de bases navales et aériennes aux Philippines; Washington se hâta de renouveler leur bail. Manille se montra d'abord

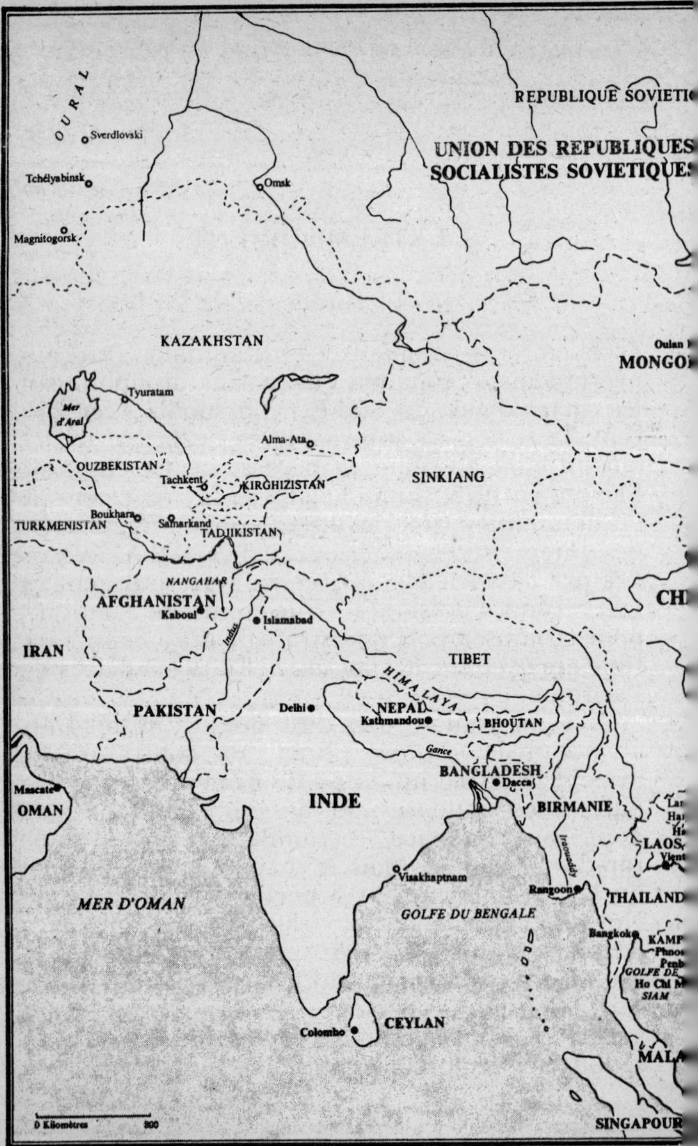

OURAL
Sverdlovski
Tchélyabinsk
Magnitogorsk
Omsk
REPUBLIQUE SOVIETI
UNION DES REPUBLIQUES
SOCIALISTES SOVIETIQUES
KAZAKHSTAN
Oulan
MONGO
Mer d'Aral
Tyuratam
Alma-Ata
OUZBEKISTAN
Tachkent
KIRGHIZISTAN
SINKIANG
Boukhara
Samarkand
TURKMENISTAN
TADJIKISTAN
NANGAHAR
AFGHANISTAN
Kaboul
Islamabad
Indus
CH
IRAN
TIBET
HIMALAYA
PAKISTAN
Delhi
NEPAL
Kathmandou
BHOUTAN
Gance
BANGLADESH
Dacca
Mascate
OMAN
INDE
BIRMANIE
Iraouaddy
LAOS
Visakhaptnam
Rangoon
THAILAND
MER D'OMAN
GOLFE DU BENGALE
Bangkok
KAMP
GOLFE DE SIAM
Ho Chi M
CEYLAN
Colombo
MAL
SINGAPOUR
0 Kilomètres 800

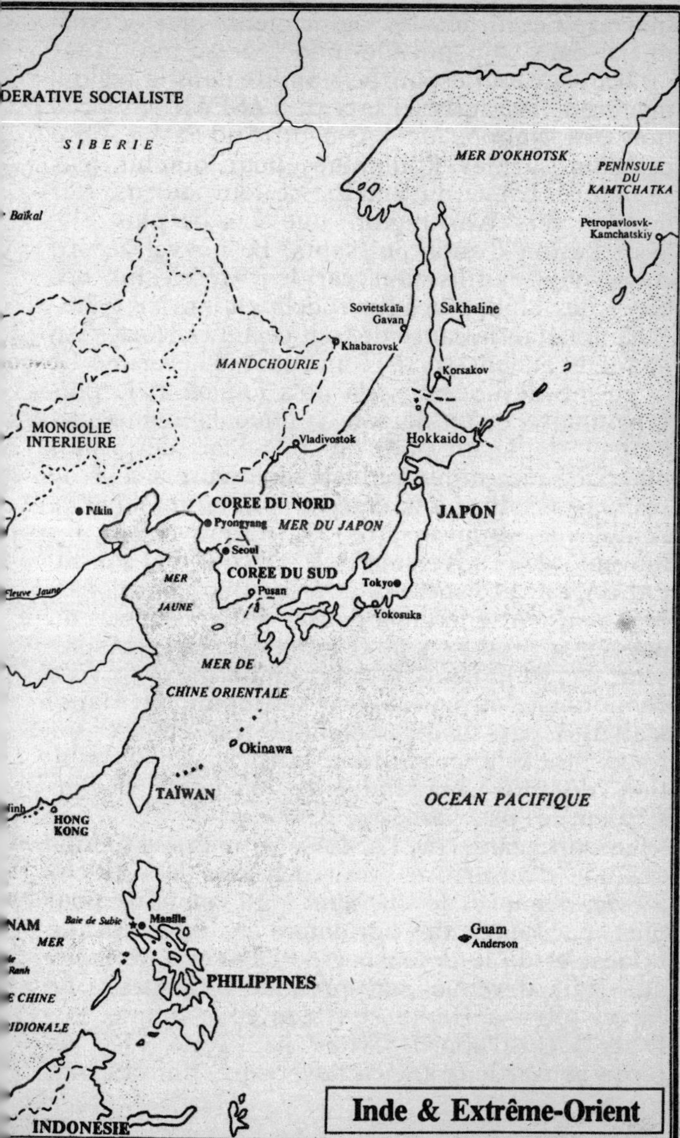

Inde & Extrême-Orient

indécis. Ce furent les agissements des Vietnamiens dans la péninsule indochinoise qui, tirant un trait sur tout espoir de stabilité dans la région, incitèrent les autres Etats de l'ASEAN (Association des Nations de l'Asie du Sud-Est) à faire pression sur les Philippines pour obtenir leur signature. L'Asie du Sud-Est se tournait une fois de plus vers Washington; une fois de plus, elle avait besoin d'amis puissants. Le nouvel accord concernant l'utilisation par les Américains des bases des Philippines fut conclu en janvier 1979.

Hanoi était la cause de tout cela. Les Nord-Vietnamiens étaient sortis couronnés d'héroïsme de la guerre de libération la plus longue et la plus sanguinaire qu'ait jamais connue la région. Ils avaient unifié un pays qui possédait désormais une puissance militaire bien supérieure à celle de ses voisins, alliée à la détermination fanatique de l'employer si nécessaire, quels que soient les moyens de l'adversaire. A l'issue du conflit, l'ASEAN avait espéré que les Vietnamiens consacreraient leur énergie à panser les plaies vives du pays et à rétablir son économie ravagée. A présent, c'était la peur de voir l'emporter la ferveur communiste ou nationaliste qui dominait. Hanoi n'allait-il pas tenter d'étendre son empire sur toute l'Indochine, réalisant ainsi la vieille ambition de Hô Chi Minh? Et ensuite? Quelles seraient les prochaines proies?

Les dirigeants de l'ASEAN estimèrent qu'une attitude d'ouverture serait peut-être le meilleur moyen d'amener le Viêt-nam à un comportement plus pacifique, de l'orienter en direction de l'Ouest et de le détourner de l'Union soviétique, qui était devenue son premier protecteur. Le Japon offrit à Hanoi son aide économique. Les Etats-Unis, d'abord irrités par cette idée de récompenser leur ancien adversaire, finirent tout de même par entamer avec Hanoi des négociations discrètes, visant à la reprise de relations diplomatiques normales entre les deux pays dès que les blessures mutuelles seraient en bonne voie de cicatrisation. Le Viêt-nam paraissait favorable à ces perspectives, mais mit fin au processus par la signature, en novembre 1978, d'un traité avec l'Union soviétique. Peu après, il envahissait le Kampuchea, renversait Pol Pot et le remplaçait par son propre fantoche, Heng Samrin.

La guerre était revenue sur la scène du Sud-Est asiatique. Seul le puissant soutien militaire que l'U.R.S.S. accordait au Viêt-nam avait permis son retour. La Chine, pour qui l'ambition vietnamienne était un vieux sujet d'inquiétude, vola au secours de Pol Pot et envahit brièvement le Viêt-nam en février 1979.

La Thaïlande, que sa frontière commune avec le Kampuchea exposait aux conséquences de l'activité des partisans de Pol Pot, demanda l'aide des Etats-Unis et reçut immédiatement de l'équipement militaire. Les pays de l'ASEAN firent front contre l'expansionnisme du Viêt-nam et de l'Union soviétique. Ils en appelèrent au soutien international, en particulier pour que soit résolu le problème des réfugiés que l'Indochine dégorgeait à gros flots. Ils se tournèrent en premier lieu vers Washington car les U.S.A. paraissaient seuls capables de s'opposer victorieusement à la puissance militaire de l'U.R.S.S. Quelques années après la fin du conflit vietnamien, l'Amérique se retrouvait donc à nouveau impliquée politiquement dans cette région du monde. Il ne s'agissait plus de contenir la Chine; le rapprochement avec Pékin avait réglé ce problème. Non, c'était bel et bien à la puissance militaire, à l'expansionnisme soviétique qu'il fallait mettre un frein. Moscou appliquait en Asie du Sud-Est la même méthode que dans le reste du tiers monde; une politique péremptoire, opportuniste, anti-occidentale, anti-chinoise – bref, pro-soviétique –, et dégageant de surcroît un indéniable parfum russe.

L'ASEAN, qui regroupait la Malaisie, Singapour, la Thaïlande, l'Indonésie et les Philippines, avait des objectifs essentiellement politiques et économiques. Les problèmes de sécurité de chacun de ses membres étaient de natures diverses, et comme ceux-ci ne se sentaient pas collectivement menacés par un danger extérieur, l'ASEAN ne possédait aucune infrastructure de défense.

Pourtant son territoire offrait un intérêt stratégique certain : outre les matières premières et le pétrole dont il était riche, il comportait d'importantes routes maritimes, cruciales pour le Japon, les Etats-Unis et l'Union soviétique; la préservation de sa stabilité relevait donc de l'intérêt commun. A la fin des années 70, Moscou s'efforça d'ailleurs d'obtenir la signature d'un Pacte Asiatique de Sécurité Collective, mais ne trouva aucun preneur : sa volonté de circonvenir la Chine était trop flagrante, et les pays de la région avaient bien conscience qu'il leur faudrait trouver une entente quelconque avec ce voisin aussi gigantesque qu'imprévisible. De plus, les efforts de Moscou étaient incompatibles avec sa détermination à soutenir le Viêt-nam.

Après l'invasion du Kampuchea, l'ASEAN prit ses distances envers l'Union soviétique, tandis que quelques-uns de ses membres se rapprochaient de la Chine. L'isolement de l'Union soviétique en Asie s'accentua. Elle n'avait plus pour alliés que le Viêt-nam et une Corée du Nord également soucieuse de ne pas se couper de Pékin. Mais elle récoltait les fruits de l'assistance accordée à Hanoi, sous la forme de bases aériennes et navales. La marine soviétique commença en particulier à utiliser la baie de Cam Ranh, admirablement située à mi-chemin de la Flotte d'Extrême-Orient et de la Force navale soviétique de l'océan Indien, qui offrait en outre une vue imprenable sur les activités de la 7e Flotte américaine dans le Pacifique Sud.

L'évolution de la situation amena logiquement l'ASEAN à se préoccuper davantage de sa sécurité. En 1980, les dépenses militaires de ses Etats membres s'élevaient à 5,47 milliards de dollars. Elles avaient doublé en cinq ans. La Thaïlande consacrait 20 p. 100 de son budget à la défense. Tous s'équipaient d'armements modernes, surtout de provenance américaine. Des conseillers militaires américains étaient présents dans de nombreux pays, et les officiers de l'ASEAN s'entraînaient par centaines aux U.S.A. L'aide militaire de ceux-ci aux Etats membres de l'organisation avait cru de 250 p. 100 en cinq ans, pour atteindre 7,5 milliards de dollars en 1980. En 1984, ce chiffre avait doublé.

Des conférences d'états-majors, des exercices communs, une collaboration accrue au niveau du renseignement, renforcèrent lentement la cohérence militaire dont les membres de l'ASEAN avaient perçu la nécessité. La Thaïlande, particulièrement menacée, et Singapour, réaliste et conservateur, ouvraient la voie sur le plan politique. La Malaisie se faisait davantage tirer l'oreille. L'Indonésie se souvenait du rôle qu'avait joué la Chine dans ses affaires intérieures par le biais du Parti communiste indonésien, et hésitait à se rapprocher de celle-ci. Ses partenaires la rappelèrent vivement à l'ordre. Pourtant, aucun des membres de l'ASEAN n'aurait pu jurer que Pékin, malgré son désir d'entretenir de bonnes relations avec les gouvernements de la région, pourrait refuser d'appuyer les éléments communistes qui s'y trouvaient présents – et renoncer par là même à s'assurer le leadership incontesté du tiers monde.

Au début de 1985, l'ASEAN était devenue bon gré mal gré une alliance militaire véritable. La lutte se poursuivait en Indochine, où diverses factions parvenaient à subsister, voire à prospérer, grâce aux armes que leur faisait parvenir la Chine, *via* la Thaïlande. Les maquisards du Kampuchea monopolisaient 250000 hommes des forces vietnamiennes, dont des contingents encore plus nombreux s'efforçaient de garder le contrôle du Laos, pays où l'aide de la Chine se manifestait de façon active. La frontière sino-vietnamienne était le théâtre d'incidents incessants.

Bref, le Viêt-nam s'asphyxiait. Son économie subissait des contraintes gigantesques. Moscou, irrité par l'indiscipline et l'entêtement de Hanoi, décida de réduire son aide pour donner davantage de poids à ses directives. Et puis, l'U.R.S.S. s'inquiétait du manque de succès de son aventure asiatique, et le bloc cohérent que les membres de l'ASEAN formaient désormais face à elle n'avait rien pour la rassurer. Peut-être la pression de Moscou eût-elle amené Hanoi à changer de cap, mais l'ouverture des hostilités en Europe vint modifier radicalement la situation. Les livraisons d'armes soviétiques s'interrompirent. Les troupes soviétiques se retirèrent. Les navires soviétiques quittèrent la baie de Cam Ranh. Le paysage politique en fut bouleversé.

Bien que l'Europe restât le premier théâtre des opérations, le champ clos crucial sur lequel se gagnerait ou se perdrait la guerre contre les Alliés occidentaux, l'Union soviétique ne pouvait pas pour autant se permettre de baisser sa garde asiatique. La Chine avait considérablement accru sa puissance militaire. Certes, les systèmes d'armes et les formations de cet ennemi implacable n'avaient rien de comparable avec ceux des Forces soviétiques, mais ils existaient à un nombre d'exemplaires gigantesque. L'Union soviétique, habituée à utiliser les hommes en masse, fut profondément troublée de devoir affronter des masses incomparablement supérieures. Les territoires extrême-orientaux de l'U.R.S.S., peu peuplés, prêtaient à long terme le flanc à l'expansionnisme chinois, et Moscou n'avait pas peu conscience de l'attrait culturel et politique qu'exercerait la Chine sur les Républiques soviétiques d'Asie, si les choses se gâtaient.

La politique asiatique de l'Union soviétique avait longtemps été dominée par la volonté de contenir la Chine. Depuis 1969, cinquante divisions de l'Armée Rouge – près d'un quart de ses effectifs – gardaient des 6500 kilomètres de la frontière commune. Elles n'étaient pas là pour monter une invasion : c'eût été faire le jeu de Pékin. Les Chinois auraient été ravis de laisser l'assaillant s'enfoncer sur leur territoire, puis d'user implacablement ses forces en profitant de leurs inépuisables réserves humaines. Non, Moscou n'avait aucune intention de se laisser entraîner dans une pareille aventure.

Les Etats-Unis représentaient un autre sujet d'inquiétude. Depuis la fin de la guerre du Viêtnam, la 7e Flotte américaine avait repris du poil de la bête. La possibilité d'opérer à partir de bases avancées lui donnait dans le Pacifique Ouest un avantage qui faisait cruellement défaut à la Flotte soviétique. Les nouveaux sous-marins américains *Trident* II pouvaient désormais opérer à partir de zones proches du littoral oriental des Etats-Unis, ce qui forcerait les sous-marins d'attaque soviétiques à se déployer sur des distances considérables pour les contrer. De plus, les Etats-Unis avaient des alliés – notamment le

Japon – dont les forces n'étaient pas négligeables.

L'Union soviétique portait la responsabilité du changement de cap que le Japon avait imprimé à sa politique de défense dès la fin des années 70. L'accroissement du potentiel militaire en Extrême-Orient de l'U.R.S.S., le soutien qu'elle accordait ouvertement au Viêt-nam, ses violations occasionnelles de l'espace aérien japonais, le renforcement de ses garnisons dans les îles septentrionales de l'archipel dont Tokyo réclamait la restitution, des positions discutables sur le plan diplomatique, firent prendre conscience à l'opinion publique japonaise qu'il était nécessaire d'entreprendre cet effort de défense auquel elle se refusait depuis longtemps. On lança un programme de modernisation axé surtout sur le renforcement de la sécurité aérienne et maritime, qui permit à l'U.S. Air Force et à l'U.S. Navy de ne plus avoir à se préoccuper que des tâches offensives.

A la fin de 1984, la disposition des pièces sur l'échiquier stratégique de l'Asie n'était plus favorable à l'U.R.S.S. En Afrique et au Moyen-Orient, la situation évoluait peu ou prou dans le sens souhaité par le Kremlin; celui-ci se fixa donc pour l'Extrême-Orient un objectif simple : faire régner le calme. Persuader la Chine et le Japon qu'il était de leur intérêt de se tenir à l'écart de toute guerre mettant aux prises l'U.R.S.S. et les U.S.A. Il fallait à tout prix éviter d'avoir à se battre sur deux fronts.

Pourtant, Moscou ne détestait pas l'idée d'attirer Washington dans un tel guêpier. Au début de 1985, un émissaire soviétique se rendit en Corée du Nord pour décider les dirigeants du pays à déclencher au moment opportun une action militaire contre leur voisine du sud, voire une vraie guerre. Ceci aurait pour effet d'attirer vers la Corée les forces américaines qui eussent autrement été dépêchées en Europe ou dans le golfe Persique, et présenterait l'avantage supplémentaire de placer la Chine devant un dilemme épineux : Pékin devrait-il aider la Corée du Nord, au risque d'affronter les Etats-Unis et de faire par contrecoup le jeu de l'U.R.S.S. ? Ou bien, par sa non-intervention, laisser la Corée du Nord devenir la protégée de l'Union soviétique ? Le Japon aussi aurait à choisir. S'il laissait aux Etats-Unis la disposition pleine et entière des bases de son territoire, et si la Chine appuyait la Corée du Nord, l'affrontement de Tokyo et de Pékin laisserait Moscou tirer les marrons du feu. Si le Japon mettait des conditions à l'utilisation de ses bases, ceci diminuerait le rendement du soutien américain à la Corée du Sud, et compliquerait les rapports entre Tokyo et Washington. L'un dans l'autre, l'U.R.S.S. aurait beaucoup à gagner à une explosion dans la péninsule coréenne.

Mais Pékin possédait quelques amis bien placés à Pyeong-yang, et eut vent de l'initiative soviétique. Calmement mais fermement, les Chinois firent savoir aux Nord-Coréens que s'ils déclenchaient une telle guerre ils ne pourraient compter sur aucune aide de leur part. Or les deux partis savaient que l'assistance soviétique se limiterait à l'envoi de quelques armes; l'Armée Rouge serait trop occupée à garder la frontière chinoise — sans parler du reste.

Cet avertissement clair et net parut porter ses fruits. Lorsque sonna l'heure, la Corée du Nord limita son action à quelques raids mineurs. Les Etats-Unis et le Japon, ignorant si ceux-ci allaient déboucher sur des opérations plus vastes, s'en inquiétèrent pourtant. Les Sud-Coréens décrétèrent la mobilisation générale et en appelèrent à Washington qui leur dépêcha, par mesure de précaution, deux escadrons de chasseurs. Des préparatifs concernant l'envoi de forces terrestres dans la péninsule furent entrepris, mais l'Union soviétique s'effondra avant que les troupes parviennent à destination. On les détourna donc vers Vladivostok, où elles supervisèrent la reddition d'une fraction des Forces soviétiques d'Extrême-Orient.

Pas plus que l'U.R.S.S., les U.S.A. ne souhaitaient l'ouverture en Asie d'hostilités de grande ampleur. L'un et l'autre avaient suffisamment à faire ailleurs. Ce n'était pas non plus le désir de la Chine, qui envisageait tout de même la possibilité de passer à l'action si l'U.R.S.S. sortait assez affaiblie de la guerre. Quant au Japon, l'éventualité ne le réjouissait pas du tout.

C'est ainsi que l'Asie, tout en étant soumise à des tensions importantes, ne subit pas de front le choc de la guerre. Les quelques combats dont elle fut le théâtre se déroulèrent principalement dans le Pacifique; certains ont déjà été décrits au chapitre XIII du présent ouvrage. Sous le couvert d'un exercice de routine, la Flotte soviétique du Pacifique avait pris la mer avec le début des combats en Europe. Des bâtiments et des avions américains et japonais suivaient ses déplacements, tandis que les sous-marins des deux camps se traquaient mutuellement. Les forces aériennes de l'U.R.S.S. continuaient à surveiller la Chine du Sud, ses bâtiments étaient nombreux à s'activer dans les eaux vietnamiennes. Puis la guerre embrasa l'Europe, et tous partirent. Le Viêt-nam devrait se débrouiller seul. Il y eut des affrontements entre unités navales soviétiques et américaines, mais en nombre réduit. Les bâtiments japonais se trouvèrent impliqués dans une action mineure, lorsqu'un groupe d'escorte nippon qui faisait route au nord des îles Tsushima fut pris sous le feu d'un patrouilleur rapide non identifié – on sut plus tard qu'il faisait partie d'une force navale nord-coréenne de faible importance, retour d'un raid éclair sur Pusan – dont le missile, un *Styx,* fut intercepté. Le commandant du destroyer nippon tira en réponse l'un des missiles *made in Japan* nouvellement mis en service. L'écran radar afficha un coup au but et l'écho de l'objectif disparut.

Malgré une importante concentration de troupes dans la péninsule coréenne, il ne s'y passait pas grand-chose. En accordant davantage d'audience à Pékin qu'à Moscou, les Nord-Coréens avaient visé juste. Les opérations mineures qu'ils entreprirent contre le Sud ne provoquèrent de la part de celui-ci qu'une réponse purement défensive : Washington avait fermement déconseillé à Séoul de se lancer dans une quelconque escalade. Tous deux savaient que l'attitude de la Chine pouvait se modifier radicalement si la Corée du Sud prenait l'initiative d'une guerre d'envergure.

Si le grand duel entre l'Est et l'Ouest ne gagna pas l'Asie, cela ne veut pas dire qu'elle n'en subit – ou n'en récolta – pas les conséquences. L'effondrement de l'autorité de l'U.R.S.S. fournit l'occasion de rectifier quelques injustices et de régler de vieux différends.

A Pékin, le Bureau politique et le Comité des Affaires militaires avaient siégé pratiquement sans interruption depuis le début du mois d'août. Ils avaient débattu de la meilleure façon d'encourager et de rentabiliser l'agitation des Kazakhs d'Union soviétique, dont la fraction de cette minorité établie sur le territoire chinois les tenait précisément informés. Ils décidèrent finalement d'entreprendre à proximité de la frontière un exercice militaire de grande envergure, lorsque le Kazakhstan fit sécession d'avec l'U.R.S.S. après la destruction de Minsk par le feu nucléaire, le

20 août. Dans le même temps, des manœuvres eurent lieu à la frontière de l'Ouzbekistan, ainsi qu'en Mandchourie, ces dernières sur une échelle beaucoup plus réduite et accompagnées d'un maximum de précautions. Les Chinois avaient conscience de leur faiblesse sur le plan militaire. Ils estimèrent pourtant judicieux de s'adresser à la Mongolie en termes assez rudes, faisant comprendre à ses dirigeants que le moment était venu pour eux de signifier leur congé aux divisions soviétiques présentes sur leur territoire. Ils laissèrent entendre que si les dirigeants mandchous ne s'exécutaient pas, des jours sombres les attendraient lorsque les peuples chinois réaliseraient leur fusion inévitable.

Pour Pékin, le Viêt-nam semblait offrir un terrain d'action d'une rentabilité beaucoup plus immédiate. Des enseignements avaient été tirés de l'invasion avortée de 1979. L'Armée Populaire de Libération (A.P.L.) se trouvait maintenant en bien meilleure forme, ce qui n'était pas le cas des forces vietnamiennes. Le président de la Commission aux Affaires militaires, homme âgé et plein d'expérience, estimait que les troupes chinoises devaient passer à l'action, et cette fois-ci, atteindre Hanoi. Lorsqu'elles contrôleraient la capitale, l'Union soviétique serait incapable de les en déloger, même dans l'hypothèse où elle gagnerait la guerre.

Cette opinion prévalut. Le 19 août, l'A.P.L. attaquait le Viêt-nam, selon un schéma analogue à celui de la campagne de 1979, mais comportant en outre des opérations menées à travers le territoire cambodgien, ceci dans le but d'obtenir la division des forces vietnamiennes sur un certain nombre de fronts tous susceptibles de prendre de l'extension. Les maquisards des diverses factions de l'endroit, dont une bonne proportion était épaulée par des conseillers chinois, se rallièrent à l'A.P.L.

La progression de celle-ci fut d'emblée rapide. Il semble qu'une douzaine de divisions aient été engagées dans l'assaut d'ouverture qui enfonça les positions et les défenses fortifiées des Vietnamiens. L'élan de l'attaque fut ensuite freiné, lorsque Hanoi fit monter ses formations régulières à la rescousse des défenses locales submergées par les Chinois. C'est alors que Birmingham et Minsk disparurent de la face de la terre, et que l'empire soviétique s'écroula comme un château de cartes. La nouvelle éclata à Hanoi et dans les capitales des pays de l'ASEAN. Les hommes et les femmes qui combattaient sur le front vietnamien ne lui prêtèrent peut-être pas grande attention, mais leurs dirigeants s'en chargèrent à leur place. La tendance pro-chinoise, qui ne s'était pas éteinte mais couvait sous la cendre, se réveilla. Une fois de plus, le Viêt-nam devait assurer sa survie en enfourchant le bon cheval – et le choix n'était guère difficile.

Les combats cessèrent au moment où l'A.P.L. s'apprêtait à enlever Lang Son et Quang Ninh et à foncer, renforcée de divisions fraîches, vers Hanoi et Haiphong. Un nouveau gouvernement vietnamien fut mis en place – ou se mit en place lui-même, comme il est d'usage en de telles circonstances – et le cessez-le-feu intervint peu de temps après. Pékin exigeait que les divisions vietnamiennes soient immédiatement désarmées et remettent leur équipement à l'A.P.L. De même, toutes les forces vietnamiennes présentes au Laos et au Kampuchea devraient s'en retirer. La nouvelle administration de Hanoi souscrivit aisément à ces conditions. Un gouvernement provisoire prit en main le destin du Kampuchea. Il était formé d'éléments à peu près acceptables pour la Chine et pour les Etats membres de l'ASEAN. A l'instigation de cette organisation une conférence fut décidée, qui installerait aux commandes du Viêt-nam un nouveau gouvernement bénéficiant d'une reconnaissance et d'un appui internationaux. L'ouverture des travaux fut retardée de plusieurs mois par des désaccords concernant le choix des futurs dirigeants.

Ainsi s'achevait ce qui avait été, du point de vue chinois, un intermède satisfaisant. Le Viêt-nam ne se trouvait plus soumis à l'influence soviétique. Quant aux Etats de l'ASEAN, ils étaient soulagés par ce changement, d'autant que le nouveau pouvoir de Hanoi semblait animé d'intentions pacifiques. Au moment où nous écrivons ces lignes, la stabilité règne au Viêt-nam, et également au Kampuchea. Elle a été favorisée par de bonnes récoltes et la générosité de l'aide internationale. Peut-être cet état de choses durera-t-il, et peut-être verrons-nous la prospérité qui caractérise les pays du bassin Pacifique gagner à son tour toute l'Asie du Sud-Est. Certains signes permettent d'espérer qu'il en sera ainsi.

Lorsque Pékin avait décidé l'invasion du Viêt-nam, la guerre en Europe n'avait pas encore atteint son point culminant et l'Union soviétique était toujours debout. Quand elle s'écroula, les dirigeants chinois avaient, outre la nécessité de mater Hanoi, largement de quoi s'occuper l'esprit.

La Mongolie se révéla être le plus simple de leurs problèmes. Ils avaient fait parvenir des messages à Oulan Bator, informant les dirigeants que ceux-ci devaient désormais se considérer comme placés sous la protection chinoise. Les Forces soviétiques n'avaient plus qu'à se rendre. De fait, presque toutes étaient déjà parties — obéissant à un ordre dont l'origine demeure encore incertaine, mais en bon ordre, emportant avec elles l'intégralité de leur armement et de leur équipement. Pékin aurait préféré que la situation se présentât différemment, mais n'était de toute façon pas en mesure de la modifier. Le gouvernement mongol répondit aux messages de son puissant voisin par des protestations d'amour fraternel et accepta de se placer sous sa protection.

Pour garantir la durée de cette allégeance, la Chine fit savoir à la Mongolie que des formations de l'A.P.L. seraient désormais cantonnées sur son territoire, afin de protéger celui-ci de tout risque éventuel. Quelque temps plus tard, les dirigeants mongols se rendirent à Pékin, où ils reçurent un accueil extrêmement chaleureux. Personne ne fut surpris de les entendre proclamer que l'avenir de leur pays était lié à celui de la Chine. Ainsi fut créée la Région Autonome de Mongolie.

Mais les événements dramatiques de la fin d'août 1985 ne conduisirent pas toujours à des règlements aussi aimables. Quand tomba le Kremlin, Washington déployait à la surface de la planète une activité diplomatique considérable. Les ambassadeurs des Etats-Unis présents dans les diverses capitales asiatiques recevaient bien sûr des rapports exhaustifs et rapides sur l'évolution de la situation. Ils en faisaient profiter les gouvernements locaux, pour lesquels ils représentaient la plus sûre, et parfois l'unique, source d'information. L'ambassadeur américain à Pékin avait suivi de près le déroulement de l'affaire vietnamienne. Il l'approuvait dans ses grandes lignes – et qu'il l'eût réprouvée n'eût d'ailleurs pas changé grand-chose. Il avait fait savoir à ses hôtes que Washington comprendrait parfaitement que la Chine puisse entretenir des vues sur la Mongolie. Il déclara aussi sans ambiguïté que la reddition des troupes soviétiques d'Extrême-Orient, que l'on attendait d'un jour à l'autre, serait contrôlée par les Etats-Unis et par eux seuls. Après tout, la Chine n'avait pas participé au conflit.

De même, l'ambassadeur américain à Tokyo fit remarquer avec un apparent détachement que le Japon avait sans doute des vues sur les îles du Nord, mais que si tel était bien le cas, il préférait ne pas en entendre parler — du moins, pas officiellement. Il déclara en outre que les troupes américaines destinées à la Corée allaient être probablement déroutées sur Vladivostok, où elles surveilleraient la reddition des Forces soviétiques d'Extrême-Orient. Mais comme la planification de l'opération demeurait encore un peu floue, il demanda officiellement à ce que les troupes américaines soient autorisées à faire étape sur le territoire japonais, si les circonstances l'exigeaient.

La première de ses remarques ne tomba pas dans l'oreille de sourds. Les Territoires du Nord — quatre îles proches du littoral à l'est d'Hokkaido, la plus septentrionale des quatre îles principales de l'archipel nippon — avaient été occupés par l'Union soviétique depuis la fin de la Seconde Guerre mondiale. Les garnisons qui y étaient établies avaient été notablement renforcées au début des années 80. Le Japon voulait récupérer ces îles, qui étaient à ses yeux partie intégrante de son territoire national. La question faisait l'unanimité dans le pays, et investissait même les éléments les plus modérés de la presse d'un nationalisme farouche.

A Tokyo, le gouvernement suivait naturellement les choses de fort près. Quels qu'aient été les arguments de l'U.R.S.S. en faveur de leur non-restitution, il était évident pour les dirigeants japonais que si leurs garnisons les abandonnaient, ces îles lui reviendraient d'une façon ou d'une autre. Les avions de reconnaissance nippons, qui surveillaient attentivement les quatre objets du litige, signalèrent le 22 août que des navires de débarquement amphibies avaient commencé à les quitter. Il restait toujours quelques canons et quelques avions, mais les garnisons soviétiques se retiraient.

L'infortuné officier soviétique qui commandait le District militaire extrême-oriental, dont relevaient ces garnisons, n'avait pas reçu d'ordres cohérents de Moscou depuis plusieurs jours. L'essentiel de ses forces n'avait pas jusqu'ici été engagé dans le conflit. Le maréchal P. Y. Pavlovski s'inquiétait. Pas seulement de sa position inconfortable, mais aussi de l'inimitié que lui porteraient à coup sûr les nouveaux maîtres du Kremlin. Il ne pouvait décidément pas continuer une guerre solitaire. D'un autre côté, la perspective de devoir se rendre aux troupes chinoises lui était particulièrement pénible. Tous ses hommes partageaient ce sentiment. Il valait beaucoup mieux agiter le drapeau blanc en direction des Américains – ou même des Japonais, quoique cette solution ne fût pas non plus très réjouissante.

Il décida alors de régler au moins les problèmes qu'il était en mesure de régler. Il allait rappeler ses divisions les plus éloignées pour les avoir mieux en main. Il donna donc des ordres pour que les formations présentes en Mongolie rejoignent l'Union soviétique, et pour que les troupes qui occupaient les Territoires du Nord s'en retirent. Il n'avait aucune envie de remettre ces îles aux Forces japonaises qui n'allaient pas tarder à se manifester.

Août ne s'était pas écoulé que les Forces de défense nippones débarquaient sur les Territoires du Nord. Ce fut un événement mémorable. Une véritable flottille y participa. Le vaisseau amiral avait à son bord le premier ministre en personne. On installa des garnisons. La presse se déchaîna. On parla bien dans les couloirs des Nations Unies de quelques initiatives prématurées, de quelques actes prétendument « illégaux », mais Tokyo remit à plus tard le règlement de ces légères difficultés.

Mais revenons-en au maréchal Pavlovski, assis dans son Q.G. du District militaire extrême-oriental, à Khabarovsk, en compagnie d'un groupe d'officiers dont fait partie le commandant en second de la Flotte soviétique du Pacifique. Quelques jours plus tôt, le maréchal avait reçu des Américains une série d'instructions très claires concernant la reddition de ses troupes à des émissaires dont l'arrivée interviendrait sous peu. Dans l'intervalle, il était responsable de leur bonne conduite, etc. Le commandant de la Flotte du Pacifique avait reçu l'ordre de rappeler à Vladivostok, Sovetskaïa Gavan, Magadan et Korsakov l'ensemble de ses bâtiments. Ces consignes émanaient également des Américains. Moscou, averti, avait câblé en retour un simple : « Exécution. » Mais quel pouvoir représentait Moscou ? Pavlovski avait reçu d'autres nouvelles, encore plus déroutantes : à Omsk, le colonel général Tchervinski – qu'il haïssait du fond de son âme mais auquel il reconnaissait un certain panache – s'était arrogé le statut de chef militaire indépendant, et faisait la loi sur son district. Les Américains semblaient tolérer la chose.

Après plusieurs jours de réflexion, Pavlovski décida qu'il imiterait l'exemple de Tchervinski. L'aventure risquait d'être éphémère, mais il aurait le temps d'atteindre l'objectif qu'il s'était fixé : faire en sorte que ce soient les Etats-Unis, et non la Chine, qui président au futur régime d'administration de l'Extrême-Orient soviétique. Sur ce point, il aurait à coup sûr l'assentiment de son état-major. Persuader les Américains de lui laisser ses armes serait beaucoup plus ardu. La pensée de ses troupes confrontées les mains nues à des millions de Chinois le glaçait.

Heureusement pour le maréchal, Washington cherchait un moyen susceptible d'empêcher les Chinois de s'approprier l'intégralité de l'équipement des Soviétiques, et décida de lui confier la direction d'une sorte de gouvernement militaire qui contrôlerait la zone extrême-orientale. Pavlovski pourrait conserver la majeure partie de ses forces. Tout l'équipement lourd et les vaisseaux de guerre les plus importants furent placés sous une forte garde, composée de troupes américaines détachées de Corée du Sud. L'U.S. Navy remorqua hors des rades plusieurs sous-marins de la dernière génération.

Ceci soulevait le problème – particulièrement crucial – de la récupération des ogives nucléaires ayant équipé les forces terrestres et aériennes. Celles de la marine étaient bien sûr beaucoup plus faciles à localiser. La première peur concernait évidemment un usage intempestif et non autorisé de l'arme nucléaire. Pékin attira de façon pressante l'attention de Washington sur ce danger – sans mentionner son désir flagrant de s'emparer des ogives. Les alliés asiatiques des Etats-Unis firent vite savoir à ceux-ci qu'ils ne désiraient pas que la Chine reçoive autre chose qu'une faible fraction de l'arsenal conventionnel soviétique. Pas question d'armes nucléaires. Chacun avait été troublé par l'enthousiasme avec lequel les Chinois avaient envahi le Viêt-nam pour la seconde fois.

Washington rappela donc à Pékin que la Chine n'avait pas participé à la guerre, mais que quelques armes classiques lui seraient tout de même remises. Les engins nucléaires seraient gardés par des unités spéciales des Forces américaines, qui les confieraient ensuite à l'organisation de

Récupération des Matériaux Fissiles des Nations Unies. Le maréchal Pavlovski et la Flotte du Pacifique participèrent avec une efficacité et une rigueur admirable à la récupération des ogives nucléaires.

Soldats et marins soviétiques d'Extrême-Orient, après être ainsi restés un temps sous le commandement de leurs officiers, furent finalement démilitarisés. Pavlovski conserva ses fonctions, même après l'apparition d'une administration civile : il avait la carrure de l'emploi. Il montrait les dents aux Chinois – qui le lui rendaient bien – mais traitait principalement avec la Commission de Démilitarisation alliée, composée en majorité d'Américains.

Suite à ces événements, la carte de l'Asie se trouvait donc réaménagée et, dans une certaine mesure, ordonnée. Certains problèmes étaient résolus. D'autres se manifesteraient sans doute à nouveau. Il était impossible de prédire quel serait l'avenir de cette région du monde. Tout dépendrait de l'attitude d'une Chine dont la puissance et la confiance en soi croissaient régulièrement, et que l'Union soviétique n'était plus là pour freiner.

UNE FIN ET UN DÉBUT

XX

LA DESTRUCTION DE MINSK

A MESURE que se révélait la faillite du programme d'opérations sur le Front central mis en œuvre par le Pacte de Varsovie, à mesure que se multipliaient les failles rompant l'unité du bloc de l'Est, la certitude qu'une nouvelle situation se dessinait devint de plus en plus évidente.

Qu'allait-on faire, maintenant ? La question obsédait les chefs des deux camps. Aux Etats-Unis, une tendance à laquelle certains Allemands se montraient favorables prônait la continuation logique des opérations. Il fallait rentabiliser l'énergie acquise, réveiller les aspirations nationalistes des vassaux de l'U.R.S.S., refouler les forces de celle-ci jusqu'à ses frontières et rendre sa liberté à l'Europe de l'Est. Les Alliés auraient du mal à s'accorder sur un point aussi complexe, d'une importance aussi cruciale. En premier lieu, il eût été erroné de supposer – et cela fut très vite mis en avant – que les forces du Pacte de Varsovie étaient vaincues. Malgré la défection massive de la 3e armée de choc du général Ryzanov, aux Pays-Bas, le Pacte possédait encore en Europe des moyens considérablement supérieurs à ceux du camp adverse. De plus, le potentiel nucléaire de l'U.R.S.S. était intact.

Mais le temps imparti s'écoulait. Malgré la présence du K.G.B., défections et désertions se faisaient de plus en plus nombreuses. Leur total se chiffrait désormais en milliers. Et ces signes de mécontentement n'étaient pas l'apanage des seuls pays satellites : ils se manifestaient sur le territoire même de l'Union soviétique, dans les républiques baltes, en Ukraine et en Biélorussie.

En U.R.S.S., c'était le Conseil de la Défense qui exerçait de fait le pouvoir depuis le début du mois de juillet. Cependant, l'ensemble du Politburo se réunissait de temps à autre, pour élargir le débat, distribuer les responsabilités et juger les résultats obtenus par chacun. C'est ainsi que la totalité de ses membres fut invitée à se réunir le 19 août dès 08 h 00 au V.K.P., le poste de commandement de la Volga. C'était un complexe creusé dans le granit aux environs de Kouibychev, à 600 kilomètres au sud-est de Moscou. Il datait de l'époque stalinienne, mais avait subi depuis des améliorations et des aménagements considérables. La première question à l'ordre du jour serait l'éventualité d'une action nucléaire.

La réunion des cinq membres du Conseil de la Défense, la veille au soir, n'avait débouché sur rien, retrouvant dans leurs grandes lignes les désaccords ayant présidé à cette séance du 6 décembre 1984, consacrée à l'examen par le Politburo du Plan Opérationnel. Aristanov, chef du K.G.B., et le maréchal Nastine, ministre de la Défense, tous deux membres du Conseil, étaient depuis toujours de chauds partisans de l'emploi de l'arme nucléaire dès le déclenchement des opérations contre l'Ouest. L'Idéologue suprême du Parti, Malinski — également membre du Conseil de Défense — s'y opposait farouchement. Il était soutenu efficacement par deux autres membres du Politburo, qui siégeaient eux aussi au Conseil de Défense : Berzinch, chef de l'Organisation de Contrôle du Parti et de l'Etat, et l'Ukrainien Nalivaïko, responsable des relations avec les pays socialistes. Si bien que l'option « douce » avait prévalu. On se limiterait aux armes conventionnelles pour l'ouverture et la poursuite des opérations – aussi longtemps que la victoire apparaîtrait comme certaine. Si les moyens non nucléaires se révélaient incapables d'assurer le succès total du plan, la question serait aussitôt reconsidérée. Et ce moment était venu.

La veille, la réunion du Conseil de Défense s'était prolongée très avant dans la nuit, jusqu'aux petites heures de l'aube, sans déboucher sur un accord. Malinski, toujours fidèle à sa thèse – il serait prématuré, et pour tout dire nuisible, de recourir dès à présent aux moyens nucléaires – s'était retrouvé en minorité. Aristanov et Nastine prônaient leur emploi immédiat et massif; les deux derniers membres demeuraient indécis. Malinski avait obtenu que le problème soit soumis à l'ensemble du Politburo. Avant la réunion de celui-ci, le secrétaire général avait reçu séparément les défenseurs des deux thèses en présence. Lui-même, semble-t-il, était favorable à une tierce solution : porter un coup puissant à un membre européen important de l'Alliance Atlantique, jouissant d'une grande influence au sein de celle-ci. L'objectif ne serait pas la capitale du pays visé, dont on aurait besoin après la victoire, et dont la destruction risquait de ne pas provoquer l'effet recherché. Car il s'agissait d'adresser au monde entier un avertissement sans équivoque, tout en amenant les Etats-Unis à négocier sans tarder le cessez-le-feu.

Aristanov et Malinski, bien qu'ils ne fussent pas en situation d'exprimer ouvertement leur désapprobation, répugnaient à cette solution. C'étaient des hommes du tout ou du rien, ennemis de la demi-mesure.

Lors de la réunion, le secrétaire général orienta le débat vers la solution qu'il prônait et fit pencher l'assemblée en sa faveur. Le chef de l'Etat-Major général fut prié d'indiquer un pays et un objectif. Après s'être absenté quelques minutes pour consulter ses conseillers, il proposa d'attaquer la ville britannique de Birmingham. Aristanov et Malinski, pour une fois du même côté, obtinrent que la question soit à nouveau portée par le secrétaire général devant le Conseil de la Défense, pour examen complémentaire avant la prise de décision finale. Le Conseil devait se réunir à cet effet une heure plus tard. Mais lorsque l'Idéologue suprême du Parti et le président du K.G.B. s'y présentèrent, ils s'aperçurent que la porte de la salle était verrouillée et que deux des gardes personnels du secrétaire général, l'automatique au poing, en défendaient l'accès. Visiblement, leur présence à la réunion n'était pas souhaitée.

Le secrétaire général n'eut bien sûr aucun mal à obtenir l'accord unanime des membres du Conseil. Le président du Praesidium du Soviet suprême de l'Union des Républiques Socialistes Soviétiques fut alors informé de ce que l'on attendait de lui.

Immédiatement après le lancement du vecteur, il joindrait par la ligne directe le Président des Etats-Unis pour l'avertir qu'un seul et unique missile avait été tiré et lui en révéler l'objectif. Il préciserait qu'il s'agissait là d'un avertissement à l'Alliance Atlantique, avertissement qui, quoique sévère, laissait intacts les Etats-Unis. Ce n'était en aucune manière le coup d'envoi d'un échange intercontinental, domaine dans lequel, rappellerait-il à son homologue américain, l'Union soviétique possédait une capacité de seconde frappe extrêmement puissante. Il prierait instamment son correspondant d'accepter l'ouverture de négociations rapides, faute de quoi la possibilité de nouvelles frappes sélectives ne pourrait être écartée.

Le dialogue sur la ligne directe fut prévu pour le lendemain 20 août à 10 h 20 G.M.T. A l'heure dite, le Président soviétique transmit son message.

A 10 h 30 G.M.T. exactement, l'ogive nucléaire d'une mégatonne lancée par l'U.R.S.S. explosa à 3500 mètres au-dessus de Winson Green, Birmingham. Nous avons déjà détaillé les effets de cette action dans notre premier ouvrage consacré à la Troisième Guerre mondiale.

A 10 h 35 G.M.T., le Premier Ministre britannique et le Président des Etats-Unis décidèrent des représailles immédiates. Le Président de la République française donna son accord. L'ensemble des Alliés fut informé tandis que deux sous-marins nucléaires, l'un de l'U.S. Navy et l'autre de la Royal Navy, recevaient les instructions nécessaires. Peu de temps après, l'ancienne et majestueuse cité de Minsk fut intégralement détruite.

Les quatre missiles, dont les charges unitaires variaient de 200 à 300 kilotonnes, explosèrent à 3000 mètres au-dessus du centre de Minsk, le 20 août à 13 h 50 heure locale (10 h 50 G.M.T.), faisant jaillir vers le ciel un brasier immense qui fut presque visible de Moscou, éloigné de six cents kilomètres. Comme le remarquèrent les observateurs qui se trouvaient à distance suffisante, les quatre explosions ne furent pas simultanées. Il y en eut d'abord une, puis deux autres, et la quatrième une seconde plus tard. On put constater ultérieurement que les points zéro se trouvaient inscrits dans un cercle d'environ 1000 mètres de diamètre.

Phare plus brûlant que le soleil, la première boule de feu s'éleva majestueusement jusqu'à une altitude de 12000 mètres. Les deux suivantes la rejoignirent, et formèrent avec elle une gigantesque colonne de lumière. Quand la dernière culmina à 10000 mètres, une énorme masse nuageuse, bouillonnante, prométhéenne, s'élevait déjà. La nuée colossale s'étendit horizontalement sur une quarantaine de kilomètres, à une altitude de 25000 mètres. Pendant vingt secondes, la colonne de lumière étincelante avait vaincu la clarté d'un midi d'août.

L'incroyable violence de l'effet thermique fut ressenti d'abord. Jusqu'à quinze kilomètres de l'épicentre, tous ceux qui se trouvaient à l'air libre et portaient des vêtements d'été ordinaires subirent des brûlures entraînant la mort en l'absence de soins médicaux immédiats. Ceux-ci ne pouvaient être fournis. Les quatre charges avaient été mises à feu à la verticale du bâtiment du Comité central du parti communiste de Biélorussie, construit dans le style grandiose, puissant et moderniste qui prévalait à la fin des années 30. Quelques secondes après la première explosion, ce symbole du socialisme triomphant n'était plus qu'un tas de débris, engloutissant dans sa chute la grande statue de Lénine plantée devant sa façade. Toutes les matières combustibles présentes dans un rayon de cinq kilomètres s'enflammèrent instantanément. Les ondes de choc terrifiantes qui suivirent soufflèrent bon nombre de ces incendies, mais d'autres éclataient plus loin. Les pressions énormes écrasèrent tous les édifices dans un rayon de cinq kilomètres, les ramenant brutalement au niveau du sol. Au-delà, les bâtiments les plus solidement construits tinrent bon; les autres, s'ils avaient résisté à l'onde de choc, furent mis à bas par des vents atteignant plusieurs centaines de kilomètres-heure. A douze kilomètres du centre-ville, des wagons de chemin de fer quittèrent leurs voies, des réservoirs d'hydrocarbures furent déchiquetés et répandirent leur contenu tandis que les lignes électriques aériennes étaient jetées à terre.

A Dzerjinsk, trente kilomètres au sud-ouest, le bruit des explosions fut perçu comme un grondement continu qui dura plus d'une demi-heure. A cette distance, les dégâts furent relativement réduits. Nombre de fenêtres volèrent en éclats, mais le terrible brasier tonnant figea tous ceux qui le virent – même ceux qui sauvèrent leurs yeux en s'en détournant.

Personne ne s'attendait à l'attaque, et les abris susceptibles d'accueillir au moins une partie de la population se trouvaient presque vides. Sur le 1,25 million d'habitants que comptait Minsk, 50000 furent tués quasiment sur le coup. Certains, à qui la première impulsion thermique avait infligé des blessures ne leur laissant aucune chance de survie, eurent la chance d'être achevés par l'onde de choc subséquente; d'autres furent enterrés vivants sous les bâtiments effondrés.

L'horreur se vit de Riga, de Kiev, de Varsovie. La colonne de feu et le roulement des détonations furent parfaitement observables depuis Vilnius, capitale de la Lituanie, située à 170 kilomètres, et Kaunas, à 100 kilomètres plus loin, les perçut aussi. Les habitants de Bobruisk, à 150 kilomètres de Minsk, furent choqués et terrifiés. Smolensk, Vitebsk, Gomel et Brest, à la limite de la Pologne, elles aussi entendirent et virent. Il s'agissait là de centres importants, présentant tous un quelconque intérêt politique; une vague de confusion, d'incertitude, de panique, les submergea.

Dans les banlieues de Minsk, qui comportaient encore des bâtiments de bois, les courants aériens surpuissants engendrés par l'onde de choc attisaient une véritable tempête de feu. Il était quasiment impossible qu'un être ait pu survivre dans la partie intérieure de la ville; quand bien même il en eût été autrement, cela n'aurait différé sa mort que de quelques instants. A la périphérie, des hommes, des femmes, brûlés, aveuglés, blessés par les éclats de verre et les débris volants, erraient, choqués, au hasard des rues, cherchant des parents, des enfants ou un secours médical qui n'arriverait pas. D'autres, trop sérieusement blessés pour se mouvoir, ou coincés sous des décombres d'où personne ne viendrait les sortir, attendaient, figés dans un désespoir comateux.

L'effort de défense passive des Soviétiques avaient été présenté au début des années 80 comme exemplaire. Il se trouvait effectivement non loin de Minsk, à Borisov, à Bobruisk, à Baranovichi, des centres importants de protection civile. Tout leur personnel et tout leur équipement disponibles furent immédiatement acheminés vers la zone sinistrée. Mais les autorités se préoccupaient moins de porter secours aux détresses individuelles que de canaliser le pathétique flot des réfugiés dont les cohortes envahissaient déjà les routes d'Orsha et de Bobruisk. L'explosion les avait surpris dans les faubourgs. Ils étaient brûlés, blessés, traumatisés, mais vivants. Presque tous allaient à pied. Lorsque la guerre avait éclaté, l'infime fraction de véhicules privés que comportait le parc automobile de Minsk avait été réquisitionnée. On transportait les vieux, les pauvres débris arrachés au désastre, sur des poussettes ou des charrettes à bras. Tous ne voulaient qu'une chose : fuir.

Le problème du contrôle de ces réfugiés fut résolu à la soviétique. Au cours de la mobilisation, le pays avait levé plus de 1000 bataillons du K.G.B. On n'eut guère de mal à isoler Minsk par un barrage circulaire établi à douze kilomètres de son centre. A l'exclusion des militaires et des membres du Parti, tous ceux qui tenteraient de le franchir seraient abattus.

A trente kilomètres, un nouveau cordon de troupes du K.G.B. fut disposé concentriquement au premier. Son rôle n'était pas de tirer à vue sur ceux qui cherchaient à s'éloigner, mais simplement de les en empêcher – à moins qu'ils ne pussent prouver leur appartenance à la structure officielle.

A l'orée de la guerre, le Comité central du parti communiste de Biélorussie avait quitté Minsk pour s'établir à Orsha, où s'était également installé le quartier général du District militaire. Maintenant, ces deux pouvoirs devaient affronter conjointement une tâche d'aide et de réorganisation proprement effrayante, qui dépassait les capacités de la République, et pour laquelle l'U.R.S.S. n'aurait pas trop de ses immenses ressources, ni de tout son courage.

XXI

LA DÉSINTÉGRATION DE L'UNIVERS SOVIÉTIQUE

MINSK avait été choisie comme cible de l'attaque nucléaire occidentale en raison des similitudes qu'elle présentait avec Birmingham, détruite vingt minutes plus tôt par les Soviétiques. En frappant Moscou ou Leningrad, on eût gravi trop vite les degrés de l'escalade. Il fallait attaquer une ville de province d'une certaine importance, située assez loin de la capitale pour que celle-ci ne subisse aucune conséquence physique directe, mais cependant suffisamment proche d'elle pour que les répercussions politiques de l'opération ébranlent en plein le siège du gouvernement. Minsk répondait à cette demande. Ce n'était pas seulement une ville type d'Union soviétique, mais la capitale d'un de ses composants les plus importants, la République de Biélorussie. Celle-ci jouissait du privilège d'avoir son propre représentant à l'Assemblée générale des Nations Unies. La modification du tracé des frontières ayant suivi la Seconde Guerre mondiale avait affecté sa stabilité et sa cohérence, ainsi que celles de l'Ukraine : les deux républiques comportaient désormais d'importantes minorités catholiques. La destruction de Minsk ne ferait qu'augmenter les tensions internes existantes.

L'Ukraine, située immédiatement au sud de la Biélorussie, est beaucoup plus vaste et plus importante. En superficie, elle dépasse la France; en population, elle l'égale. Avant la guerre, elle produisait plus d'acier que la République fédérale d'Allemagne. Kiev, sa capitale, avait été celle de la Russie avant les invasions tartares et l'émergence de Moscou. Pourtant, l'Ukraine ne s'était jamais élevée au rang d'Etat indépendant. Champ de bataille où s'affrontèrent Russes, Polonais, Turcs et même Suédois, elle fut finalement absorbée par la Russie en 1654. Trois siècles de sujétion, qui ne parvinrent pas à détruire le souvenir de la grandeur passée et le désir de liberté; ceux-ci furent d'ailleurs ravivés par les persécutions staliniennes et la répression, en 1966, d'un mouvement indépendantiste.

Les Ukrainiens pouvaient craindre à juste titre que Kiev et Kharkov – deux gros centres de production d'armement – soient, après Minsk, les prochaines cibles des Alliés. La Pologne, où l'insurrection se développait avec le concours actif des Occidentaux, leur fournissait un autre sujet d'inquiétude. Si ce pays parvenait à se soustraire à l'hégémonie soviétique, l'un de ses premiers soucis serait de recouvrer la fraction de son territoire attribuée quarante ans plus tôt à la Biélorussie et à l'Ukraine. Cette dernière aurait donc intérêt à se dissocier de la cause soviétique, et à proclamer sans tarder sa propre indépendance.

La brève autonomie des pays baltes – Lettonie, Lituanie, Estonie – avait quant à elle pris fin au cours de la Seconde Guerre mondiale. Mais ils ne s'étaient jamais parfaitement intégrés à l'U.R.S.S. et figureraient sans doute dans les rangs des premiers candidats à la liberté. Sur le plan politique, Minsk eut donc une influence plus décisive après sa destruction qu'avant celle-ci.

L'onde de choc psychologique engendrée par la mise à feu de quatre charges nucléaires réveilla les nationalismes longtemps endormis, et provoqua la désintégration de toute la zone frontalière occidentale de l'Union soviétique.

Personne n'envisageait un tel dénouement lorsque le jeune Vasil Douglenko – brillant diplômé de l'Académie de police de Kiev, qui entretenait des liens aussi discrets qu'étroits avec les nationalistes ukrainiens – s'était intégré, grâce à des appuis puissants, à la structure du K.G.B. Ce fut pourtant cet événement, et la nomination ultérieure de Douglenko à la section sécurité du Kremlin, qui permirent le renversement de l'intérieur du système soviétique et firent naître des cendres de son empire un ensemble de nations indépendantes.

Il n'est jamais aisé de démêler les mécanismes d'une conspiration. On peut cependant affirmer que trois éléments étaient nécessaires à la réussite du coup qui décapita le P.C.U.S. : le réseau ukrainien à l'intérieur du K.G.B. qui avait accès au saint des saints, ce poste de commandement pour lequel le Politburo et le Conseil de la Défense désertaient le Kremlin; le désengagement de ces membres du Politburo qui s'étaient battus derrière Malinski, l'Idéologue suprême du Parti, contre l'option nucléaire, et dont l'effrayante destruction de Minsk, avec sa somme de souffrances humaines et de conséquences politiques venait à présent étayer la thèse; un certain nombre d'officiers influents du Haut Commandement soviétique, soucieux de préserver le noyau de puissance militaire, condition nécessaire à l'établissement d'un nouvel Etat soviétique. Car, ils en avaient conscience, une seconde attaque nucléaire dirigée contre l'U.R.S.S. éliminerait toute chance de survie en son sein d'une autorité structurée, que seules les Forces armées étaient désormais en mesure d'assurer.

Avec une inquiétude croissante, ces divers groupes avaient été témoins de l'insuccès des Forces soviétiques sur les fronts occidentaux, des revers essuyés par la politique soviétique au Moyen-Orient, en Amérique centrale, et sur les autres terrains d'affrontement périphériques, et surtout de l'impuissance du pouvoir à s'adapter à l'évolution de la situation : le secrétaire général du Comité central du parti communiste, hier omnipotent, était si visiblement diminué de corps et d'esprit que son effondrement prochain ne faisait plus aucun doute. Il fallait à ces groupes des alliés bien placés; pour les gagner, leurs membres n'hésitèrent pas à abandonner leur prudence et à prendre des contacts. Douglenko entra en relation avec un officier de la haute hiérarchie de l'Etat-Major, ukrainien comme lui, le colonel général Vladimir Borisovitch Ivanitski. En sa qualité de chef du Premier Directorat Principal (stratégique) celui-ci connaissait parfaitement les dissensions qui agitaient le Politburo, et n'eut aucune difficulté à distinguer parmi ses membres ceux qu'il faudrait joindre au moment crucial. La décision de frapper Birmingham fournit la preuve que tous attendaient : le secrétaire général avait bel et bien perdu la raison, et devait être déposé à la première occasion. L'attaque nucléaire de Minsk leur donna l'assurance que les Forces soviétiques opérant à l'ouest de la capitale ne seraient pas en mesure de rétablir le régime en place, lorsque celui-ci serait renversé. L'exemple du général Ryzanov, dont la 3e armée de choc avait fait sécession et luttait avec l'appui des Occidentaux contre les unités loyalistes de l'Armée Rouge, n'était pas resté isolé. La chute du régime ne nécessitait plus que la définition d'une méthode et le choix d'un moment. Le désastre de Minsk devint le point d'appui qui permettrait au levier du mécontentement populaire de faire basculer le pouvoir. Une réunion du Politburo était prévue pour le lendemain 22 août, tôt dans la matinée. La méthode et le moment se trouvaient arrêtés. Mais le temps serait court.

C'était un coup de canon du croiseur *Aurore* qui avait donné le signal de la révolution d'Octobre 1917; en 1985, il faudrait se contenter d'un simple coup de pistolet – tiré, il est vrai, sur le secrétaire général. Douglenko se chargerait de cette partie de l'opération. Son statut lui donnait accès aux parties les mieux gardées du poste de commandement. Mais un autre problème se posait. Qui prendrait le pouvoir laissé vacant par le secrétaire général ? Comment les conspirateurs s'assureraient-ils le contrôle exclusif de l'attribut majeur de ce pouvoir, l'arme nucléaire ? En 1981, l'attentat où le Président des Etats-Unis avait failli laisser sa vie s'était assorti d'une véritable « chasse à la boîte noire », cet appareillage relativement simple sans lequel le chef de l'exécutif ne peut, quelle que soit l'étendue de ses autres pouvoirs, autoriser l'utilisation de l'arme nucléaire. Vu les circonstances, la version soviétique de l'incident pourrait se solder par une tragédie planétaire : il suffisait que quelques officiers ou apparatchiks purs et durs préférant l'holocauste à la reddition s'emparent de la boîte et déclenchent contre l'Occident un tir d'ICBM. En conséquence, le gardien du fameux appareillage – un officier des transmissions – devrait, après la disparition du secrétaire général, faire immédiatement allégeance au successeur choisi par les conspirateurs, et non pas à celui que désignait l'ordre officiel de passation du pouvoir. Douglenko se pencha avec énormément d'attention sur ce détail pratique.

Le 22 août, peu avant l'heure arrêtée pour le début de la réunion – 05 h 00 – on apprit qu'une grave indisposition empêcherait le secrétaire général d'être présent. L'ampleur de la crise qui touchait le pays et le Parti obligeait à retarder au maximum l'explosion au sein du Politburo – ou plus probablement du Conseil de la Défense – des luttes de succession que l'affaiblissement du pouvoir suprême ne manquerait pas de susciter. Il fallait avant tout prendre plusieurs décisions de la plus extrême importance, motivées pour la plupart par l'attaque nucléaire de Minsk. En l'absence du secrétaire général, la présidence de la réunion devait échoir à une personnalité jouissant d'un très haut prestige, et ne faisant pas en même temps figure de concurrent trop sérieux dans la course au pouvoir. D'un commun accord, on confia cette responsabilité au chef de l'Etat, le président du Praesidium Vorotnikov.

Les dix membres du Politburo – à l'exclusion bien sûr du secrétaire général – devaient assister à la réunion. La première tâche de Douglenko était d'empêcher son propre chef, Aristanov, le président du K.G.B. de faire partie du nombre. Avec le concours de son chauffeur ukrainien, il n'eut pas trop de mal à arranger un fatal accident de voiture.

Avant même que le président Vorotnikov ait déclaré la séance ouverte, la chaise vide d'Aristanov provoqua commentaires et interrogations. On supposa tout haut que les pressants problèmes de sécurité qui se posaient en Biélorussie monopolisaient l'attention de l'absent. On craignit tout bas une action indépendante du K.G.B. Un seul savait que les conspirateurs se trouvaient déjà dans la salle. Il s'agissait bien sûr de l'Ukrainien Taras Kyrillovitch Nalivaïko, le membre du Politburo responsable des relations avec les pays socialistes.

Lorsque Douglenko fut invité à remplacer le chef du K.G.B. et à présenter son rapport, il sortit froidement son pistolet et abattit le malheureux Vorotnikov d'une balle en plein cœur. Il s'était résolu à supprimer quiconque occuperait le fauteuil laissé vacant par le secrétraire général; à ce prix seulement il pourrait s'assurer le contrôle de la séance. Du personnel de sécurité ukrainien investit alors la salle. Malinski, l'Idéologue suprême du Parti, entreprit de clamer bien fort son droit au pouvoir, tandis que deux des gardes emmenaient le cadavre de Vorotnikov. Ce fut Douglenko qui prit sa place. L'homme à la boîte noire – ukrainien également, et également membre de la conspiration – vint se poster ostensiblement derrière lui. Douglenko annonça qu'il s'investissait du pouvoir suprême. Ceux qui se récrièrent furent rapidement évincés. Les autres, dont Malinski, forcèrent leurs sourires et saluèrent leur nouveau maître par la rituelle salve d'applaudissements.

On apprit avant le lever du jour que le secrétaire général avait succombé à une crise cardiaque. La nouvelle causa peu de surprise, encore moins de tristesse, et n'eut presque aucun effet sur la marche des événements : depuis quelque temps, ses collègues savaient que l'homme était fini et le traitaient comme quantité négligeable.

Une tâche titanesque attendait Douglenko. En priorité des priorités, venait la situation de la Biélorussie et tout ce qui en découlait. Soulager l'immense souffrance qu'avaient fait naître les représailles nucléaires occidentales était pour l'Union soviétique un devoir aussi écrasant qu'immédiat. Elle pourrait certainement le remplir, et régler les problèmes de sécurité connexes, si elle disposait d'assez de temps. Mais déjà une peur épidémique gagnait, confinant parfois à la panique dans certains secteurs de l'ouest, pays baltes, Ukraine, sans parler des pays membres du Pacte : et si cette apocalypse n'était que la première de la série ? Cela rassurerait-il vraiment les habitants de Kharkov de savoir que la destruction de leur ville serait suivie de celle de Detroit ? Quelle structure gouvernementale, aussi bien armée fût-elle pour la répression, serait assez puissante pour assurer la cohésion de l'Etat si de telles questions torturaient les esprits ? Et comment résisterait cette structure si les hommes et les femmes qu'elle assujettissait étaient en outre animés de sentiments nationalistes cachés mais forts ?

La normalisation de la situation en Biélorussie, l'endiguement de la panique et l'arrêt des combats n'étaient quc trois facettes du même problème. Seuls un gel nucléaire et un cessez-le-feu mettant fin à la guerre pourraient éviter la débâcle générale de l'Armée Rouge. Puis venait la question des nationalités, autrement dit, dans l'optique de Douglenko, l'indépendance de l'Ukraine et sa défense contre la Pologne. Enfin, la pénurie alimentaire. La disette, qui provoque l'émeute dans les villes et transforme les soldats en pillards.

Tels étaient les facteurs dont devait tenir compte la proposition d'armistice que Douglenko entendait présenter rapidement aux Américains. Il proposerait avant tout un cessez-le-feu mondial comportant le gel de toutes les forces nucléaires, et qui prendrait effet le 23 août à 00 h 01. Suivrait une opération massive de secours à la Biélorussie, dont les premiers éléments étaient invités à arriver sous trente-six heures. Les navires soviétiques avaient déjà reçu ordre de rejoindre leurs bases, et les Forces armées soviétiques se retireraient des territoires occupés selon un plan élaboré en fonction des exigences du Grand Quartier Général des Puissances alliées en Europe. L'Ouest enverrait des céréales, qui seraient distribuées sous contrôle de la Croix-Rouge hors de la zone sinistrée de Minsk et permettraient en outre de fournir une ration minimum aux Forces soviétiques, sous réserve du respect par ces dernières des conditions du plan de retrait. En attendant la signature d'un traité de paix, le territoire de tous les pays d'Europe serait respecté, mais l'Ukraine, la Biélorussie, et toutes les Républiques soviétiques qui le désireraient assumeraient immédiatement le contrôle souverain de leur propre territoire, et seraient libres de former entre elles des groupes plus vastes. Cependant, le Pacte de Varsovie serait dénoncé sans délai et sa reconstitution interdite.

Ayant affermi son autorité à la tête d'un système qu'il s'apprêtait à désarticuler, et ordonné aux forces soviétiques l'interruption immédiate des opérations, Douglenko put présenter son offre, sur la ligne directe, au Président des Etats-Unis. Moins de trente-six heures s'étaient écoulées depuis la destruction de Minsk.

On pourra sans doute pardonner à l'Ouest la confusion et la stupéfaction qui s'emparèrent de lui, lorsqu'il découvrit l'ampleur de son succès – ou plus exactement l'ampleur de la défaite de son adversaire. En d'autres circonstances, on eût mieux évalué le manque d'épaisseur du nouveau régime soviétique. Quant aux jusqu'au-boutistes qui exigeaient une reddition sans conditions, proclamée depuis le Kremlin devant les médias mondiaux, ils ne parvinrent pas à imposer leur option. On lui préféra une solution fondée sur les propositions de Douglenko et ce, pour deux raisons.

Le premier terrain d'une avance alliée serait la République démocratique allemande. Son occupation poserait inéluctablement le problème de l'unité allemande, éternel caillou dans la botte de l'Europe occidentale. L'argument du désordre n'était pas non plus négligeable. Le retour en Russie de troupes vaincues et mutinées n'avait-il pas été l'une des conditions essentielles du succès des Bolcheviques en 1917 ? Le gouvernement de Kerenski n'avait-il pas été l'artisan de sa propre chute en prenant la courageuse décision de continuer la guerre contre l'Allemagne ? 1985 offrait une chance unique de détourner le cours désastreux de l'histoire : conclure la paix avec le gouvernement provisoire et, au lieu d'envoyer un révolutionnaire communiste dans un wagon plombé – comme avaient fait les Allemands avec Lénine, en 1917 –, envoyer des camions de blé.

L'opération massive destinée à secourir la région de Minsk fut lancée par les Etats-Unis avec le concours des Alliés, puis confiée aux Nations Unies. Le cessez-le-feu intervint dans les délais proposés. L'armistice fut plus long à conclure, et nécessita la rencontre de délégués des deux commandements au quartier général de l'O.T.A.N. à Bruxelles. Mais comme le temps avait manqué pour remplacer tous les régimes communistes, la représentation des pays de l'Est se limitait au Haut Commandement soviétique, à la Pologne – où les leaders de Solidarité n'avaient pas tardé à sortir des prisons et des camps de travail pour s'emparer de ce pouvoir qui leur avait échappé de si peu en 1981 – et aux gouvernements tout neufs de l'Ukraine, de la Biélorussie et des pays baltes. Un Kazakh d'Alma Ata arriva au beau milieu des travaux pour annoncer l'indépendance des républiques d'Asie centrale.

L'armistice n'était bien sûr que le point de

départ d'un très long processus de réorganisation géographique et politique, auquel sont encore soumises de vastes fractions de l'Europe et de l'Asie. Mais avant de nous pencher sur les cartes, examinons quelques-uns des facteurs qui modelèrent la conclusion du drame, et les conséquences de celui-ci pour le citoyen soviétique ordinaire.

XXII

LE GOÛT DE LA DÉFAITE

« Ils ne vont pas tarder à nous descendre », soupira Nikolaï Kroukov. D'autres prisonniers se tournèrent vers lui mais il continua à penser à voix haute sans leur accorder d'attention particulière. C'était un homme grand et rude. Il venait de Mourom, une ville très ancienne située à deux cents kilomètres à l'est de Moscou.

« Quand les choses atteignent ce degré d'instabilité, il est dangereux pour le Parti de nous laisser en vie – même prisonniers. Sacha a essayé d'organiser un syndicat libre. Vladimir a pris part à une grève. On a su que je lisais des livres interdits, Adam Goldman a manifesté, Jan Bruminch a hissé le drapeau national à Riga, Dima Nalivaïko a fait la même chose à Kiev. Pour eux, nous étions des détonateurs dans une poudrière. Alors, ils nous ont isolés derrière un rempart de miradors, de mitrailleuses, de barbelés et de chiens.

« Au cours de la Seconde Guerre mondiale, les opposants au régime détenus dans les camps soviétiques furent systématiquement abattus. C'est l'histoire officielle qui le dit.

« Pourquoi attendrions-nous qu'ils commencent à nous tirer dessus ? Il faut agir maintenant. *Maintenant.* Si je n'ai pas parlé plus tôt, c'est qu'il y a des provocateurs dans nos rangs. Notre seule chance, c'est l'action immédiate, l'action d'ensemble, avec peu ou pas de préparation. A la fin de cette pause, nous rejoindrons nos postes de travail et nous agirons aussitôt. Ce que je vais dire maintenant s'adresse aux espions. Je ne sais pas qui vous êtes, mais je sais que vous êtes là. Il nous reste sept minutes avant la fin de la pause. Quiconque, durant ces sept minutes, tentera de s'approcher des gardes signera son arrêt de mort. » Il leva sa pelle de terrassier, dont le manche paraissait presque frêle entre ses énormes mains. « Et je le tuerai avec ça.

« Maintenant, je veux que tous les conducteurs de tracteurs s'approchent. Pas tous à la fois. Discrètement. »

Un surveillant donna un coup de marteau sur le morceau de rail suspendu à un poteau, devant la porte centrale. Le son vibrant se répercuta autour du camp, sonnant la fin de la pause. Les prisonniers se levèrent sans hâte et rejoignirent leurs postes d'un pas traînant. Le moteur d'un lourd tracteur toussa, la scie circulaire se remit à miauler, les bétonnières tournaient. Tout semblait normal. L'un des tracteurs s'éloigna en cahotant. Soudain, il effectua un demi-tour serré et le prisonnier en treillis assis aux commandes sauta à terre. Le véhicule continua à progresser puissamment vers l'un des miradors. Un second, puis un troisième l'imitèrent, visant chacun un mirador différent. Les gardes, pris par surprise, réagirent rapidement et entreprirent de mitrailler le premier, qui poursuivait imperturbablement sa route. Lorsque ses chenilles entrèrent en contact avec la base de la tour, elles arrachèrent ses piliers du sol. Le garde tomba en poussant un cri, entraînant sa mitrailleuse dans sa chute. Le tracteur longea le mirador fracassé et menaça de son mufle les rangées de barbelés. Le second fut moins chanceux. Il manqua son objectif et fut dévié par un rocher qui l'empêcha d'enfoncer la première haie de barbelés. Le troisième remplit sa mission.

Avec des cris sauvages, des centaines de prisonniers se jetèrent dans les trouées pratiquées, arrosés par une lourde pluie de balles. Les chiens tentaient de leur sauter à la gorge; ils les tenaient à distance avec la mousse toxique des extincteurs récupérés sur les miradors. Un groupe parvint à s'emparer d'une mitrailleuse.

Il leur restait un tracteur en réserve. Ils le pointèrent sur le baraquement des gardes. Ceux-ci jaillirent en hurlant des portes et des fenêtres, balayés à mesure qu'ils sortaient par le staccato de la mitrailleuse. Un fusil automatique et une seconde mitrailleuse vinrent compléter l'arsenal. Dc l'autre côté du camp, de longues flammes léchaient les miradors. Mais leurs gardes les avaient désertés pour s'enfuir dans la forêt.

Les portes centrales ne résistèrent pas à la pression des prisonniers. Ils étaient libres !

« Arrêtez ! » cria Nikolaï Kroukov, brandissant une mitrailleuse privée de son affût. « Dans cette situation, c'est l'habitude de se disperser par petits groupes dans la forêt, puisqu'on ne peut pas courir plusieurs lièvres à la fois. Mais nous ne sommes pas des lièvres, et les temps ont changé. Les communistes n'ont pas les moyens de nous donner sérieusement la chasse. Je forme un Détachement National de Libération. Qui m'aime me suive. Les autres, dispersez-vous. »

Ils furent 193 à se rallier à lui.

Immédiatement après le soulèvement, les vingt-sept prisonniers lituaniens du camp formèrent leur propre groupe. Ils remercièrent Kroukov, firent leurs adieux à leurs camarades et prirent la route de leur patrie. La marche serait longue, semée d'embûches, mais avaient-ils un autre choix ? Des Arméniens suivirent leur exemple, ainsi qu'une vingtaine de baptistes qui se dirigèrent vers Koursk. Le camp avait également abrité deux cents prisonniers de droit commun; ils voulurent se joindre au détachement de Kroukov, mais ce dernier ne les accepta pas. On dut aussi laisser derrière les politiques trop grièvement blessés, et ceux à qui l'état de leurs jambes rendait la marche difficile. Un petit camp fut dressé pour eux sur une île du marais. Ils reçurent un fusil automatique, soixante cartouches, ainsi que les provisions et les médicaments dont on s'était emparé. Puis Kroukov et ses hommes s'enfoncèrent dans la forêt.

Ils firent une vaste boucle à travers bois, revenant à proximité de leur point de départ. Kroukov avait compris que les recherches concerneraient les espaces boisés ou marécageux. Ils seraient bien plus en sécurité à côté d'un camp, où personne ne songerait à les débusquer.

Le lendemain soir, ils attaquèrent un camp voisin. L'attention des gardes était évidemment dirigée vers l'intérieur du périmètre, si bien que l'opération fut menée à bien avec très peu de pertes dans les rangs des assaillants. Six cents politiques et quatre cents droit-commun furent libérés. Les prises consistaient en 100 fusils automatiques, plusieurs caisses de munitions, des grenades en nombre. Le détachement de Kroukov comptait désormais 297 hommes. Les prisonniers pendirent les gardes aux miradors et aux barrières, puis se mirent à couvert dans la forêt. Cette fois, Kroukov tint un conseil de guerre. On décida de rallier directement la zone industrielle de l'Oural, les villes de Tchéliabinsk et de Magnitogorsk...

La question se pose toujours : quelles furent les conditions du succès de la conspiration ? Comment Douglenko put-il, en tirant simplement quelques coups de feu dans le saint des saints du poste de commandement, terrasser un système établi de si longue date, un système protégé par le plus vaste appareil de sécurité du monde et dirigé par un Parti omnipotent ?

On admet généralement que ce système, malgré sa robuste apparence, était en fait gangrené, rongé de pourriture, comme ces structures de bois minées par les termites et qu'un effort minime suffit à faire s'écrouler. De plus, la situation engendrée par la guerre était porteuse de puissants facteurs de changement. L'enrayage de l'avance soviétique en Europe, le passage à l'ennemi d'unités entières des Forces armées, la peur panique de l'apocalypse nucléaire justifiée par la destruction de Minsk, les premiers signes d'une désagrégation générale : autant d'éléments qu'un système fondamentalement sain aurait pu contrôler. Autant d'éléments qui, de fait, favorisèrent l'explosion de la haine, du désenchantement dont se nourrissaient depuis si longtemps les cœurs des Soviétiques. Pour la première fois, le désir de réagir contre la peur, la faim, l'échec, l'emporta sur la crainte ordinaire et les masses, fondement théorique du régime, comprirent enfin la force que donnait le nombre.

Trois faiblesses majeures étaient flagrantes. D'abord, l'incapacité chronique du système à produire des biens de consommation. Les causes en étaient les distorsions inhérentes à une planification centralisée appliquée à un Etat de la taille de l'Union soviétique, et l'empire du dogme idéologique sur la théorie économique. Ensuite, une agriculture pitoyable, véritable sujet de honte. Pourquoi un pays aussi vaste, dont les sols comptaient parmi les plus fertiles de la planète, ne parvenait-il pas à produire assez pour nourrir sa population ? Un temps, l'or et le gaz naturel sibériens – sources de monnaies fortes – avaient permis l'achat de céréales américaines, dissimulant ainsi l'ampleur du problème agricole. Mais les circonstances de la guerre avaient encore accru les déficiences du système de distribution, et fait passer l'approvisionnement des zones urbaines au rang des problèmes aigus.

Enfin – et ce n'est pas là le moins important – il existait un brutal contraste de mode de vie entre le monde communiste et le monde occidental. La révolution bolchevique avait triomphé au nom d'un idéal : l'abolition de tous les privilèges et l'instauration d'une société sans classes. Elle n'était parvenue qu'à remplacer l'ancienne aristocratie par une nouvelle. L'Union soviétique, fondée au nom de l'égalitarisme, de l'amour et de la fraternité, devint en fait le pays des privilèges, de la haine et de la répression étatique.

Une société se déstabilise lorsque la distribution des revenus devient trop inégale. Les révolutions du type de celles de 1789, 1917 et 1985 éclatent généralement lorsque la fraction privilégiée de la population jouit d'une richesse à peu près quinze fois supérieure à celle de la masse. De 1945 à 1985, le rapport entre le revenu net d'impôts de la fraction privilégiée de la population des pays stables – U.S.A., Chine, Japon, Europe occidentale – et celui de la frange la plus démunie fut rarement supérieur à sept ou huit. En Union soviétique, au cours de la même période, les circuits d'achats réservés aux 2 ou 3 p. 100 de privilégiés assuraient à ceux-ci un niveau de vie au moins quinze fois supérieur à celui du reste de la population. Ils ont fini par payer chèrement cet avantage.

Tel fut en gros le contexte dans lequel se désagrégea l'impérialisme soviétique. Il tomba victime de ses contradictions internes, obéissant aux lois de l'inexorable dialectique historique dont les marxistes soupçonnaient depuis longtemps l'existence, mais qu'ils ne comprirent, semble-t-il, jamais parfaitement. La contradiction de base résidait dans l'incompatibilité fondamentale de la liberté et du socialisme. Le marxisme, qui offrit à ses débuts de si riches espérances à une humanité souffrant de ses propres limitations, ne tarda pas à révéler sa nature romantique, non scientifique et dépassée.

Il était inévitable qu'à Marx succède un Lénine, et qu'un Staline vienne ensuite assurer la survie de l'Etat communiste, au prix d'une répression aussi sanglante que gigantesque. Combien durent acquitter le tribut de leur vie sur l'autel de la stabilisation du régime, durant le règne du dictateur ? Selon Boukovski, leur nombre dépasse cinquante millions.

Au cours des quatre-vingts ans qui précédèrent 1917 – époque troublée s'il en fut – le régime tsariste fut responsable de l'exécution capitale de dix-sept personnes par an, en moyenne. Un rapport de la Tchéka, la police secrète bolchevique, relatif aux années 1918 et 1919, fait état de plus de mille exécutions sommaires par mois perpétrées sur ses ordres.

Mais ce ne fut pas l'abjection morale qui défit le marxisme-léninisme. Sa malhonnêteté fondamentale, quoique évidente, ne minait pas le système. Ce qui le terrassa, et causa la perte de la Russie soviétique, fut simplement son impraticabilité. Le marxisme-léninisme ne marchait pas.

Le gouvernement auquel les bolcheviques arrachèrent illégalement le pouvoir en 1917 était, malgré ses faiblesses et son impopularité, issu d'un processus constitutionnel et sa représentativité est aujourd'hui généralement admise. Les promesses du groupe minoritaire qui parvint à le renverser par la force et par la ruse semblaient certes séduisantes. Outre la liberté, l'égalité et la fraternité, on garantissait le pouvoir aux travailleurs, la terre aux paysans et la paix à tous. Aucune de ces promesses ne fut tenue.

Le bolchevisme n'accorda rien d'autre aux travailleurs qu'une participation théorique à la conduite de l'Etat. Le Parti s'empara rapidement du pouvoir que détenaient les corps constitués, les Soviets, et prit l'habitude de faire jouer impitoyablement son appareil répressif au moindre signe d'opposition. La propriété de la terre, d'abord accordée aux paysans, revint sans tarder à l'Etat. La plupart de ceux qui vivaient de ses fruits furent contraints de rejoindre les fermes collectives. Beaucoup, parmi les plus capables et les plus travailleurs, furent exterminés. Soljenitsyne a pu déterminer que dans les seules années 1929 et 1930, quinze millions de paysans connurent l'enfer de la déportation. Quant à la paix... Sans parler des rébellions les plus célèbres, celles de Mourom, Jaroslaw, Rybinsk, Arzamas et Tambov, réprimées avec la plus totale sauvagerie, il faut mentionner la véritable guerre civile que mena le Parti communiste contre l'ensemble de la population, guerre qui dura plus d'un demi-siècle et fut certainement plus meurtrière que tous les autres conflits de l'histoire. Au lieu de la liberté, de l'égalité et de la fraternité promises, régnaient sur cette société, en proie à la gangrène de la corruption, la peur, la méfiance, la coercition.

Quand vinrent les années 70, l'espoir avait

depuis longtemps cédé la place au cynisme. Un processus de pétrification galopante semblait paralyser la machine bureaucratique, dont les options économiques et les pratiques politiques prenaient l'inflexibilité du dogme. Les travailleurs, dont rien ne venait réellement stimuler l'ardeur, se désintéressaient de leur tâche. Les qualités, les capacités ne valaient à ceux qui les possédaient ni reconnaissance ni promotion, à moins de s'inscrire dans le cadre exact des exigences étatiques. La conformité à la norme restait le meilleur moyen de progression sociale. L'idéologie touchait tous les rouages de la machine. Ceux qui en tenaient les leviers avaient depuis longtemps cessé d'adhérer aux principes réels du socialisme.

Vers le milieu des années 70, l'ensemble de ces facteurs avait plongé l'économie soviétique dans une situation proche du désastre. La planification centralisée contrariait la prise d'initiative au niveau local. Les besoins locaux en matières premières, en équipement, en pièces détachées, et même en routes, restaient mal connus ou ignorés. Chacun s'arrangeait dans son coin pour que les résultats obtenus aient l'air de correspondre aux objectifs du plan.

Ces objectifs, éternel objet de risée pour le peuple, s'élevaient régulièrement et n'étaient presque jamais atteints. Les bas salaires, les pénuries, encourageaient le vol. Bon gré mal gré, usines et magasins nourrissaient le marché noir auquel, en 1983, 30 p. 100 de l'économie nationale se trouvaient soumis.

Pour subsister, les paysans cultivaient leur lopin personnel. Ces terres – 3 p. 100 de toute la superficie arable – assuraient en 1981 la moitié de la production agricole totale. Au début de la décennie 80, certaines zones de l'Union soviétique se trouvaient dans une situation de quasi-famine. Seul un assouplissement du contrôle aurait pu modifier la course du phénomène. Mais il impliquait, comme en Hongrie, une libéralisation de l'économie que le système ne pouvait tolérer.

En 1985, le taux de croissance du P.N.B. de l'Union soviétique était négatif, alors que la démographie – surtout chez les peuples non russes – connaissait un accroissement notable. La paupérisation devenait un danger de plus en plus aigu. L'inflation, déjà élevée, gagnait sans cesse, dans des proportions telles que les manipulations officielles ne suffisaient plus à la dissimuler. Les faiblesses que le système comportait depuis sa naissance n'allaient plus tarder à causer sa perte.

La situation engendrée par la guerre d'août 1985 provoqua cette chute par deux voies différentes. Le développement de la crise polonaise avait depuis longtemps discrédité le pouvoir politique. C'était la première fois qu'un parti communiste établi à la tête d'un pays européen se montrait incapable de circonscrire la dissidence et l'opposition politique. Moscou balançait entre l'intervention directe de l'Armée Rouge accompagnée d'une prise en main par le K.G.B. des problèmes de sécurité polonais, et l'instauration d'un gouvernement militaire indigène. Cette dernière solution permit de différer un temps le tollé international qu'une action militaire soviétique eût provoqué, et de dégager partiellement la responsabilité de l'Union soviétique relativement à la dette polonaise. Mais le Parti communiste polonais signait par là son abdication : il ne contrôlait plus la vie politique du pays.

L'énormité de cette entorse à la tradition idéologique ne fut pas toujours parfaitement comprise du côté occidental. On y était habitué aux putschs, en Amérique latine, au Moyen-Orient ou ailleurs, que l'on considérait comme la réaction normale et inévitable du parti de l'ordre confronté à la gabegie administrative ou parlementaire. Mais pour les communistes doctrinaires, les implications de l'événement étaient de nature différente. Le parti avait fait la preuve de ses divisions internes, de son impuissance, de son incapacité à prendre des décisions. A court terme, Solidarité avait peut-être perdu la bataille; à long terme, le mouvement avait prouvé – et c'était là une victoire sans précédent – que le parti communiste n'était plus le gardien omnipotent de l'autorité de l'Etat.

L'onde de choc engendrée par cette explosion idéologique balaya l'Union soviétique. L'image même du P.C.U.S. en fut touchée; et les militaires, dont on pressentait qu'ils auraient peut-être à jouer un jour le rôle qu'avaient tenu leurs frères d'armes polonais, gagnèrent en puissance. Pour la hiérarchie, l'échec de l'avance soviétique en Europe fut donc doublement troublant : le colosse militaire avait des pieds d'argile. Son évaluation de la situation était erronée, il avait été incapable de s'adapter à l'évolution du contexte tactique, et ses plans reposaient sur une doctrine opérationnelle articulée exclusivement autour de la notion de succès total et immédiat. Celui-ci ne se concrétisa pas et la machine militaire se bloqua. Le futile recours à l'arme nucléaire ne pouvait en aucune façon redonner aux Forces armées soviétiques l'élan qu'elles avaient perdu.

Ces divers aspects suffisent à expliquer que le système nerveux central de l'appareil soviétique ait été assez démoralisé pour que Douglenko puisse sans difficulté s'emparer du pouvoir. Le mécontentement populaire avait des causes plus simples, celles qui président à la plupart des révolutions : ventres pleins en deçà de la frontière des privilèges, ventres vides au-delà. La guerre avait exigé des transports civils un effort bien supérieur à celui qu'envisageaient les prévisionnistes et les planificateurs. Au lieu de les mettre en vente dans les villes, les paysans stockaient les produits agricoles, comme s'ils avaient eu conscience de l'imminence de la catastrophe. Les grands du régime trouvaient toujours à se fournir dans leurs magasins réservés, mais la situation était bien différente pour l'homme de la rue. Dans nombre de villes, pénurie et restrictions provoquèrent des émeutes dont la violence submergea les forces de sécurité.

Ces émeutes éclatèrent d'abord à Moscou, pour se propager ensuite dans la majorité des centres urbains importants. Le texte qui suit en offre une relation directe. Il a été publié dans *Russkaïa Misl* (Paris, novembre 1985).

Une silhouette féminine, imposante, impérieuse, se profila sur le seuil de la boutique. Des bagues d'or alourdissaient ses doigts épais.

« Le magasin reste fermé pour la journée, annonça la femme. Nous n'avons plus rien en stock – pas de pain, pas de saucisses, rien. Inutile de rester plantés là. »

Un grognement impatient naquit en tête de la longue queue et se propagea comme un mascaret jusqu'à son extrémité, une bonne centaine de mètres plus loin.

« Mais nous avons attendu toute la nuit ! »

« Que vont manger nos petits ? »

Il ne fallut pas longtemps pour que les cris individuels se fondent en un chœur. Mais la colère de la foule fut de courte durée. La queue se fragmenta, ses éléments se dispersèrent. La situation n'avait rien d'inédit.

« Ça fait soixante-dix ans que je vis ici, maugréa entre ses chicots un vieillard négligé. Des queues. Rien que des queues. Toute une existence passée à faire la queue. »

Puis le timbre perçant d'une voix d'enfant s'éleva, véhément. L'objet de sa colère était la boutiquière.

« Tu mens pour le pain, grosse mère! Ta voiture est garée au coin. Cette nuit, tu en as sorti trois sacs. Je t'ai vue! »

Un rugissement monta. Une centaine de personnes se précipitèrent vers le véhicule. D'autres se hâtèrent de reprendre place dans la queue. Tous voulaient croire que le magasin allait maintenant ouvrir et qu'ils pourraient repartir, emportant une miche ou un quignon. Les derniers arrivés, ceux qui avaient attendu à l'écart de la boutique, tentèrent de gagner quelques places. Les premiers entendaient farouchement conserver la leur. Un mouvement confus s'esquissa, se porta vers l'avant, ct la vitrine céda dans un bruit de verre fracassé. Une douzaine de personnes furent catapultées dans le magasin. Certains se hâtèrent de se remettre debout et s'efforcèrent de regagner la chaussée, terrifiés à l'idée d'être accusés de pillage. Mais d'autres se précipitaient déjà à l'intérieur, leur bloquant la retraite. Un timbre électrique se déclencha, lançant en vain ses appels de détresse. Quand on découvrit que les rayonnages étaient vides, le tumulte monta de plusieurs crans. La porte de l'arrière-boutique ne résista pas longtemps, et son maigre butin fut vite dispersé.

Ceux qui s'étaient rués sur la voiture de la grosse femme comprirent rapidement qu'ils n'avaient plus aucun espoir de s'approprier les marchandises que recelait le magasin, et décidèrent de tirer le meilleur parti possible du contenu du véhicule. Ils brisèrent les vitres et sortirent des sacs ventrus, bourrés de saucisses fumées, de plaques de chocolat, même de boîtes de caviar.

La foule grossissait sans cesse. Le long de la rue, les vitrines tombaient les unes après les autres. Des miliciens apparurent au carrefour. Une grêle de pierres les accueillit, et ils eurent la prudence de se retirer. Les pillards étaient maintenant plusieurs milliers. Des ventres creux, des pères et des mères dont les enfants étaient trop faibles pour pleurer de faim. L'écho de leurs cris se répercutait de rue grise en rue grise.

La plupart des boutiques n'avaient pas grand-chose à offrir, mais le magasin de liqueur recelait une ample provision de vodka, de bière, de vin et de champagne. On sortit les casiers à la chaîne et bientôt les bouteilles au goulot brisé circulèrent de main en main. Loin de la calmer, l'alcool aiguisa la faim.

« A l'Intourist ! » lança une voix rauque.

« A l'Intourist ! » La foule entière reprit le cri.

Ce fut une horde menaçante qui franchit le pont et marcha sur l'hôtel réservé aux visiteurs étrangers, un haut parallélépipède de verre et d'acier, objet depuis longtemps de la haine générale. Afin de proclamer à la face du monde les succès du régime communiste, on avait ménagé, en plusieurs endroits des villes importantes, des « zones paradisiaques ». On y trouvait des hôtels splendides, des restaurants, des magasins, des hôpitaux et des installations sportives. Dans ce décor, le Parti et le K.G.B. déployaient des efforts intenses pour accroître le nombre des « amis du communisme ». L'accès en était rigoureusement interdit aux citoyens ordinaires. Et pour la population, c'était là source de grande indignation. Pourquoi n'avaient-ils pas le droit, dans leur propre pays, dans leur propre ville, de fréquenter les hôtels, les restaurants, les magasins de la meilleure catégorie ?

Lorsque la guerre avait éclaté, des détachements du K.G.B. étaient venus isoler ces hôtels réservés de Moscou et des autres grandes villes. Leurs hôtes étrangers avaient été arrêtés. On en exécutait maintenant la majorité, dans les caves, sans se préoccuper vraiment s'ils étaient des amis ou des ennemis du communisme. Après tout, il n'y avait plus rien pour les nourrir. Des camions avaient pénétré la nuit même dans l'enceinte de l'hôtel Métropole. On y avait chargé les corps des ressortissants étrangers.

Pour les Moscovites affamés, les poids lourds n'étaient là que pour effectuer leur livraison quotidienne de produits alimentaires. De tous les points de la ville, la foule afflua pour s'emparer de leurs cargaisons.

Dans la cour intérieure du Métropole, des détenus de la prison de Lefortovo, gardés par un petit détachement de miliciens montés, achevaient d'enfourner sur les plateaux bâchés les cadavres des hôtes de la capitale du communisme. L'opération terminée, un lieutenant de la milice donna l'ordre d'ouvrir les grilles, et commença à y engager son cheval. Il découvrit alors le mur mouvant qui avançait vers lui depuis l'autre côté de la place. La foule s'était armée de pierres, de bâtons, de chaînes. Certains brandissaient de lourdes piques de fer, arrachées à l'enclos d'un square ou d'un bâtiment public. La horde grondait, avec des airs d'armée médiévale.

« Fermez les grilles ! » hurla le lieutenant. Deux miliciens se précipitèrent pour exécuter son ordre, mais déjà la foule avait découvert les longs camions gris rangés dans la cour, et son grondement se mua en rugissement.

« Ils ont du pain, là-dedans !

– Et de la viande !
– Du poisson fumé ! »
– Camarades ! cria l'officier. Il n'y a rien à manger dans ces camions. Ils vont vides !
– Alors, pourquoi as-tu fermé les grilles ? » Il y eut des huées, puis : « Du pain ! Du pain ! Du pain ! »

Une demi-douzaine de miliciens montés vinrent se ranger aux côtés du lieutenant. Trois autres mirent rapidement une mitrailleuse en batterie devant la grille.

A ce moment précis, un adolescent roux et puissamment bâti enfonça la pointe de sa pique dans la croupe du cheval que montait l'officier. La bête se cabra, désarçonnant son cavalier. Il y eut un grondement de triomphe et une grêle de pierres s'abattit sur les miliciens. La foule se pressa en avant, arrachant les antiques grilles, investissant la cour intérieure. Les bâches des camions volèrent.

« Du pain ! »

La surprise, la déception, le désespoir, la haine, l'horreur, emplirent la cour. Ceux qui étaient restés à l'extérieur, sur la place, ne furent pas témoins de la macabre découverte, mais comprirent néanmoins que quelque chose de terrible venait de se passer.

Pour mieux voir, certains se juchèrent sur la statue de Karl Marx.

« Abattons ce vieux salaud ! » cria quelqu'un. Il y eut des rires. Ceux qui tenaient des piques de fer commencèrent à attaquer le socle de granit.

« Vous n'y arriverez jamais comme ça ! Il faut le faire tomber. »

Un épais câble d'acier sorti d'on ne savait où passa de main en main. On tendit son extrémité à ceux qui s'étaient assis sur la tête du philosophe; ils l'enroulèrent autour de son cou de pierre avant de rejoindre le sol. Quelques secondes plus tard, la lourde statue de granit se fracassa, soulevant un nuage de poussière jaune. Un rugissement de joie fit vibrer la foule.

« Lénine aussi !

– Et Dzerjinski ! »

Le volume de la foule avait encore cru; on était maintenant de taille à se mesurer à la place Rouge.

Sur la vaste esplanade, devant le musée historique, un canon antiaérien de 57 mm menaçait le ciel de son tube unique. Plusieurs batteries de ces engins avait été disposées dans le centre de la ville. La foule, débouchant en hurlant sur la place, prit les artilleurs complètement par surprise. On leur tendit des bouteilles de vin ouvertes. Soudain, une mitrailleuse en batterie derrière le mur du Kremlin fit claquer son fouet de plomb. Certains s'écroulèrent, blessés, mourants.

« Frères soldats, défendez-nous ! »

Le sergent dégaina son pistolet et le pointa sur la foule. L'un de ses hommes lui enfonça sa baïonnette dans le dos. La masse commença à s'égailler, cherchant à s'abriter sous les murs du feu de la mitraillette. Effort dérisoire : derrière leur rempart de pierre, les gardes du Kremlin étaient invulnérables.

Le tube du canon anti-aérien s'abaissa alors doucement. Le servant engagea un chargeur de dix obus dans la culasse. L'arme les avala, les vomit. Dix tonnerres quasi simultanés et la place s'emplit de poussière de brique, de l'odeur âcre de l'explosif. Il y eut une trouée béante dans la vulnérable enceinte. La mitrailleuse se tut.

« Hourra ! Hourra !

– Encore !

– Visez les étoiles rouges !

– Et Lénine ! »

Mais les artilleurs savaient qu'il y avait mieux à faire. Le servant engagea un nouveau chargeur et le canon commença un lent mouvement de balayage, faisant sauter les uns après les autres les merlons derrière lesquels s'abritaient les gardes et leurs armes automatiques. Puis il s'attaqua au haut bâtiment situé immédiatement au-delà de l'enceinte. La foule saluait d'un rauque cri d'enthousiasme chaque explosion, chaque écroulement d'un pan de maçonnerie. Les artilleurs auraient volontiers pris pour cible le mausolée de Lénine, mais déjà des émeutiers s'activaient devant, tentant d'enfoncer ses portes avec des béliers de fortune. Alors, le long tube de la pièce remonta doucement et, crachant une langue de flammes, abattit du premier coup l'étoile rouge, lourde de trois tonnes, qui sommait la tour Spassky.

Les gardes du Mausolée s'étaient enfuis sans demander leur reste, mais les portes résistaient.

« Il faut les faire sauter, cria quelqu'un, et sortir au grand air la vieille crapule !

– Pas la peine ! Ça fait des années qu'il a pourri. On l'a remplacé par son effigie en cire !

– Entrons toujours, on verra bien !

– Ce n'est pas Lénine qui s'est décomposé, commença un tribun d'occasion, mais bel et bien le léninisme. Il s'est pourri le jour où Lénine a dissout l'Assemblée constituante... »

Mais il n'y avait rien à faire : les bâtisseurs du Mausolée n'avaient pas lésiné sur la solidité. On se consola en pendant sans façon quelques membres du Comité central, reconnus dans la foule, et une douzaine de gardes du Kremlin.

Ceux qu'on cherchait, maintenant, ceux qu'il importait vraiment de saisir, c'étaient les membres du Politburo. Mais ils demeuraient introuvables. Et pour cause : un passage secret les avait conduits jusqu'à un souterrain du métro, où un train blindé les attendait pour les mener en sûreté.

Dans l'enceinte du Kremlin, les bâtiments qui avaient abrité les bureaucrates de la hiérarchie du Parti étaient la proie des flammes mais les églises, les chapelles, demeuraient intactes. Des foules en prière s'assemblaient dans leurs nefs, à genoux sur la pierre froide.

Depuis soixante-huit ans, Moscou n'avait pas résonné du timbre des cloches. Alors, Ivan le Terrible, le grand bourdon de toutes les Russies, sortit de sa torpeur. Son airain fit vibrer l'air de la ville ancienne où les communistes, en un peu plus d'un demi-siècle d'exercice du pouvoir, avaient envoyé à la mort plus de gens que les Tartares en trois cents ans. Et la note puissante de la cloche vénérable semblait demander la grâce des coupables. Mais Moscou resta sourde à sa supplique.

Au long des avenues, les membres du Parti – dont certains avaient juré jusqu'à leur dernière seconde qu'ils n'étaient pas vraiment communistes – étaient pendus par le cou ou par les pieds aux lampadaires. La corde vint à manquer; on la remplaça avantageusement par du câble électrique. La bataille faisait rage devant la Loubianka. Les mille occupants du vaste bâtiment étaient tous armés. Sur la place qui le précédait, au pied du mémorial dédié au fondateur de la Tchéka, Dzerjinski, gisaient les corps mutilés de membres du K.G.B. Mais le bâtiment lui-même demeurait inexpugnable. La certitude du sort qui les attendait donnait une certaine fougue aux défenseurs. Même les obus des canons antiaériens que l'on avait traînés jusque sur la place ne parvinrent pas à les décider à se rendre.

Soudain, une colonne de fumée s'éleva au-dessus de la Loubianka. Les chefs du K.G.B., comme les membres du Politburo, avaient rejoint l'abri du métro par un passage secret. Le destin des officiers subalternes qui tentaient de contenir la pression de la foule ne les intéressait pas. Avant de le quitter, ils avaient incendié le bâtiment, pour détruire les archives. Le brasier s'étendit à une vitesse stupéfiante. Le combustible ne manquait pas. Un millier de Kagébistes se trouvaient pris comme des rats. Les flammes ronflaient dans les couloirs, mais les fenêtres des étages inférieurs étaient protégées par des grilles massives. On ne pouvait sauter que de plus haut, droit sur l'asphalte. L'aventure fut cause de nombreuses fractures, mais celles-ci ne portèrent pas à conséquence : tous ceux qui sautaient étaient immédiatement piétinés ou lapidés par la foule.

« Eteignez l'incendie ! imploraient des voix. Des millions de noms sont en train de brûler ! Sauvez les archives ! »

Trop tard. Les planchers, les toitures, flambaient. Peut-être le contenu des coffres serait-il tout de même épargné, et permettrait-il de retrouver certains de ceux qui avaient échappé à la vindicte populaire.

Ce fut un fleuve de colère qui quitta la Loubianka pour rejoindre la Vieille Place, où se trouvait le siège du Comité central du parti communiste. Il s'agissait d'un complexe de bâtiments d'aspect massif, parcourus par un réseau de couloirs totalisant plusieurs centaines de kilomètres.

Ses occupants comprirent qu'ils n'avaient pas le choix. Ils se rendirent sans opposer de résistance. On improvisa un service d'ordre de fortune, chargé de sauver les éléments des archives qui pouvaient encore l'être. Puis, en plusieurs endroits de la place, on fit se ranger les officiels et les membres des forces de sécurité. Ils étaient exécutés à la chaîne, après un semblant de procès.

Il n'y avait pas assez d'armes à feu, pas assez de corde, et le câble électrique commençait à se faire rare. On régla le sort des condamnés à la hache de pompier, au bâton, ou en les défenestrant. La foule hilare contemplait ces hommes livides et tremblants qui quelques heures plus tôt tenaient le pays entre leurs mains, et attendaient maintenant la mort, rangés les uns derrière les autres. Ils faisaient la queue !

Pendant ce temps, devant la Loubianka, un lourd tracteur tendait une haussière arrimée au Félix de Fer, la statue de Dzerjinski. Celle-ci finit par s'effondrer sur les cadavres des successeurs de la Tchéka et un vol de corbeaux, effrayé par le tumulte, prit puissamment son essor dans le ciel que noircissait la fumée des incendies.

Mais il n'y avait toujours rien à manger.

XXIII

UN NOUVEAU MONDE

Lorsque les autorités américaines avaient dû tracer le cadre qui définirait l'avenir immédiat de l'empire et des Forces armées soviétiques, l'un de leurs premiers soins avait été de s'assurer le contrôle des armements nucléaires que ces dernières détenaient encore. La remise de ces armements à des équipes américaines dépêchées sur place à cet effet avait été la condition du regroupement des divisions soviétiques à Omsk et à Khabarovsk. D'autres équipes légères quadrillaient la Sibérie afin de saisir, si nécessaire par la force, les armements de ce type encore aux mains des unités soviétiques qui s'y étaient dispersées.

Américains et Chinois s'étaient rencontrés au centre d'essai de missiles de l'U.R.S.S. – qui ne se trouvait pas, ainsi qu'étaient parvenus à le faire accroire les services de désinformation, à Baïkonour (Kazakhstan), mais non loin de là, à Taïouratam – pour composer un groupe d'experts qui se livrerait à l'étude commune de la technologie soviétique. Ils étaient également convenus que le matériel trouvé sur le site serait détruit, et non incorporé aux arsenaux nucléaires des deux pays.

Les Etats-Unis ne pouvaient espérer la dénucléarisation prochaine de la Chine, et n'étaient pas en mesure de l'imposer. Ils faisaient contre mauvaise fortune bon cœur, estimant que de toute façon il ne semblait guère dans les intentions de Pékin d'utiliser l'arme nucléaire au détriment des intérêts des Etats-Unis ou de la paix mondiale.

En ce qui concernait les autres possesseurs – ou possesseurs potentiels – d'armements nucléaires, la situation était cependant fort différente. Le traité de non-prolifération de 1968, qui entendait limiter la possession de l'arme nucléaire aux cinq puissances (U.S.A., U.R.S.S., France, Royaume-Uni, Chine) qui en disposaient déjà, avait manqué son but. Il était net que d'autres pays la possédaient, ou se trouvaient en mesure de la fabriquer rapidement. L'Irak, le Pakistan, l'Inde, l'Afrique du Sud et Israël comptaient parmi les candidats les plus probables au club. Ses ressources pétrolières auraient pu permettre à la Libye de figurer sur la liste, au moins en tant qu'acheteur, mais la guerre avait réduit à néant tous les espoirs que ses anciens maîtres pouvaient nourrir en ce sens. Les autres continuaient néanmoins à représenter un danger : l'utilisation de l'arme nucléaire était toujours possible dans les conflits ponctuels auxquels la grande guerre n'avait bien sûr pas mis fin.

L'effondrement de l'Union soviétique sembla offrir aux pays occidentaux, Etats-Unis en tête, l'occasion d'enrayer une fois pour toutes la prolifération des armes nucléaires. Il était désormais possible de canaliser vers des objectifs plus réalistes l'enthousiasme de ces pacifistes occidentaux qui avaient sottement prétendu qu'un désarmement unilatéral « encouragerait » l'U.R.S.S. à se débarrasser de ses arsenaux. On pouvait maintenant avancer avec davantage de plausibilité que si la Grande-Bretagne et la France renonçaient à leurs forces nucléaires, ceux qui entendaient obtenir d'autres pays un renoncement identique bénéficieraient d'un argument moral puissant. Mais c'eût été demander là trop et trop vite; les Etats-Unis durent se contenter d'une promesse solennelle, selon laquelle la Grande-Bretagne et la France s'engageaient à « mettre à la retraite » leur armement nucléaire pendant une période de dix ans, à la condition expresse que les autres pays renoncent à leurs intentions de fabriquer de tels armements, et s'engagent à détruire, sous contrôle international, les infrastructures nécessaires à une telle production qu'ils pouvaient posséder. On fit clairement comprendre aux puissances concernées qu'un refus de leur part entraînerait la destruction d'office desdites infrastructures, probablement par le biais d'une attaque aérienne, ou de toute autre action militaire que la situation imposerait. Il était difficile de dire non à une telle offre.

Mais ce désir forcené de protéger le monde du feu nucléaire, au moins pour la génération à venir, n'incita pas les Alliés occidentaux à jouer les démiurges. L'Europe se relève de ses ruines et laisse renaître en elle ce vieil espoir longtemps endormi d'une communauté s'étendant de l'Atlantique à l'Oural. La route de l'union semble pourtant ardue et semée d'embûches.

Les inquiétudes dont étaient la proie les cinq puissances atlantiques de l'ouest-européen — Grande-Bretagne, France, Espagne, Portugal, Irlande — furent remarquablement résumées par un membre éminent du nouveau gouvernement de coalition britannique, au cours d'un discours prononcé à Harvard peu après la fin des hostilités.

Dans ce que l'on appelle généralement « l'adresse de Harvard », ce politicien déclara à son public américain qu'avant la guerre, le rapport de forces à peu près équilibré des deux superpuissances, les U.S.A. et l'U.R.S.S., avait eu aux yeux des Européens le mérite d'assurer au monde une stabilité certes précaire, mais néanmoins précieuse. Maintenant que l'U.R.S.S. avait disparu, il semblait peu probable que le monde accepte dans son ensemble de vivre sous la règle d'une *Pax Americana.* Le fardeau de la domination planétaire était désormais trop lourd pour les épaules d'un seul pays.

L'émergence de deux ou trois nouvelles superpuissances entretenant des rapports amicaux serait donc grandement favorable aux intérêts des Etats-Unis et à la tranquillité d'esprit de chacun. Et, comme l'exposa rudement cet orateur peu orthodoxe, « le Président des Etats-Unis devrait faire des pieds et des mains pour que soit dissoute cette entité non préméditée qu'est l'empire américain ».

La proposition était beaucoup plus séduisante que la situation qui avait prévalu avant-guerre, lorsque les U.S.A. et l'U.R.S.S. se contemplaient sans aménité par-dessus la tête d'une Europe occidentale qui n'en demandait pas tant. Mais si le centre de gravité du monde devait se déplacer vers le Pacifique, comme tout le donnait à penser, et que le nouveau duo des superpuissances soit interprété par les U.S.A. sur une rive et le bloc Chine-Japon sur l'autre, « une telle situation aurait pour l'Europe et la côte est des Etats-Unis des conséquences néfastes », ainsi que le fit remarquer à ses auditeurs le politicien britannique.

La côte est, déjà vidée d'une partie de son potentiel par l'aimant californien, allait voir la puissance de celui-ci s'accroître, lorsque la Pacifique serait devenu la zone privilégiée des échanges de pointe, et risquait de connaître une sérieuse dépression. Quant à l'Europe, pour la première fois de son histoire, elle se retrouverait isolée loin du centre du monde. Dans l'intérêt des Américains de la côte est, et de tous ceux qui, aux Etats-Unis, attachaient un certain prix à leur héritage européen, l'Europe devait donc « tirer un peu la couverture du côté de l'Atlantique » en devenant elle aussi une superpuissance, transformant ainsi le duo en trio.

Mais il faudrait du temps à cette Europe étendue de l'Atlantique à l'Oural pour acquérir la cohésion qu'exigerait son nouveau statut. Au mieux, elle prendrait la forme d'une confédération « désordonnée et mal organisée, bien qu'animée des meilleures intentions ». Au pire, elle succomberait devant deux types de dangers, que l'on pourrait appeler le danger périphérique et le danger central.

Le premier était que l'Oural représentait désormais la frontière entre la civilisation occidentale et cette fraction orientale de l'Union soviétique où des structures neuves et encore incertaines allaient devoir être dégagées du chaos ambiant. Avec un pied sur l'Oural et l'autre sur la rive d'un Atlantique qui risquait de devenir l'océan de la récession, la situation de la nouvelle superpuissance ne serait guère confortable.

Le problème central, bien plus délicat, n'était abordé qu'à contrecœur par les diplomates. « Avec tout le respect dû au grand peuple allemand dont le comportement depuis 1945 a été plus digne d'éloges que celui de tous les peuples européens depuis des siècles – à l'exception des Polonais – je ne peux cacher que mon continent envisage avec inquiétude l'hypothèse d'une réunification de l'Allemagne, menant éventuellement à sa reprussianisation.

« Nous, membres de la C.E.E., entendons bâtir

une nouvelle Europe à l'épreuve des guerres tribales. Réunies, les deux Allemagnes effraieraient leurs partenaires par leur puissance. Certes, il est important qu'elles restent parties intégrantes de la C.E.E., et entretiennent des rapports mutuels aussi intimes et fructueux que ceux de la R.F.A. et de la France, par exemple, mais rien de plus. Ceci vaut également pour les anciens pays communistes, y compris les Etats englobés jusqu'ici par l'Union soviétique. C'est ainsi que devra s'édifier l'Europe de l'Atlantique à l'Oural. »

Mais il existait pour les deux Allemagnes une autre option. Elles pouvaient chercher à devenir les protagonistes futurs d'une *Mittel-Europa* ressuscitée, fondée sur l'industrie, la technologie et la finance allemandes, et regroupant la Hongrie, l'Autriche, la Tchécoslovaquie, poussant jusqu'à l'Ukraine, aux Balkans, exploitant même peut-être les ressources potentielles de la Turquie en main-d'œuvre, en matières premières et en produits alimentaires.

D'un point de vue historique, les arguments en faveur d'une *Mittel-Europa* étaient séduisants. Ce que le projet de chemin de fer Berlin-Bagdad, avant la Première Guerre mondiale, ou la poussée vers le Caucase de 1942 n'avaient pu qu'approcher, la nation allemande, désormais bicéphale à l'instar de l'aigle de son passé, devait le concrétiser. Sans compter que cette solution évitait bien des complications. Le *leadership* allemand, incontestable, permettrait un contexte beaucoup plus net que l'inextricable situation de donnant donnant (où l'Allemagne semblait donner plus qu'on ne lui donnait) qui était celle de la Communauté. Sur l'autre plateau de la balance, il y avait l'attrait du reste du monde, la possibilité de créer une entité économique au moins aussi puissante que les Etats-Unis ou le bloc Chine-Japon. Les diplomates et les policitiens allemands entendaient bien sûr profiter des avantages des deux options, et faire en sorte de ne pas se confronter à un choix binaire. A l'heure où nous écrivons ces lignes, la Communauté Européenne Etendue est en voie de formation. Dans son sein, les deux Etats allemands sont en train de mener conjointement, mais non exclusivement, un nouveau *Drang nach Osten.*

Ce furent surtout des considérations politiques internes à l'Allemagne de l'Ouest qui firent rejeter l'option de la réunification. Les démocrates-chrétiens, bien qu'exclus de la coalition au pouvoir en 1985, représentaient le plus grand parti national. Ils étaient assez puissamment représentés au *Bundesrat* pour pouvoir y bloquer le scrutin. On supposa d'abord qu'ils seraient les plus chauds partisans de la réunification. A tort.

Dans la période qui précéda les premières élections démocratiques en Allemagne de l'Est, à la fin de 1986, les sondages d'opinion laissèrent prévoir une victoire probable du Parti de la Liberté, lié à l'Eglise catholique et à certaines sectes évangélistes protestantes. Les démocrates-chrétiens virent en lui un allié potentiel. Mais, après une visite rendue aux cadres du Parti de la Liberté, un universitaire ouest-allemand rédigea le rapport suivant à l'intention de l'appareil démocrate-chrétien :

« La population d'Allemagne de l'Est est habituée à un niveau de vie inférieur de moitié à celui de la *Bundesrepublik.* La réunification impliquera l'injection de dix-sept millions de prolétaires dans notre système.

« Bien que l'ensemble des Allemands de l'Est haïssent le communisme, force est de remarquer la nature socialisante du Parti de la Liberté. Il professe un idéal de démocratie économique où les conseils ouvriers ont le dernier mot dans la gestion des entreprises. Ici, les héros populaires sont les vieux syndicalistes polonais de Solidarité. Même l'Eglise catholique chante leurs louanges.

« Les deux seuls domaines où la société est-allemande est plus avancée que la nôtre concernent les équipements sportifs populaires et les soins de santé gratuits. Si l'Allemagne de l'Est fusionne avec nous, il nous faudra presque à coup sûr socialiser la médecine et élargir l'éventail des dépenses de l'Etat. Sur ces points, le vote des Allemands de l'Est viendra épauler celui de l'électorat de gauche de la *Bundesrepublik*.

« Il ne faut pas non plus négliger le fait que quarante ans de communisme n'ont pas totalement éteint en Allemagne de l'Est le goût des vieilles valeurs prussiennes, frugalité, vision puritaine, et net sentiment de supériorité. Beaucoup s'estiment plus évolués que les Slaves, et moralement supérieurs aux Rhénans décadents que nous sommes. Ceci pourrait rendre à notre société une dimension qu'elle n'a pas été fâchée de perdre en 1945. »

Les démocrates-chrétiens ne seraient donc pas les apôtres de la réunification que l'on attendait.

Quelque forme que prenne la structure qui devait englober l'Europe du Centre et de l'Est – communauté élargie ou *Mittel-Europa* d'inspiration germanique – il resterait de toute façon des tensions à soulager et de vieux comptes locaux à régler. L'empire soviétique, comme beaucoup d'autres, avait étouffé sur le territoire qu'il contrôlait bon nombre de différends ponctuels. Lorsqu'il disparut, les Tchèques et les Slovaques – par exemple – prirent davantage conscience de leurs différences mutuelles que de la nécessité d'une Tchécoslovaquie unie. La Hongrie s'apprêtait à disputer à la Roumanie la possession de la

Transsylvanie, où la population était en majorité d'ascendance hongroise. La Pologne commençait à ranimer de vieux conflits territoriaux avec l'Ukraine et la Lituanie. Cela rappelait la désagrégation de l'Empire britannique, la guerre civile au Nigeria, ou la confusion indochinoise après le retrait des Français, puis des Américains. Ce furent les événements de Tchécoslovaquie qui précipitèrent l'écroulement de l'ancien ordre.

A la différence des Polonais, les Tchécoslovaques s'étaient retrouvés démunis après la disparition du régime soviétique : leur réserve politique ne comportait aucun élément de gouvernement potentiel assez confiant en lui pour tenir les rênes avec succès, bien que le pays fut encore loin de la confusion noire qui régnait à la même époque en R.D.A. Les leaders tchécoslovaques estimèrent – à tort ou à raison, l'avenir le dira – qu'une scission en deux parties plus homogènes aiderait à résoudre les nombreux problèmes causés par l'irruption de la liberté. Les Tchèques et les Slovaques formèrent donc deux Etats indépendants. Au cours des dix-huit mois qui se sont écoulés depuis ce divorce, les deux parties n'ont guère fait que tenir des assemblées constituantes et préparer des élections. La production industrielle, proche du zéro à l'automne de 1985, a quelque peu repris; mais la désastreuse récolte en Europe centrale de cette année-là a rendu les Tchèques et les Slovaques aussi dépendants des livraisons de céréales américaines et australiennes que les autres peuples qui formaient naguère la clientèle de l'Union soviétique.

1986 a été pour l'économie de la Hongrie une année de succès exceptionnel. Alors qu'il se trouvait toujours sous la coupe soviétique, ce pays était parvenu à prendre ses distances avec le socialisme, à réduire l'influence de la bureaucratie, à dispenser son agriculture et son industrie de l'aide de l'Etat. Dès la fin du conflit, la Hongrie fit rapidement progresser le bien-être et le niveau de vie de sa population. Les impôts devinrent les plus bas d'Europe et le gouvernement décida que les problèmes économiques se régleraient sans l'intervention de la machine étatique. Cela provoqua un véritable boom économique et un afflux massif de capitaux. La tentation d'exploiter ce succès fut trop forte : au cours de l'été, les forces armées hongroises tentèrent une rapide incursion en Roumanie, sous le prétexte classique de protéger la minorité hongroise de Transsylvanie, placée sous la férule roumaine depuis 1919. L'opération ne réussit pas complètement, malgré les autres difficultés auxquelles la Roumanie se trouvait en butte.

Sur le territoire démantelé de l'Union soviétique, l'hiver de 1985 s'annonça comme particulièrement sauvage. L'anarchie étendait son empire sur de nombreuses régions. Des bandes de pillards en quête de nourriture faisaient régner la peur dans les campagnes. Les groupes ethniques se reconstituaient pour mieux assurer leur conservation. Les soldats retournant dans leurs foyers, souvent armés, quelquefois dans les rangs d'unités ou de formations, s'érigeaient en grandes compagnies ou en forces de défense locales. Cependant des noyaux d'ordre apparurent progressivement.

Pour les Alliés occidentaux, l'occupation et l'administration intégrales de ce gigantesque *hinterland* étaient hors de question. L'établissement de zones de sécurité, à la fois refuges et embryons de gouvernement civil, demeurait impératif. Les premiers furent créés à Petrograd (on n'avait guère attendu pour jeter aux orties le nom honni de la cause de tant de maux), Moscou, Arkhangelsk,

Odessa, Smolensk, ainsi qu'entre Gorki et Kouibychev, sur la Volga. Chacune de ces zones de sécurité était placée sous la responsabilité d'une divison alliée, forte en infanterie et en personnels spécialisés – génie, transmissions, logistique, transport – mais non en armes lourdes. Un quartier général de contrôle fut établi au niveau du groupe d'armées à Petrograd. La ville devait acquérir rapidement le statut de capitale de la République russe du Nord, que rejoignit Novgorod. Le Q.G. de contrôle, établi par l'O.T.A.N. à la fin de septembre 1985, passa ensuite sous le contrôle des Nations Unies.

La nourriture – approvisionnement et distribution – représentait le problème prioritaire, que les Nations Unies entreprirent de résoudre par le biais d'une opération d'une ampleur sans précédent. Les pays membres, instamment priés de coopérer, accordèrent généreusement leur aide. La brièveté de la guerre et la relative localisation des zones les plus touchées avaient permis à la plupart des économies mondiales de continuer à fonctionner presque normalement. Les excédents alimentaires, si embarrassants pour la C.E.E., purent enfin servir à quelque chose. Les pires avatars de la famine furent évités sur l'ancien territoire de l'Union soviétique, mais de fort peu, et la pénurie de certains produits alimentaires de base continue à se montrer préoccupante.

Il n'entre pas dans les objectifs de cet ouvrage de détailler la gestation lente et souvent douloureuse des Etats conçus du cadavre de l'Union soviétique. Mais nous pouvons néanmoins brosser l'évolution de certaines pièces exemplaires du puzzle.

Moscou soulevait des problèmes particuliers. C'était un point de ralliement naturel pour les criminels, les violents, les marginaux – les indésirables en général. Un système quadripartite fut instauré, assez semblable à celui qui avait été établi à Berlin en 1945, et comportant une participation des Etats-Unis, de l'Union soviétique, de la Grande-Bretagne et de la France. Pourtant, ce ne furent pas des contingents issus des forces armées des quatre puissances qui garantirent la sécurité de Moscou, mais des troupes de la 3e armée de choc de l'Armée Rouge, passée plus tôt à l'Ouest sous la conduite du général Ryzanov.

Par comparaison, le destin de l'Ukraine ressemblait presque à un conte de fées. La nouvelle république pouvait désormais se mesurer à la Grande-Bretagne, à la France, à l'Allemagne de l'Ouest en termes de superficie, de population et de développement économique. L'Assemblée nationale ukrainienne se hâta de bâtir une Constitution; celle-ci déclarait que la liberté économique était le principe fondamental de la liberté politique. Lors de sa première session, l'Assemblée nationale adopta un ensemble de lois interdisant l'intervention de l'Etat dans la vie privée des citoyens et l'économie. L'agriculture fut la première à profiter des bienfaits de la libre entreprise, et l'Ukraine repartit à la conquête du titre de premier producteur agricole mondial qui avait été le sien.

Pourtant, tout n'était pas que lait et miel. Les provinces de l'ouest, à population en majorité catholique, réclamaient leur autonomie. Des Tartares de Crimée, déportés par Staline à la fin de la Seconde Guerre mondiale, commençaient à réintégrer leur patrie. Eux aussi désiraient rompre les amarres. De plus, la Pologne réclamait cette partie du territoire ukrainien dont la ville de Lvov forme le centre, et un conflit frontalier semblait sur le point d'éclater.

La république voisine de Moldavie avait été

incorporée à la Roumanie. Un autre conflit frontalier se fit jour entre ce pays et l'Ukraine. Tous deux considéraient le delta du Dniestr et la ville d'Odessa comme relevant de leur propre territoire. La nuit du 13 juillet 1986, deux divisions de chars et trois divisions de fusiliers motorisées de la récente Armée populaire ukrainienne attaquèrent par surprise la Moldavie et s'emparèrent de la ville de Kichinev. Le gouvernement ukrainien demanda à la Roumanie de renoncer à toutes ses prétentions concernant Odessa et le delta du Dniestr, en échange de quoi ses Forces armées se retireraient de Moldavie.

Le destin de la Biélorussie se révéla plus tragique. Avec Minsk, sa capitale, beaucoup de ceux qui auraient pu conduire sûrement l'Etat vers l'indépendance étaient partis en fumées radioactives. Aucun groupe, aucun mouvement, aucun parti politique n'était capable de prendre et de tenir seul le pouvoir. La partie occidentale de la Biélorussie, à prédominance catholique, exprimait le souhait de se rallier à la Pologne. La partie orientale, à majorité orthodoxe, effrayée par le possible phagocytage de la Pologne catholique, était presque prête à s'intégrer à la Russie nonobstant le régime politique de celle-ci, pour préserver sa religion et ses traditions nationales. Malheureusement, la Russie avait cessé d'exister. Un chaos confinant à la guerre civile occupait sa place.

Avant de nous pencher sur le destin, fort différent, de l'Asie centrale, il n'est pas inutile de remarquer que si l'effondrement de l'empire soviétique a résolu bien des problèmes, nombre d'autres se sont hâtés de les remplacer. Certains continuent à prétendre qu'il eût mieux valu s'efforcer de gérer un monde dominé par deux superpuissances en tentant d'arrondir les angles à l'interface, si l'on peut dire, que de régler l'équation en détruisant l'un de ses termes. Ils oublient que si l'Union soviétique s'était efforcée avec un peu de conviction d'accepter la coexistence pacifique avec l'Ouest, elle serait toujours une grande puissance. Elle ne l'a pas fait parce qu'elle en était incapable. Pour l'idéologie marxiste-léniniste, l'acceptation de la légitimité de la démocratie capitaliste eût entraîné des contradictions internes intolérables. Au cours de ses soixante-huit ans d'existence, le système avait acquis une masse et une puissance telles que son écroulement ne pouvait que s'accompagner d'une boucherie à la mesure de son échec.

Des problèmes du passé continuent à nous poursuivre, d'autres sont apparus. Au moins, sur deux points d'importance capitale, aurons-nous évité le pire.

D'abord, et de façon quasi miraculeuse, la guerre nucléaire totale nous a été épargnée. D'aucuns prétendent que son déclenchement était de toute façon improbable, car ses conséquences eussent de si près confiné à l'annihilation totale que les deux adversaires étaient fondamentalement déterminés à l'éviter. D'autres répondent que l'imprévisibilité caractéristique de l'être humain en état de stress ménageait tous les possibles.

Ensuite, les Etats-Unis avaient appris une règle qu'ils ignoraient à l'époque de la Seconde Guerre mondiale, et dont le mépris avait eu des conséquences désastreuses : une guerre dont la finalité politique n'est pas clairement établie ne doit pas être entreprise. Jusqu'ici, les Américains avaient considéré que la conduite de la guerre revenait aux militaires, devant lesquels les politiciens s'inclinaient jusqu'à la victoire. Puis la politique reprenait le dessus, et le Président des Etats-Unis pouvait abandonner ses fonctions de chef des armées pour reprendre celles, plus importantes, de chef du gouvernement et de chef de l'Etat.

Une telle approche voulait qu'on se fixât comme but presque unique la défaite de l'ennemi sur le terrain au prix du minimum de pertes en vies américaines. Rien ne comptait davantage. C'est ainsi qu'Eisenhower fut arrêté sur l'Elbe en 1945 tandis que le rouleau compresseur soviétique fonçait sur Berlin. Patton se trouvait à une journée de Prague quand il reçut l'ordre de ne plus avancer, laissant une fois de plus les coudées franches aux Soviétiques. En Italie, malgré la violente opposition de Churchill, Alexander avait été privé des troupes qui lui auraient permis d'atteindre Vienne avant les Russes, parce que celles-ci devaient participer à une opération d'intérêt discutable sur la Riviera française. Berlin, Prague, Vienne, trois villes que les Etats-Unis avaient offertes à Staline sur un plateau. Un cadeau qui devint l'instrument de la domination soviétique sur l'Europe de l'Est et contribua à rendre inévitable une Troisième Guerre mondiale.

Quelle qu'ait été l'efficacité de la politique américaine dans le contexte brouillé de ce nouvel après-guerre, la leçon a été apprise : la politique du retour à la paix ne commence pas à se préparer durant le conflit, mais dès avant son déclenchement.

A l'est des monts de l'Oural, l'effondrement de l'autorité centrale plongea à peu près la moitié de l'Asie dans la confusion la plus totale. Les villes importantes disséminées le long de la voie du Transsibérien, les cités anciennes d'Asie centrale et ce qui restait des commandements soviétiques et de leurs forces formaient désormais les noyaux d'influence. Lorsqu'on eut récupéré en priorité les armements nucléaires encore aux mains des troupes soviétiques, deux facteurs prépondérants apparurent. Ils conditionneraient l'avenir de cette zone gigantesque et de ses millions d'habitants.

D'abord se posait la question de l'attitude qu'adopterait la Chine à propos de ce qu'il est convenu d'appeler les rectifications de frontières. Quels territoires Pékin tenterait-il de s'approprier, en arguant de l'iniquité des anciens traités ? Ensuite, il fallait tenir compte des mouvements autonomistes qui s'articulaient autour des principales ethnies d'Asie centrale. Mais leur capacité à atteindre les objectifs qu'ils s'étaient fixés – fondation d'Etats indépendants sur la base de leurs particularités nationales et de la religion musulmane – demeurait incertaine.

Au cours de la dernière partie de la campagne d'Europe, les événements s'étaient précipités à une telle vitesse que les Alliés occidentaux n'avaient guère eu le temps de se concerter sur l'avenir de l'Asie soviétique. Après tout, la Seconde Guerre mondiale s'était prolongée par deux années de négociations entre les Etats-Unis, l'Union soviétique et le Royaume-Uni, qui avaient déterminé le sort de l'Europe et consacré, entre autres, le partage de l'Allemagne en zones d'occupation. Le résultat n'était peut-être pas merveilleux du point de vue de l'Ouest, mais on avait eu à tout le moins le temps d'élaborer un système que chacune des parties cernait parfaitement, et qui éviterait que les luttes d'intérêt entre Alliés victorieux ne dégénèrent en conflits armés. La situation de l'Asie en 1985 était bien différente. Les seuls contacts – fragmentaires et rapides – de puissance à puissance avaient été pris par la Chine et les Etats-Unis quelques mois avant le déclenchement de la Troisième Guerre mondiale.

Un univers séparait les systèmes politiques et administratifs des deux pays, si bien que les discussions durent débuter à un niveau très élémentaire. Il fallut régler leur compte à nombre de malentendus avant d'entrer dans le vif du sujet. L'accord ne pouvait donc se ramener qu'à quelques considérations fondamentales. Bien des points furent laissés dans un flou prudent. Et puis, le spectre de Yalta traînait toujours dans les consciences occidentales. Le souvenir de ses conséquences empêcha qu'on se livre à un découpage hâtif des peuples, à une distribution empirique de leurs loyautés. Cette réserve fut facilitée par le fait que ni la Chine ni les Etats-Unis ne prétendaient à la domination mondiale, et qu'aucun n'envisageait sérieusement de subir l'agression de son interlocuteur – conditions capitales, qui avaient manqué à Yalta et lors d'autres rencontres analogues.

Avec le démantèlement de l'Union soviétique, la Chine voyait disparaître le plus grave danger pesant sur sa sécurité. Le pays avait déjà atteint une taille gigantesque. On pouvait douter qu'un unique gouvernement puisse contrôler éternellement un milliard d'hommes et de femmes. Repousser les frontières au nord et à l'ouest, ajouter quelques millions au chiffre de la population, ne représentait pas un avantage évident. D'autant que le contrôle de la démographie rendait inutile l'augmentation de l'espace territorial. Si l'on pouvait accorder à la Chine la restitution de quelques terres auxquelles l'histoire – science dont le respect n'avait pas été extirpé par la révolution culturelle – lui permettait de prétendre, ce serait là une base favorable à l'établissement d'un accord garantissant de toute velléité d'expansion territoriale majeure. D'un autre côté, les Etats plus petits d'Asie de l'Est et du Sud-Est n'envisageraient pas sans inquiétude les intentions de leur voisin chinois, et auraient besoin de l'aide ou de la protection des Etats-Unis.

Autre point où les Chinois et les Occidentaux se retrouveraient sans doute : l'interdiction de la restauration ou de l'instauration d'une autorité centrale contrôlant l'ancienne Asie soviétique. Certes, la situation ne risquait guère d'évoluer rapidement dans ce sens, mais la communauté de vues sur le problème, les garanties mutuellement fournies, facilitèrent grandement le progrès des autres négociations.

L'avenir des minorités ethniques d'Asie centrale posait des problèmes complexes. Le premier auquel se heurtèrent les négociateurs fut l'existence, de part et d'autre de la frontière sino-soviétique, de peuples ayant la même origine ethnique et la même culture. Si des Etats indépendants naissaient des cendres de l'Asie centrale soviétique, ils pourraient exercer sur certaines populations musulmanes du Hsin-Chiang une aimantation qui ne serait pas du tout du goût des Chinois. Ceux-ci tentèrent de s'assurer sur ces Etats une suzeraineté analogue à celle qu'ils avaient exercée sur le Tibet, mais les Américains s'y opposèrent, arguant de la règle d'autodétermination et de la sauvegarde des relations qu'entretenait l'Ouest avec le reste du monde musulman. De même, les Occidentaux durent reconnaître qu'il serait maladroit de laisser se créer un État unique embrassant tous les peuples non soviétiques d'Asie centrale. Et puisque tel n'était pas non plus le vœu des premiers concernés, la concession fut facile à faire. Leur identité nationale – dans la mesure où ils avaient eu la possibilité de conserver leurs langues et leurs cultures propres – les définissait comme Ouzbeks, Kirghizes, ou Türkmènes, et non comme musulmans d'Asie centrale.

La structure la mieux adaptée semblait être une fédération de ces diverses nationalités, avec un gouvernement central plutôt faible et un haut degré d'autonomie locale, que les grandes distances séparant les centres de population rendaient de toute façon logique. Là aussi, Chinois et Occidentaux convinrent de favoriser, ou à tout le moins de ne pas entraver, la création d'une semblable fédération envers laquelle ni les uns ni les autres ne chercheraient à se placer en position de domination.

Depuis de nombreuses années, la zone n'avait pas été un théâtre d'agitation nationaliste. Les conditions de vie s'étaient grandement améliorées par rapport à la période d'indépendance; l'usage des langues indigènes, la promotion des cultures locales, bénéficiaient de la part du pouvoir central d'une tolérance suffisant à satisfaire les aspirations bénignes des chefs ethniques. Ce furent les événements survenus en 1979-1980 au cœur de territoires musulmans voisins qui attirèrent vers le monde extérieur l'attention de ces peuples, et leur firent prendre davantage conscience de l'existence de leurs coreligionnaires étrangers. Ils ne pouvaient manquer de remarquer à quel point le comportement relativement tolérant qu'avaient envers eux leurs maîtres soviétiques se modifiait lorsque ces mêmes maîtres se confrontaient aux Afghans.

Les premières troupes d'occupation soviétique en Afghanistan se composaient d'éléments originaires des territoires voisins d'Asie centrale, mais ceux-ci acceptèrent difficilement de faire feu sur des frères de race et de religion. Leurs unités furent donc rapidement retirées, et remplacées par d'autres où la proportion d'appelés non musulmans et non originaires d'Asie centrale était plus importante. Mais les échecs successifs que rencontraient les Soviétiques dans leur tentative de « pacification » de l'Afghanistan, le chiffre des pertes qu'ils subissaient – sans doute exagéré par suite du manque d'information vérifiable – suscitèrent une montée sensible des sentiments nationalistes dans les républiques d'Asie centrale. On se souvint que la Constitution de l'Union soviétique prévoyait, pour les républiques qui la composaient, la possibilité de faire sécession si elles en exprimaient le souhait – même si dans la pratique, ceux qui avaient tenté de recourir à cette clause s'en étaient assez vite mordu les doigts. L'échec de leur progression en Europe, la défection des unités combattant sur ce théâtre dont les hommes provenaient principalement d'Asie centrale, et la mauvaise volonté marquée avec laquelle les troupes soviétiques en Afghanistan s'acquittèrent de leurs opérations dès que les nouvelles de la situation en Europe se gâtèrent, auraient dû être interprétés par les maîtres du Kremlin comme autant de catalyseurs d'une flambée de nationalisme. Celui-ci s'embrasa d'abord en Ouzbekistan, où la foule descendit dans la rue pour proclamer l'indépendance, et gagna rapidement les autres républiques d'Asie centrale de l'Union soviétique.

Un regard vers le sud montre que l'Inde n'est pas mieux équipée aujourd'hui qu'avant la guerre pour s'intégrer à un système international économique ou de défense ambitieux. Avec son taux de natalité encore bien loin d'être contrôlé et le chaos bureaucratique qui lui tient lieu de gouvernement, elle devra livrer un combat de plus en plus rude pour tenir sa place dans le monde moderne. La disparition de l'Union soviétique, qui contrebalançait l'influence de la Chine, va obliger l'Inde à revoir son jeu international, et il est possible que l'exemple du démantèlement d'un empire voisin attise les désirs d'indépendance au sein des Etats qui composent sa fédération. La réussite économique de la Chine ou d'un bloc sino-japonais stimulerait bien sûr nombre de politiciens indiens; mais il est plus probable que le pays soit encore soumis longtemps à une sorte de dépression introvertie. Son futur, comme celui de la plus grande partie de l'Afrique, dépend de la reprise du dialogue Nord-Sud et de son aboutissement, qui semble encore lointain.

Reste la Sibérie, dont personne n'a encore tenté de déterminer l'avenir. Cela n'a rien d'étonnant, puisque le monde n'a jamais porté à cette vaste région qu'un intérêt marginal. Son capital hydrographique sera peut-être un jour mis à profit pour augmenter le rendement de l'agriculture en Asie centrale. Mais il est douteux que les plans grandioses des Soviétiques, qui voulaient inverser le cours de ses fleuves les plus vastes, soient jamais concrétisés. Quant aux ressources minières et pétrolières de la Sibérie, d'un si grand intérêt pour les Japonais, leur exploitation pourra certainement se dispenser d'un contrôle politique.

Le chemin de fer transsibérien et le chapelet de villes qui le jalonnent sont un monument élevé par la Russie à l'une de ses convictions historiques les plus fondamentales : la nécessité sacrée de marcher à l'est, de marcher au sud, à toucher l'océan. Mais après que l'Union soviétique eut voulu se tourner vers l'Ouest avec les résultats que l'on sait, les noyaux d'activité répartis au long de cette fragile ligne de communication durent se résoudre à chercher au niveau local les solutions de leur avenir politique. Les Soviétiques s'étaient à plusieurs reprises efforcés d'intégrer la Sibérie à leur sphère économique. Khrouchtchev clama bien haut que les terres nouvelles du Kazakhstan permettraient de révolutionner l'agriculture soviétique tout entière. Il persuada des millions de Russes d'émigrer au fond de ce désert inhospitalier, mais le plan échoua. On tenta également de contrebalancer l'expansion démographique des peuples d'Asie centrale en installant des colons russes dans leurs villes, sans parvenir non plus à un résultat déterminant.

A plus long terme, le destin de l'Asie tout entière sera essentiellement défini par la route que prendra la Chine, et que seul l'avenir permettra de connaître. Depuis la fin de la guerre, la Chine a consacré la meilleure part de son énergie à l'absorption de la Mongolie et au contrôle du Viêt-nam. Après la liquidation du commandement naval soviétique de Vladivostok, il était inévitable que les Etats-Unis installent sur place, avec l'aide discrète du Japon, de la Corée du Sud et de leurs autres alliés, un centre de gouvernement dont le fonctionnement serait assuré par des Russes. Cette solution temporaire, adoptée presque à contrecœur, permettrait d'attendre l'éclaircissement de la situation et l'issue des négociations.

Le Japon se consacrait au rétablissement de sa présence sur les îles du Nord, qu'il venait de récupérer. S'il entretenait des vues sur Sakhaline, il n'en montrait rien, mais l'intérêt que présentait pour la Chine cette grande île, qui faisait naguère partie intégrante de l'empire soviétique, ne pouvait le laisser indifférent. Espérons seulement que si Pékin formule à ce propos une exigence territoriale, il s'agira de la dernière. Car une certaine période de stabilité sera requise, si la Chine entend figurer parmi les grandes nations du XXIe siècle.

La route que prendra la Chine sera de toute façon déterminante par la nature de ses relations avec l'Inde et le Japon. Ce dernier cherchera sans doute à prendre le *leadership* économique, tout en évitant de retomber dans l'embrouillamini politique où l'avaient plongé ses engagements antérieurs sur le continent. Quoi qu'il en soit, l'imbrication de deux systèmes économiques aussi disparates exigera un tact et une subtilité politiques supérieurs à ceux dont le Japon a pu faire montre jusqu'ici. Du côté chinois, beaucoup dépendra de la capacité d'assouplissement du contrôle étatique, et de sa volonté d'intégrer la libre entreprise qui demeure – comme l'a prouvé par l'absurde l'expérience soviétique – nécessaire au développement, pour ne pas dire à la survie, économique. Les Etats-Unis ne pourront évidemment pas rester à l'écart d'un processus aussi vaste et aussi complexe. Si la Chine demeure au rang des puissances nucléaires, il est possible que le Japon ressente la nécessité de s'assurer la protection des Etats-Unis. Les arguments en faveur de la non-prolifération semblent bien partis pour l'emporter, et par voie de conséquence, les accords de sécurité américano-japonais risquent de rester en vigueur encore un certain temps. Dans le cas contraire, les Nippons devront se préoccuper de leur protection.

Mais ce n'est là qu'un des points d'une nouvelle histoire, dont même les titres de chapitres nous demeurent encore malaisément discernables.

POST-SCRIPTUM 1

Il n'était guère plus de minuit dans la prison moscovite de Lefortovo. Août 1985 tirait à sa fin. Deux prisonniers, jugés et condamnés à la peine capitale, attendaient cette aube qui serait leur dernière. La cellule où on les avait réunis comportait des micros cachés, destinés à permettre l'enregistrement de leur ultime conversation.

Le premier prisonnier était Constantin Andreïevitch Malinski, à qui avait échu le titre d'Idéologue suprême du Parti. Le second, Alexeï Alexandrovitch Nastine, avait été maréchal et ministre de la Défense de l'Union soviétique.

L'enregistrement ne devait présenter, pour ceux qui l'écoutèrent plus tard, qu'un intérêt médiocre. Les deux hommes n'avaient jamais été amis – tout lien d'amitié était inenvisageable aux plus hauts niveaux du P.C.U.S. – et n'avaient pas grand-chose à se dire. Les conflits nés de leurs divergences passées étaient d'ailleurs suffisamment connus pour qu'ils considèrent comme un affront le partage de leurs dernières heures dans cette cellule où on les avait conduits, après les traditionnels adieux à la famille.

Après un long silence, l'ancien ministre de la Défense attaqua :

« Je me souviens, dit-il, de cette réunion de l'hiver dernier où vous étiez si fort opposé à l'utilisation de l'arme nucléaire. Vous arguiez, me semble-t-il, de l'inutilité qu'il y aurait à étendre la règle socialiste sur un monde à demi détruit. Vous affirmiez qu'il valait mieux ne pas interrompre sa marche, et le conquérir par degrés. Voilà pourquoi nous n'avons pas, malgré mes recommandations, employé l'arme nucléaire dès le début des hostilités. Voilà pourquoi nous n'avons pas recouru à son utilisation massive lorsque nos troupes ont été quelques jours plus tard stoppées en Europe. Voilà pourquoi nous en sommes là !

— Et moi je me souviens, camarade...

— Malinski ! Cette forme d'adresse est-elle encore de mise ?

— Pur réflexe. » L'Idéologue haussa les épaules. « Vous conviendrez que cela n'a de toute façon plus grande importance. Je me souviens que nos divergences de vues s'exprimaient en termes de tout ou de rien. J'étais partisan du non-emploi systématique. Vous vouliez mettre à feu l'arsenal entier. Ni l'un ni l'autre n'étions prêts à accepter un compromis. Car nous avions tous deux bien conscience que l'introduction dans le conflit de l'arme nucléaire exclurait toute fixation ultérieure d'un plafond visant à limiter son emploi par les deux camps.

— En jetant toutes nos forces dans la bataille, nous aurions véritablement livré une guerre à la russe, alors que la lésine ne nous ressemble pas. Mais le plus surprenant fut tout de même le choix d'une tierce option. Pas d'emploi massif, pas d'abstention absolue, mais la frappe unique d'une ville importante d'un des satellites majeurs des U.S.A., suivie de négociations avec ceux-ci. C'était incroyable. J'avais toujours pensé que le vieux perdait la boule...

— Mais vous ne l'avez jamais dit.

— Bien sûr que non. Vous non plus, et pour les

mêmes raisons. Il était gâteux, mais il continuait à tirer les ficelles.

– Ne vous lancez jamais dans un voyage, disait-on quand j'étais jeune, si vous n'avez pas l'intention d'arriver. Revenir sur ses pas à la moitié du chemin, c'est chercher les ennuis.

– Voilà justement pourquoi nous en sommes là. »

Derrière la grille de fer de la petite fenêtre, la nuit pâlissait.

« Nous n'aurons plus longtemps à attendre », dit Malinski.

Il n'avait pas fini de parler que des bruits de pas se faisaient entendre dans le couloir. La serrure grinça.

Il y avait eu des moments difficiles, durant toutes ces années, mais aussi des moments agréables. Et la pièce était jouée.

La porte de la cellule pivota.

« Venez, dit une voix. Il est temps*. »

* La bande où se trouvait enregistrée cette conversation échoua entre les mains d'un journaliste italien particulièrement entreprenant. La version que nous en publions ci-dessus est parue dans *La Stampa* du 25 juin 1986.

POST-SCRIPTUM 2

Dimitri Vassilievitch Makarov voulait retrouver le plus rapidement possible le père de Nekrassov, mais il devait d'abord effectuer certaines recherches. Les prisonniers de guerre soviétiques n'étaient plus gardés sérieusement, car les Alliés occidentaux entendaient les soumettre à une dispersion rapide et contrôlée. Pour nombre d'hôtes des zones de concentration, la perspective de ce départ n'offrait que peu de séduction. Ici, on les nourrissait copieusement. Dehors, régnait la disette. On leur laissait de plus une liberté de mouvement considérable au cours de la période forcément longue qui précédait leur rapatriement.

On avait concentré les hommes et les officiers aux endroits mêmes où ils s'étaient rendus, si bien que le personnel des divisions demeurait pour l'instant regroupé. Ce fut pourtant surtout grâce à la chance que Dimitri parvint à trouver l'homme qu'il recherchait et qu'il savait toujours en vie : Boris Ivanienko, le conducteur du B.M.P. d'Andreï Nekrassov. Astap Beda, le vieux sergent-major de la 3e compagnie avec lequel Andreï était resté en contact jusqu'à la fin, était mort. Le petit Youri avait disparu. Ivanienko, avant de rejoindre sa ville natale de Poltava, en Ukraine, eut le temps de parler à Dimitri de son officier. Avec sa simplicité paisible, il raconta qu'Andreï, malgré tout son professionnalisme, avait paru souffrir de plus en plus des contraintes morales et mentales que lui imposait la guerre; le conducteur en était même venu à craindre pour sa raison. Makarov fut profondément ému par ces propos.

Ivanienko avait conservé le petit sac fermé d'une cordelette dans lequel Nekrassov, à l'instar de tous ses frères d'armes, hommes et officiers de l'Armée Rouge, gardait un peu de linge de rechange et quelques objets personnels. Il l'avait pris sur son corps, après que l'obus tiré par l'hélicoptère de combat américain lui eut ôté la vie. Il le remit à Dimitri.

Celui-ci eut du mal à rejoindre Rostov, puis, une fois sur place, à trouver le domicile du vieux Nekrassov. Il faudrait du temps pour que disparaisse cette habitude de ne pas répondre aux questions des étrangers, cette méfiance qui était devenue comme une seconde nature.

Le vieux Nekrassov n'habitait pas sa propre datcha, comme aurait pu y prétendre pourtant un officier ayant pris sa retraite avec le grade de général, mais un petit appartement au onzième étage d'un de ces cubes de béton gris, laid et sans joie, qui formaient à présent l'essentiel des villes soviétiques. Des chats fouillaient les tas d'ordures qui flanquaient l'entrée de l'immeuble. Des enfants aux visages crasseux se bagarraient dans l'escalier. Mais, du onzième, on pouvait apercevoir le Don.

Le vieil homme attendait sur le pas de sa porte, comme tous les jours depuis que Dimitri lui avait annoncé sa venue.

Il sut immédiatement qui était son visiteur. Il n'en espérait pas d'autres.

Il s'avança pour passer le bras sur ses épaules et le serrer contre lui.

« Entre, mon autre fils, dit-il. Et raconte-moi. »

NOTE ET REMERCIEMENTS DE L'AUTEUR

L'équipe qui avait composé La Troisième Guerre mondiale *s'est reformée quelque quatre ans plus tard pour reconsidérer les événements dont elle avait imaginé le déroulement. L'évolution du monde est venue depuis corroborer la plus grande partie de nos propos – nous n'en voulons pour exemple que la récente situation polonaise – mais çà et là, le paysage s'est modifié. Le Shah ne règne plus. L'Egypte a cessé de dépendre de l'Union soviétique. Le travail que nous proposons aujourd'hui prend ces changements en compte, mais notre objectif est resté le même : composer un conte moral. Persuader le public que, dans le contexte dangereux et instable qui est le nôtre, on ne peut éviter la guerre nucléaire qu'en se préparant à la guerre conventionnelle.*

Nous avons rassemblé le groupe originel, auquel sont venus se joindre un ou deux éléments importants. L'Air Chief Marshal Sir John Barraclough nous a apporté son expérience incomparable des questions aériennes et sa sûreté de jugement; Sir Bernard Burrows, ancien ambassadeur en Turquie, puis auprès de l'O.T.A.N., a fourni une contribution de grande valeur dans le domaine politique; la longue et belle carrière du vice-amiral Sir Ian McGeoch, son travail de recherche uni-

versitaire sur les Forces armées soviétiques et sa collaboration à la Naval Review se sont révélés des sources irremplaçables; Norman Macrae, rédacteur en chef-adjoint de The Economist, n'a pas failli ici à sa brillante réputation; le major-général John Strawson, ce lettré parmi les soldats, nous a fait profiter d'une somme de réflexions aussi judicieuses que pénétrantes sur les périphéries; enfin, pour clore la liste des membres de l'ancienne équipe, mentionnons le brigadier Ken Hunt, l'un des analystes militaires les plus réputés du temps, qui a apporté au contenu et à la forme de cet ouvrage une contribution particulièrement efficace.

Mais l'élément neuf le plus important de La Guerre planétaire concerne l'étude de la situation considérée du point de vue soviétique. Je suis sur ce point le débiteur de Viktor Souvorov, ancien officier de l'Armée Rouge, dont les conseils et l'expérience m'ont été du plus grand secours. Son premier livre, The Liberators (il a commandé une compagnie de fusiliers motorisée durant la prétendue libération de la Tchécoslovaquie en 1968) mérite une lecture attentive.

La Guerre Planétaire doit aussi beaucoup à Vladimir Boukovski, homme dont la réputation n'est plus à faire dans le monde non communiste. Les conseils qu'il m'a prodigués se sont révélés essentiels. Son ouvrage, Un château en Espagne : ma vie de dissident, revêt une importance capitale.

Je dois aussi remercier Lord Caradon, cet ami de longue date, dont la profonde connaissance des problèmes du Moyen-Orient m'a été particulièrement précieuse.

La patience dont a fait preuve ma femme face aux perturbations domestiques engendrées par l'élaboration du présent ouvrage mérite ma gratitude la plus profonde. Je suis également redeva-

ble à Mrs. Carole Beesley, dont la bonne humeur et l'efficacité ont permis de triompher de plus d'un écueil, ainsi qu'à ma fille Elizabeth, dont le concours a été capital. Enfin, toute notre équipe se doit d'adresser ses plus chaleureux remerciements à Jane Heller, de Sidgwick & Jackson.

Ayant dit tout ceci, je n'ai plus qu'une chose à ajouter : bien que la préparation du présent ouvrage ait exigé le concours de nombreux collaborateurs, la responsabilité des erreurs que l'épreuve du temps pourrait y faire apparaître n'incombe qu'à moi seul.

J. W. HACKETT

Coberley Mill, Gloucestershire
Février 1982

DU MÊME AUTEUR

Aux Éditions Belfond :

LA TROISIÈME GUERRE MONDIALE.

« Composition réalisée en ordinateur par IOTA »

IMPRIMÉ EN FRANCE PAR BRODARD ET TAUPIN
58, rue Jean Bleuzen - Vanves -Usine de La Flèche.
LIBRAIRIE GÉNÉRALE FRANÇAISE - 14, rue de l'Ancienne-Comédie -Paris.
ISBN : 2 - 253 - 03486 - X

30/5954/0